COMENTARIO SWINDOLL

del NUEVO TESTAMENTO

SANTIAGO Y 1 Y 2 DE PEDRO

CHARLES R. SWINDOLL

COMENTARIO SWINDOLL

del NUEVO TESTAMENTO

SANTIAGO Y 1 Y 2 DE PEDRO

La misión de Editorial Vida es ser la compañía líder en comunicación cristiana que satisfaga las necesidades de las personas, con recursos cuyo contenido glorifique a Jesucristo y promueva principios bíblicos.

COMENTARIO SWINDOLL DEL NUEVO TESTAMENTO – SANTIAGO, 1 Y 2 DE PEDRO
Edición en español publicada por
Editorial Vida - 2010
Miami, Florida

© 2010 Charles R. Swindoll

Originally published in the USA under the title:
Insights on James, 1 and 2 Peter
Copyright © 2010 by Charles R. Swindoll
Published by permission of Zondervan, Grand Rapids, Michigan 49530
All rights reserved. Further reproduction or distribution is prohibited

Traducción: *Rojas & Rojas Editores*
Edición: *Rojas & Rojas Editores*
Diseño interior: *Words for the World, Inc.*
Adaptación de cubierta: *Good Idea Productions, Inc.*

RESERVADOS TODOS LOS DERECHOS. A MENOS QUE SE INDIQUE LO CONTRARIO, EL TEXTO BÍBLICO SE TOMÓ DE LA SANTA BIBLIA NUEVA VERSIÓN INTERNACIONAL. © 1999 POR BÍBLICA INTERNACIONAL

ISBN: 978-0-8297-5806-1

Categoría: Comentario bíblico / Nuevo Testamento

IMPRESO EN ESTADOS UNIDOS DE AMÉRICA
PRINTED IN THE UNITED STATES OF AMERICA

10 11 12 13 ❖ 6 5 4 3 2 1

CONTENIDO

Prefacio del autor 7
Introducción a Santiago 11
Comentario sobre Santiago. 24
Introducción a 1 Pedro 123
Comentario sobre 1 Pedro 135
Introducción a 2 Pedro 241
Comentario sobre 2 Pedro 250

PREFACIO DEL AUTOR

Por casi sesenta años he amado la Biblia. Fue ese amor por las Escrituras, combinado con un claro llamamiento al ministerio del evangelio durante mi servicio en el Cuerpo de la Marina, que resultó en que yo asistiera al Seminario Teológico de Dallas para prepararme para toda una vida de ministerio. Durante esos cuatro grandiosos años tuve el privilegio de estudiar bajo destacados hombres de Dios, que también amaban la Palabra de Dios. No solo que tenían en alta estima la palabra inerrable de Dios, sino que la enseñaban meticulosamente, la predicaban con pasión, y la modelaban de manera consistente. ¡Nunca pasa una semana en que yo no doy gracias a Dios por la grandiosa herencia que estaba a mi alcance y de la que podía apropiarme! Estoy para siempre en deuda con esos excelentes teólogos y mentores, que cultivaron en mí una firme dedicación a la comprensión, exposición y aplicación de la verdad de Dios.

Por más de cuarenta y cinco años he estado dedicado a hacer exactamente eso; *¡y cómo lo he disfrutado!* Confieso sin vacilación que soy adicto al examen y proclamación de las Escrituras. Debido a esto, los libros han desempeñado un papel principal en mi vida todo el tiempo que he estado en el ministerio; especialmente los volúmenes que explican las verdades y mejoran mi comprensión de lo que Dios ha escrito. En todos estos años he acumulado una voluminosa biblioteca personal, que ha demostrado ser invaluable al tratar de seguir siendo un fiel estudiante de la Biblia. Hasta el fin de mis días, la meta principal de mi vida es comunicar la Palabra de Dios con precisión, lucidez, claridad y en forma práctica. Sin libros de recursos y confiables a los cuales acudir, yo ya me hubiera «secado» hace décadas.

Entre mis libros favoritos y bien gastados están los que me han capacitado para captar mejor el texto bíblico. Como la mayoría de expositores, estoy continuamente buscando herramientas literarias que pueda usar para aguzar mis dones y afilar mis habilidades. Para mí, eso quiere decir buscar recursos que tomen lo complicado y lo hagan sencillo y fácil de entender, que ofrezcan comentarios penetrantes e imágenes verbales que me capaciten para ver la pertinencia de la verdad sagrada a la luz de mi mundo del siglo veintiuno, y que hagan penetrar esas verdades en mi corazón de manera que no las olvide fácilmente. Cuando encuentro tales libros, permanecen en mis manos mientras los devoro y luego los instalo en mi biblioteca para referencia futura... y, créame, vuelvo a ellos a menudo. Qué alivio es tener estas obras de apoyo a las cuales acudir cuando me falta una idea fresca, o cuando simplemente necesito el relato o la ilustración precisa, o cuando me atasco en el texto enredado y no puedo hallar la salida. Para el expositor serio, una biblioteca es esencial. Como un mentor me dijo una vez: *«¿En dónde más puedes hallar 10.000 profesores en la punta de tus dedos?»*

En años recientes he descubierto que no hay recursos suficientes como los que acabo de describir. Fue ese descubrimiento lo que me impulsó a considerar convertirme en parte de la respuesta en lugar de lamentar el problema. Pero la solución resultaría en una gigantesca empresa. Un proyecto de escribir que cubra todos los libros y cartas del Nuevo Testamento parecía abrumador e intimidante. Un sentido de alivio me vino cuando me di cuenta de que durante los pasados cuarenta y cinco y más años he enseñado y predicado la mayor parte del Nuevo Testamento. En mis archivos había carpetas llenas de notas de esos mensajes que simplemente estaban durmiendo allí, en espera de que se los sacara de la oscuridad, se les diera un toque fresco y pertinente a la luz de las necesidades de hoy, y se aplicaran para que encajaran en la vida de hombres y mujeres que anhelan una palabra fresca del Señor. *¡Eso bastó!* Empecé a buscar a la mejor editorial para convertir mi sueño en realidad.

Gracias al arduo trabajo de mis agentes literarios, Sealy y Matt Yates, ubiqué una editorial interesada en acometer un proyecto de esta extensión. Agradezco a las excelentes personas de Zondervan Publishing House por su respaldo entusiasta para esta aventura de múltiples volúmenes que requerirá más de diez años para completar. Habiendo conocido a muchos de ellos con el correr de los años mediante otras obras que he escrito, sabía que ellos tienen las cualificaciones para acometer tal empresa y que serían buenos mayordomos de mi material, manteniéndose a la par con la tarea de llevarlo a forma impresa. Estoy agradecido por la confianza y estímulo de Stan Gundry y de Paul Engle, que han seguido siendo leales y ayuda desde el principio. Es también un placer trabajar con Verlyn Verbrugge; sinceramente aprecio su sabiduría de experiencia y ayuda de ojo de águila.

También ha sido un deleite especial trabajar, de nuevo, con mi amigo de toda la vida y anterior editor, John Sloan. Él ha provisto invaluable consejo como mi editor general. Lo mejor de todo ha sido el entusiasta respaldo de John. También debo expresar mi gratitud a Mark Gaither y a Mike Svigel por sus incansables y delicados esfuerzos, al ser como mis editores de manos en la masa, de todos los días. Hicieron un excelente trabajo conforme recorríamos los versículos y capítulos de los veintisiete libros del Nuevo Testamento. Ha sido un placer ver cómo han tomado mi material original y me han ayudado a ponerlo en un estilo que es fiel al texto de las Escrituras, y al mismo tiempo prepararlo de manera interesante y creativa, y a la vez permitir que mi voz surja de manera natural y fácil de leer.

Debo añadir mis palabras sinceras de agradecimiento a las congregaciones en las que he servido en varias partes de estos Estados Unidos de América por casi cinco décadas. Ha sido mi buena suerte ser el receptor de su cariño, respaldo, estímulo, paciencia y frecuentes palabras de apoyo al cumplir mi llamamiento de pararme y presentar el mensaje de Dios año tras año. Las ovejas de esos rebaños se han hecho querer para este pastor en más maneras de las que podría expresar en palabras... y no menos que la que al presente sirvo con deleite en la iglesia Stonebriar Community Church, en Frisco, Texas.

Finalmente, debo agradecer a mi esposa, Cynthia, por su comprensión a mi adicción a estudiar, predicar y escribir. Ella nunca se ha desalentado porque yo persista en esto. Nunca ha dejado de instarme a que procurara hacerlo todo lo mejor posible. Por el contrario, su respaldo afectuoso y su consagración a la excelencia al dirigir *Insight for Living* (Visión Para Vivir) por más de tres décadas se han combinado para mantenerme fiel a mi llamamiento «a tiempo y fuera de tiempo». Sin su devoción a mí aparte de nuestro compañerismo mutuo en toda una vida de ministerio, *Comentario Swindoll del Nuevo Testamento* nunca se hubiera emprendido.

Estoy agradecido porque ahora ha llegado a sus manos y, en última instancia, a los anaqueles de su biblioteca. Mi esperanza y oración continua es que usted halle estos volúmenes útiles en su estudio y aplicación de la Biblia. Que ellos le ayuden a darse cuenta, como yo lo he hecho en estos muchos años, que la Palabra de Dios es tan eterna como es verdad.

La hierba se seca y la flor se marchita,
> pero la palabra de nuestro Dios permanece para siempre (Isaías 40:8).

Chuck Swindoll
Frisco, Texas

| 25 d.C. | 30 d.C. | 35 d.C. | 40 d.C. |

Liderazgo creciente en la iglesia de Jerusalén (30-44 d.C.)

Jesús se aparece a Santiago (30 d.C.)

Santiago en incredulidad

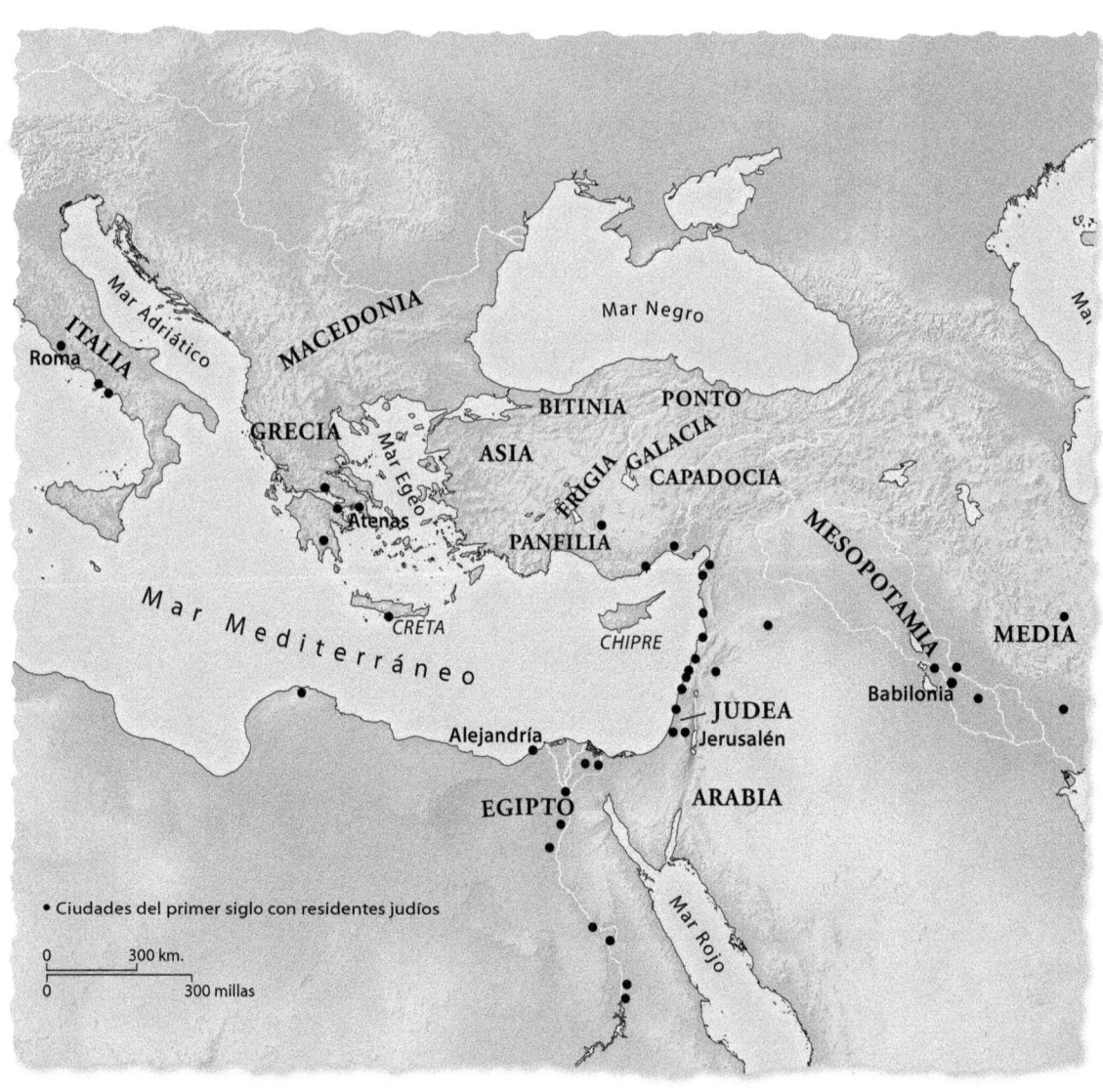

• Ciudades del primer siglo con residentes judíos

Diáspora de los judíos en el primer siglo

| 45 d.C. | 50 d.C. | 55 d.C. | 60 d.C. |

- Líder de la iglesia de Jerusalén
- Concilio de Jerusalén (49 d.C.)
- Libro de Santiago escrito (45-49 d.C.)
- Santiago muere como mártir (62 d.C.)

SANTIAGO

De Santiago el justo al justificado
Introducción

Vivimos en un mundo en donde la política gobierna el día. En este mundo, la reputación de un personaje público a menudo ahoga la realidad privada. A quién conocemos por lo general pregona lo que sabemos. El mencionar a famosos a menudo lo lleva a uno más lejos que el talento o la destreza. Estos dichos de descreimiento se aplican no solo al ambiente político, en donde el quid pro quo es el estatus quo. Lamentablemente, el sistema de los «buenos muchachos» tiende a corromper la mayoría de aspectos de los negocios, el mundo académico, el entretenimiento… y, sí, incluso a la iglesia.

Por eso las palabras de apertura de la carta de Santiago son tan refrescantes. Como una brisa fresca en primavera que sopla en una habitación que huele a humedad, la naturaleza nada presuntuosa de estas pocas palabras expulsa la arrogancia, el ego y la presunción. Escrito por un hombre que podía dárselas de conocer al Nombre que es sobre todo nombre, este saludo sencillo, directo, pone el tono de una carta que ataca nuestras tendencias humanas naturales hacia el pecado y el egoísmo con un mensaje radical de autenticidad y humildad.

IDENTIFICACIÓN DE SANTIAGO

Desde la primera palabra, el nombre «Santiago», esta carta breve nos presenta un problema: ¿Cuál «Santiago» escribió esta carta? Su identificación propia y humilde como «siervo de Dios y del Señor Jesucristo» no nos lleva muy lejos. Y a menos que hayamos estado entre los primeros que recibieron la

Esquema del libro de Santiago

Sección	La fe verdadera produce estabilidad genuina	La fe verdadera produce amor genuino
Temas	Gozo en las tribulaciones Cómo enfrentar las tentaciones Cómo responder a la palabra	Parcialidad y prejuicio La fe trabajando Cómo refrenar la lengua
	Sabiduría (1:5, 3:13, 15, 17) . . . Indeciso	
Términos clave	Pruebas Perseverancia Religión	Obras Justificación Lengua
Pasaje	1:1–1:27	2:1–3:12

La fe verdadera produce humildad genuina	La fe verdadera produce paciencia genuina
Expresiones del corazón Cómo resolver disputas Expresiones de deseo Advertencia a los ricos	Paciencia en el sufrimiento Enfermedad y pecado Carnalidad y corrección
(1:8, 4:8) . . . Fe (1:3, 6; 2:1, 5, 14–26; 5:15)	
Celos Humilde Juez	Persevera Vuélvete
3:13–5:6	5:7–20

TÉRMINOS CLAVE

σοφία [*sofia*] (4678) «sabiduría»

«Sabiduría» tiene un significado rico en las Escrituras hebreas y en el cristianismo judío temprano. La sabiduría incluye mucho más que el mero conocimiento de hechos y avanza incluso más allá de una vida hábil o el énfasis en la virtud práctica que se ve en la filosofía griega. Más bien, «sabiduría» en el sentido bíblico es un don de Dios estrechamente asociado con la presencia y obra del Espíritu Santo para producir discernimiento y prudencia sobrenaturales. Esto explica por qué Dios, y no los seres humanos, es la última fuente de la verdadera sabiduría, lo que Santiago repetidas veces recalca (Stg 1:5; 3:13, 15, 17).

δίψυχος [*dipsukos*] (1374) «indeciso, vacilante, dudoso»

Palabra compuesta de dos palabras «dos» y «almas», esta palabra aparece primero en griego en el libro de Santiago (Stg 1:8; 4:8). No aparece de nuevo sino hasta el fin del primer siglo en libros cristianos no bíblicos. Algunos eruditos piensan que Santiago mismo acuñó el término. En cualquier caso, Santiago usa la palabra para describir la fe vacilante de los creyentes que aducen creer una cosa pero viven de una manera que contradice su confesión. Este término resume en una palabra la esencia del mensaje general de Santiago.

πίστις [*pistis*] (4102) «fe, confianza, dependencia, seguridad»

Para los cristianos, *pistis* es la manera en la cual se relacionan con Dios. Dependiendo de su contexto, el término puede significar desde un simple «asentimiento» intelectual hasta demostrar «fidelidad». Para los creyentes, se aplica toda la gama. La aceptación de las creencias básicas es esencial para la fe, pero el conocimiento solo nos salva. Santiago desarrolla el concepto singularmente cristiano de la fe auténtica, que salva, que incluye la confianza indeclinable y entrega a Dios. Esta fe auténtica se manifiesta en actos de fidelidad (Stg 1:3, 6; 2:1, 5, 14-26; 5:15).

---

carta, se nos deja librados a una labor detectivesca a la antigua para descubrir cuál Santiago escribió estas palabras.

Si uno recorre el Nuevo Testamento, desde Mateo hasta el libro de Santiago, se encontrará con cuatro o cinco hombres con este nombre, dependiendo de cómo uno los cuente (ver tabla: «Cinco hombres llamados Santiago»). Es bastante fácil descartar un par de estos. Santiago, el padre de Judas (#1), nunca aparece en el Nuevo Testamento excepto en Lucas 6:16. Y Jacobo, hijo de Alfeo, probablemente es el mismo «Jacobo el menor» (#3a y b). Aunque él es uno de los doce, desaparece del relato bíblico después de la experiencia del aposento alto en Pentecostés (Hch 1:13). A estos dos fácilmente se les puede dejar a un lado como candidatos para la autoría.

Esto deja a Jacobo, hijo de Zebedeo y hermano del apóstol Juan (#2), o Jacobo, el medio hermano de Jesús (#4). Aunque el primer Jacobo, uno de los «hijos del trueno», desempeñó un papel principal de liderazgo en la iglesia infante como uno de los tres del círculo interno de Jesús (Pedro, Jacobo y Juan), fue el primero de los doce que sufrió el martirio bajo Herodes Agripa I. Eso ocurrió alrededor de 44 d.C. en una persecución que resultó en mayor dispersión de los creyentes judíos por todo el

Cinco hombres llamados Santiago

Cuatro (o quizá, cinco) personas con el nombre de Santiago (o Jacobo) aparecen en las páginas del Nuevo Testamento.

Identificación	Escritura	Descripción
1. Jacobo, padre de Judas (no el Iscariote)	Lucas 6:16	Nada se sabe de este Santiago. Se le menciona en la lista de los doce discípulos originales como padre de Judas (no el Iscariote) para distinguirlo de Judas el traidor. A este Judas también se le distingue con el nombre de «Tadeo».
2. Jacobo, hijo de Zebedeo, hermano de Juan	Mt 4:21; 10:2; 17:1; Mr 1:19, 29; 3:17; 5:37; 9:2; 10:35, 41; 13:3; 14:33; Lc 5:10; 6:14; 8:51; 9:28, 54; Hch 1:13; 12:2	Hermano del apóstol Juan y uno de los «hijos del trueno». Presenció algunos de los milagros privados de Jesús, estuvo presente en la transfiguración de Cristo, y fue invitado a orar con Jesús en el huerto de Getsemaní. Este Jacobo fue el primero de los doce discípulos que murió como mártir, ejecutado por espada alrededor de 44 d.C.
3a. Jacobo, hijo de Alfeo	Mt 10:3; Mr 3:18; Lc 6:15; Hch 1:13	Uno de los doce discípulos, distinguido como «hijo de Alfeo» para mantenerle distinto del Jacobo #2. Muchos eruditos piensan que #3a y #3b, «Jacobo el menor», son el mismo hombre.
3b. Jacobo, el menor, hijo de María	Mt 27:56; Mr 15:40; 16:1; Lc 24:10	Hijo de una de las mujeres llamadas María que presenciaron la sepultura y resurrección de Jesús. Muchos piensan que «Jacobo el menor» es el mismo que Jacobo, hijo de Alfeo (#3a).
4. Jacobo, hijo de José y María, medio hermano de Jesús	Mt 13:55; Mr 6:3; Hch 1:14; 12:17; 15:13; 21:18; Gá 1:19; 2:9, 12; 1 Cor 15:7; Jud 1:1	Hijo de María y José después del nacimiento de Jesús. Aunque no creía en su hermano, Jesús, durante su ministerio terrenal (Jn 7:5), después de que el Señor resucitado se le apareció de manera especial, Jacobo se hizo creyente y con el tiempo líder de la iglesia cristiana en Jerusalén hasta que murió como mártir alrededor de 62 d.C.

Imperio Romano (Hch 12:2). Poco después de esta persecución, Jacobo, el medio hermano de Jesús (#4) pasó a dirigir la iglesia perseguida en Jerusalén (12:17; 15:13; 21:18). Este Jacobo, que se crió con Jesús en el hogar de José y María, con probabilidad, escribió la carta que lleva este nombre.

Esta identificación del autor como el medio hermano de Jesús se remonta a los primeros siglos de la historia cristiana. Los eruditos del Nuevo Testamento más conservadores concuerdan que tanto el tono como el contenido de la carta se ajusta al estilo que uno esperaría de un dirigente bien conocido de la iglesia cristiana judía original.

UN RESUMEN DE LA VIDA DE SANTIAGO

¿Que sabemos de Santiago, hermano de Jesús, que nos ayudaría al leer su carta? Reconstruyamos un cuadro significativo de su vida.

Ningún segundo hijo o hija puede ni imaginarse lo que debe haber sido padecer el síndrome de segundo hijo con un hermano mayor que jamás pecó. Pero Jacobo lo hizo. ¿Puede imaginárselo? Jesús siempre acudía cuando su madre lo llamaba, y a la primera. Siempre se lavaba las manos como es debido antes de la cena. Siempre hacía sus quehaceres a tiempo y con gusto. Siempre obedeció. Luego estaba Jacobo, nacido con una naturaleza pecadora como el resto de nosotros, viviendo a la sombra de un hermano mayor que era Dios encarnado. Distando mucho de ser perfecto, el hermano menor Jacobo tuvo un problema integral desde el mismo comienzo.

Supongo que Jacobo debe haberse alegrado cuando Jesús se fue de la casa cuando lo hizo. Pero entonces su ya «extraño» hermano mayor volvió a su ciudad natal diciendo: «¡Yo soy el Mesías!». ¿Cómo piensa usted que se sentiría Jacobo hacia su hermano mayor *entonces*? No tenemos por qué preguntarnos. Juan 7:5 dice que «ni siquiera sus hermanos creían en él». Y Marcos 3:21 nos dice que sus parientes «salieron a hacerse cargo de él, porque decían: «Está fuera de sí». Así que, por todos los Evangelios, vemos a Jacobo en un estado de incredulidad y escepticismo en cuanto a su hermano mayor.

Las cosas no se quedaron así.

En 1 Corintios 15:7 el apóstol Pablo nos da un breve vislumbre de un episodio de otra manera desconocido: la aparición de Jesús resucitado a su hermano Jacobo. Probablemente deberíamos evitar la especulación en cuanto a la naturaleza de esa visita, pero pienso que fue diferente del encuentro camino a Damasco que Pablo tanto necesitaba, aquel que lo derribó del caballo y lo dejó ciego con gloria brillante. Más bien, me imagino a Jesús poniendo sus brazos sobre los hombros de su hermano menor, diciéndole al oído palabras de estímulo y cariño… palabras que él había anhelado oír toda su vida.

En cualquier caso, cuando los discípulos de Jesús se reunieron en el aposento alto después de la ascensión de su Señor al cielo, Santiago estaba entre ellos (Hch 1:14). Experimentó la llegada del Espíritu Santo en Pentecostés (Hch 2) y el subsiguiente crecimiento de la iglesia de Jerusalén en medio de la persecución (Hch 3—9). Santiago sin duda estaba activo en la iglesia de Jerusalén cuando arrestaron a Esteban y luego lo martirizaron por su fe (6:8—7:60). Todavía más, Santiago debe haber sabido que un joven estudiante rabínico muy celoso conocido como Saulo de Tarso respaldaba la muerte brutal de Esteban y que «asolaba la iglesia, y entrando casa por casa, arrastraba a hombres y a mujeres, y los entregaba en la cárcel» (8:3).

Poco después de su conversión en el camino a Damasco (Hch 9:1-18), Saulo de Tarso, más tarde conocido como el apóstol Pablo, volvió a Jerusalén para reunirse con los líderes de la iglesia que anteriormente había perseguido con tanta crueldad. Es de notarse que buscó a Jacobo (Gá 1:19) en esa reunión. El relato de esta visita se registra en Hechos 9:26-28.

> Cuando llegó a Jerusalén, trataba de juntarse con los discípulos, pero todos tenían miedo de él, porque no creían que de veras fuera discípulo. Entonces Bernabé lo tomó a su cargo y lo llevó a los apóstoles. Saulo les describió en detalle cómo en el camino había visto al Señor, el cual le había hablado, y cómo en Damasco había predicado con libertad en el nombre de Jesús. Así que se quedó con ellos, y andaba por todas partes en Jerusalén, hablando abiertamente en el nombre del Señor.

Aunque inicialmente dudaba de la conversión de Pablo, Jacobo rápidamente identificó las marcas de la fe auténtica en las palabras y obras de Pablo. Tal vez Santiago recordó su propia terquedad al no reconocer las afirmaciones mesiánicas de Jesús aunque había vivido con Jesús toda su vida. Pero, como Saulo de Tarso, Santiago finalmente se convirtió. La obra de la gracia de Dios había captado su corazón, lo que resultó en que veía a su hermano Jesús bajo una luz completamente nueva. Como resultado, no muchos años después, Santiago escribió lo que es probablemente el primer libro del Nuevo Testamento que se escribió, el breve y práctico manual de la vida cristiana que conocemos como «Santiago».

Una disputa brotó en la iglesia alrededor de 49 d.C., que amenazó destruir la unidad entre judíos y gentiles. Hechos 15 nos dice: «Algunos que habían llegado de Judea a Antioquía se pusieron a enseñar a los hermanos: «A menos que ustedes se circunciden, conforme a la tradición de Moisés, no pueden ser salvos». Naturalmente, esta adición de la circuncisión al evangelio preocupó a Pablo y Bernabé, que habían estado predicando un mensaje sencillo de salvación por gracia sola y por fe sola y aparte de obras (Gá 2:15-21). Queriendo aclarar bien las cosas, Pablo y Bernabé de inmediato fueron a Jerusalén para consultar con los apóstoles y ancianos, incluyendo Pedro y Jacobo.

Cuando Pablo presentó el caso a los líderes de Jerusalén, Pedro estuvo de acuerdo, y recordó a los reunidos en el concilio que Dios había salvado a los gentiles estrictamente por fe sola cuando él predicó el evangelio a Cornelio y su familia (Hch 15:7-11; véase 10:1—11:18). Después de esto, el mismo Jacobo se puso de pie y respaldó a Pedro y a Pablo. Mire con detenimiento el argumento de Jacobo que se halla en Hechos 15:13-21:

> Cuando terminaron, Jacobo tomó la palabra y dijo:
> —Hermanos, escúchenme. Simón nos ha expuesto cómo Dios desde el principio tuvo a bien escoger de entre los gentiles un pueblo para honra de su nombre. Con esto concuerdan las palabras de los profetas, tal como está escrito:

»"Después de esto volveré
y reedificaré la choza caída de David.
Reedificaré sus ruinas,
y la restauraré,
para que busque al Señor el resto de la humanidad,
todas las naciones que llevan mi nombre.
Así dice el Señor, que hace estas cosas"
conocidas desde tiempos antiguos.

»Por lo tanto, yo considero que debemos dejar de ponerles trabas a los gentiles que se convierten a Dios. Más bien debemos escribirles que se abstengan de lo contaminado por los ídolos, de la inmoralidad sexual, de la carne de animales estrangulados y de sangre. En efecto, desde tiempos antiguos Moisés siempre ha tenido en cada ciudad quien lo predique y lo lea en las sinagogas todos los sábados.

Las palabras sabias y convincentes de Jacobo fueron la base de la decisión del concilio de Jerusalén para apoyar el evangelio de Pablo de salvación por gracia sola y por fe sola. En acuerdo con Pablo y Bernabé, los apóstoles y ancianos de Jerusalén firmemente rechazaron la adición de las obras al evangelio (¡y cuán agradecidos estamos!). A fin de mantener la unidad entre los creyentes judíos y gentiles, sin embargo, y no ofender a los creyentes judíos que se sentían obligados a guardar la ley mosaica, a los convertidos gentiles se les pidió que evitaran prácticas que pudieran ofender. Dicho de manera sucinta, Jacobo quería asegurar que las obras que honraban a Dios autenticaban la fe genuina.

Jacobo aparece de nuevo en el libro de Hechos casi diez años después, en el año 58 d. C. Poco antes de ser arrestado y enviado a Cesarea, y después a Roma, Pablo llegó a Jerusalén después de su tercer viaje misionero y se reunió con Jacobo, que para entonces claramente había llegado a ser el líder de los creyentes judíos en Jerusalén (Hch 21:15-19). En un intento de exonerar a Pablo de las acusaciones de que había estado promoviendo que los judíos abandonaran sus costumbres después de abrazar la fe cristiana, Jacobo y los demás ancianos de Jerusalén animaron a Pablo a que participara en un ritual de purificación en el templo (21:23-24). De esto aprendemos que Santiago, creyente judío que vivía en Jerusalén y dirigía a los creyentes judíos, continuaba guardando la ley como testimonio ante sus compatriotas judíos. Lo que menos quería era que a su fe genuina en Jesús como el Mesías se la denigre porque él y su gente abruptamente le dieron la espalda a la ley mosaica. Aunque la ley nunca fue un medio de salvación, para Jacobo y muchos creyentes judíos la ley era un medio de testimonio para los judíos no creyentes de que su fe los fortalecía para hacer buenas obras.

Los historiadores antiguos nos dicen que Jacobo continuó viviendo y enseñando en Jerusalén, convenciendo a muchos judíos y visitantes de que Jesús es el Mesías, el Hijo de Dios. Grandemente estimado por su piedad, pasó tanto tiempo en el templo arrodillado en oración que lo apodaron «rodillas de camello». Incluso sus opositores, los escribas y fariseos, no pudieron hallar falta en él, excepto, por supuesto, su creencia «errónea» en el mesiazgo de Jesús.

La fe auténtica de Santiago a la larga resultó en su muerte. Su fe verdadera en Cristo, demostrada por buenas obras, fortalecida por el sufrimiento, y sazonada con la sabiduría dada por Dios, atrajo la ira creciente de los fanáticos y la elite religiosa envidiosa. Sus palabras y obras trajeron a miles de judíos a Cristo, y los poderes anti cristianos de Jerusalén a la larga se cansaron de él. Eusebio, historiador de la iglesia antigua, describe los eventos que condujeron a la confrontación final de Jacobo con sus opositores.

> Pero después de que Pablo, en consecuencia a su apelación al César, había sido enviado a Roma por Festo, los judíos, frustrados en su esperanza de atraparlo en las trampas que le habían puesto, se volvieron contra Santiago, el hermano del Señor… Trayéndole adonde estaban exigieron que renuncie a su fe en Cristo en presencia de todos. Pero, contrario a la opinión de todos, con voz clara, y con mayor intrepidez de la que ellos habían esperado, él habló delante de toda la multitud y confesó que nuestro Señor Jesús es el Hijo de Dios. Pero ellos ya no pudieron aguantar el testimonio del hombre que, debido a su excelencia de virtud ascética y piedad que había exhibido en su vida, era estimado por todos como el más justo de los hombres, y consecuentemente lo mataron.[1]

Josefo solo informa que apedrearon a Jacobo,[2] pero Eusebio relata que lo arrojaron desde el pináculo del templo, y luego lo golpearon con un garrote hasta matarlo. Cualesquiera que sean los detalles de su brutal e injusta ejecución, Jacobo, el hermano de Jesús, murió como mártir de la fe en el año 62 d.C.

UN VISTAZO PREVIO A LA CARTA DE SANTIAGO

A la luz del pedigrí, posición, realeza y legado de Santiago, imagínese cómo podría él haber empezado su carta:

«Jacobo, de la tribu de Judá, de la casa de David, del linaje real de los reyes de Judá…», o
«Jacobo, el mayor de los hermanos de Jesús, el Hijo encarnado de Dios….», o
«Jacobo, pastor de la Primera Iglesia Cristiana del Mundo…», o
«Jacobo, por mucho tiempo colaborador de Pedro, Jacobo, Juan, Pablo y el resto de los apóstoles…».

Santiago pudo haber mencionado todo tipo de nombres, gente de alto rango, para impresionar a sus lectores con títulos que hinchan el ego. Pero como veremos cuando desempaquemos su carta, ese tipo de orgullo es una de las cosas contra las que él habla. Ese tal vez sea el estilo de yo primero de este mundo, pero no fue el estilo de Santiago. Más bien, empezó su carta simplemente con: «Santiago, siervo de Dios y del Señor Jesucristo». Santiago era un siervo (*doulos* en griego), un sirviente o esclavo comprado, no una posición preciada en la cultura de clases del mundo romano. Pero Santiago no consideró su esclavitud a Dios y sumisión a Jesucristo como carga o maldición, sino como un honor glorioso.

Después de presentarse, Santiago dirige la carta a sus destinatarios con la forma típica de una carta en esos tiempos. Dirige su carta «a las doce tribus que se hallan dispersas por el mundo». Aunque la mayoría de las doce tribus históricas de Israel habían perdido sus diferentes identidades siglos antes en los cautiverios asirio y babilónico, el término «doce tribus de Israel» continuó siendo usado como figura de expresión, al referirse a todos los hijos de Israel en todo el mundo. La frase «que se hallan dispersas por el mundo» refuerza el hecho de que Santiago se dirigió primordialmente a creyentes judíos, aquellos a quienes quizá había conocido en Jerusalén, y que se habían dispersado como resultado de la persecución contra la iglesia de parte de las autoridades judías que no eran creyentes. Varias veces por todo el libro, Santiago llama «hermanos» a sus lectores, indicando que se dirige a otros creyentes en Jesús, y no solo a los judíos esparcidos por todo el mundo romano.

Así que Santiago fue un creyente judío que escribió a otros creyentes judíos del primer siglo que estaban «dispersos por todo el mundo». La palabra griega es *diáspora*, que quiere decir «esparcidos por todas partes», como semilla que se siembra al voleo en un campo. Cuando Santiago escribe esta carta, numerosos exiliados de la Tierra Santa ya habían establecido comunidades judías por todo el mundo romano. También, ya en ese tiempo el emperador romano Claudio había perseguido y expulsado a los judíos de Roma. Los negocios judíos sufrieron boicot. Los niños judíos sufrían mofas y expulsión de las escuelas. Los tiempos eran difíciles y la vida lúgubre.

Al mismo tiempo, los cristianos judíos, como aquellos a quienes Santiago escribe su carta, parecen haber estado viviendo bajo una doble diáspora. No solo estaban expuestos a la ira romana debido a ser judíos por raza, sino que a muchos los habían expulsado de sus comunidades judías debido a su fe en el Mesías. Más que los demás, los creyentes judíos vivían sin raíces y viajaban fuera de Judea, buscando un lugar al cual llamar casa. Muchos de estos hombres y mujeres se hallaban en un limbo social y religioso.

Aunque estoy convencido de que el sufrimiento purifica y madura, pienso que el sufrimiento implacable, extremo, puede confundir y aplastar. Muchos creyentes judíos habían empezado a cansarse, y estaban tentados a darle la espalda a sus raíces judías o a abandonar su fe en Cristo. Muchos afirmaban que creían en la verdad de Dios respecto al Señor Jesús, pero debido a las presiones del día, empezaron a vivir una mentira.

En este contexto de sufrimiento, confusión y defección, no sorprende que Santiago escribiera una carta de exhortación fuerte. Recuerde que esta carta no es un tratado doctrinal, ni una defensa del evangelio respecto a la persona y obra de Cristo, ni un recuento de la narración cristiana. Esta carta da por sentado que sus lectores ya saben todas esas cosas. Más bien, Santiago escribe una carta en cuanto a la fe auténtica puesta en práctica en un mundo hostil.

El principal tema del libro de Santiago es que la fe verdadera produce obras genuinas. En otras palabras, el que de veras ha hallado el camino anda genuinamente en él. Si uno dice: «He aceptado a Jesucristo; él es mi Señor y Salvador», Santiago responde: «Entonces haz que tu vida dé evidencia de esa verdad. Que tus acciones externas reflejen la realidad interna. Justifica tu fe ante otros mediante buenas obras». Cuando captamos este tema general, muchas de las secciones individuales y versículos problemáticos se aclaran.

Ahora podemos empezar un breve vistazo general del libro. Puede usar la tabla de las páginas 12–13 para ayudarle a recorrer el libro de Santiago; refiérase a esa tabla en todo este estudio.

En la primera sección principal, que incluye todo el capítulo 1, Santiago dice a sus lectores que *la fe verdadera produce estabilidad genuina*. Cuando la fe verdadera es sometida a tensión, no se rompe; más bien produce perseverancia. Santiago respalda su afirmación con tres ejemplos. Primero, en 1:1-12 muestra que las pruebas y las tribulaciones de la vida no destruyen la fe, sino que la profundizan y la hacen crecer. En 1:13-18 Santiago nos recuerda que podemos enfrentar las tentaciones gracias a la fe genuina. En 1:19-27 explica que los verdaderos creyentes responden positivamente a la Palabra de Dios, y cambian de manera de vivir para conformarse a la verdad de esta.

La segunda sección principal que exploraremos empieza en 2:1 y va hasta 3:12. En esta sección Santiago dice que *la fe verdadera produce amor genuino*. Cuando la fe verdadera se ve bajo la presión de las diversas circunstancias, los conflictos sociales y los conflictos personales, no falla. Más bien, produce un deseo de poner a otros primero. La fe verdadera adopta una posición en contra del prejuicio (2:1-13), se justifica mediante la obediencia y la acción (2:14-26), y domina la lengua desenfrenada (3:1-12). La fe genuina no produce un creyente enclenque pasivo y endeble, sino una fuerza intrépida y duradera de amor en acción.

En la tercera sección Santiago afirma que *la fe verdadera produce humildad genuina* (3:13—5:6). Contrasta la ambición del mundo con la sabiduría celestial; la una resulta en envidia y contienda, la otra en justicia y paz (3:13-18). Santiago también brinda consejo práctico para superar la conducta mundanal en la iglesia, incluyendo la conducta que produce divisiones (4:1-10). Luego exhorta a sus lectores a vencer la jactancia mediante la humildad verdadera delante de Dios (4:11-17). Por último, advierte a los ricos a vivir de manera responsable con sus riquezas (5:1-6).

En la última sección Santiago reitera la verdad de que *la fe verdadera produce paciencia genuina* (5:7-20). Los judíos cristianos, angustiados por circunstancias que retaban su fe, necesitaban oír esa afirmación vez tras vez. Santiago exhorta a sus lectores a ser pacientes en el sufrimiento a la luz de la venida del Señor (5:7-12). Les anima a procurar integridad física y espiritual (5:13-18); y concluye su profundamente práctica carta con una amonestación a conducir a los creyentes descarriados de regreso al sendero correcto (5:19-20).

Los creyentes judíos del primer siglo luchaban para perseverar en la adversidad, mantener buenas obras, promover la paz en sus iglesias, y vivir con paciencia en espera del retorno del Señor. Conocían a Jesús como el Camino, pero necesitaban una guía de viaje para andar en ese Camino por la vida. ¡También nosotros! En medio de las luchas de la vida cotidiana, todos podemos usar una buena dosis del cristianismo práctico de Santiago.

Aplicación

¿En qué senda está usted?

«Hay dos sendas: la senda de la vida y la senda de la muerte, y hay una vasta diferencia entre ambas sendas». (Didaqué 1:1).

Con estas palabras empieza lo que pudiera ser el escrito cristiano más antiguo fuera del inspirado Nuevo Testamento. Como el libro de Santiago, la Didaqué, o «enseñanza», es un escrito cristiano judío temprano. Partes del mismo quizá fueron escritas alrededor del tiempo cuando Santiago escribió su carta a los cristianos judíos de todo el mundo. Empieza describiendo la vida cristiana práctica en términos de un recorrido por la «senda de la vida».

Para el creyente, este recorrido empieza con la fe en Cristo y continúa hasta que llegamos a nuestro destino final: el cielo. Como Juan Bunyan pinta tan vívidamente en su obra inmortal, *El progreso del peregrino*, es una senda repleta de adversidad, conflicto y sufrimiento; pero la senda también se recorre con una compañía de santos gozosos, confiados y victoriosos. La senda rebosa de perseguidores, tentadores y desalentadores; pero el Señor Jesucristo acompaña a sus viajeros, carga nuestras cargas y provee su Espíritu Santo para revigorizar nuestros débiles pasos. En el pensamiento cristiano judío, la senda de la vida, aunque angosta y difícil, conduce a un destino que hará que todos los peligros, tropiezos y reveses en el camino bien valgan la pena.

Santiago escribió su libro a los cristianos judíos que ya habían hallado el Camino, pero que luchaban para andar en ese camino. Habían entrado por la Puerta, pero tenían que avanzar por la senda. Por eso el manual práctico de Santiago en cuanto al cristianismo práctico no nos servirá de nada si no hemos puesto nuestros pies en la senda de la vida. Pero, ¿cómo sabe una persona si está en la senda de la vida que conduce a la «ciudad celestial»... o en la senda de la muerte, deslizándose con toda certeza a la destrucción?

La respuesta de nuestra cultura es vaga e incierta. Pregunte a cualquier persona «de la calle» y usted oirá una amplia variedad de opiniones. Como uno de mis mentores una vez lo describió, «la viscosa supuración de lo indefinido» se puede hallar por todas partes. La respuesta que Jesús dio, sin embargo, es específica y sencilla: «Yo soy el camino, la verdad y la vida» (Jn 14:6). Como *el* camino, él mismo es *la* senda de la vida. Como *la* verdad, él es el único confiable en cuyas palabras y obras se puede confiar sin reserva. Y como *la* vida, él restaura *la* vitalidad, significado, propósito y esperanza de los que anteriormente andaban en tinieblas, confusión, temor, engaño y existencia como de muerte.

Debido a su gran amor por nosotros, pecadores, Dios Padre envió a su Hijo eterno para que se hiciera hombre, viviera una vida sin pecado, y muriera la muerte del pecador injusto en la cruz. Murió en lugar de nosotros, el justo por los injustos, como nuestro sustituto. Cuando le recibimos por fe, nuestro pecado y muerte son puestos sobre él y su justicia y vida son transferidas a nuestra cuenta.

Si usted está leyendo estas palabras y nunca ha confiado en la obra concluida del Señor Jesucristo como su Salvador, si nunca le ha pedido al Señor Jesús resucitado que entre en su vida, este sería el momento ideal para hacerlo. Esta es una oración sencilla que puede usar: «Señor, reconozco que Jesucristo es mi Salvador. Creo que él pagó toda la pena de mis pecados y resucitó victorioso sobre la muerte a fin de concederme su vida, la vida eterna. Reconozco que solo él es la puerta a la senda de la vida, y hoy voluntariamente entro por esa puerta por fe».

Si ha empezado a andar en la senda de la vida eterna por fe en Cristo, la carta de Santiago es para usted. ¡Siga leyendo!

NOTAS: Prefacio del autor

1. Eusebio, *Ecclesiastical History* 2.23.1-2. Traducción al inglés de Philip Schaff y Henry Wace, eds., Nicene and Post-Nicene Fathers, Second Series, vol. 1, *Eusebius: Church History, Life of Constantine the Great, and Oration in Praise of Constantine*, Christian Literature Publishing Company, Nueva York, 1890.
2. Josefo, *Antigüedades judías*, 20.9.1.

LA FE VERDADERA PRODUCE ESTABILIDAD GENUINA (SANTIAGO 1:1-27)

Los dos personajes estaban con el agua a la cintura en la corriente verde azulada que corría raudamente a su alrededor. Las luces danzaban sobre la superficie del río conforme el sol se asomaba por entre las nubes de algodón, iluminando a los dos hombres que parecían discutir entre sí. El uno, vestido con ropa burda de pelo de camello y un cinturón de cuero a su cintura, tenía las manos en alto y sacudía la cabeza como protestando. Con los ojos cerrados, se daba palmadas en el pecho señalándose a sí mismo.

El otro, también como de treinta años y llevando la ropa del hombre común del pueblo, se había despojado del manto exterior en preparación para el bautismo y había sido escoltado por los discípulos más jóvenes del profeta al profeta Juan mismo. Después de una breve conversación, Juan vaciló, y después, sujetando con sus manos al joven llamado Jesús, lo sumergió.

Cuando Jesús salió del agua del río Jordán, Juan el Bautista miró al cielo conforme la luz del sol, brevemente velada por una nube pasajera, se abrió paso con gran resplandor. Pero sus ojos estaban fijos en algo, algo que solo él podía ver. Retrocedió a tropezones en el agua, perdiendo pie, pero sus discípulos lo sujetaron.

—¿Qué, maestro? ¿Qué viste?

—Al Espíritu de Dios descendiendo como una… paloma —contestó Juan—. Y una voz, una voz del cielo que decía: «Éste es mi Hijo amado; estoy muy complacido con él».

Juan y sus discípulos observaron al hombre Jesús que salía del agua por la orilla opuesta del río, aquella que daba al desierto. En lugar de volverse para seguir el sinuoso Jordán, Jesús, todavía chorreando agua, siguió a una paloma que aleteaba hacia el oriente, hacia el desierto.

Por cuarenta días y cuarenta noches Jesús fue tentado, probado y examinado. Con hambre, con sed y agotado, tropezaba con las rocas, dormía sobre la arena áspera y deambulaba de un lado a otro bajo un sol candente y brutal. Pero esos problemas físicos no eran nada comparados con las tentaciones espirituales que enfrentaba. Como un señor de guerra implacable que construye una rampa de asedio para su alma, Satanás tentó al Hijo de Dios para que satisficiera sus antojos humanos (Mt 4:1-4), para que circunvalara el plan de Dios para la salvación mediante el sufrimiento (4:5-7) y, en fin, a que se postrara y lo adorara (4:8-11). Aunque Jesús soportó un período agotador de pruebas físicas y tentaciones, surgió victorioso, con sus cualidades verdaderas reluciendo, como perfecto Hombre y perfecto Dios.

Sin embargo, las pruebas de Jesús no se habían acabado. Durante los siguientes tres años de ministerio público continuaría aguantando rechazo, persecución, acusaciones falsas, abandono, insultos, mofas, azotes y finalmente la crucifixión, antes de concluir su obra.

Los que creen en Jesucristo lo han seguido en el bautismo, han recibido la bendición del Espíritu Santo, y han sido hechos hijos de Dios por adopción. Pero a menudo nos olvidamos de que la dádiva

TÉRMINOS CLAVE

πειρασμός [*peirasmos*] (3986) «prueba, tentación»

Aunque el libro de Apocalipsis usa este término para referirse al período venidero de prueba global antes del retorno de Cristo (Ap 3:10), el término por lo general se refiere a pruebas que son un reto para la fuerza de la fe de uno (como en 1 P 1:6) o a «tentaciones» que son un reto para la fortaleza moral de uno (Lc 4:13). Santiago trata de ambos significados en su carta: pruebas de fe en 1:2-12 y tentaciones a pecar en 1:13-18.

ὑπομονή [*jupomoné*] (5281) «resistencia paciente, perseverancia, firmeza»

Este término viene de dos palabras griegas, *jupó* («bajo») y *meno* («permanecer»), con el significado básico de: «permanecer bajo». Hace énfasis en la capacidad de soportar el peso de las cargas o circunstancias difíciles, como la bestia de carga puede aguantar bajo una carga pesada sin colapsar.

θρησκεία [*treskeia*] (2356) «religión, adoración, piedad, prácticas devotas»

La palabra «religión» en griego no se refiere a las convicciones privadas del individuo sino a una comunidad o sistemas religiosos bien definidos. El judaísmo era en este sentido una «religión» (Hch 26:5), como también la adoración de ángeles que se describe en Colosenses 2:18 («adoración de ángeles»). En Santiago se refiere a la religión cristiana ortodoxa, que hace énfasis en sus creencias y prácticas fundamentales que la distinguen de las demás «religiones».

de fe que nos salvó continuamente será puesta a prueba por pruebas y tentaciones. Errantes en un desierto de adversidad y seducciones, los cristianos enfrentamos las pruebas de la vida y las tentaciones a pecar. Pero como nuestro Señor antes que nosotros, podemos enfrentar estas adversas realidades con confianza, respondiendo a las verdades de las Escrituras con fe y obediencia en lugar de colapsar bajo las tentaciones.

El Libro de Santiago desarrolla el tema general de que *la fe verdadera produce obras genuinas*. En el capítulo 1 Santiago aboga que cuando la fe es puesta a prueba, persevera. Resulta en estabilidad. Para demostrar este punto, da tres ejemplos. En Santiago 1:1-12 argumenta que las pruebas normales que acompañan a la vida no destrozan la fe genuina, sino que producen resistencia. Luego, en 1:13-18 Santiago anota la clave para vencer las tentaciones a pecar: echar mano a la fuerza que Dios da. Finalmente, en 1:19-27 Santiago explica que, así como las pruebas del Señor Jesús en el desierto, la fe genuina resulta en sumisión a la palabra de Dios, y conforma la vida del creyente a la imagen de Cristo.

Pruebas de la vida (Santiago 1:1-12)

> [1]Santiago, siervo de Dios y del Señor Jesucristo,
> a las doce tribus que se hallan dispersas por el mundo: Saludos.

LA FE VERDADERA PRODUCE ESTABILIDAD GENUINA (SANTIAGO 1:1-27)

²Hermanos míos, considérense muy dichosos cuando tengan que enfrentarse con diversas pruebas, ³pues ya saben que la prueba de su fe produce constancia. ⁴Y la constancia debe llevar a feliz término la obra, para que sean perfectos e íntegros, sin que les falte nada. ⁵Si a alguno de ustedes le falta sabiduría, pídasela a Dios, y él se la dará, pues Dios da a todos generosamente sin menospreciar a nadie. ⁶Pero que pida con fe, sin dudar, porque quien duda es como las olas del mar, agitadas y llevadas de un lado a otro por el viento. ⁷Quien es así no piense que va a recibir cosa alguna del Señor; ⁸es indeciso e inconstante en todo lo que hace.

⁹El hermano de condición humilde debe sentirse orgulloso de su alta dignidad, ¹⁰y el rico, de su humilde condición. El rico pasará como la flor del campo. ¹¹El sol, cuando sale, seca la planta con su calor abrasador. A ésta se le cae la flor y pierde su belleza. Así se marchitará también el rico en todas sus empresas.

¹²Dichoso el que resiste la tentación porque, al salir aprobado, recibirá la corona de la vida que Dios ha prometido a quienes lo aman.

Uno no necesita marchar al son que le toca la vida diaria o analizar su melodía por mucho tiempo para darse cuenta de que una gran parte de la música de la vida se toca en clave menor. Las heridas, los corazones partidos, el dolor, los problemas, los desencantos, los desalientos, las enfermedades, los sufrimientos, las dolencias, y la muerte forman una línea de bajo atronador para lo que todo mundo desearía que fuera un coro alegre. Y por más que tratemos de conducir a la a menudo clamorosa orquesta hacia un canto más dulce, los acordes disonantes continuamente rechinan en nuestros sentidos.

Esta realidad de sufrimiento despierta en nosotros preguntas respecto a la justicia de Dios y el propósito de la vida. Por milenios, los mejores filósofos y teólogos han intentado resolver la evidente discordia entre la creencia en un Dios todo bueno y todopoderoso y lo extendido de la maldad, la perversidad y el sufrimiento en el mundo que Dios creó. Al mismo tiempo, científicos y santos por igual han luchado contra el orden natural de las cosas, en un intento desesperado de producir algún alivio duradero para la desdicha de la humanidad. Al final, muchos en el mundo acaban durante sus breves vidas adormeciendo el tormento con métodos que aturden la mente o el cuerpo, y que los distraen del dolor, pero nunca los libra del mismo: drogas, licor, diversiones, ajetreo, educación, viajes… incluso esfuerzos religiosos que niegan al mundo. Pero si bien tales cosas pueden proveer un medio de escape temporal, el aluvión de adversidad a la larga cubre hasta la más alta colina de retiro. Las pruebas de la vida, o de la muerte, a la larga nos vencen a todos. Sin excepción.

Para iniciar su caso general de que la fe verdadera produce obras genuinas, Santiago empieza con un argumento inicial que muchos predicadores de hoy prefieren relegar a un comentario de conclusión: el problema del sufrimiento y las pruebas en la vida. Pero Santiago no podía haber escogido un asunto más pertinente para empezar a demostrar su tesis de la durabilidad de la fe verdadera. Como vimos en la introducción y saludo, los lectores dispersos de Santiago estaban soportando adversidad al tratar de vérselas con sus nuevas identidades como cristianos judíos en una cultura que detestaba lo mismo a los judíos que a los cristianos. En un contexto social como ese, es comprensible que estas pruebas empujaran a muchos a una alternativa mucho más cómoda: regresar al judaísmo o dejar de poner en práctica su fe en Cristo.

Pero esta situación, o algo similar, no fue privativa de los cristianos del primer siglo. Es más, las pruebas dolorosas de la vida han tocado a toda generación de creyentes en toda la historia, incluyéndonos a usted y a mí.

— 1:1-4 —

Como descubrimos en la introducción a Santiago, los destinatarios de esta carta sufrían adversidades. Habiendo sido «esparcidos por todo el mundo» se sentían desorientados, desilusionados y probablemente deprimidos. Se habían convertido en blanco de crítica, brutalidad y tratamiento injusto.

Santiago se dirige a estos creyentes atormentados con una palabra sencilla: «Saludos». Aunque era una forma común del saludo oficial en ese tiempo (Hch 15:23), la palabra griega *kairein* literalmente quiere decir «regocíjense», como en Romanos 12:15: «Alégrense (*kairein*) con los que están alegres». Este contraste entre la situación apurada de sus lectores y la exhortación de Santiago, «considérense muy dichosos (*caran*)», en el próximo renglón, establece el tono de esta carta.

Sin vacilación Santiago se lanza de cabeza al asunto más apremiante: las pruebas. La palabra griega que Santiago usa y que se traduce «pruebas» es *peirasmos*, que aparece una segunda vez en 1:12. La palabra puede referirse a pruebas que son un reto a la integridad de la fe de uno (como en 1 P 1:6). Pero también puede referirse a «tentaciones», cosas que apelan a nuestras tendencias a pecar y son un reto a nuestra integridad moral (Lc 4:13). En los versículos 2-12 Santiago trata del primer significado: pruebas que son un reto a la fe del creyente. Luego, en los versículos 13-18, trata del segundo significado: tentaciones a pecar. Antes de considerar el aspecto de prueba de estas adversidades, veamos dos cosas que Santiago nos dice en este versículo en cuanto a estas pruebas de la fe.

Primero, nos dice que las pruebas son inevitables. Note que Santiago no dice: «considérense muy dichosos *si* tienen que enfrentarse con diversas pruebas». Más bien, usa la palabra «cuando». Como la muerte, las pruebas son inescapables e inevitables. Pocas cosas son ciertas en este mundo, pero los problemas, la adversidad, los retos a la fe, ni lo dude, vendrán.

Segundo, Santiago llama a las pruebas «diversas». Pudiera parecer un desperdicio de tiempo detenerse en una palabra al parecer tan sin importancia, pero piénselo. Aunque podemos esperar que las pruebas vengan, no tenemos ni idea de qué forma tomarán. La palabra «diversas» en griego (*poikilos*) puede significar diversas, variadas o de muchos colores. En otras palabras, las pruebas suceden en todas formas y tamaños. Como visitas no invitadas, se meten en nuestra vida sin anunciarse y se quedan demasiado tiempo. Las pruebas pueden ser frecuentes y molestas, o tan colosales que cambian la vida. Nunca podemos predecirlo.

Pero Santiago también descorre el velo y deja que sus lectores vean el funcionamiento interno de

Dos trayectorias en Santiago 1

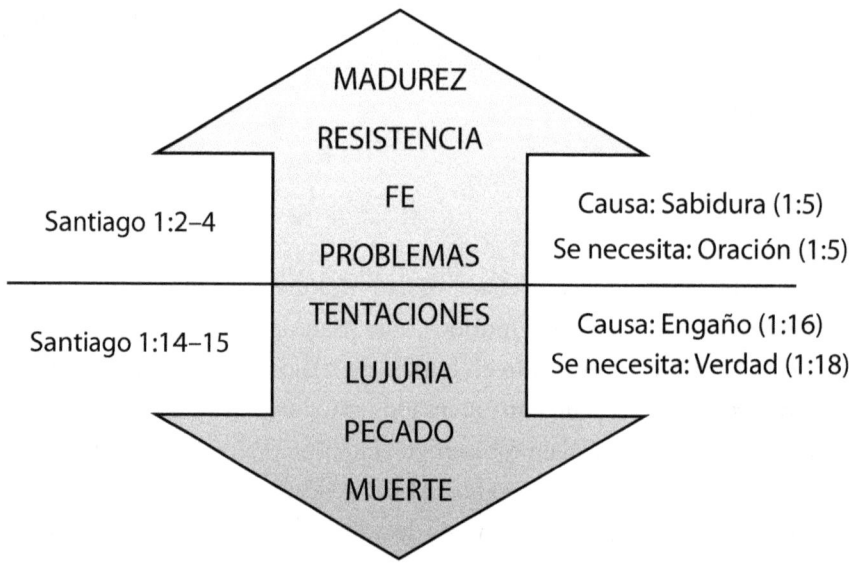

las pruebas, y revela que tienen un propósito. Al abrir la senda del recorrido del creyente por la vida, Santiago declara que las pruebas producen resultados tanto inmediatos como futuros.

Primero, *la prueba de la fe produce paciencia* (1:3, RVR1960). Ese es el resultado inmediato. «Prueba» en griego es *dokimion*. Se refiere a un medio de autenticar algo. Cómo el minero muerde una pepita de oro para probar su calidad, Dios aplica pruebas específicas a cada uno de sus hijos para evaluar su fe, para revelar su verdadero carácter.

Nótese que el objeto de la prueba de Dios es «su fe». Nuestro Padre celestial no es un científico loco que trata de quebrantar a sus súbditos con torturas. Es más como un entrenador experto que sabe cuáles músculos desarrollar, qué dieta seguir y qué horario observar a fin de producir los mejores resultados. La meta no es romper los músculos de nuestra fe, sino estirarlos y fortalecerlos, produciendo *paciencia*, término derivado de dos palabras griegas que juntas literalmente quieren decir «permanecer bajo», o como diríamos nosotros, «aguantar».

Paciencia es solo el resultado inicial. La paciencia misma tiene un propósito aun mayor: «su obra perfecta». Dios dice, en efecto: «En mi plan soberano he preparado una serie de cosas que sucederán, y mi dedo de pruebas pulsa la primera: paciencia». Cuando llega la paciencia, aumenta en madurez, lo que conduce a un carácter completamente desarrollado.

La gente que para mí tienen un gran carácter cristiano invariablemente han aprendido a manejar la vida en el crisol. Es la madre que perdió a un hijo y puede decirle a Dios: «Tú diste y tú quitaste; sea tu nombre bendito». Es el padre que, tras haber dado lo mejor que tenía a la empresa, pierde su trabajo y dice a su familia: «Reunámonos esta noche y démosle gracias a Dios por esta oportunidad de confiar en él». Es el adolescente que dice: «No cederé en mis principios. Mantendré mis normas aunque me rechacen y me traten como a un extraño mis compañeros». Es la maravillosa cualidad de la madurez. Es esa integridad y esa entereza que surgen cuando pacientemente «aguantamos».

Santiago indica que las pruebas inevitables toman varias formas en nuestra vida para producir propósitos específicos: edificar la cualidad de constancia y llevar a los hijos de Dios a la madurez. En estos versículos también responde a la pregunta del «cómo». ¿Cómo pueden los creyentes, hundidos hasta el cuello en problemas, remontarse por encima de las situaciones sin renunciar, darse por vencidos ni quedarse a medio camino? ¿Qué pueden ellos hacer para enfrentar las varias pruebas que se presentan en su camino? Los versículos 2-4 dan órdenes específicas implícitas que Santiago quiere que sus lectores sigan: «tened por» (1:2), «sabiendo» (1:3), y «tenga la paciencia su obra completa» (1:4). Cada una merece que se estudie en detalle.

La palabra «considerar» en griego tiene un trasfondo interesante. Procede de una raíz que significa conducir o guiar, de la cual nosotros obtenemos nuestra palabra «hegemonía», influencia directora o guía de algo. El término se podría aplicar a una persona al frente de una línea, encabezando un desfile. Santiago está diciendo que nuestro pensamiento guía debe ser el gozo, detrás del cual todas nuestras actitudes y acciones caen en línea.

Santiago usa el gerundio en presente al decir «sabiendo», que es su manera de decir a sus lectores cómo pueden mantenerse gozosos, positivos, incluso tranquilos en medio de las pruebas. Al saber que Dios tiene un mayor propósito en la prueba, el creyente puede «considerarse muy dichoso».

Finalmente, Santiago anima a sus lectores: «Mas tenga la paciencia su obra completa» (1:4, RVR1960). Esta expresión comunica la idea de que haya cooperación con la obra de Dios. Hallamos una idea similar de cooperación pasiva con el plan de Dios en 1 Pedro 5:6: «Humíllense, pues, bajo la poderosa mano de Dios, para que él los exalte a su debido tiempo». Así como el alfarero usa los dedos para moldear una obra de arte, los dedos de Dios obran mediante las varias circunstancias para producir un perfecto resultado de madurez y compleción en la vida de los suyos.

Así que, ¿cómo se elevan los creyentes por encima de los problemas de la vida cotidiana? Los enfrentan con una actitud deliberada de gozo, teniendo en mente el proceso que Dios está obrando en sus vidas, y cooperando con él en todo el proceso.

—1:5-8—

Después de dar un vistazo detrás de bastidores al propósito final de las pruebas y brindar consejo práctico sobre cómo aguantarlas positivamente, Santiago continúa el tema respondiendo a otra pregunta persistente: «¿Por qué las pruebas nos abruman? ¿Por qué a veces cedemos? ¿Qué impide el gozo de aguantar la vida en el crisol?». ¿La respuesta? *Nuestra falta de sabiduría*.

Por eso, siempre que nos sintamos mal equipados para enfrentar una prueba, tenemos una opción: pedirle a Dios sabiduría. En este contexto, la sabiduría se puede definir como la capacidad de ver la vida desde la perspectiva de Dios. Santiago dice que esta sabiduría viene por oración (1:5). Puede ser algo tan sencillo como esto: «Señor: En medio de esta pérdida, de este corazón partido o en medio del fracaso, pido tu sabiduría. Ayúdame, primero a ver desde tu punto de vista lo que estoy atravesando, y luego te pido fe para no darme por vencido».

Por supuesto, cuando nos sentimos abrumados, puede ser difícil ejercer fe. Así como una falta de sabiduría puede hacer que nos sintamos abrumados, una falta de fe puede resultar en que nos rindamos. Santiago no se está refiriendo en el versículo 6 a la fe que salva. Tiene en mente la fe que sostiene, el tipo de fe que nos permite aguantar las pruebas, alinear nuestra voluntad y nuestra actitud con una perspectiva divina, abandonándonos a Dios y a su mano poderosa.

Lo opuesto de la fe es la duda. Santiago compara al que duda con «las olas del mar», empujadas por el viento. La palabra «olas» se usa en el Evangelio de Lucas cuando los discípulos pensaban que perecerían en la tempestad en el mar de Galilea. Despertaron a Jesús, quien de inmediato «reprendió al viento y a las olas» (Lc 8:24). Interesantemente, las primeras palabras de la boca de Jesús después de calmar la tormenta fueron: «¿Dónde está la fe de ustedes?» (8:25).

Santiago describe este tipo de duda profundamente afincada como «indecisión» (Stg 1:8). La palabra *dipsukos*, literalmente quiere decir «doble ánimo», como la traduce la RVR1960. Aparece aquí en el libro de Santiago por primera vez en toda la literatura griega, y Santiago incluso tal vez acuñó la palabra[1]. De paso, si uno inventa una palabra tiene que definirla, así que dejemos que Santiago nos la defina. Santiago usa el término de nuevo en 4:8: «¡Vosotros los de doble ánimo, purificad vuestros corazones!» (RVR1960). Indica una impureza en nuestra persona interior. En donde debería haber solo un pensamiento, meta, actitud o devoción, hallamos dos pensamientos en competencia. En consecuencia, una persona de doble ánimo es la que quiere su voluntad al mismo tiempo que la voluntad de Dios. Ese tipo de persona es inestable en todo lo que hace. Haga una pausa e imagínese lo que sucede cuando un individuo indeciso ¡se enfrenta con una prueba de dos cañones en la vida!

Nunca he hecho esto —y probablemente debería advertirle que no lo pruebe sin supervisión profesional—, pero he oído que una de las maneras más baratas y fáciles de atrapar a un mono es recortar el extremo de una calabaza de cuello largo, llenarla con arroz y atarla a un árbol. El mono con hambre meterá su delgada mano por el cuello estrecho de la calabaza para agarrar el arroz. Empuñará el arroz y tratará de sacar la mano, pero el puño cerrado del mono es más grande que el cuello de la calabaza. Está atrapado, porque ese mono hambriento, estrecho de miras, no soltará el arroz para sacar la mano. No tiene sabiduría para decidir que la libertad sin arroz es mejor que el cautiverio con comida.

Ese es el creyente indeciso. Dentro de la calabaza está mi voluntad. Sí, parte de mí quiere vivir la voluntad de Dios; pero la otra parte la quiere en mis términos. Y cuando viene una prueba, me niego a abrir el puño y confiar en que el propósito y plan de Dios dará verdadera libertad.

― 1:9–12 ―

Las pruebas afectan a todos, incluso a los ricos, que algunas veces piensan que tienen un escudo de protección, o por lo menos un cojín para ablandar la caída. Pero la sabiduría y la fe son requisitos tanto para el pobre como para el rico. Para el pobre, que sigue aguantando el problema de carecer de la riqueza del mundo, la sabiduría de Dios puede recordarle su posición alta. ¿Cuál es esta posición alta? Probablemente, Santiago tiene en mente la posición de los creyentes en Cristo. Pablo la describe de esta manera: «Y en unión con Cristo Jesús, Dios nos resucitó y nos hizo sentar con él en las regiones celestiales, para mostrar en los tiempos venideros la incomparable riqueza de su gracia, que por su bondad derramó sobre nosotros en Cristo Jesús» (Ef 2:6-7).

Para los ricos, las peores pruebas vienen cuando pierden sus riquezas del mundo o cuando entran en sus vidas problemas que el dinero no puede desviar. Al rico, también, entonces se le recuerda la fragilidad de la vida (Stg 1:10). Si tal individuo no coopera con la obra de Dios, sino que más bien, como el mono agarrando el arroz, está decidido a hacer su propia voluntad, se marchitará «en todas sus empresas», como dice Santiago (1:11).

Pero el que se mantiene firme bajo el peso de las pruebas será bienaventurado. La palabra que NVI traduce «dichosos» (*makarios*) quiere decir «genuinamente feliz». Jesús repitió la palabra unas nueve veces en la introducción de su sermón del monte (Mt 5:3-11). Es muy probable que las dos últimas de esas bienaventuranzas formen el trasfondo de la propia enseñanza de Santiago:

> Dichosos los perseguidos por causa de la justicia, porque el reino de los cielos les pertenece.
> Dichosos serán ustedes cuando por mi causa la gente los insulte, los persiga y levante contra ustedes toda clase de calumnias. Alégrense y llénense de júbilo, porque les espera una gran recompensa en el cielo (Mt 5:10-12a).

Santiago describe la recompensa en el cielo como «la corona de la vida» (Stg 1:12). Sin negar la recompensa futura guardada para los que soportan las pruebas y adversidades, pienso que hay una corona temporal, también. Pienso que el que verdaderamente vive la vida cristiana es el que persevera bajo las pruebas. Recibe la recompensa en esta vida con madurez, sabiduría, y perspectiva del plan y propósito de Dios. ¡Eso es vida en su mejor expresión!

Aplicación

Cómo remontarse por encima de las pruebas

Parece tan fácil silbar cantos de alabanza cuando el sol nos brilla, cuando rompe una aurora gloriosa, y cuando el pronóstico de la vida se ve claro y brillante. Es muy diferente alabar a nuestro Padre celestial cuando un cielo negro nos frunce el ceño, retumban los truenos, y las violentas tormentas de problemas se desatan en nuestra vida. ¿Cómo puede alguien cantar cuando los días se ennegrecen y las noches son largas? Pero esto es exactamente lo que Santiago nos pide hacer: responder a las pruebas inevitables de la vida con gozo, con sabiduría y con firme confianza en Dios.

Con la mirada puesta en nuestra respuesta personal a la verdad de Dios, volvamos a visitar dos maneras en que podemos manejar la adversidad.

Primero, *cuando vienen los problemas, es esencial que respondamos con sabiduría*. Esta perspectiva de las pruebas no surge de por sí. La sabiduría para manejar las pruebas puede venir solo de Dios; y el medio primario que él usa para darnos sabiduría es su Palabra. El traer a la mente declaraciones específicas de las Escrituras que hablan del asunto le ayudará a uno a responder apropiadamente en tiempos de problemas. Permítame ofrecerle tres pasajes para rumiar. Le sugiero que busque cada uno y se detenga allí. Romanos 8:28 nos dice que «todo» obra para nuestro bien según el plan soberano de Dios. Hebreos 12:1-3 dirige nuestra atención a Jesús y a otros compañeros de sufrimiento que han ido antes de nosotros como modelos de perseverancia. Y 1 Pedro 1:6-7 nos recuerda que la perseverancia en última instancia resultará en alabanza, gloria y honor. Medite en esos pasajes para adquirir la sabiduría de Dios en las pruebas.

Segundo, *cuando vienen los problemas, debemos responder en fe*. En el contexto de las pruebas, fe quiere decir tener confianza absoluta en las promesas de Dios en medio de circunstancias que parecen contradecir esas promesas. En medio de una prueba, puede parecer como si Dios hubiera permitido que todo se derrumbara. Para los que carecen de la perspectiva de la fe para ver más allá de las circunstancias, pudiera parecer como si nuestra vida estuviera en un torbellino, rumbo a la catástrofe. Pero fe que no vacila, concentrada, quiere decir tomar una decisión consciente, con la ayuda de Dios, de escoger nuestra actitud. Quiere decir rendirnos por completo a Dios porque confiamos en él, y resistir la tendencia natural de abandonar la esperanza.

Allí es donde podemos ayudarnos unos a otros. El Espíritu de Dios fortalece la fe personal en la comunidad de fe. Pablo envió a Timoteo a Tesalónica «con el fin de afianzarlos y animarlos en la fe» (1 Ts 3:2). El autor de Hebreos exhorta a sus lectores a guardar firme su confesión de esperanza reuniéndose frecuentemente para «estimularnos al amor y a las buenas obras» (He 10:24). Recuerde que Dios no nos ha dejado librados a nuestras propias fuerzas para soportar estas cosas. Nos ha dado todo un cuerpo de creyentes para fortalecer y estimular nuestra fe. Acepte la dádiva que él ha dado.

Si ha sufrido heridas y está sufriendo, atravesando temporadas de profundas angustias y dolores, es mi oración que nunca olvide la importancia de la paciencia, de «permanecer bajo». Que Dios le conceda, por su Espíritu y mediante su palabra, tanto sabiduría como fe para cosechar las bendiciones de madurez que está obrando en usted.

Tentaciones a pecar (Santiago 1:13-18)

¹³Que nadie, al ser tentado, diga: «Es Dios quien me tienta». Porque Dios no puede ser tentado por el mal, ni tampoco tienta él a nadie. ¹⁴Todo lo contrario, cada uno es tentado cuando sus propios malos deseos lo arrastran y seducen. ¹⁵Luego, cuando el deseo ha concebido, engendra el pecado; y el pecado, una vez que ha sido consumado, da a luz la muerte.

¹⁶Mis queridos hermanos, no se engañen. ¹⁷Toda buena dádiva y todo don perfecto descienden de lo alto, donde está el Padre que creó las lumbreras celestes, y que no cambia como los astros ni se mueve como las sombras. ¹⁸Por su propia voluntad nos hizo nacer mediante la palabra de verdad, para que fuéramos como los primeros y mejores frutos de su creación.

Marco Antonio fue un famoso estadista romano de 83 a 30 a.C. Respaldó a Julio César, y a la larga llegó a ser uno de los co-gobernantes del imperio, orador de pico de oro que podía dominar a las masas como nadie de su día. No solo que tenía el don de hablar dinámicamente en público, sino que también era un general astuto y un pensador brillante. Sin embargo sus destrezas militares e intelectuales no lograron dominar su debilidad moral. De hecho, un tutor exasperado, frustrado con la perspectiva de que a tan talentoso joven lo arruinara un fracaso moral, le gritó en la cara: «¡Oh Marco! ¡Oh niño colosal! ¡Capaz de conquistar el mundo… pero incapaz de resistir la tentación!»

La misma acusación se pudiera hacer contra demasiados «Marco Antonios» de hoy. Muchos creyentes están sobresaturados de educación, conocimiento bíblico, ejemplos inspiradores de éxito moral y advertencias aleccionadoras de fracasos morales. Sin embargo, demasiados se han lanzado de cabeza a la tentación, y han sufrido desastres en el trabajo, la iglesia y el hogar. La tentación no conoce límites. No respeta título. No tiene favoritos. Ignora todos los obstáculos humanos. Le importa un comino la hora del día o de la noche, y se camufla en cualquier situación, preparada para saltar en cualquier momento. La tentación tiene muchas caras: robo, mentira, chisme, engaño, envidia, esfuerzo por popularidad, ansia de poder… la lista parece interminable.

En la sección previa, Santiago habla de la clase de circunstancias de la vida que prueban la capacidad de una persona para mantener la fe a pesar de la presión a ceder. En esta sección Santiago explora el otro significado de la palabra *peirasmós*, una prueba de la resistencia moral. En seis breves versículos presentan la verdad en cuanto a la tentación de una manera directa. En lugar de saltar por la superficie de la tentación, como muchos predicadores y maestros tienden a hacerlo, Santiago penetra profundamente por debajo de la superficie para revelar los mecanismos internos de la tentación. Pero menos como psicólogo y más como médico, Santiago empieza con ciertos hechos que describen la tentación (1:13-16); y de allí pasa a un enfoque que determina la victoria (1:17-18).

— **1:13** —

Santiago quiere que sus hermanos creyentes entiendan por lo menos cuatro cosas en cuanto a la tentación. Primero, la tentación siempre está presente; «nadie» está exento de ella. Como las pruebas de la fe, las tentaciones son inevitables. No hay vacuna espiritual, ni tarjeta alguna para «eximirse de la tentación», ninguna ruta alterna para evadir las trampas en el sendero. Nadie que lea estas palabras es inmune o inocente. El anciano monje en el monasterio no está más seguro de la tentación que el joven en el centro comercial. El santo en oración lucha con la tentación tanto como el vendedor en su Porsche.

Segundo, la tentación nunca viene de Dios: «Que nadie […] diga: "Es Dios quien me tienta"» (1:13). Un detalle pequeño pero importante aparece en el texto griego. Santiago utiliza en esta frase la preposición *apó*. Tenía un par de opciones para expresar la manera en que las tentaciones pudieran venir de Dios. La preposición *jupó* hubiera significado agencia directa, y se usó cuando Satanás tentó directamente a Jesús a pecar (Mt 4:1). Claro que Dios no nos pone pensamientos malévolos en la mente ni produce una imagen mental seductora. Pero el uso de Santiago de la preposición *apó* va incluso más allá para exonerar a Dios. La preposición se refiere al origen de algo; la tentación a pecar no tiene su origen último en Dios. Dios no está ni siquiera *indirectamente* involucrado en la tentación. Aunque Dios usa las pruebas y problemas de la vida para efectuar su obra de hacernos madurar (Stg 1:1-12), Dios nunca es el autor de la tentación o el mal. ¡Jamás!

La absoluta bondad y santidad de Dios garantizan la verdad de la afirmación de Santiago. Ser santo quiere decir estar separado del mal, apartado, no afectado. La santidad tiene dos lados: la imposibilidad de ser afectado por el mal y la imposibilidad de causar el mal. De Dios, que es el estándar absoluto de santidad, ambas cosas son verdad. Santiago dice que Dios no puede ser tentado, ni él tienta. ¡Él es santo!

— 1:14-15 —

El tercer hecho que entender en cuanto a la tentación es que siempre sigue un proceso consistente (1:14-15). Santiago introduce su afirmación con la preposición «pero», indicando un contraste. En contraste a la noción errada de que Dios es el autor de la tentación, Santiago revela la verdadera fuente. En el versículo 14 Santiago implica que la tentación se origina en algún tipo de objeto externo. En el mismo versículo claramente indica que el que es tentado lo es «cuando sus propios malos deseos lo arrastran y seducen». La palabra «seducen» es un término de pesca, que quiere decir «cebar la carnada». Así, una carnada se deja caer en nuestras vidas, algo externo. Esto, en sí mismo, no es pecado. Nuestro problema es que muy dentro de nosotros se despierta el hambre, un deseo de morder la carnada: *malos deseos*. Mediante la persuasión de la curiosidad mezclada con una gran dosis de racionalización, nos hallamos atraídos a la carnada, motivados por nuestro propio deseo de *tener*.

En este punto Santiago usa la preposición *jupó*; somos tentados «por agencia directa de» nuestros malos deseos. ¡Nótese el contraste! En tanto que Dios ni remotamente es parte de la tentación, y ni siquiera indirectamente, nuestro deseo lujurioso es la *causa directa* de nuestro pecado. De hecho, ¡ni siquiera podemos echarle la culpa a la carnada seductora! La tentación en sí misma es una causa necesaria, pero no es causa suficiente. ¿Qué quiere decir? Somos los *únicos* culpables.

Dietrich Bonhoeffer, el valiente teólogo alemán a quien los nazis mataron por tomar una posición contra el perverso régimen de Hitler, articula el proceso de la tentación de la manera más clara que jamás he hallado explicada:

> En nuestros miembros hay una dormida inclinación hacia el deseo que es a la vez repentina y feroz. Con poder irresistible desea apoderarse del dominio sobre la carne. Súbitamente un incendio secreto, ardiente, se enciende. La carne arde y se incendia. Da lo mismo si es un deseo sexual, una ambición, una vanidad, un deseo de venganza, un anhelo de fama y poder, codicia de dinero, o, por último, ese deseo extraño de la belleza del mundo o de la naturaleza. El gozo en Dios por supuesto se extingue en nosotros y buscamos todo nuestro gozo en la criatura. En este momento Dios es muy

irreal para nosotros, y pierde toda la realidad, y solo el deseo por la criatura es real; la única realidad es el diablo. Satanás aquí no nos llena con odio hacia Dios, sino con olvido de Dios.[2]

En suma, Santiago 1:14 describe los ingredientes esenciales para la tentación: una carnada seductora externa más un deseo interno. Cuando estas dos cosas se combinan con una voluntad que se rinde a la tentación, el resultado es desastre, descrito en el versículo 15.

Santiago empieza el versículo 15 con la palabra «Luego». El orden de pasos en el proceso es claro. La palabra «concebido» se usa en referencia a la concepción de un hijo y viene de dos palabras griegas, *sul* y *lambano*, «tomar junto». En este contexto Santiago recalca que cuando se unen los dos ingredientes necesarios, el objeto de la tentación y las pasiones desordenadas internas, se concibe la tentación. Así se pone en marcha un ciclo que, si se le permite que siga su curso, resulta en un acto de pecado.

El rey David ilustra Santiago 1:14-15 de una manera radical. Mientras sus ejércitos estaban luchando, David se quedó en Jerusalén, holgazaneando y descansando en el palacio (2 S 11:1). Si hubiera estado con su ejército, donde era su deber estar, podía haber evitado la caída descendente en la inmoralidad. Pero en lugar de librar una guerra física en el campo de batalla, David libró una guerra espiritual contra la tentación, y perdió. Todo empezó de manera muy inocente. Mientras paseaba por la terraza del palacio, los ojos ociosos del rey vieron a una mujer que se bañaba (11:2). Esta mirada accidental no fue pecado en sí misma. Pero mezclada con los instintos inquietos de David, esa mirada no intencional pronto se convirtió en una mirada fija voluntaria. Notó que ella era «sumamente hermosa» (11:2). El enfoque de su mirada y sus deseos internos concibieron una poderosa tentación que pocos hombres en la posición de David podían resistir. Como víctima que cae por la puerta de la trampa, David se hundió en la tentación al pecado, en una progresión vertiginosa. Averiguó en cuanto a la mujer (11:3)… ordenó que la llevaran a su presencia (11:4)… y se acostó con ella (11:4); sabiendo en todo momento que se trataba de Betsabé, esposa de Urías hitita (11:3).

El pecado de David no terminó en el adulterio. Su inmoralidad se convirtió en esfuerzos desesperados por taparlo, conduciendo en última instancia a dos muertes: la muerte del Urías hitita y la muerte de su hijo, producto de una aventura de una sola noche (2 S 11:5—12:14). De deseos desordenados a la muerte, la tentación de David se vuelve un ejemplo de libro de texto de la tentación y los deseos sexuales, casi como si cayera en la bajada resbaladiza del pecado según Santiago 1:14-15 lo describe.

Lo más aterrador en cuanto al pecado de David es que le sucedió a «un hombre más de[l] agrado [de Dios]» (1 S 13:14). Si tan gran hombre de Dios puede caer tan rápida y severamente, no debemos pensar ni por un momento que no nos puede suceder a nosotros. Esas son las malas noticias en cuanto a la tentación.

La buena noticia es que toda tentación puede ser resistida. Una persona puede resistir el deseo, alejarse de la carnada, y retroceder sobre sus pasos, cancelando de esa manera el proceso. Pero si el tentado acaricia el deseo, abraza la seducción y corre (o incluso deambula) a la trampa, el resultado es una acción pecaminosa. No se pierda la progresión. Cuando alguna seducción nos arrastra, pasamos al campo de la tentación. Cuando permitimos que la tentación persista, a la larga pecamos. Y cuando el pecado continúa sin arrepentimiento, resulta en la muerte, una existencia como de muerte (Stg 1:15). El pecado, esa monstruosa cría de la depravación, ha recorrido su concepción, desarrollo, nacimiento, crecimiento y finalmente muerte. Ese es el ciclo de vida del pecado según Santiago.

Vale la pena que nos detengamos un momento en la palabra «muerte» en Santiago 1:15. Algunos pueden morir como resultado del pecado, como los que se contagian con enfermedades debido a un pecado sexual, o aquellos cuyo alcoholismo o adicción a drogas los conduce a muerte prematura. Pablo, Santiago y Juan se refieren a pecados que pueden conducir a una enfermedad o incluso a la muerte, al parecer como resultado de la disciplina temporal de Dios a los santos por razón de la santificación definitiva de estos (1 Co 11:30; Stg 5:15; 1 Jn 5:16-17). Santiago 1:15, sin embargo, no se puede referir primordialmente a la muerte física como resultado de la tentación y el pecado. Si así fuera, todos nosotros seríamos cadáveres en días. No podríamos sobrevivir. Santiago tampoco se refiere a la muerte espiritual. Nuestras buenas obras no nos salvan, ni tampoco nuestras malas obras nos condenan. Pablo dice que somos salvos por gracia por fe y sin obras (Ef 2:8-9). «No hay ninguna condenación para los que están unidos a Cristo Jesús» (Ro 8:1). Así que, si Santiago no está hablando de la muerte física ni de la muerte espiritual como resultado del pecado, ¿a qué muerte se refiere?

Allí es donde el hecho de reconocer el trasfondo judío de Santiago se vuelve útil. En el pensamiento judío a la muerte se le veía más como una trayectoria que como un destino. Estar «muerto» a menudo era una descripción de una pobre calidad de vida antes que la cesación de la existencia. Deuteronomio 30:15 dice: «Hoy te doy a elegir entre la vida y la muerte, entre el bien y el mal». También vemos esa selección de palabras entre «existencia de vida» y «existencia de muerte» en Proverbios: «En el camino de la justicia se halla la vida; por ese camino se evita la muerte» (Pr 12:28); «La enseñanza de los sabios es fuente de vida, y libera de los lazos de la muerte» (13:14).

Para los cristianos judíos, las personas andaban o por la senda de la vida (andando con Cristo por el Espíritu) o la senda de la muerte (andando aparte de Cristo en la carne). Esta «existencia como de muerte» es lo opuesto de la «vida en abundancia» que Cristo prometió (Jn 10:10). El pecador ya no puede, andando en muerte, vivir la vida verdadera en el Espíritu: «amor, alegría, paz, paciencia, amabilidad, bondad, fidelidad, humildad y dominio propio» (Gá 5:22-23). Para los que andan en muerte han desaparecido las señales de vitalidad espiritual, como recuerdos que se desvanecen de amigos lejanos. Ese es el tipo de muerte que Santiago tiene en mente.

Hemos visto que la tentación siempre está presente (1:3) y que Dios nunca la inicia (1:13). También hemos explorado el proceso uniforme que sigue la tentación (1:14-15). El cuarto hecho que Santiago nota respecto a la tentación es que florece en pensamientos incongruentes (1:16).

— 1:16 —

Santiago abruptamente interrumpe su descripción de la tentación, el pecado y sus consecuencias, con un mandamiento claro: «Mis queridos hermanos, no se engañen». No se dejen descarriar. La seducción de la tentación vendrá de muchas formas y en momentos diferentes. No permitan que sus pensamientos se desvíen de la verdad hacia el engaño de la falsedad. Debido a que el proceso de la tentación empieza en la mente, debemos obligarnos a encarar los hechos, aplicar la verdad, y revisar de antemano las consecuencias de nuestras acciones de lujuria. La seducción edifica su caso en pensamientos engañosos y promesas vacías. No se deje convencer.

— 1:17-18 —

Habiendo descrito vívidamente los hechos de la tentación, en estos dos versículos finales Santiago dirige la atención de sus lectores a la fuente de la victoria: Dios.

Dios provee los medios de la victoria sobre las sutiles seducciones de la tentación y el pecado. Todo lo bueno y perfecto viene de aquel que es en sí mismo bueno y perfecto. Él es «el Padre que creó las lumbreras celestes», que hace desvanecer las tinieblas del engaño. Él es el inmutable, «que no cambia como los astros ni se mueve como las sombras», a diferencia de las seducciones de la tentación. Debemos notar un contraste entre el pecador irresponsable que Santiago cita en 1:13 («Es Dios quien me tienta») y la realidad del papel de Dios en la vida de los creyentes: bondad y perfección (1:17).

El que crea todas las cosas buenas y perfectas es el que «nos hizo nacer mediante la palabra de verdad» (Stg 1:18; ver Col 1:5; 2 Ti 2:15). La obra que él continúa haciendo en nosotros la hace por la misma palabra. Estamos diseñados para ser «primeros frutos» entre sus criaturas, y no fruto que se pudre en la rama.

En la sección previa (1:11-12) Santiago explicó que las pruebas de nuestra fe fueron dadas para nuestro bien; para hacernos madurar. Pero la sabiduría de Dios puede ayudar a que haya el resultado propuesto. En esta sección (1:13-18) Santiago ha explicado que las tentaciones a pecar no vienen de Dios sino de nuestra propia naturaleza del pecado. Pero las dádivas buenas y perfectas de Dios pueden dar victoria mediante su Palabra. Santiago contrasta dos trayectorias en la vida de los creyentes: una hacia la madurez, y la otra hacia el pecado; la una al soportar las pruebas, la otra al sucumbir a las tentaciones; una hacia arriba en la senda de la vida en abundancia, la otra hacia abajo en la bajada resbaladiza de la muerte. (Véase la tabla: «Dos trayectorias en Santiago 1» en la página 28 arriba). Santiago implica una pregunta para todos los que leen sus palabras inspiradas: ¿En qué senda está usted?

Aplicación

El enfoque que determina la victoria

Siembra un pensamiento, cosecharás un acto;
siembra una acción, cosecharás un hábito;
siembra un hábito, cosecharás un carácter;
siembra un carácter, y cosecharás un destino.
—Autor desconocido

De mi diario

Enfoca y huye

Durante los dieciséis meses que pasé en la isla de Okinawa con el Cuerpo de Marina, apenas habiendo cumplido los veinte años, a miles de kilómetros de distancia de mi esposa y familia, aprendí el valor de concentrarme en la Palabra de Dios. Participaba en el estudio de la Biblia con otros compañeros de las Fuerzas Armadas. Íbamos de diferentes bases en la isla todos los viernes por la noche, a la casa local del representante de Los Navegantes, Bob Newkirk, que vivía en Naja, la capital. Entre mi base (Camp Courtney) y la casa de Bob había varios pueblos, cada uno con numerosas cantinas y burdeles. Las prostitutas de la isla eran muchas y disponibles... siempre dispuestas a entregarse a hombres jóvenes y solos. Bob sabía las fuertes tentaciones que todos enfrentábamos todos los viernes por la noche al ir a su casa, semana tras semana.

Nos enseñó una fórmula simple: «*Enfoca y huye*», decía. Aprendimos a pasar de largo, nunca mirando ni a la derecha ni a la izquierda, mientras nos concentrábamos en «versículos de victoria» específicos que habíamos memorizado. Además, uno aprende a mantener un paso vivo, incluso sugirió que *corramos* a veces. (¡Descubrí que es imposible correr y tener malos deseos al mismo tiempo!). Mirando hacia atrás a esos meses, ¡estoy tan agradecido por el consejo de Bob! Más importante, estoy agradecido porque la Palabra de Dios en verdad puede mantener puro a un joven (y a los mayores también), tal como leemos en el Salmo 119:9-11:

> ¿Cómo puede el joven llevar una vida íntegra?
> Viviendo conforme a tu palabra.
> Yo te busco con todo el corazón;
> no dejes que me desvíe de tus mandamientos.
> En mi corazón atesoro tus dichos
> para no pecar contra ti.

Ahora que tengo nietos adolescentes, estoy trasmitiéndoles el mismo consejo cuando leemos y estudiamos las Escrituras. Los mismos «versículos de victoria» que en un tiempo funcionaron para mí, ahora están sirviéndoles a ellos.

Esas palabras reflejan vívidamente la advertencia de Santiago. Los pensamientos «insignificantes», las trasgresiones «menores», los hábitos «inocentes», todo esto puede crecer hasta convertirse en estilos de vida que desbaratan el testimonio del santo más respetado. Todo esto obliga a la pregunta obvia: ¿Cómo podemos evitar la bajada resbaladiza del pecado y mantenernos victoriosos contra la seducción de la tentación?

Primero, *la victoria viene al concentrarse en lo bueno*. Santiago nota que las dádivas buenas y perfectas vienen de Dios Padre (1:17). Por supuesto, él da estas cosas buenas por una razón. Uno no puede albergar el mal en la mente y cosechar buenos resultados, ni tampoco puede cultivar pensamientos buenos e íntegros en el corazón y siempre producir mal. Así que, claro está, uno debe mantenerse en el bien a fin de cosechar el bien. Al considerar el valor de permitir que la paz de Dios guarde nuestro corazón y nuestra mente, Pablo escribe: «Por último, hermanos, consideren bien todo lo verdadero, todo lo respetable, todo lo justo, todo lo puro, todo lo amable, todo lo digno de admiración, en fin, todo lo que sea excelente o merezca elogio» (Flp 4:8).

Sea franco, ¿cómo puede hacerlo usted? Cuando se siente abrumado por un problema en particular, ¿qué piensa al respecto? ¿Qué lee? ¿A quién escucha? ¿En qué se afinca? Dedique algún tiempo para evaluar la clase de semillas que siembra en el terreno fértil de su mente. ¿Son semillas que crecen en pensamientos buenos, puros, respetables, justos, amables, dignos de admiración? ¿O acaso están lentamente envenenando su mente y disponiéndolo para el fracaso cuando las tempestades inevitables de la tentación soplen en su vida?

Segundo, *la victoria viene al vivir en la verdad*. Santiago dice que Dios nos hizo nacer «mediante la palabra de verdad» (1:18). Esa misma palabra maternal que nos hizo nacer también nos nutrirá y protegerá, dándonos todo lo que necesitamos para crecer. Y cuando esas tentaciones inevitables y seductoras vienen, la Palabra de Dios puede de veras librarnos del mal. El rey David dijo: «En mi corazón atesoro tus dichos para no pecar contra ti» (Sal 119:11).

¿Cómo está usted atesorando la palabra de Dios en su corazón? ¿Solo hojea las Escrituras de vez en cuando, o se sumerge en aguas purificadoras y refrescantes? ¿Las examina mecánicamente para satisfacer su curiosidad, o permite que esta lo escudriñe a usted a fin de limpiarle el corazón y la mente? Leer, memorizar y meditar en la Palabra de Dios, el don más grande y más perfecto que nos llega de arriba, le ayudará a mantenerse fuerte en el momento de la tentación.

Aproveche esta oportunidad ahora mismo para pedir que el Espíritu Santo haga cirugía en su alma y en su vida. Eleve la oración que en su momento elevó David:

Examíname, oh Dios, y sondea mi corazón;
ponme a prueba y sondea mis pensamientos.
Fíjate si voy por mal camino,
y guíame por el camino eterno (Sal 139:23-24).

Cualesquiera que pudieran ser sus tentaciones en particular, y sin que importe lo implacables que sean, el Padre está listo para proveer dones buenos y perfectos que fortalecerán su corazón con el poder vivificador de Dios y la victoria personal. Puedo decirles esto por mi propia experiencia personal, concentrarse en la palabra de Dios *es efectivo*.

Respuesta a las Escrituras (Santiago 1:19-27)

> ¹⁹Mis queridos hermanos, tengan presente esto: Todos deben estar listos para escuchar, y ser lentos para hablar y para enojarse; ²⁰pues la ira humana no produce la vida justa que Dios quiere. ²¹Por esto, despójense de toda inmundicia y de la maldad que tanto abunda, para que puedan recibir con humildad la palabra sembrada en ustedes, la cual tiene poder para salvarles la vida.
>
> ²²No se contenten solo con escuchar la palabra, pues así se engañan ustedes mismos. Llévenla a la práctica. ²³El que escucha la palabra pero no la pone en práctica es como el que se mira el rostro en un espejo ²⁴y, después de mirarse, se va y se olvida en seguida de cómo es. Pero quien se fija atentamente en la ley perfecta que da libertad, y persevera en ella, no olvidando lo que ha oído sino haciéndolo, recibirá bendición al practicarla.
>
> ²⁶Si alguien se cree religioso pero no le pone freno a su lengua, se engaña a sí mismo, y su religión no sirve para nada. ²⁷La religión pura y sin mancha delante de Dios nuestro Padre es ésta: atender a los huérfanos y a las viudas en sus aflicciones, y conservarse limpio de la corrupción del mundo.

Una «enfermedad» debilitante está lisiando al cuerpo de Cristo: un síndrome tan común que parece afectar a todo creyente de manera leve o aguda. Esta enfermedad insidiosa neutraliza el impacto de la iglesia y anula su testimonio. Puede reducir la efectividad y paralizar la producción. ¿El problema? Una ruptura entre la confesión y la obra… teología y acción… oír y hacer. Para demasiados de nosotros, los creyentes, la Palabra de Dios no logra pasar de la cabeza al corazón. Y para muchos más, la palabra de Dios se atranca entre el corazón y las manos.

A. W. Tozer vívidamente describe la situación:

> Tan amplia es la brecha entre la teoría y la práctica en la iglesia que un extraño inquisitivo que por casualidad la mirara difícilmente soñaría que hay alguna relación entre las dos cosas. El observador inteligente de nuestra escena humana que oyera el sermón del domingo en la mañana y luego observara la conducta del domingo por la tarde de aquellos que lo oyeron concluiría que ha estado examinando dos religiones distintas y contrarias…
>
> Parece que demasiados creyentes quieren disfrutar de la emoción de sentirse bien pero no están dispuestos a aguantar la inconveniencia de hacer lo correcto. Así que el divorcio entre la teoría y la práctica se vuelve permanente en hechota práctica, aunque en palabra se declara que la unión es eterna. La verdad queda olvidada y afligida hasta que los que profesan ser seguidores vienen a casa para una breve visita, pero luego los ve que se van de nuevo cuando hay que pagar las cuentas.[3]

Al desarrollar su lección global de que *la fe verdadera produce obras genuinas*, Santiago ya ha considerado la perseverancia del creyente en las pruebas, lo que demuestra nuestra fe (1:1-12) y la victoria del creyente sobre la tentación, que demuestra nuestro carácter (1:13-18). En esta sección final del capítulo 1 Santiago se concentra en la respuesta apropiada del creyente a la Palabra de Dios. La ruptura en la relación entre la creencia y la conducta puede ser pandémica entre cristianos, pero Santiago nos recuerda que *puede* haber reconciliación entre estas dos socias alienadas del andar cristiano.

1:19-20

Santiago empieza con un recordatorio: «Por esto, mis amados hermanos» (RVR1960). Sin duda está escribiendo a creyentes, a hermanos y hermanas en Cristo. Empieza dando por sentado que ya saben lo que les va a decir. Santiago está diciendo: «Sí, sé que ya saben lo que estoy a punto de decirles, pero necesitan oírlo de nuevo. Pienso que es necesario revisar, volver a repasar unas cuantas cosas básicas». En ese sentido, la frase «por esto» sirve como una orden suave: «¡Recuerden!». Como pronto veremos, también es un regaño: «¡Ustedes se han olvidado!»

¿Cuál es el contenido de este conocimiento? Tres cosas importantes fertilizan el terreno del corazón en preparación para recibir la palabra de Dios sembrada en nuestros corazones (1:22). Primero, Santiago nos insta a «estar listos para escuchar» (1:19). El mandamiento significa mucho más que escuchar prestando atención. Santiago quiere que de veras recibamos las palabras habladas.

Permítame darle una ilustración. Probablemente ya sabe por experiencia que hay dos maneras de leer un libro. El primer tipo de «lectura», si acaso se le pudiera llamar así, es la lectura asignada por el colegio o la universidad. Los ojos se pasean por las páginas mirando palabras, frases enteras que cruzan por la retina, pero cuyas ideas no parecen llegar al cerebro. La meta de ese tipo de lectura es poner una marca en el informe de lectura. Pero otro tipo de lectura, de lectura auténtica, incluye subrayar y marcar puntos importantes, tomar notas, e incluso incorporar las ideas en debates e informes. Debe ser obvio cuál estudiante en realidad leyó el libro. Lo mismo es verdad en cuanto a oír.

Jesús mismo se quejó de los hipócritas de su día: «Por mucho que oigan, no entenderán» (Mt 13:14). Y después de este sentimiento dio una interpretación de su parábola del sembrador: «El que recibió la semilla que cayó en terreno pedregoso es el que oye la palabra e inmediatamente la recibe con alegría; pero como no tiene raíz, dura poco tiempo. Cuando surgen problemas o persecución a causa de la palabra, en seguida se aparta de ella» (13:20-21). La enseñanza de Jesús es el trasfondo de la carta de Santiago. Habiendo considerado la necesidad de soportar las pruebas de la vida y vencer las tentaciones (1:1-18), advierte que el no recibir la palabra de Dios con un corazón dispuesto puede llevar al desastre (1:19-27).

El segundo ingrediente para preparar los corazones para recibir con efectividad la Palabra de Dios incluye el poner freno a la lengua. Este es el otro lado de escuchar bien. Mantener la boca cerrada da lugar para pensar, meditar, evaluar, considerar, que son los elementos necesarios para de veras escuchar (y aprender).

Finalmente, pisándole los talones a «lentos para hablar», Santiago añade la frase «y para enojarse».

En el texto griego, Santiago no incluye la conjunción «y» entre estas amonestaciones. Las tres están tan estrechamente relacionadas a las precondiciones para recibir la siembra de la Palabra de Dios que Santiago las concibe como eslabones en una cadena.

¿De qué manera esto de «ser lento para enojarse» se relaciona con la recepción de la palabra de Dios? Tiene que ver en parte con la función de la palabra en la vida de los creyentes. Pablo nos dice: «Toda la Escritura es inspirada por Dios y útil para enseñar, para reprender, para corregir y para instruir en la justicia» (2 Ti 3:16). Cuando la palabra de Dios toca en llaga viva, el pecador de la manera más natural responde con una actitud defensiva, indignación e incluso ira. A nadie le gusta que se ponga su perversidad contra un estándar perfecto, pero eso es exactamente lo que sucede cuando permitimos que la Palabra de Dios exponga nuestros pensamientos y acciones más íntimos. En lugar de permitir la típica respuesta de ira, Santiago nos llama a responder con paz, «pues la ira humana no produce la vida justa que Dios quiere» (1:20). La ira rechaza la represión; la paz la acepta. La ira descarta la corrección; la paz la abraza.

—1:21—

Después de prepararnos para recibir la verdad al abrir los oídos del corazón, cerrar los labios y suprimir el impulso de desquitarnos (1:19-20), estamos listos para recibir la verdad como es debido (1:21). Anidado en el centro de este versículo hay un mandamiento sencillo que liga toda la sección: *recibir*. La palabra *decomai* por lo general quiere decir más que pasivamente «aceptar». A menudo incluye la idea de abrazar por completo, haciendo del asunto parte de uno mismo. La palabra se usa para referirse a la gente «que recibió» de buen grado a Jesús (Jn 4:45). Más apropiado para el uso en Santiago, los bereanos «recibieron [*decomai*] el mensaje con toda avidez y todos los días examinaban las Escrituras para ver si era verdad lo que se les anunciaba» (Hch 17:11). Asimismo, los creyentes de Tesalónica no solo «a pesar de mucho sufrimiento, recibieron el mensaje con la alegría que infunde el Espíritu Santo» (1 Ts 1:6), sino que también lo recibieron, «no como palabra humana sino como lo que realmente es, Palabra de Dios» (2:13). Estos pasajes ilustran el fervor, la recepción ferviente que Santiago tiene en mente en 1:21.

Con la conjunción «Por esto», Santiago apoya este mandato en su amonestación previa a ser prontos para escuchar, lentos para hablar y lentos para enojarnos (1:19-20). *Debido a que* una respuesta colérica a la Palabra de Dios no logra la justicia de Dios, debemos recibir la Palabra de Dios de una cierta manera. Santiago describe las condiciones que deben acompañar a esta recepción: despojarse de toda inmundicia, despojarse de todo lo que queda de perversidad y vestirse de humildad. La inmundicia en la vida embota nuestro oído. La perversidad demora nuestro tiempo de respuesta. El orgullo nos impide exponer nuestro verdadero yo a la luz de la Palabra de Dios. Pero humildad quiere decir someternos a lo que la Palabra de Dios tiene para decirnos, determinados a descartar los pensamientos y obras del estilo de vida viejo a favor de las actitudes y acciones del nuevo.

—1:22-25—

La lógica en la progresión de Santiago de prepararnos para recibir y responder a la verdad es sencilla y elegante. Primero, hay que preparar el terreno de nuestras almas (Stg 1:19-20). Segundo, hay que sembrar la semilla de verdad (1:21). Y tercero, hay que desarraigar las hierbas malas de la ira, la inmundicia y la perversidad que ahogan la semilla (1:19-21). Pero habiendo llegado hasta aquí en el proceso, la Palabra de Dios todavía no ha dado fruto en nuestras vidas. Esto requiere una respuesta apropiada (1:22-27).

Santiago empieza con un mandamiento: «No se contenten solo con escuchar la palabra, pues así se engañan ustedes mismos. Llévenla a la práctica» (1:22). Si alguna frase de la carta de Santiago se podría llamar una frase clave, sería ésta. La frase resume todo el tema del libro: la fe verdadera produce obras genuinas. Los que oyen sin hacer pueden ser culpables de «fe fingida», pero los que oyen y hacen demuestran su autenticidad. Nótese que Santiago no solo dice a sus lectores que sean «hacedores». Lo empareja con el otro lado de la moneda: no solo «oidores». Oír, prestar atención y recibir la Palabra es un necesario primer paso. Hay que entender la palabra y alojarla en el corazón. Esa es la clave. Pero Santiago contrasta el que oye y actúa con el que solo oye.

Permítame ilustrar esto con algo que con frecuencia se encuentra en las universidades, aunque tal vez no se lo note de inmediato. En muchas clases hay lo que se llama «oyentes». Están meramente oyendo la instrucción. Se inscriben para la clase, pagan una matrícula nominal como oyentes, y luego asisten a las conferencias. Pero aparte de eso, todo es opcional. Algunos tal vez tomen notas, pero no están obligados a hacerlo. Algunos tal vez lean el libro de texto, pero eso también es opcional. Los oyentes no preparan documentos ni rinden exámenes. No asisten para recibir crédito académico debido a que son meramente oyentes de la instrucción, y no hacedores. En contraste, Santiago dice que la vida cristiana se trata no solamente de oír, sino también de hacer. Los que meramente oyen la palabra de Dios sin llevarla a la práctica, «se engañan a sí mismos» (1:22).

Santiago añade una ilustración a esta exhortación de ser hacedores de la palabra (1:23-25). Describe dos clases de creyentes que asisten a la iglesia. Créame, ¡cuatro décadas de ministerio pastoral me han demostrado que esto sigue siendo verdad! Veo estas clases diferentes de creyentes en toda iglesia. La primera es lo que llamamos el «oyente olvidadizo» (1:23-24). Santiago usa la ilustración de un hombre que se ve en el espejo, ve su apariencia (que al parecer no es nada atractiva), luego se encoge de hombros, se va, y no hace nada al respecto. De manera similar, el espejo espiritual de Dios muestra qué clase de persona es uno. Santiago pinta a un hombre que mira las Escrituras, mira las palabras en la página, y luego las cierra y sigue su camino, olvidándose de lo que Dios ha dicho en cuanto a su condición.

El segundo tipo de creyente es el «que en verdad hace» la palabra (1:25). ¿Qué caracteriza a esa persona? Presta atención cuidadosa a las Escrituras, que Santiago llama «la ley perfecta que da libertad». Piensa profundamente, obedece de buen grado, responde positivamente, y se aviene a sus principios. En lugar de oír y olvidarse, oye y hace. Esta persona será bendecida en todo lo que hace; será hecha genuinamente dichosa en su esfuerzo por hacer lo correcto.

— 1:26–27 —

Santiago describe al verdadero adherente de su religión. La palabra «religión» en griego, *treskeia*, que se usa dos veces en estos versículos, se refiere no solo a convicciones personales o principios, sino a una comunidad u organización religiosa bien definida. El judaísmo en este sentido era una «religión» (Hch 26:5), como también la adoración de ángeles que se describe en Colosenses 2:18 (la «adoración de ángeles»). Santiago, por consiguiente, se refiere al cristianismo como un cuerpo distinto de creyentes. Es importante notar esto, porque Santiago dice que el que no controla su lengua, que dice una cosa y hace otra, hace inútil su religión (Stg 1:26). ¡Cuántas veces hemos visto que esto es verdad! Cuando los que no son creyentes presencian la hipocresía de los creyentes, a menudo eso hace que la *religión* se vea mal, no solo la persona que ostenta ese título.

De manera típica, Santiago provee un ejemplo positivo para contrastar el negativo. Los que viven consistentemente con su religión dan atención a las necesidades de otros. Visitar a los huérfanos y las viudas y mantenerse sin mancha en el mundo son claros ejemplos de fe genuina que demuestran la singularidad y veracidad del mensaje cristiano.

NOTAS:

1. Stanley E. Porter, «Is *Dipsychos* (James 1,8; 4,8) a "Christian" Word?». Biblica 71 (1990): 469-98.
2. Dietrich Bonhoeffer, *Creation and Fall; Temptation: Two Biblical Studies*, Collier, Nueva York, 1959, 116-17.
3. A. W. Tozer, *The Root of the Righteous*, Christian Publications, Camp Hill, PA., 1986, 51-53.

De mi diario

Mis años como oyente

Por muchos años solo fui «oyente», no un «actor»... un «oidor», no un «hacedor» de la Palabra de Dios. Aunque asumo la plena responsabilidad de mi condición anterior, de nada me sirvió asistir a una iglesia en donde se abría la Biblia y se le tenía como un libro de texto. Recibí tanta información que mis orejas casi ni podían mantener su distancia conforme mi cabeza se hinchaba con todo tipo de nuevas verdades que nunca hicieron el recorrido tan importante hasta mi corazón y a mis manos. Domingo tras domingo, las conferencias desde el púlpito almacenaban datos tras datos hasta que llegué a pensar que lo sabía todo.

Dios tuvo que sacarme de ese cristianismo de aula para romper mi mentalidad de oyente. Y eso fue lo que hizo. Un hombre, un verdadero mentor, fue suficientemente sincero para mirarme de frente y decirme las cosas sin tapujos. «Chuck, sabes más verdad que todo nuestro grupo de creyentes reunido, pero no se te ve. ¡A eso se le llama hipocresía!» Captó mi atención. Con el paso del tiempo, empecé a ver las Escrituras no como un libro de texto para recibir información, argumentos y proposiciones lógicas para satisfacer mi curiosidad intelectual, sino como la palabra viva de la verdad, que me dio Dios para alterar mis actitudes y cambiar mis acciones.

Toda una vida de ministerio pastoral me ha mostrado que la iglesia tiene demasiados «oyentes» de la palabra. Veo mi antiguo yo en las caras de tantos en las bancas. Tienen los cuadernos repletos de notas, pero tendrán mucha dificultad para mostrar algún cambio significativo hecho basado en esas notas. Ya no puedo conformarme con ese tipo de cristianismo. Quiero una fe bien cimentada y anhelo que esta resulte en una vida cabal.

LA FE VERDADERA PRODUCE AMOR GENUINO (SANTIAGO 2:1—3:12)

Nunca olvidaré mi primera semana de entrenamiento militar básico. Cuando llegué, tenía una idea del Cuerpo de Marina que resultó totalmente falsa. Aproximadamente sesenta segundos de realidad fueron suficientes para destrozar esa frágil imagen. Durante nuestra primera clase de orientación, con nuestras cabezas rapadas, con los músculos doliéndonos y nuestros egos destrozados, recuerdo oír los gritos del instructor indistintamente: «¡Mira a tu derecha! ¡Mira a tu izquierda! ¡En catorce semanas uno de esos individuos no estará aquí!» Pensé: «¿Los van a fusilar?» Por supuesto que no, pero a esas alturas estábamos asustados hasta los huesos. Todo lo que queríamos era sobrevivir. Conforme esos petrificados reclutas volteaban su cabeza a la derecha y a la izquierda, pensé:

«¡Vamos! ¡Estos individuos a mi derecha y a mi izquierda están mirándome a *mí*!» Y me di cuenta de que yo bien podría ser uno de esos que no dieran la medida.

No fue fanfarronada. Nuestro entrenamiento empezó con ochenta y cinco y nos graduamos cuarenta y dos. Así que el instructor no exageró. Ese entrenamiento intenso redujo las filas. Todos teníamos una idea ingenua, incluso romántica, de la vida en el Cuerpo de Marina, como si fuera un campamento de catorce semanas de vacaciones, o algo así como exploradores adultos. Pero unos pocos meses más tarde, y cuarenta y tres hombres menos, aprendí de qué se trataba todo eso. Aprendimos lo que quiere decir estar entre «los pocos, los orgullosos». Descubrimos el significado de sumisión, recibir órdenes e ir por encima y más allá del deber. Y aprendimos el verdadero significado del lema del Cuerpo de Marina, *Semper Fidelis*: «Siempre fiel».

Como esa experiencia en el campamento básico que cambia la vida, una lectura seria del libro de Santiago reduce las filas. Cierne de la multitud de creyentes a los farsantes religiosos. Dios está buscando unos pocos hombres y mujeres buenos que permanezcan «siempre fieles» en palabra y obra. Las duras palabras de Santiago atacan la fe inauténtica de los aspirantes. Algunos espectadores incluso tal vez digan: «Eso simplemente no es para mí». Pero ese es el objetivo del libro. Santiago está preguntando: «Si dices que crees como debes, entonces, ¿por qué vives como no debes?» Los que abrazan con ingenuidad el tipo de cristianismo confortable de quedarse sentado y contemplar, tendrán dificultades con nuestro instructor básico: Santiago.

La primera sección de esta carta ya ha presentado una serie de temas muy prácticos: soportar las pruebas y tentaciones de la vida (1:2-8); el conflicto entre ricos y pobres (1:9-11); la necesidad de ser hacedores auténticos de la palabra de Dios (1:22-26); de refrenar la lengua (1:26) e invertir en aquellos que nunca pueden pagarle a uno (1:27). Presenta esto como ejemplo de cómo someternos a la «ley perfecta» de la libertad en las Escrituras, respondiendo a la pregunta: «¿Cómo se ve la fe auténtica?»

Pero ahora, en la segunda sección principal de su manual de cristianismo práctico, Santiago

TÉRMINOS CLAVE

ἔργον [*ergon*] (2041) «obra, trabajo, compleción de una tarea o deber»

El término griego, como el sustantivo español «obra», describe tanto el acto de laborar como su resultado. Si una persona quiere construir una casa, se dice que la estructura es su «obra». Es decir, la casa representa tanto el esfuerzo como el resultado de la actividad del constructor. Para Santiago, el término *ergon* recalca los efectos prácticos de las convicciones internas de la persona; las manifestaciones visibles de pensamientos invisibles.

δικαιόω [*dikaioo*] (1344) «justificar, declarar justo, demostrar inocente, vindicar»

En el Nuevo Testamento, este verbo casi siempre lleva una connotación legal que concede a una persona el estatus de «no culpable», pronunciamiento oficial que puede reflejar o no la culpabilidad o inocencia real del individuo. Una persona inocente puede ser vindicada, de modo que la autoridad gubernamental oficialmente afirma su justicia; o puede ser declarada justa a pesar de su culpabilidad real, de modo que recibe los mismos derechos y privilegios de una persona genuinamente inocente.

γλῶσσα [*glossa*] (1100) «lengua, lenguaje, idioma»

En todo el Antiguo Testamento, y especialmente en la literatura de sabiduría, las Escrituras consideran a la «lengua» en términos tanto positivos como negativos. En verdad, Proverbios 18:21 dice: «En la lengua hay poder de vida y muerte». Santiago, empapado de las imágenes de la sabiduría judía, deriva de este concepto de la «lengua» como una herramienta tanto de bendición como de maldición, de vida y de muerte. Aunque la palabra se refiere específicamente al órgano físico, la mayor parte de sus usos son metafóricos, indicando las palabras o vocabulario de la persona.

---

destroza el mundo de fantasía de una fe endeble. Se propone a considerar el teje y maneje de la vida cristiana, cavando profundamente en los asuntos de la parcialidad y el prejuicio (2:1-13), fe y obras (2:14-26), y el dominio de la lengua (3:1-12). Desarrollando de manera más completa asuntos que meramente tocó en la primera sección, Santiago se propone transformar a sus lectores de un conjunto desharrapado de reclutas ingenuos en un pelotón de guerreros espirituales que fijan el estándar de vida fiel en un mundo de corrupción y acomodo.

Parcialidad y prejuicio (Santiago 2:1-13)

¹Hermanos míos, la fe que tienen en nuestro glorioso Señor Jesucristo no debe dar lugar a favoritismos. ²Supongamos que en el lugar donde se reúnen entra un hombre con anillo de oro y ropa elegante, y entra también un pobre desharrapado. ³Si atienden bien al que lleva ropa elegante y le dicen: «Siéntese usted aquí, en este lugar cómodo», pero al pobre le dicen: «Quédate ahí de pie» o «Siéntate en el suelo, a mis pies», ⁴¿acaso no hacen discriminación entre ustedes, juzgando con malas intenciones?

⁵Escuchen, mis queridos hermanos: ¿No ha escogido Dios a los que son pobres según el mundo para que sean ricos en la fe y hereden el reino que prometió a quienes lo aman? ⁶¡Pero ustedes han menospreciado al pobre! ¿No son los ricos quienes los explotan a ustedes y los arrastran ante los tribunales? ⁷¿No son ellos los que blasfeman el buen nombre de aquel a quien ustedes pertenecen?

⁸Hacen muy bien si de veras cumplen la ley suprema de la Escritura: «Ama a tu prójimo como a ti mismo»; ⁹pero si muestran algún favoritismo, pecan y son culpables, pues la misma ley los acusa de ser transgresores. ¹⁰Porque el que cumple con toda la ley pero falla en un solo punto ya es culpable de haberla quebrantado toda. ¹¹Pues el que dijo: «No cometas adulterio», también dijo: «No mates». Si no cometes adulterio, pero matas, ya has violado la ley.

¹²Hablen y pórtense como quienes han de ser juzgados por la ley que nos da libertad, ¹³porque habrá un juicio sin compasión para el que actúe sin compasión. ¡La compasión triunfa en el juicio!

Toda mi vida cristiana he luchado contra una forma de cristianismo obsesionada con lo externo. Casi como si se hubieran olvidado por completo que Dios dijo «La gente se fija en las apariencias, pero yo me fijo en el corazón» (1 S 16:7), demasiados creyentes derivan conclusiones en cuanto a otros basados meramente en lo que primero ven u oyen.

- Tiene el pelo demasiado corto.
- No debería ponerse *eso* para ir a la iglesia.
- ¿Por qué se hizo esos tatuajes?
- El auto que tiene es demasiado caro.
- La casa de ellos es demasiado grande.
- Él tiene un doctorado.
- Ella ni siquiera se graduó de la secundaria.
- Ellos asisten a escuelas públicas.
- A ellos les dan clases particulares en casa.

Prejuicio. La palabra en español se deriva de un sustantivo latino que hace énfasis en juzgar previamente a alguien, haciendo que formemos una opinión antes de saber todos los hechos. Una vez que precipitamos nuestras conclusiones, ignorando esos hechos esenciales, estamos bien en camino a nuestro pensamiento irracional; pensamiento que resulta en una actitud insidiosa sepultada muy adentro que dice: «Ya he formado mi opinión. No me confundas con los hechos».

Todo el punto de Santiago 2:1-13 es desvanecer ese tipo de pensamiento defectuoso. Como experto comunicador, Santiago primero indica su principio (2:1), luego provee una ilustración de la vida real en cuanto al principio (2:2-4). Luego explica las razones por las cuales tal conducta es inconsistente con la fe cristiana auténtica (2:5-11) y termina con una exhortación final a hacer lo correcto (2:12-13).

2:1

Santiago empieza diciendo, en esencia: «La fe en Cristo y la parcialidad son incompatibles». El mandamiento en este versículo es directo: literalmente, «no tengan». Santiago claramente se dirige a creyentes, a quienes llama «hermanos», los que ya tienen fe en Cristo. La cuestión no es lo que creen sino en quién creen. Es más, Santiago usa algo del vocabulario más exaltado para Cristo en esta breve declaración: «nuestro glorioso Señor Jesucristo». Así que, estas personas tienen una teología sólida. Son parte de la familia eterna de Dios.

Pero algo anda mal. La actitud que acompaña su fe no encaja. La palabra griega que se traduce «favoritismos» es *prosopolempsia*, palabra compuesta que comunica la idea de «recibir la cara». ¡Qué gran manera de decirlo! Uno ve la apariencia externa de la persona (su «cara»), y recibe esa imagen como si fuera la cosa real. La palabra se usa en el Nuevo Testamento en referencia a Dios. En Hechos 10:34 Pedro usa una palabra relacionada: «—Ahora comprendo que en realidad para Dios no hay favoritismos». Dios juzga la verdad del asunto según el corazón, y no según la cara. Y nosotros, como creyentes, estamos llamados a reflejar esta cualidad de nuestras propias vidas.

Una palabra de aclaración está en orden. La parcialidad y el prejuicio pueden ir en una de dos direcciones: positiva o negativa. Por un lado, al mirar meramente las características externas, podemos dejar de ver defectos fatales de carácter en una persona enmascarada con un vestido atractivo, palabras halagüeñas y un firme apretón de manos. Por otro lado, podemos condenar demasiado rápido a una persona basada en la experiencia externa, no llegando a ver el carácter semejante a Cristo y abundante fruto espiritual que componen su verdadera identidad. Así que, Santiago no está cuestionando la importancia del estudio sabio del carácter para discernir si debemos interactuar con alguien. Debemos ejercer toda clase de discernimiento. Santiago está considerando el problema del prejuicio que se muestra en nuestro primer encuentro.

2:2-4

Como ventanas de luz que inundan una casa con belleza, las ilustraciones abren la verdad a nuestras mentes y permiten que brillen nuestros corazones. Santiago es un ilustrador experto. Él no deja a sus lectores con una mera regla que seguir; les cuenta un relato con el cual pueden relacionarse.

El escenario de la ilustración es la «asamblea». La palabra aquí no es *ekklesía*, «iglesia», sino *sunagogué*, «sinagoga». En los primeros días de cristianismo, especialmente para los creyentes judíos, el lugar de reunión todavía se llamaba «sinagoga». En algunas ciudades, los cristianos judíos podían reunirse en las sinagogas judías, pero no pasó mucho para que los judíos no creyentes decidieran que no podían tolerar a otros judíos que creían en Jesús como el Mesías prometido, así que los expulsaron. Aunque la mayoría de cristianos judíos probablemente se reunían en casas u otros lugares convenientes, a menudo retuvieron el término «sinagoga» para describir sus asambleas. Al aplicar este relato a nuestros días, la «asamblea» representa nuestro lugar de adoración... el templo.

En la ilustración de Santiago, dos hombres se ponen de pie mientras la iglesia está reunida para la adoración. Uno va emperifollado a más no poder: desde ostentosas joyas a vestidos costosos y elegantes. En el Cercano Oriente antiguo, era costumbre que una persona de gran riqueza o nobleza llevara vestidos adornados con joyas y de telas finas como seda. Sus vestidos los proclamaban como influyentes, poderosos, que podían cambiar la vida de uno con apenas mover la cabeza. Pero algo en esta ilustración de seguro impactaría como extraño a los lectores de Santiago del primer siglo. En el tiempo cuando el apóstol escribe esta carta, el relato por lo general era al revés: a los creyentes a menudo los arrastraban a las asambleas de los ricos y poderosos para interrogarlos y castigarlos. ¡No era común que los ricos y respetables se asomaran en las asambleas! Así que, habiendo captado la imaginación de sus lectores, Santiago introduce al segundo personaje en su ilustración.

Un hombre vestido en ropa pobre y sucia entra en la asamblea. Parece un vagabundo que acaba de bajarse del tren en alguna parada. Ropas sucias, ajadas, cuelgan de su esqueleto. No lleva ni joyas, ni seda, ni séquito que lo proteja de ladrones o asesinos... y no influye sobre nadie. Por favor, note que no se trata de un hombre promedio de la calle que entra a la iglesia por curiosidad. Este se destaca entre la gente normal como muy pobre, tal como el rico también se destaca como envidiablemente rico.

Esto deja al ujier con una decisión que tomar y sin tiempo para pensar. En casos como estos, el verdadero carácter de una persona sale a relucir. ¿Qué hace? En la ilustración de Santiago, el ujier se deja cegar por el oropel (2:3) y así el rico recibe tratamiento de gente muy importante: «Siéntese usted aquí, en este lugar cómodo». ¿En dónde queda eso? Mateo 23:6 menciona «los primeros asientos en las sinagogas», así que debe haber habido asientos preferidos para gente de importancia. En una sinagoga antigua, el púlpito estaba cerca del centro del salón de reunión, en tanto que el tabernáculo, en donde se guardaban los rollos, estaba hacia el frente. Los asientos para los hombres estaban en filas a ambos lados y las mujeres y los niños se sentaban en una galería. Los mejores asientos de la casa estaban cerca del atril.

En tanto que al rico se le lleva a un asiento de honor, ¡al pobre ni siquiera se le da asiento! Más bien, con un ademán de la mano con gesto impaciente, el ujier le ladra: «Siéntate en el suelo, a mis pies» (2:3). En otras palabras: «¡Fuera del paso!»

Ahora, permítame dejar en claro algo que Santiago no está diciendo en este pasaje. La ilustración se refiere a que alguien juzga al rico como siendo mejor que el pobre. No es cuestión del rico o del pobre. No hay nada necesariamente malo en ser rico, y tampoco lo hay en ser pobre. El problema que Santiago atiende es el *motivo* que afecta la *conducta*.

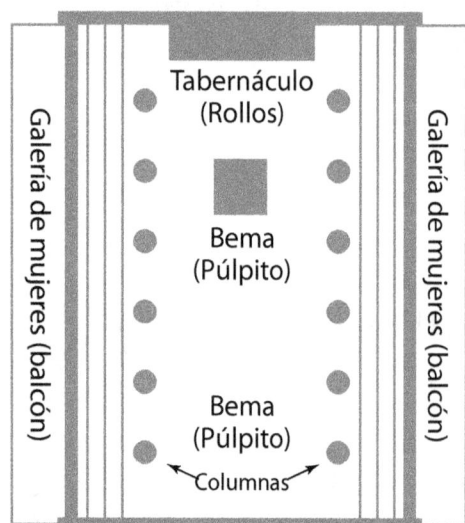

Plan del piso de una sinagoga del primer siglo, indicando el arreglo de asientos y la ubicación del *bema* y atril.

En el versículo 4 Santiago anuncia su veredicto: el ujier es culpable de discriminación. Él ha «hecho distinciones» y se ha convertido en juez, no con claridad objetiva, sino con «pensamientos malos». Tal vez usó favoritismo por ganancia personal, pensando que le ganaría favor ante un político influyente. Tal vez menos personal, pero igualmente malo, el ujier pensó en la gran contribución financiera que podía venir a la iglesia de parte de un hombre tan rico.

Santiago no podía decirlo más claro. *Este tipo de prejuicio es pecado.* Si hay algún lugar en donde las distinciones de clase no tienen lugar, es en nuestro lugar de adoración. El color de la piel, persuasión política, estatus financiero, moda, apariencia, debe quedar en la puerta.

2:5-11

Santiago reduce la marcha y explica por qué el prejuicio y la parcialidad no convienen al creyente. Da tres razones: teológica, lógica y bíblica.

Una razón teológica (2:5). Dios no muestra parcialidad, así que tampoco deben mostrarla sus hijos. El apóstol Pablo desarrolla este principio en 1 Corintios 1:26-29:

> Hermanos, consideren su propio llamamiento: No muchos de ustedes son sabios, según criterios meramente humanos; ni son muchos los poderosos ni muchos los de noble cuna. Pero Dios escogió lo insensato del mundo para avergonzar a los sabios, y escogió lo débil del mundo para avergonzar a los poderosos. También escogió Dios lo más bajo y despreciado, y lo que no es nada, para anular lo que es, a fin de que en su presencia nadie pueda jactarse.

Una razón lógica (2:6-7). Santiago hace dos preguntas retóricas, que revelan mucho de la situación en la que se hallaban los cristianos judíos. Primero, los ricos y poderosos estaban persiguiendo a los creyentes, arrastrándolos ante las autoridades (2:6). Segundo, los ricos y poderosos estaban blasfemando contra el nombre de Cristo. Leyendo entre líneas podemos decir que los pobres no participaban de esta clase de persecución. Mostrar favoritismo hacia el rico y maltratar al pobre, por consiguiente, no tenía sentido lógico.

Una razón bíblica (2:8-11). Finalmente, Santiago lleva a sus lectores a las Escrituras, que excluyen toda parcialidad. Su texto viene de Levítico 19:18: «Ama a tu prójimo como a ti mismo». Los lectores de Santiago de inmediato habrían reconocido esto como un versículo clave del Antiguo Testamento que Jesús utilizó en su propia enseñanza (Mt 19:19). De hecho, es la base para su «regla de oro»: «Así que en todo traten ustedes a los demás tal y como quieren que ellos los traten a ustedes» (7:12). Cristo llamó a esto el segundo de los dos más grandes mandamientos, junto a amar a Dios con todo el corazón, alma, mente y fuerza (Mr 12:31). Pablo dice que todo mandamiento de la ley mosaica «se resume en este precepto» (Ro 13:9), y que «En efecto, toda la ley se resume en un solo mandamiento: «Ama a tu prójimo como a ti mismo» (Gá 5:14).

Dada la importancia fundamental de esta «ley real», o, «rey de la ley», romper esta norma

De mi diario

Agotados los asientos generales

Cuando estuve acantonado en la isla de Okinawa, a nuestro general le gustaba sentarse al frente durante los cultos en la capilla. Siempre había un lugar reservado para él y su séquito de auxiliares y todos los que le servían como sirvientes. Por lo general llegaba como cinco minutos después de que había empezado el culto, y uno podía oírlos marchando al paso y sentándose en el sitio en donde todo el mundo sabía que pertenecían.

Teníamos un capellán creyente, innovador, buen predicador y muy valiente. Fue uno de los pocos capellanes que conocí que genuinamente había nacido de nuevo. Un domingo de resurrección por la mañana la capilla estaba atiborrada. Había soldados afuera que no podían hallar un asiento. El capellán quería hacer todo el espacio posible para todas las tropas, así que los embutió en donde pudo hallar espacio. Les dijo a los ujieres: «Tráiganlos». Y ¿adivinen quién se sentó en el asiento del general? Un soldado raso. Ahora bien, en el Cuerpo de Marina, créame, nadie se sienta donde los generales van a sentarse… ¡y menos aun soldados rasos!

Pero ese domingo de resurrección, uno se sentó allí.

Entonces llegó el general. Examinó la capilla y vio que no había espacio disponible. Al general por cierto no le gustó, porque en menos de tres meses nuestro excelente capellán fue despachado de la isla. El capellán pagó un precio alto por virtud valiosa. Se negó a mostrar parcialidad, aun si eso quería decir sentar a un soldado raso que llegó a tiempo en el lugar de un general atrasado.

Pero Dios obra de maneras misteriosas. Meses más tarde me enteré que a nuestro capellán a quien le dieron el puntapié en Okinawa acabó siendo destinado a Hawai. ¿Qué le parece?

es romperlas todas, y viceversa. Si uno rompe cualquiera de las otras, también ha roto esta (Stg 2:11). Por esta razón, el prejuicio, que rehúsa amar a todos por igual, es transgresión del gran mandamiento.

— 2:12-13 —

Santiago concluye su acusación contra la parcialidad con una exhortación para aplicar su enseñanza. ¡Que las Escrituras sean su estándar! ¡Que el amor sea su ley! ¡Que la misericordia sea su mensaje! No hablen ni actúen por condicionamiento natural, superficial o cultural. Actuar de esa manera hace de los creyentes quebrantadores de la ley, sujetándolos al castigo de Dios. Los creyentes nunca caerán bajo la condenación de Dios (Ro 8:1), sino que serán juzgados y recompensados por la manera en que se condujeron en esta vida. Santiago revela el estándar por el cual todos los creyentes serán juzgados: «por la ley que nos da libertad» (2:12). En el contexto de 2:8-11, sabemos la ley que Santiago tiene en mente: la ley libertadora, real, que excluye todo prejuicio y descarta toda parcialidad: «Ama a tu prójimo como a ti mismo».

Aplicación
El prejuicio es pecado

Como dice el refrán popular, «Dios los cría y ellos se juntan». Cuán verdadero es esto, incluso en nuestras iglesias. Me veo tentado a decir, *especialmente* en nuestras iglesias. Tenemos iglesias grandes, iglesias pequeñas, iglesias en el centro de la ciudad, iglesias en los suburbios, iglesias en barrios, iglesias jóvenes, iglesias antiguas, iglesias formales, iglesias informales, todas compuestas de personas que se visten igual, piensan igual, hablan igual, actúan igual. ¡Ah!, y a menudo desconfían, no gustan o alienan a «otros» ajenos a su cultura.

¿Por qué ha sido tan difícil para los creyentes tomar en serio las palabras de Santiago en cuanto a la parcialidad y el prejuicio? Estamos de acuerdo con amar a nuestro prójimo, ¡siempre y cuando podamos seleccionar nuestro barrio! Pero las palabras de Santiago en cuanto al prejuicio y la parcialidad deberían cambiar nuestras actitudes; y *cambiar nuestras acciones*. Al concluir 2:11-13 Santiago nos deja algunas maneras para aplicar en nuestra propia vida sus principios contra el prejuicio.

Primero, *haga que las Escrituras sean su estándar y no sus hábitos* (2:12). Yo me crié en el sur de los Estados Unidos de América. Inhalé la propaganda del prejuicio desde el momento en que lancé mi primer berrido. Me lo enseñaron en la escuela. Lo vi entre mis amigos. Inclusive lo oí desde los púlpitos. Pero tengo que tildarlo tal como la Biblia: *pecado*. A menudo nos escondemos detrás de excusas como: «Así fue como me criaron», o «esas personas tienen su propia manera de hacer las cosas». Como Santiago dijo, el prejuicio y la fe en Cristo no se mezclan (2:1).

Así que, deje de aferrarse a sus prejuicios y esconderse detrás de excusas endebles. Cualquiera que sea su grupo particular: negro, blanco, hispano, árabe, asiático, palestino, judío o indio, ¡usted necesita superarlo! Decida ahora mismo concordar con las Escrituras y llamar al pecado, pecado.

Segundo, *que el amor sea su ley* (2:12). Santiago llama al mandamiento de amar al prójimo como a uno mismo la «ley real» (2:8) y «la ley de libertad» (2:12). Cuando encontramos personas que son diferentes de nosotros, más jóvenes o mayores, de piel más clara o más oscura, más ricas o más pobres, tenemos que resistir la pregunta: «¿Cómo puedo alejarme lo más posible de esta persona?» Debemos responder a la pregunta: «¿Cómo puedo amar en palabra y acción a esta persona de la mejor manera? ¿Cómo puedo ayudarle? ¿Cómo puedo edificar a esta persona? ¿Cómo puedo mostrar gracia y misericordia en lugar de discriminación y parcialidad?»

Al tratar de aplicar el mensaje de Santiago, pida que Dios le revele en dónde usted tal vez sea culpable de favoritismo y parcialidad. ¿Favorece a ciertos grupos para la evangelización y excluye a otros? ¿Acaso los programas de su iglesia enfocan un grupo demográfico en particular que traerá más convertidos y más dinero, ignorando a la población menos numerosa, y más pobre de su barrio? Necesitamos usar estrategia en el ministerio, pero no podemos usar prejuicios.

Al mismo tiempo, pida discernimiento para hacer distinciones acertadas en cuanto a cómo amar, en quien confiar y cuándo confrontar. Santiago no está diciendo que debemos tratar a toda alma sobre la tierra exactamente de la misma manera, pero no podemos tratar a las personas de manera injusta solo basados en nuestros prejuicios superficiales. Si abordamos a cada persona que encontramos como una oportunidad de demostrar amor, haremos buen progreso para alejar de nuestro medio el prejuicio.

La fe en función (Santiago 2:14-26)

[14]Hermanos míos, ¿de qué le sirve a uno alegar que tiene fe, si no tiene obras? ¿Acaso podrá salvarlo esa fe? [15]Supongamos que un hermano o una hermana no tienen con qué vestirse y carecen del alimento diario, [16]y uno de ustedes les dice: «Que les vaya bien; abríguense y coman hasta saciarse», pero no les da lo necesario para el cuerpo. ¿De qué servirá eso? [17]Así también la fe por sí sola, si no tiene obras, está muerta.

[18]Sin embargo, alguien dirá: «Tú tienes fe, y yo tengo obras».

Pues bien, muéstrame tu fe sin las obras, y yo te mostraré la fe por mis obras. [19]¿Tú crees que hay un solo Dios? ¡Magnífico! También los demonios lo creen, y tiemblan.

[20]¡Qué tonto eres! ¿Quieres convencerte de que la fe sin obras es estéril? [21]¿No fue declarado justo nuestro padre Abraham por lo que hizo cuando ofreció sobre el altar a su hijo Isaac? [22]Ya lo ves: Su fe y sus obras actuaban conjuntamente, y su fe llegó a la perfección por las obras que hizo. [23]Así se cumplió la Escritura que dice: «Le creyó Abraham a Dios, y esto se le tomó en cuenta como justicia», y fue llamado amigo de Dios. [24]Como pueden ver, a una persona se le declara justa por las obras, y no sólo por la fe.

[25]De igual manera, ¿no fue declarada justa por las obras aun la prostituta Rajab, cuando hospedó a los espías y les ayudó a huir por otro camino? [26]Pues como el cuerpo sin el espíritu está muerto, así también la fe sin obras está muerta.

La fe en función (Santiago 2:14-26)

Hace años conducía mi auto por nuestra ciudad con un par de mis hijos pequeños en el asiento trasero. Como los niños hacen, ellos iban entonando un canto que habían aprendido en la Escuela Dominical. Ahora bien, esto fue mucho antes de que obligaran a que los chicos en el asiento posterior se abrocharan los cinturones de seguridad, así que uno iba acostado en el asiento y el otro en el piso. Eso, ahora nos pone la piel de hormiga, pero tal vez usted tenga edad suficiente para recordar que esto era típico. Yo no podía verlos allí atrás, pero sí podía oírlos con certeza entonando la canción a voz en cuello con sus voces infantiles: «Si en verdad eres salvo, y lo sabes, di ¡amén!». Y ellos gritaban: «¡Amén!»

A la larga me convencieron a que me uniera al canto. Cuando llegamos a la última estrofa, en donde se supone que todos debíamos «hacerlo todo», refiriéndonos a tres acciones y ademanes, me detuve en una luz roja. Con la ventanilla abierta yo estaba gritando: «Si en verdad eres salvo, y lo sabes, ¡di amén!»; mientras que a la vez zapateaba, gritaba a voz en cuello «amén», y palmoteaba. Justo en ese momento me di cuenta de que dos personas con los ojos abiertos a más no poder nos contemplaban desde el auto detenido junto al mío. Más bien, debo decir que me contemplaban *a mí*; porque no podían ver a los dos chiquillos cantando conmigo, ¡acostados en el asiento trasero!

Pude ver la sorpresa en sus caras. Deben haber pensado que yo había perdido un tornillo, que estaba borracho, drogado, o algo peor pero ni piense que se quedaron para averiguarlo. Su coche salió disparado tan pronto como la luz cambió a verde. Yo quise salir en su persecución y explicarles: «¡Hay dos chiquillos en el asiento trasero que me convencieron que haga esto!» Pero me encogí de hombros y pensé: *¿A quién le importa?* Luego, mientras aceleraba para pasar la calle, llegamos a esa parte del canto en donde entonamos: «Si en verdad eres salvo y lo sabes, entonces tu vida con certeza lo mostrará». Ellos siguieron cantando, pero yo dejé de cantar.

De inmediato la convicción llegó. Pensé: *Señor, ¿en realidad mi vida lo muestra?* Estoy seguro que les mostré algo a las personas que estaban en el otro auto, pero yo me sentí algo abochornado en cuanto a esa pequeña infracción social. ¿Qué en cuanto a las cosas que debo hacer a diario como creyente en Cristo, aquellas cosas que van completamente contra la corriente de las normas culturales y expectativas de la sociedad? Así que rápidamente empecé a repasar la semana anterior... los meses... y años, tratando de determinar si mi vida realmente mostraba mi fe. Ese canto sencillo infantil me tocó.

Alguien dijo una vez que la fe es como las calorías: uno no puede verlas, ¡pero siempre puede ver los resultados! Ese es el tema principal que resuena por la carta de Santiago. Podemos reducirla a una sola palabra: *resultados*. La fe real resulta en obras genuinas. En ninguna parte Santiago arguye más apasionadamente e ilustra este tema que en Santiago 2:14-26. Este pasaje nos obliga a responder a esa pregunta penetrante: «Si dices que crees como debes, entonces, ¿por qué te conduces como no debes?»

— 2:14 —

Esta sección es la tesis principal del libro. Todo lo anterior a este pasaje es como una flecha que señala hacia adelante. Todo lo posterior señala hacia atrás. En la mente de Santiago es el ápice de una pirámide. Él hace dos preguntas retóricas, sin esperar una respuesta pero a punto de dar una: «Hermanos míos, ¿de qué le sirve a uno alegar que tiene fe, si no tiene obras? ¿Acaso podrá salvarlo esa fe?»

La pregunta de Santiago es como preguntar: «¿De qué sirve tener licencia de conductor si en realidad uno no sabe cómo conducir un vehículo?» Las personas pueden llamarse cristianas y aducir que son parte de la fe, pero no tienen ningún resultado genuino que demuestre a los que los rodean que su confesión es auténtica. Eso es lo que Santiago está preguntando. Y, con franqueza, el apóstol dice que si alguien aduce tener fe en Cristo pero su vida no muestra los resultados de la fe, esta bien puede ser una farsa.

La segunda pregunta: «¿Acaso podrá salvarlo esa fe?» se refiere a una cierta cualidad de fe: una fe que no produce fruto. La respuesta implícita, por supuesto, ¡es un resonante *no*! De hecho, la forma de la pregunta en el griego muestra que Santiago hace una pregunta que *espera* una respuesta negativa.

Para el resto de la sección Santiago hurga más hondo en la afirmación básica de que la fe ficticia desprovista de obras no es fe genuina, que salva.

— 2:15-20 —

En los versículos 15 al 20 Santiago da cuatro características de la fe genuina.

(1) *La fe genuina no es indiferente, sino que interviene* (2:15-16). Considere cuidadosamente esta ilustración. Santiago está haciendo fácil para sus lectores que decidan si deben ayudar a los necesitados. No están pidiendo que arrojen caridad a los paganos ingratos o blasfemos perversos. Estos necesitados son «hermanos y hermanas» genuinos que tienen necesidades genuinas: comida y ropa (2:15). En 1 Timoteo 6:8 Pablo dijo: «Así que, si tenemos ropa y comida, contentémonos con eso». Las personas en el ejemplo de Santiago ¡ni siquiera tenían las necesidades básicas para la vida! Estaban en aguda necesidad, pero en lugar de proveerles ropa y comida, los hipotéticos farsantes de la fe que menciona Santiago despedían a los creyentes necesitados con un cliché: «Que les vaya bien; abríguense y coman hasta saciarse» (2:16).

Pienso que todo el que lee esto ha experimentado algo parecido de parte de algunos llamados hermanos y hermanas en Cristo. Tal vez a usted nunca le ha faltado comida o ropa, pero tal vez ha aguantado dolor y desesperadamente necesitaba consuelo, o ha tenido una necesidad específica que requería por lo menos un oído cariñoso, un hombro sobre el cual llorar. Más bien, usted sintió una palmadita en la espalda y oyó una frase trillada y dicha al apuro. En lugar de extender ayuda real, los que podían (y debían) haber intervenido no hicieron nada para suplir su necesidad. Esa es la acusación de Santiago.

Santiago no está sólo en estos sentimientos. El apóstol Juan dice lo mismo: «Si alguien que posee bienes materiales ve que su hermano está pasando necesidad, y no tiene compasión de él, ¿cómo se puede decir que el amor de Dios habita en él?» (1 Jn 3:17). ¿La implicación? No se puede. Si hay genuino amor, alcanza a otros. Si hay fe real, produce acciones de compasión. En la definición que da Santiago, la fe genuina no es indiferente, sino que interviene.

(2) Santiago insta que *la fe genuina no es independiente, sino un compañerismo* (2:17). Santiago dice que la fe genuina siempre va acompañada de resultados. Si no tiene resultados, está «muerta». Por «muerta» quiere decir que es «inútil, inefectiva, impotente». Es lo opuesto de una fe viva, efectiva, vibrante. En este versículo podemos incluso encerrar entre comillas «fe», porque en la mente de Santiago la llamada «fe» que no tiene obras es una farsa.

(3) *La fe genuina no es invisible, sino que se exhibe* (2:18). Santiago pone palabras en la boca de una persona hipotética que dice: «Pues bien, muéstrame tu fe sin las obras, y yo te mostraré la fe por mis obras». El sutil argumento imagina a alguien que concuerda con Santiago pero aduce que tiene una fe tranquila, invisible y privada. Usted ha conocido personas así. «Yo guardo mi fe para mí mismo», dicen. «Yo no llevo la religión sobre la camisa». A una persona así, cualquiera que en realidad pone en práctica su fe le parece un fanático. Pero Santiago directamente cuestiona la idea de una fe privada y pasiva; la fe genuina se exhibe. Si en realidad uno no puede verla, ¿cómo puede alguien saber si existe en realidad?

(4) *La fe genuina no es intelectual, sino del corazón* (2:19-20). Santiago se imagina a otro tipo de persona, el intelectual religioso. Tal persona sabe los hechos y puede recitar las verdades, pero carece de una vida que refleje los hechos. Él cree que «Dios es uno» (2:19). Este enunciado viene directamente de la antigua confesión del judaísmo llamada la *shemá*: «Escucha, Israel: El Señor nuestro Dios es el único Señor» (Dt 6:4). Este individuo tiene su teología básica bien sentada. Da asentimiento intelectual a la verdad. Pero ella no ha penetrado en su corazón ni ha pasado a las manos y a los pies. ¡Aquellos cuya fe es meramente intelectual tienen mucho en común con los demonios! Sólo los que exhiben fe genuina mediante obras visibles están mejor que los demonios, que tienen una teología impecable pero obras aborrecibles.

De paso, encontramos otro tipo de «intelectual religioso» en nuestros días, y ese es el escéptico intelectual. Usted los ha visto entrevistados en documentales sobre el Jesús histórico o perorando con elocuencia sobre la «verdad» detrás de los «mitos» de la Biblia. Fanfarronean de todo tipo de credenciales científicas e históricas. Quieren hablar de la religión como un fenómeno social, psicológico o filosófico. Aducen que se mantienen objetivos, analizando e interpretando la fe para la mente moderna. Pero la verdad es que *en realidad no tienen fe*. Y para empeorar las cosas, ¡no les interesa hallarla! Ese es un intelectual radical y desconectado que va incluso más allá de lo que Santiago tenía en mente, pero es una nueva realidad que tenemos que enfrentar hoy. Estudiar la idea de Dios o analizar un sistema de creencias está a años luz de recibir al Señor Jesucristo mediante fe auténtica, y luego poner en práctica esa fe en acción real.

Finalmente, martillando su caso al repetir su tesis, Santiago escribe: «¡Qué tonto eres! ¿Quieres convencerte de que la fe sin obras es estéril?» (2:20). Esta repetición del enunciado nos ayuda a entender lo que Santiago quiere decir al referirse como «muerta» a la fe sin obras. Nótese que no dice que la persona sin fe está muerta, sino que tal «fe» es inútil, como si estuviera muerta. Aunque Santiago no trata del asunto directamente, detrás de esta descripción de la fe fraudulenta puede estar la idea de que tal persona en verdad no ha recibido la dádiva de la salvación por gracia y mediante la fe genuina.

Permítame ponerlo en términos prácticos. Supóngase que un pariente adulto suyo ha perdido su trabajo y no puede comprar uniformes escolares para sus hijos. Usted acaba de recibir un gran aumento de sueldo. Pero en lugar de abrir su mano a su hermano, solo le da una palmadita en la espalda y le dice: «Estaremos orando por ti». O, póngase usted mismo en otro lugar. Una enfermedad inesperada surge en su familia y ya no tiene cómo pagar las cuentas médicas sin incurrir en deudas ingentes. En lugar de echar mano al fondo de benevolencia para ayudarle en ese tiempo difícil, todo lo que recibe es una tarjeta de su pastor que dice: «Dios dispone todas las cosas para el bien de quienes lo aman» (Ro 8:28). En cada uno de estos casos vemos una necesidad específica y la capacidad para atenderla... pero una respuesta inútil, muerta.

A la luz de la acusación de Santiago, ¿ejemplifican esas respuestas la fe genuina? ¡No!

— 2:21-25 —

Como maestro diestro, Santiago martilla su punto con dos ejemplos bíblicos de fe verdadera, interna, demostrada mediante acciones obvias, externas. Aunque tiene a su disposición toda una multitud de ejemplos de fe y fidelidad del Antiguo Testamento, Santiago selecciona dos ejemplos extremos: Abraham y Rajab. ¡Qué diferencia!

Abraham, padre de los hebreos	Rajab, una prostituta gentil
Abraham, hombre de poder y respeto	Rajab, una mujer de mala reputación
Abraham, receptor de las promesas de Dios	Rajab, que quebrantó las leyes morales de Dios

Sin embargo, al seleccionar estos dos polos opuestos para demostrar su punto, Santiago arroja una red amplia que nos encierra a todos y cada uno de nosotros que lee sus palabras. Todo creyente se halla en algún punto entre Abraham y Rajab. Así que el mensaje de Santiago en cuanto a la fe y obras se aplica a todos nosotros.

El autor de Hebreos, también, se maravilla por la fe que exhibieron las acciones de Abraham y Rajab. Hebreos 11:17 dice: «Por la fe Abraham, que había recibido las promesas, fue puesto a prueba y ofreció a Isaac, su hijo único». Y en 11:31 leemos: «Por la fe la prostituta Rajab no murió junto con los desobedientes, pues había recibido en paz a los espías». Santiago no fue el único escritor del Nuevo Testamento ¡que vio tanto en Abraham como en Rajab ejemplos de fe verdadera! Y tanto Hebreos como Santiago recalcan que estas obras fueron hechas por fe. Esto quiere decir que las acciones fueron resultado de una fe genuina en cada creyente, que resultó en acciones prácticas, de manos en la masa.

En este punto todos los que están familiarizados con las cartas de Pablo verán que de la página surge lo que parece ser un problema. En el versículo 21 Santiago escribe: «¿No fue declarado justo nuestro padre Abraham por lo que hizo cuando ofreció sobre el altar a su hijo Isaac?» ¡Un momento! *¿Justificado por obras?* ¿No contradice esto lo que Pablo dice en Romanos? Pablo escribió: «Porque sostenemos que todos somos justificados por la fe, y no por las obras que la ley exige» (Ro 3:28). ¿Cómo, entonces, puede Santiago decir: «Como pueden ver, a una persona se le declara justa por las obras, y no sólo por la fe» (Stg 2:24)? ¿Está Santiago negando la esencia del evangelio de gracia? O, ¿acaso Pablo se equivocó por completo?

¡Ni lo uno ni lo otro! Santiago no está cuestionando a Pablo, ni Pablo corrigiendo a Santiago. Podríamos recordar que Santiago respaldó del todo la predicación de Pablo de salvación por gracia y por fe (Hch 15:13-21). Más tarde Santiago defendió la reputación de Pablo entre los judíos creyentes de Jerusalén (21:15-24). En ninguna parte los vemos discutiendo por elementos esenciales del evangelio; ¡siempre están de acuerdo en las verdades fundamentales! Santiago y Pablo no necesitaban reconciliación en el primer siglo, así que ¿cómo reconciliamos lo que parece ser diferencias en nuestra mente, aquí, en el siglo veintiuno?

La respuesta incluye dos matices de la palabra «justificar». El verbo griego es *dikaioo*. Dependiendo del contexto, la palabra puede significar, bien sea «declarar justo», como en un proceso legal; o «demostrar que es justo». La definición legal puede simplemente ser un veredicto de «no culpable», aun si la persona es en realidad culpable de lo que se le acusa. En el segundo caso, una persona demuestra su rectitud por acciones observables por todos. Pablo y Santiago toman estos dos usos de «justificar», así que la misma palabra forma dos lados de la misma moneda.

Pablo mira a la raíz de la salvación. En el momento de la salvación, uno es salvado por fe y nada más. Del otro lado de la moneda, Santiago mira el fruto de la salvación. Después de la salvación, después de que la raíz de la fe queda plantada, nuestras vidas darán fruto de buenas obras.

Otro contraste tiene que ver con dos perspectivas. Pablo mira la vida desde la perspectiva de Dios; Santiago mira a la vida desde la perspectiva humana. Pablo usa la palabra «justificado» para significar «declarado justo a la vista de Dios, aunque todavía sigo en mi estado como pecador». Eso es una dádiva. Santiago se dirige a creyentes que ya han experimentado esta dádiva de la salvación, así que usa la palabra «justificado» para indicar: «demuestro yo mismo que soy justo a la vista de las personas para mostrar que he recibido la dádiva divina de la vida eterna». La tabla que acompaña, «Pablo y Santiago: Dos lados de la misma moneda» puede ayudar a distinguir las dos metas complementarias (¡no contradictorias!) de Pablo y Santiago.

Una vez que entendemos el enfoque diferente de Santiago, sus ilustraciones de las acciones de Abraham y Rajab tienen sentido. Sabemos que Abraham fue un hombre de fe porque podemos ver su acción máxima de fe al obedecer los mandamientos de Dios, aun cuando no tenían absolutamente ningún sentido para él. Hasta hoy, nos sentimos muy incómodos al leer la prueba de Dios de la fe de Abraham cuando le ordenó que ofreciera a Isaac en sacrificio. El saber de antemano que Dios se proponía detener la mano de Abraham y proveer un carnero como sustituto no ayuda. ¡*Abraham* no sabía eso! Sin embargo, él confió en la absoluta bondad y poder de Dios, a pesar del mandamiento incomprensible.

Pablo y Santiago: Dos lados de la misma moneda

Pablo	Santiago
«Porque sostenemos que todos somos *justificados por la fe*, y no por las obras que la ley exige» (Ro 3:28).	«Como pueden ver, a una persona *se le declara justa por las obras*, y no sólo por la fe» (Stg 2.24).
Usa «justificado» para indicar «pronunciado justo a los ojos de Dios».	Usa «justificado» para indicar «demuestra que es justo a los ojos de otros».
Muestra cómo el no creyente llega a ser creyente.	Muestra cómo el creyente vive como creyente.
Hace énfasis en la raíz de la salvación.	Hace énfasis en el fruto de la salvación.
Recalca la disposición interna.	Recalca acciones externas.
Demuestra la parte de Dios con la participación humana.	Demuestra la parte humana con la ayuda de Dios.

¡Simplemente piénselo! Isaac era el único hijo de Abraham, el hijo de la promesa y por medio de quien Dios se proponía hacer de los descendientes de Abraham una gran nación. Sin embargo, ¡éste es a quien tiene que ofrecer como sacrificio a Dios! El libro de Hebreos nos dice que mientras ofrecía a Isaac a Dios, «consideraba Abraham que Dios tiene poder hasta para resucitar a los muertos» (Heb 11:19). Aunque él no sabía *cómo* Dios podía cumplir su promesa por medio de Isaac, exhibió para las generaciones venideras una confianza absoluta, indeclinable, en la bondad y poder de Dios. Así que Santiago concluye: «Como pueden ver, a una persona [en este caso Abraham] se le declara justa [muestra ser una persona de fe] por las obras, y no sólo por la fe» (Stg 2:24).

Rajab sirve como el segundo ejemplo de Santiago. Ella no era israelita y por consiguiente no era miembro del pueblo del pacto de Dios. Sin embargo, se aventuró y creyó que el Dios de Israel cumpliría sus promesas a Israel y entregaría en sus manos a su ciudad de Jericó. Habiendo perdido toda confianza en las deidades locales de Jericó para proteger la ciudad, Rajab cambió su lealtad y demostró su cambio de fe de los falsos dioses al único Dios verdadero. Leemos en Josué 6:17, 22-23 que cuando los israelitas derrotaron a Jericó, Rajab y su casa fueron libradas debido a su valiente acción de fe. Y aprendemos que Rajab misma llegó a ser israelita. De hecho, llegó a ser una de las cuatro mujeres del Antiguo Testamento mencionadas en la genealogía de Jesús (Mt 1:3-6). ¡Qué ejemplo asombroso de fruto duradero de fe auténtica!

— 2:26 —

Santiago concluye esta sección sobre la fe práctica con una reiteración de su tesis: «Pues como el cuerpo sin el espíritu está muerto, así también la fe sin obras está muerta». En donde quiera que haya separación, se halla muerte. Es cierto en la vida física cuando el alma se separa del cuerpo. También es cierto en la vida cristiana. Cuando uno tiene una vida que uno llama «fe» pero no tiene nada para demostrar que es auténtica a la larga, hay una separación anormal que ha ocurrido entre la fe y las obras. El resultado es una fe vacía, inútil.

Una fe sin obras quiere decir una de dos cosas. Si la persona es un creyente genuino, el resultado es una caída hacia una existencia como de muerte. Vimos que Santiago trató de eso cuando explicamos esa bajada resbaladiza hacia el pecado (Stg 1:13-15). ¿La respuesta para los creyentes verdaderos? Arrepiéntanse y vuelvan al sendero de la vida espiritual y crecimiento.

El otro tipo de persona no puede producir fruto real porque le falta la raíz de la fe. Puede ser que esa persona tenga una fe fingida. Puede ser que nunca ha entendido que la salvación viene como dádiva de Dios mediante fe sencilla en la muerte y resurrección de Cristo por nosotros. No tiene obras porque no tiene fe verdadera. La solución a esa clase de muerte espiritual no es tratar de mejorarse mediante más obras, sino admitir que aparte de Cristo no se puede hacer nada. Solo cuando la raíz de la fe queda plantada firmemente puede una vida producir fruto auténtico que agrada a Dios y es evidente para otros.

Aplicación

Cómo cultivar una fe viva

La inquietante frase de Santiago «justificado por obras» a veces puede distraernos de los principios extremadamente prácticos en esta sección. En lugar de diseccionar sus palabras, ¿qué tal si las digerimos? Pasemos del estudio al comedor y permítame ofrecerle una comida de cinco platos para hacer del mensaje de Santiago una parte de una dieta espiritual balanceada.

En lugar de comer al apuro sus comidas esta semana, ¿qué tal alimentar su alma con algo de comida espiritual alrededor de la mesa? Escoja la mejor comida para conversar y masticar estas preguntas con los miembros de su familia, con amigos y con quienquiera con quien usted come regularmente. O, separe algo de tiempo a solas cada día durante la semana para pensar en las implicaciones prácticas del énfasis de Santiago sobre el fruto de la fe genuina.

Día 1. Defina claramente el asunto en Santiago 2:14. ¿Por qué algunos aducen tener fe genuino si no la tienen? ¿Qué pudiera motivar esta clase de engaño (o ilusión) en nuestro mundo actual? ¿Cómo puede uno saber con certeza si una persona verdaderamente ha nacido de nuevo... *o no se puede*?

Día 2. Lea Santiago 2:15-16. ¿Quiere decir esto que debemos ayudar a todos los necesitados? ¿Qué tal si no son «hermanos o hermanas» en Cristo? ¿Se necesita discernimiento? ¿Qué constituye una necesidad real, según este pasaje? ¿Cómo podemos descubrir necesidades reales en nuestra iglesia o comunidad? ¿Cuáles son estas?

Día 3. En Santiago 2:19-20 Santiago ataca la creencia fría, intelectual. Ilustre este tipo de enfoque «cabezón» al cristianismo con un par de ejemplos modernos. ¿Por qué es un error asentir a los hechos sin que eso afecte a la vida de uno? ¿De qué maneras tiende usted a *intelectualizar* en lugar de *poner en práctica* su fe?

Día 4. Mire Santiago 2:21-25. Abraham y Rajab: ¡qué combinación! Piense en las diferencias entre estos dos ejemplos de fe fructífera y converse sobre por qué Santiago los utiliza como ilustraciones. Los relatos se hallan en Génesis 22 y Josué 2 y 6. Póngase en sus zapatos y describa lo difícil que sería para usted exhibir fe en esas circunstancias. ¿Qué circunstancias de su vida le hacen difícil poner en práctica su fe?

Día 5. Mire hacia atrás, al momento en que fue salvado. ¿Puede pensar en «obras» específicas que ocurrieron pronto, demostrándoles a otros que usted tenía fe genuina en Cristo? Cuente unos pocos de los cambios que Dios ha producido en su vida. Basándose en Santiago 2:20 y 26, ¿describiría su fe como «viva» o «muerta»; provechosa o inútil?

Antes de limpiar la mesa, hablen sobre lo que necesitan *hacer* en respuesta a sus respuestas a estas preguntas. El libro de Santiago es cuestión de cristianismo práctico. ¡Está diciéndonos a cada uno de nosotros que dejemos de sentarnos sobre las manos y empecemos a usarlas para hacer la obra de Dios!

Freno para la lengua (3:1-12)

¹Hermanos míos, no pretendan muchos de ustedes ser maestros, pues, como saben, seremos juzgados con más severidad. ²Todos fallamos mucho. Si alguien nunca falla en lo que dice, es una persona perfecta, capaz también de controlar todo su cuerpo.

³Cuando ponemos freno en la boca de los caballos para que nos obedezcan, podemos controlar todo el animal. ⁴Fíjense también en los barcos. A pesar de ser tan grandes y de ser impulsados por fuertes vientos, se gobiernan por un pequeño timón a voluntad del piloto. ⁵Así también la lengua es un miembro muy pequeño del cuerpo, pero hace alarde de grandes hazañas. ¡Imagínense qué gran bosque se incendia con tan pequeña chispa! ⁶También la lengua es un fuego, un mundo de maldad. Siendo uno de nuestros órganos, contamina todo el cuerpo y, encendida por el infierno, prende a su vez fuego a todo el curso de la vida.

⁷El ser humano sabe domar y, en efecto, ha domado toda clase de fieras, de aves, de reptiles y de bestias marinas; ⁸pero nadie puede domar la lengua. Es un mal irrefrenable, lleno de veneno mortal.

⁹Con la lengua bendecimos a nuestro Señor y Padre, y con ella maldecimos a las personas, creadas a imagen de Dios. ¹⁰De una misma boca salen bendición y maldición. Hermanos míos, esto no debe ser así. ¹¹¿Puede acaso brotar de una misma fuente agua dulce y agua salada? ¹²Hermanos míos, ¿acaso puede dar aceitunas una higuera o higos una vid? Pues tampoco una fuente de agua salada puede dar agua dulce.

Freno para la lengua (3:1-12)

Si alguna vez uno ve un animal salvaje suelto por el barrio, se llama a la agencia local de control de animales para que lo atrape y se lo lleve. El perrero puede llevar a los perros perdidos a la perrera municipal o devolverlos a sus dueños, si los tienen. A los gatos callejeros se los puede atrapar, se puede espantar a los zorrillos y alejar a las mofetas. Uno puede atrapar a casi todos estos animales salvajes y sin dueño.

Así que, ¿por qué no atrapar palabras y disponer de un corral para vocablos descarriados? ¡Ese sería un oficio que ganaría un buen sueldo en *cualquier* economía!

Imagínese una frase hiriente como cuchillo acorralada por un par de atrapa-palabras: —Cuidado ahora, cuidado... ¡esa es feroz!

—¿A quién se le ocurrió dejar suelta a esta?

—Oh, un fulano se hastió y se desquitó con su pobre esposa.

—Detestaría ver cómo la pobre mujer se siente ahora.

—Como trigo molido, posiblemente.

—Pues bien, atrapemos a esta palabra bulldog y saquémosla de la calle antes de que muerda a otra persona.

Ahora bien, digamos que usted está en casa y estos mismos atrapa-palabras de repente tocan su timbre. «Disculpe, señor», preguntan, «¿Le pertenece a usted esta palabra? La atrapamos corriendo suelta por la calle, mordiendo a todos donde usted trabaja. Su jefe dijo que suena como si fuera una de las suyas». Usted echa un atento vistazo al término atrapado y, con certeza,... usted dejó suelto ese chismecito el miércoles, y para el sábado arruinó una docena de fines de semana. Rojo como un tomate, recoge sus palabras descomedidas y despide a los atrapa-palabras.

Por supuesto, un atrapa-palabras es una profesión imaginaria. Pero pienso que si uno encontrara la manera de recoger y devolver a tiempo lo dicho sobre otras personas para detener su daño, uno establecería un negocio muy lucrativo en nuestro mundo de bocas sueltas y lenguas desenfrenadas. Sé que he soltado en vida unas cuantas de esas palabras descomedidas, por las que habría pagado casi cualquier cosa con tal de recuperarlas. Estoy seguro que usted también tiene su lista.

En Santiago 2:14-26 el medio hermano de nuestro Señor concentra su lente en este mensaje central: la fe real produce obras genuinas. En todo el libro de Santiago una pregunta penetrante mantiene el enfoque sobre este tema: «Si dices que crees como debes, entonces, ¿por qué te comportas como no debes?» En Santiago 3:1-12, el autor desarrolla este tema general en una dirección específica: el control de la lengua. Ninguna otra sección de la Biblia habla con mayor claridad e impacto sobre el poder potencial destructivo de nuestras palabras. Podemos resumir este poderoso pasaje en forma de una pregunta: «¿Si dices que crees como debes, entonces, *¿por qué dices las cosas que no debes?»*

— 3:1-2 —

Santiago empieza su censura contra la lengua con una introducción sorprendente. A primera vista parece como si estuviera atacando y condenando el ministerio de enseñanza en la iglesia. Pero al examinarlo más de cerca, nos damos cuenta de que su propósito es protegerlo. Santiago comienza como un imperativo directo a sus lectores, como si dijera: «No se apresuren demasiado en cumplir con el rol de enseñar». Es una advertencia, no una condenación. ¿La razón? Porque los maestros, es decir, los que tienen la responsabilidad de hablar la palabra de Dios plenamente y con precisión, caerán bajo juicio más severo.

¿Por qué un maestro recibe un juicio más estricto que el aprendiz? Varias razones vienen a la mente.

1. El maestro es responsable de *decir la verdad*, no las opiniones personales. Usted y yo hemos visto a maestros que se han desviado de la verdad al campo de sus propias especulaciones.
2. Lo que un maestro dice *afecta muchas vidas*. A veces es un sentimiento abrumador lo que siento antes de un mensaje el domingo por la mañana. La responsabilidad de trazar la palabra de Dios con precisión no se la puede tomar a la ligera. Las vidas de demasiadas personas están en juego en eso.
3. Los maestros están bajo juicio más estricto porque se espera que *vivamos la verdad*, y no simplemente la enseñemos. Como ve, la prueba real de un maestro no es lo que él dice, sino lo que su familia dice. El alcance del ministerio de una persona no es el tamaño de su iglesia, sino la profundidad de su vida de familia. Los maestros nunca deben olvidar eso.

El versículo 2 se aplica especialmente al maestro. Nadie es infalible. Toda persona tropieza de muchas maneras. Pero cuando un maestro tropieza, puede hacer que toda una multitud tropiece junto a él. La lengua es la herramienta indispensable del maestro. Pero una lengua ignorante, engañosa o perversa puede convertirse en un arma desastrosa. Si usted tiene la responsabilidad de enseñar pero tiene la lengua suelta, Santiago dice que usted llegará a ser objeto de castigo divino. Todo maestro debe entender de corazón el hecho que Santiago dice con claridad sin acomodo: «Si alguien nunca falla en lo que dice, es una persona perfecta» (Stg 3:2). Debido a que hubo solo un Hombre perfecto, la conclusión lógica es que todos nosotros tropezaremos en lo que decimos. Así que esta advertencia se la debe tomar con la mayor seriedad.

Un par de comentarios de aclaración son necesarios antes de que penetremos en la carne del pasaje. Primero, Santiago no está condenando la enseñanza. La iglesia necesita maestros dispuestos, talentosos, capacitados y calificados. Santiago está advirtiendo en contra de precipitarse a la enseñanza sin darse cuenta de la responsabilidad seria que es. Segundo, Santiago no está condonando o promoviendo el silencio. Está instando el dominio propio; y este dominio propio empieza no con la lengua, sino en el corazón.

Las palabras de Jesús en Mateo 15 ponen el trasfondo teológico apropiado para la enseñanza práctica de Santiago en cuanto a la lengua. Jesús nos dice que el problema básico no es de la lengua sino del corazón. La lengua es meramente la mensajera que transmite las palabras del corazón. Es el balde que se hunde en el pozo y saca bien sea agua fresca o veneno.

De hecho, Cristo habla de la responsabilidad seria de los maestros, llamando a los fariseos «ciegos guías de ciegos», que estaban guiando a sus seguidores a un hoyo (Mt 15:14). Esto sugiere que Santiago tenía en mente esta enseñanza específica de Jesús al escribir sus propias palabras a su público cristiano judío. Escuchen las palabras de Jesús:

> Lo que contamina a una persona no es lo que entra en la boca sino lo que sale de ella... ¿No se dan cuenta de que todo lo que entra en la boca va al estómago y después se echa en la letrina? Pero lo que sale de la boca viene del corazón y contamina a la persona. Porque del corazón salen los malos pensamientos, los homicidios, los adulterios, la inmoralidad sexual, los robos, los falsos testimonios y las calumnias (Mt 15:11, 17-19).

Ahora que entendemos este problema de raíz del corazón, observemos cómo Santiago desarrolla sus pensamientos respecto a la lengua.

3:3-5

El talento de Leonardo da Vinci como escultor maestro le llevó a estudiar el cuerpo humano con mucho mayor detalle que cualquier médico de su día. Cuando empezó a describir la lengua (que rara vez aparece en sus pinturas o estatuas), anotó: «Ningún órgano necesita una mayor cantidad de músculos que la lengua; ésta excede a todo el resto en el número de sus movimientos». De hecho, la lengua es muy pequeña pero extremadamente poderosa. Santiago quiere imprimir este hecho en nuestras mentes a fin de que no subestimemos los efectos que puede tener, tanto positiva como negativamente. Para hacerlo, nos da tres analogías del poder de la lengua.

Primero, la lengua es como el freno en la boca del caballo (3:3). Un pedazo de cuerda, unas pocas tiras de cuero o un pedazo de metal de forma singular puede controlar el movimiento de todo un caballo. De modo similar, la lengua puede dirigir la dirección de la vida de una persona.

Segundo, la lengua es como el timón de un barco (3:4). Piense en un buque gigantesco, en realidad un hotel gigantesco, flotante. Pero ese enorme casco de acero puede ser dirigido por una comparativamente pequeña lengüeta de metal, determinando el rumbo de ese buque. De la misma manera, la lengua, aunque pequeña, determina el curso de la vida de una persona.

Estas primeras dos ilustraciones son neutrales. Pueden tener resultados bien sea positivos o negativos. Pero la tercera analogía de Santiago nos recuerda el peligro potencial de la lengua: «¡Imagínense qué gran bosque se incendia con tan pequeña chispa!» (3:5). Si se toma una chispa, una brasa al rescoldo, o ceniza ardiente, y se la deja caer en el lugar errado, cientos de miles de hectáreas de bosques pueden acabar en cenizas. Por analogía, la lengua es una chispa diminuta, pero puede incendiar las vidas de cientos de personas. Una lengua sin freno puede asesinar el carácter de una persona... destruir una reputación... incluso arruinar una iglesia.

Visité una iglesia hace años que sufrió los devastadores efectos de los chismes, palabras descomedidas y calumnias. Ninguna herejía seria, ningún desastre natural, ni gran colapso económico. Más bien, un centenar de lenguas de fuego habían incendiado esos corazones, y para cuando las llamas de la controversia se habían apagado, unos treinta y cinco miembros quedaron tropezando entre las cenizas.

Nuestras palabras pueden edificar la unidad... o demolerla. La lengua puede estimular la comunión... o destruirla. Nuestras lenguas pueden formar comunidad... o fracturarla. La lengua es un miembro pequeño pero poderoso. Sin embargo, tiene la capacidad de hacer enorme bien, pero también tiene el potencial de hacer un daño incalculable.

—3:6-8—

Santiago pasa a un cuadro incluso más directo para demostrar tanto la necesidad como el peligro de la lengua. Desarrolla la ilustración de la lengua como fuego. Por favor, observe un par de cosas en cuanto a los términos bíblicos que Santiago usa para describir este diminuto músculo encerrado entre nuestros dientes. Primero, mire esas frases intrigantes:

- Es un mundo de maldad.
- Contamina todo el cuerpo.
- Prende fuego a todo el curso de la vida.
- Es encendida por el infierno.

¡Qué palabras más duras! Santiago está diciendo que toda la amplitud de la iniquidad halla una salida por la lengua. Piénselo. Es virtualmente imposible arder de cólera sin expresar nuestro furor en palabras. La amargura vuelve agrias nuestras palabras. El orgullo critica e insulta. El odio explota de nuestros labios. La lengua súbitamente convierte a una persona gentil en un monstruo. Es un «mundo de iniquidad».

La lengua también tiene alguna conexión con el infierno. ¿No es eso interesante? Mire la relación. La lengua es encendida por el infierno y luego prende todo el curso de la vida. En griego la palabra que se traduce «infierno», aquí es *gehena*. Solo aparece en la enseñanza de Jesús en los Evangelios y aquí en Santiago. Puesto que este término tiene su origen y uso más común entre los judíos familiarizados con Jerusalén, el público cristiano judío de Santiago debe haber captado este significado al instante.

Gehena se refiere al valle de Piñón, que corre al sur de Jerusalén. En los días de Jesús y de Santiago, los residentes de Jerusalén echaban su basura y desechos al valle de Piñón, en donde se la quemaba. Es como si Santiago estuviera diciendo: «Ustedes conocen ese fétido botadero de basura que arde al sur de la ciudad. Nuestras lenguas son como eso. Cuando empezamos a despotricar sin control, la basura de nuestros corazones se incendia. Y como el humo pútrido que nos recuerda esa basura que arde en el valle de Piñón, nuestras lenguas hacen que todos sepan la perversidad que hay en nuestros corazones».

Santiago también se refiere a la lengua como una bestia sin domar (3:7). Podemos domar cualquier clase de animal, desde serpientes hasta elefantes, desde tigres hasta delfines, pero la lengua salvaje resiste la doma. No podemos domar a esa bestia.

Esta es una verdad que hay que recordar. El versículo 8 literalmente dice: «La lengua ningún ser humano tiene el poder de domar». Santiago está hablando de subyugar nuestra habla pecadora con nuestra propia fuerza. Él dice que los humanos, por su propio recurso, no tienen la capacidad de mantener refrenadas sus lenguas. Pero si uno conoce a Cristo, el poder de Dios por la presencia del Espíritu Santo puede transformar el corazón de uno y tomar el pleno control de la lengua. Como

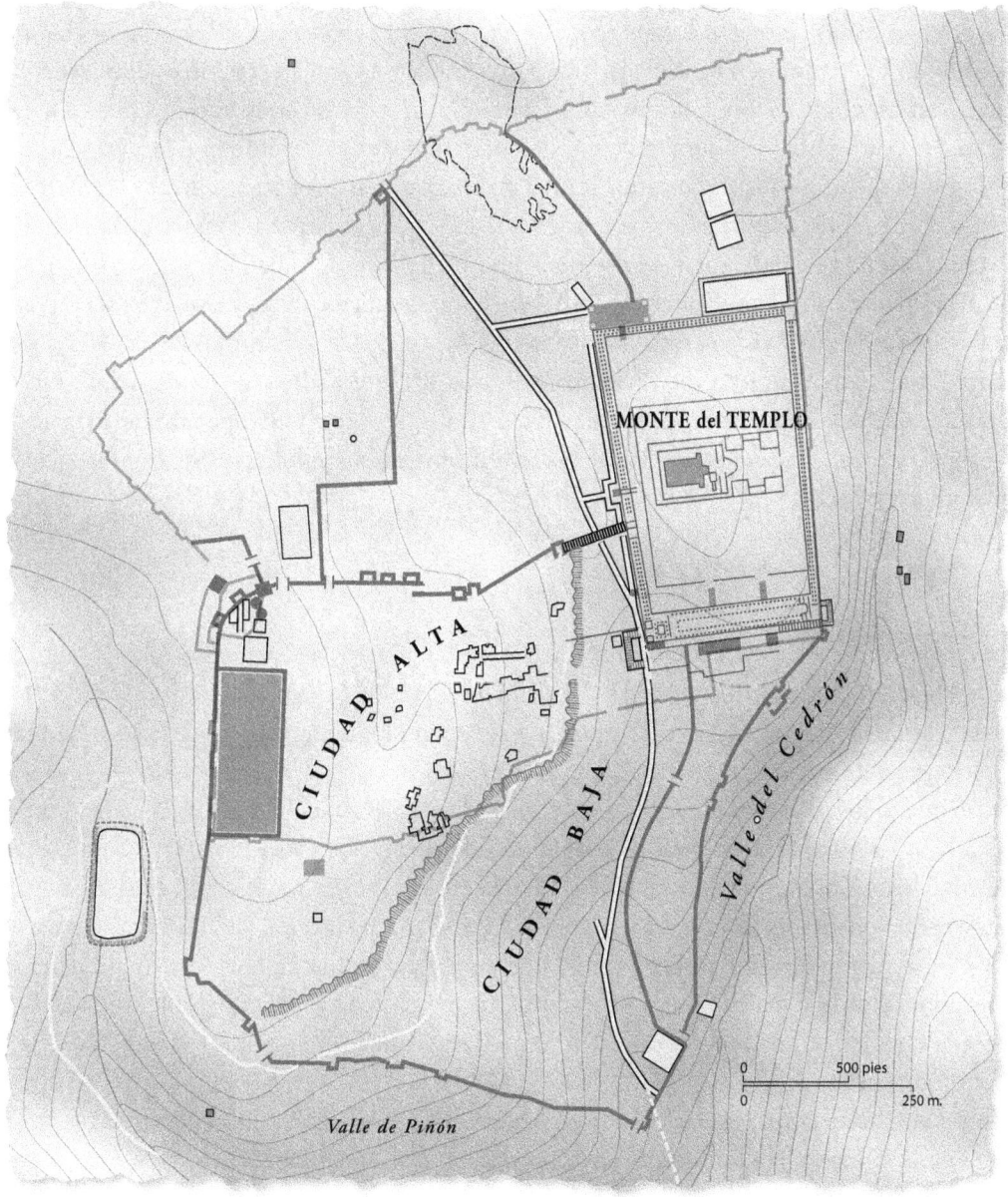

Jerusalén del primer siglo cristiano

Jesús dijo respecto a otra imposibilidad: «—Para los hombres es imposible —aclaró Jesús, mirándolos fijamente—, mas para Dios todo es posible» (Mt 19:26).

Santiago también pinta a la lengua como «lleno de veneno mortal» (3:8). Es como si tuviéramos una cápsula de cianuro detrás de nuestros dientes, lista para romperse y regar palabras de muerte dondequiera que vamos.

Una vez me alojé en un hotel en donde se celebraba una convención de oficiales militares: coroneles, mayores, tenientes coroneles y capitanes. Muchos galones en esa multitud. Una noche, mientras cenábamos, un buen número de oficiales, tanto hombres como mujeres, tomó asiento cerca de nuestra mesa. Tan cerca, de hecho, que mis oídos captaron un torrente continuo de palabrotas saliendo de sus bocas. Los hombres no tenían ningún respeto por la presencia de mujeres en su medio. No tenía ningún respeto por los civiles que estaban en las mesas alrededor de ellos. Ni tenían la menor preocupación por el decorado uniforme que llevaban. Más bien, parecía como si cada frase producía un torrente continuo de palabrotas, constante como fuego de ametralladora.

Mientras oía eso, pensé en Romanos 3:13-14: «Su garganta es un sepulcro abierto;... ¡Veneno de víbora hay en sus labios!» «Llena está su boca de maldiciones y de amargura».

Ahora bien, sus palabras no me hicieron daño ni a mí ni a nadie más en ese salón. No estaban dirigidas a nosotros ni a nadie en particular. Pero con toda certeza estropearon la imagen de ellos. Todo respeto que uno pudiera haber tenido por su uniforme o sus galones quedó por los suelos debido a su vil verborrea.

— 3:9-12 —

Después de asemejar la lengua a un incendio, a una bestia salvaje y a veneno mortal, Santiago respalda su argumentación con dos ilustraciones. La primera viene de la experiencia humana (3:9-10). La segunda viene de la naturaleza (3:11-12). Juntos, estos ejemplos demuestran que la lengua es necesaria pero inconsistente.

Pienso que todos podemos identificarnos con la primera ilustración de Santiago, de la experiencia humana. Uno va conduciendo el auto, entonando un gozoso canto de alabanza al Señor: «Este es el día que hizo Jehová, me gozaré y le alabaré». De repente algún papanatas cierra el paso obligándonos a frenar en seco y dejar huellas del patinazo en la calle. Pero, peor que eso, la lengua que usted acaba de usar para alabar a Dios ¡de repente cambia de engranaje y se halla lanzando maldiciones al tipo que no pudo hallar una mano libre para encender la luz de señales debido a que sujetaba su celular pegado a la oreja! «De una misma boca», dice Santiago, «salen bendición y maldición. Hermanos míos, esto no debe ser así» (3:10).

Esto puede suceder con igual facilidad en un escenario de familia. Después de un largo culto el domingo en la mañana, la familia toma asiento para almorzar. El padre inclina la cabeza y dirige a la familia en la oración por la comida. Da gracias al Señor por la comida, por el día y por el hogar. Poco después de decir «amén», procede a despotricar contra el predicador, la iglesia, su trabajo. Nada que no sea queja brota de sus labios. Después, la hijita le toca en el hombro y le dice: «Papito, ¿oyó Dios lo que dijiste en la bendición?»

Cambiando a autoridad teológica, el papá contesta: «Por supuesto, cariño, él lo oyó».

«Pues bien», pregunta la niña, «¿oyó todo lo que dijiste después de la oración?».

«…este, sí, mi amor. Supongo que lo oyó».

«Entonces, papito», dijo la niña, «¿cuál de las dos creyó?»

Santiago concluye con dos ilustraciones de la naturaleza. Un manantial no produce al mismo tiempo agua fresca y agua contaminada. Tampoco una higuera produce aceitunas, ni una vid produce higos. Si nuestros corazones rebosan de gracia, ¿acaso nuestros labios no deberían rebosar bondad?

En 3:11-12 Santiago dice que el producto es consistente con la fuente. Un hombre de dos caras refleja el corazón de una persona indecisa. Como Jesús dijo: «Un árbol bueno no puede dar fruto malo, y un árbol malo no puede dar fruto bueno» (Mt 7:18). Este pensamiento aleccionador nos obliga a preguntarnos: ¿De dónde viene esta habla inconsistente? O, si somos permanentemente negativos, engañadores o amargados, tenemos que considerar lo que nuestra lengua revela en cuanto a lo que hay en nuestros corazones. Piénselo. No lo barra debajo de la alfombra para pasar al siguiente párrafo. Permita que esto penetre.

Permítame reforzar esto con tres declaraciones sencillas que resumen la preocupación práctica de Santiago. Primero que nada, *la lengua contamina*. Jesús dijo eso en Mateo 15, y Santiago lo dice en los primeros versículos de este pasaje. Simplemente con una sílaba su lengua puede manchar su imagen pulcra y nítida. La lengua es *así* de poderosa.

Segundo, *la lengua desafía*. Resiste todo esfuerzo meramente natural de dominio propio: resoluciones, trucos de mejora propia, lo que sea. Por nuestras propias fuerzas, esos métodos sencillamente no funcionan, por lo menos no para siempre.

Tercero, *la lengua exhibe* lo que uno realmente es. Esa persona interior que se esconde detrás de la imagen linda que proyectamos ante otros, siempre parece hallar oportunidades de revelarse mediante la lengua. El fruto de nuestros labios halla su fuente en la raíz de nuestra alma.

He visto marchitarse la expresión en las caritas de los niños por la cólera de la lengua del padre. He visto el espíritu de un nuevo creyente destrozarse debido a las palabras denigrantes y debilitadoras de un creyente impaciente más antiguo. He visto asesinatos de carácter, reputaciones arruinadas y matrimonios destrozados, por una lengua descontrolada y perversa. ¡La lengua puede ser una fuerza devastadora de destrucción enorme!

¿La respuesta? Abandone todo esfuerzo de dominio propio y sométase al control de Dios. Él puede apagar ese incendio desbocado. Él puede domar la bestia salvaje. Él puede proveer el antídoto al veneno del habla infernal, aborrecible. Santiago no recrimina contra la lengua para condenarnos por lo que hemos hecho en nuestro pasado. Más bien, quiere prevenirnos para que no permitamos que esta conducta siga adelante en nuestro futuro. Este sería un buen momento para detenerse y orar. Pídale a Dios que cambie su corazón y su lengua hoy.

LA FE VERDADERA PRODUCE HUMILDAD GENUINA (SANTIAGO 3:13—5:6)

Uno de los lugares menos atractivos y más desolados de todo el mundo es el desierto de Libia en el norte de África. Imagínese una extensión de territorio desolado, improductivo, vacío, calcinado, estéril. Es apropiado para apenas unos pocos nómadas que van penosamente de oasis en oasis, arreando macilentos rebaños día tras día.

Recuerdo un documental que vi hace varios años que presentó una toma aérea de este vasto desierto. Hermoso... pero lóbrego. Miles y miles de relucientes ondulaciones de arena. Pero entonces se vio algo asombroso. Apareció un sector verde, una isla paradisíaca en medio de un océano de arena. Conforme la cámara se acercaba, pudimos distinguir los detalles. Era más que un oasis de palmas; vimos plantas de un verde intenso, abundantes frutales, fértil vegetación. Cuando finalmente calculamos la escala de este gigantesco oasis, nos dimos cuenta de que corre por el desierto por kilómetros. Por cierto, ese sector verde del paisaje tiene algo que el resto del desierto no tiene: *agua... mucha, mucha agua*. Los ingenieros han excavado profundos pozos y bombeado cantidades gigantescas de agua a la superficie, saciando esa tierra agotada y produciendo un paraíso parecido al Edén en lo que antes fue desolación vacía y estéril.

Esta ilustración ilustra vívidamente la vida cristiana. Dejados en nuestro estado natural, los seres humanos somos como desiertos: ásperos, desolados, secos e infructuosos. No tenemos nada que ofrecer al mundo que no sea polvo y muerte. Esa es la condición natural del alma aparte de la gracia de Dios. Pero cuando el Espíritu de Dios invade el corazón humano de otra manera desolado, ese corazón bulle con vida nueva. Un manantial de agua viva sacia el alma y pronto el fruto espiritual empieza a emerger.

Santiago ya nos ha dicho que «Toda buena dádiva y todo don perfecto descienden de lo alto, donde está el Padre que creó las lumbreras celestes» (1:17). Nos ha recordado que Dios «nos hizo nacer mediante la palabra de verdad, para que fuéramos como los primeros y mejores frutos de su creación» (1:18). Este nuevo nacimiento de arriba, nacimiento espiritual por el Espíritu Santo, transforma las vidas de los creyentes desde adentro. Por toda esta carta Santiago anima a nosotros los creyentes a cultivar esa palabra implantada (1:21). Cuando lo hacemos así, eso conduce a obras vivas que el Espíritu de Dios produce en nosotros.

En la primera sección Santiago dice que *la fe verdadera produce estabilidad genuina* (1:1—1:27). Soporta las pruebas (1:2-12), resiste las tentaciones (1:13-18), y responde a la Palabra de Dios (1:19-27). En la segunda sección Santiago nos dice que *la fe verdadera produce amor genuino* (2:1—3:12). La fe rechaza el prejuicio (2:1-13), actúa bondadosamente hacia los necesitados (2:14-26), y se abstiene de hacer daño a otros con la lengua (3:1-12).

En esta tercera sección de su carta, Santiago nos recuerda que *la fe verdadera produce humildad*

TÉRMINOS CLAVE

ζῆλος [*zelos*] (2205b) «celos, celo»

En Santiago, el concepto se relaciona estrechamente con «ambición egoísta». Aunque la palabra puede tener connotaciones positivas, como «ser celoso» o «tener celo» por Dios (Ro 10:2), más a menudo el celo se pinta como errado o equivocado. En este caso, la idea es celo egocéntrico o actos de celos o envidia de servicio propio.

ταπεινόω [*tapeinoo*] (5013) «humillarse, rebajarse, hacer bajo»

Aunque Santiago usa la palabra solo una vez en su carta (4:10), el concepto de humillarse uno mismo se puede hallar en todas sus exhortaciones. Humillarse quiere decir rebajarse uno mismo más abajo que su estatura normal. En el mundo antiguo «humillarse» a menudo se asociaba con el acto físico de postrarse o acostarse en tierra, demostrando humildad interna ante alguien de mayor categoría.

κρίνω [*krino*] (2919) «juzgar, dividir, evaluar, decidir»

El significado literal es «cernir y separar» a fin de aislar los componentes de una mezcla. El uso primario es metafórico en el sentido de «cernir los detalles para llegar a una conclusión». En términos de una persona, la idea es cernir los detalles de la vida de uno a fin de examinarlos y llegar a una decisión en cuanto al carácter de la persona. «Juicio», entonces, es el resultado de ese cernir.

genuina (3:13—5:6). Nos recuerda que nuestra bondad viene de la sabiduría dada por Dios, y no de nuestra propia sabiduría humana (3:13-18). Nos llama a acudir a Dios, y no a nosotros mismos, para relaciones personales pacíficas (4:1-10). Luego nos advierte en contra de la jactancia en nuestras vidas en lugar de someternos a la soberanía de Dios (4:11-17). Después recrimina en contra del orgullo que tan fácilmente engaña a los ricos de este mundo (5:1-6). En cada caso, Santiago fomenta la humildad que Dios da, porque aparte de la gracia de Dios obrando en nuestros corazones para producir sabiduría santa y buenas obras, seremos tan infructuosos como el desierto libio agostado.

¿Sabio o insensato? (Santiago 3:13-18)

^{13}¿Quién es sabio y entendido entre ustedes? Que lo demuestre con su buena conducta, mediante obras hechas con la humildad que le da su sabiduría. ^{14}Pero si ustedes tienen envidias amargas y rivalidades en el corazón, dejen de presumir y de faltar a la verdad.
^{15}Ésa no es la sabiduría que desciende del cielo, sino que es terrenal, puramente humana y diabólica. ^{16}Porque donde hay envidias y rivalidades, también hay confusión y toda clase de acciones malvadas.
^{17}En cambio, la sabiduría que desciende del cielo es ante todo pura, y además pacífica, bondadosa, dócil, llena de compasión y de buenos frutos, imparcial y sincera. ^{18}En fin, el

fruto de la justicia se siembra en paz para los que hacen la paz.

Un viejo refrán de leñadores dice: «Se mide mejor el árbol cuando ha caído». El verdadero tamaño y calidad de la madera del árbol se puede determinar mejor después de que se lo ha derribado. Así, también, la medida verdadera de los logros de una persona se puede ver al fin de su existencia. Este refrán es especialmente cierto en la vida de Salomón, hijo de David. Durante su reinado Salomón prosperó como autor, diplomático, poeta, político, filántropo, arquitecto e ingeniero. En su cenit, Salomón no tenía igual.

¿Cómo pudo Salomón lograr tanto en su vida? Segunda de Crónicas 1 provee la respuesta. Cuando él heredó de su padre el reino, Dios le apareció en visión, diciendo: «Pídeme lo que quieras que yo te dé» (2 Cr 1:7, RVR). ¿Puede imaginarse esa oferta? ¿Qué pediría usted si el Señor del cielo y de la tierra le ofreciera *cualquier cosa que usted quisiera pedir*?

Pues bien, Salomón reveló su verdadero carácter cuando contestó: «Yo te pido sabiduría y conocimiento para gobernar a este gran pueblo tuyo; de lo contrario, ¿quién podrá gobernarlo?» (2 Cr 1:10). En esencia, dijo: «¡He heredado una tarea abrumadora! Más que cualquier otra cosa, ¡necesito sabiduría! Necesito noción práctica en las sutilezas de la vida a fin de que pueda gobernar bien a tu pueblo. *Esto* es lo que pido, y nada más». Ahora bien, ¡esa es una respuesta de humildad! Con las manos abiertas, acudió a Dios para que le diera lo que necesitaba para lograr lo que necesitaba hacer.

Alrededor de mil años después de que Salomón pidiera sabiduría de Dios para realizar su llamado, otro descendiente de David llamado Santiago escribió: «Si a alguno de ustedes le falta sabiduría, pídasela a Dios, y él se la dará, pues Dios da a todos generosamente sin menospreciar a nadie» (Stg 1:5). Es más, uno pudiera decir que el libro de Santiago es la versión del Nuevo Testamento de la literatura de sabiduría del Antiguo Testamento. Tal como el propio contraste de Salomón entre Madame Insensatez y la Señora Sabiduría en los primeros capítulos de Proverbios, Santiago 3:13-18 contrasta al insensato y al sabio. Estos seis breves versículos pintan dos cuadros con una paleta de palabras coloridas: uno es el retrato de alguien a quien le falta la sabiduría de Dios, y el otro de una persona que la ha recibido de lo alto.

— 3:13 —

Santiago arranca con una pregunta: «¿Quién es sabio y entendido entre ustedes?» Santiago en realidad no está pidiendo que levanten las manos. Obviamente, la mayoría de los que leían esto querían pensar de sí mismos como siendo sabios y conocedores. Es como el juego por televisión *¿Quién quiere ser millonario?* Pregunta ridícula. ¡Casi toda persona a la que usted le pregunte levantará ambas manos! El reto real es demostrar la longitud y profundidad de su conocimiento, cuánto sabe de cosas oscuras y triviales. Pocos llegan a la altura. Ese es el punto de la pregunta de Santiago. «¿Piensas que eres sabio y entendido? Pues bien, lo veremos. Miremos un par de cosas que atestiguarán la cualidad de tu sabiduría».

Santiago instruye al sabio a demostrar la sabiduría mediante buena conducta y obras de mansedumbre (3:13). Lo primero se refiere al estilo de vida cambiado del creyente, tema que Santiago ya

Insensatos versus sabios (Stg 3:13-18)

	Insensatos	Sabios
Señales (3:13-14)	1. Celos amargos 2. Ambición egoísta (3:14)	1. Buena conducta 2. Obras gentiles (3:13)
Características (3:14-15, 17)	1. Arrogante 2. Deshonesto 3. Mundanal 4. Natural 5. Diabólico (3:14–15)	1. Puro 2. Pacífico 3. Gentil 4. Razonable 5. Misericordioso 6. Generoso 7. Sin vacilación 8. Sincero (3:17)
Resultados (3:16, 18)	1. Desorden 2. Todo mal (3:16)	1. Justicia 2. Paz (3:18)

ha tratado con gran profundidad (ver 2:14-26). La vida del sabio cambia para bien, exhibiendo obediencia a la Palabra de Dios. Esto tiene que ver directamente con el mensaje principal de la carta de Santiago: *la fe verdadera produce obras genuinas*. El ingenio, la astucia y la educación no hacen sabia a la persona. Lo que hace sabia a la persona es lo bien que su estilo de vida refleja la verdad.

Segundo, «obras hechas con la humildad que le da su sabiduría» se refiere a humildad y mansedumbre inspirada por la sabiduría. La gente actualmente ve a la «mansedumbre» y a la «gentileza» como características de debilidad, individuos enclenques que dejan que otros los pisoteen. ¡No en las Escrituras! «Mansedumbre» es un aspecto del fruto del Espíritu, según Gálatas 5:23 y está estrechamente relacionado al «dominio propio». Es una palabra que se usaba para describir a un caballo brioso puesto bajo control. No ha perdido su fuerza natural, pero lleva esa fuerza con gentileza y humildad. Eso es sabiduría bíblica.

Esto tiene profundas implicaciones prácticas. ¿Está usted buscando un buen maestro o predicador? Invariablemente gravitará hacia la persona más astuta intelectualmente, en lo posible educado en un seminario. Mientras más títulos puedan poner delante de su nombre, mejor... ¿verdad? Eso está bien. Los títulos y la educación son excelentes, siempre y cuando vayan acompañadas de un estilo de vida modelado según la verdad y que tienen el ego bajo control. Demasiados maestros con abundantes credenciales y predicadores elocuentes se inclinan hacia los extremos imprudentes, insensatos. Pero los líderes y mentores sabios saben cuándo aplicar los frenos y cuándo acelerar. No es por accidente que en su perfil de los líderes de la iglesia, Pablo pone «capaz de enseñar» entre la necesidad de ser «amable» y «paciente» (2 Ti 2:24).

—3:14-16—

Habiendo introducido la idea de un sabio que se caracteriza por una buena manera de vida y obras gentiles, Santiago cambia de engranaje y dedica algún tiempo a describir las señales del insensato. Empieza en el versículo 14 con dos características a nivel de corazón: envidias amargas y ambición egoísta. Estas disposiciones rebosan en la vida de una persona, que Santiago describe en los versículos 14-15. En el versículo 16 menciona los resultados últimos de tales acciones.

«Envidias amargas» con probabilidad se refiere a envidia que va acompañada de emociones fuertes. La envidia se refiere a una persona con las manos llenas que piensa que sus propias pertenencias o logros se ven amenazados por el éxito de otro. Este primer vicio por lo general acompaña al segundo: ambición egoísta. El corazón de la persona insensata lleva un hambre insaciable para empujarse a la cumbre.

De paso, no piense ni por un segundo que los círculos cristianos están libres de envidias y ambición egoísta. Si usted asiste a suficientes conferencias bíblicas, visita suficientes iglesias y pasa tiempo suficiente entre los académicos creyentes, hallará abundante envidia mezquina y ambición desenfrenada. También la verá entre cantantes, predicadores, misioneros y educadores; santos que se pelean por cargos más altos y maniobran para mantenerse en la cumbre.

Santiago da cinco características de la sabiduría falsificada dominada por la carne, que es lo opuesto de la sabiduría dada de lo alto. El corazón humano genera esta sabiduría carnal.

1. *Arrogancia* (3:14). La palabra griega que se usa aquí básicamente quiere decir exaltarse sobre otros. Para los malos, quiere decir justificar arrogantemente las propias acciones pecaminosas de uno. Esto es contrario a la humildad inspirada por Dios. El gran teólogo Charles Hodge lo dijo muy bien: «La doctrina de la Biblia respecto al ser humano... es eminentemente apta para hacerle lo que se propuso que fuera: exaltar sin inflar; humillar sin degradar».[1]

2. *Mentira contra la verdad* (3:14). A pesar de lo que muchos filósofos, teólogos y, sí, predicadores, dicen hoy, la verdad sigue siendo un estante inmovible. Olvídese de los conceptos posmodernos de verdad relativa o incertidumbre de la verdad. La verdad revelada por Dios corresponde a la forma en que las cosas son en realidad. El insensato, sin embargo, cambia su estándar de verdad para que se ajuste a sus creencias o estilo de vida.

Aprendí esta lección por la vía dura hace muchos años. Me había impresionado profundamente la vida de un maestro de la Biblia. Lo quería mucho y lo respetaba. Sabía que nadie podía trazar la Palabra de Dios como este erudito en particular. Yo lo citaba, lo seguía, estudiaba con él y anhelaba ser como él. Muchos lo deseábamos. Pero gradualmente empecé a discernir ciertas cosas en sus enseñanzas que parecían no encajar con la Biblia. Así que fui a verlo y le dije: «Mire, este versículo dice esto y lo otro. ¿De qué manera encaja eso en lo que usted está diciendo?» En lugar de explicar el pasaje, él me aplicó su peso. En su reacción y reprimenda verbal, presencié arrogancia, actitud defensiva y justificación propia. A la larga la situación llegó a su punto más tenso y él me menospreció, castigándome por mi desacuerdo, simplemente por preguntar en cuanto a las inconsistencias entre

De mi diario

Celo sin freno

En la década de los 50 pagué mis estudios trabajando en un taller de tornos, que yo consideraba como mi campo misionero personal. Recuerdo haber hablado con un hombre que resultó ser de una denominación muy diferente de la mía. Naturalmente, lo hice mi blanco para buscar su conversión. Después de todo, yo tenía pie firme en la verdad, ¡en tanto que aquel individuo estaba hundido hasta el cuello en el error! No me daba cuenta de eso al momento, pero la impresión que yo daba era la de un fanático furibundo. Tenía versículos bíblicos, datos, respuestas, preguntas provocativas, todo un arsenal de armas espirituales para masacrar a la oposición. Y usaba todo lo que tenía. No sola daba testimonio. La manera en que yo esgrimía la Espada de Verdad contra los infieles en ese entonces ¡probablemente habría hecho avergonzar a los cruzados de la Edad Media!

Hostigué a aquel individuo equivocado día tras día, turno tras turno. Evangelización implacable, inmisericorde. Finalmente, ¡él se hastió! Me agarró por el brazo, clavó su mirada en la mía, y dijo: «Escúchame. Con los hechos me has convencido de que estoy errado, *pero nunca voy a cambiar...*». Justo mientras mi mente buscaba presurosa alguna buena respuesta a una declaración tan necia e insensata, él añadió: «... ¡porque no te aguanto!»

Esas palabras todavía arden al pensar en lo insensato que fui. Fue como alguien lanzando una piedra por la ventana de mi alma, una piedra que llevaba un mensaje que yo necesitaba desesperadamente oír... y que nunca olvidaría. Usted puede tener todos los hechos del lado suyo, pero si no tiene la sabiduría de saber cómo informar de estos hechos sin atacar a la persona, mantenga cerrada la boca. Yo había denigrado a ese compañero de trabajo vez tras vez, aporreándolo hasta dejarlo morado con los hechos. Como resultado, él no podía aguantarme. Yo era peor que hostigoso; *era profundamente detestable.*

El gran Howard Hendricks del Seminario de Dallas resumió este mensaje en uno de sus proverbios penetrantes, por los cuales es legendario. Estoy seguro de que estas palabras todavía resuenan en los oídos de miles de sus estudiantes: «A nadie le importa mucho cuánto sabes mientras no sepa cuánto te interesas en él». Esas palabras sabias reflejan la clase de palabras gentiles y obras a que nos insta Santiago 3:13.

sus palabras y *la* Palabra de Dios. Aquel maestro exhibió un orgullo que le llevó a aferrarse a sus doctrinas de cosecha propia a pesar de que no se alineaban con la verdad de Dios.

3. *Terrenal* (3:15). La palabra significa «de la tierra», y Santiago la contrasta con la sabiduría «del cielo». Es una perspectiva puramente horizontal; medidas mundanales de la verdad, estándares terrenales del éxito, motivos materiales y prioridades temporales.

4. *Natural* (3:15). Esta cuarta característica del insensato literalmente quiere decir «como del alma». La palabra griega *psuquikos* se relaciona con nuestra palabra «psiquis», que se aplica a uno mismo, los motivos humanos internos. La fuente de esta sabiduría son nuestros propios pensamientos, actitudes, intereses y esfuerzos, y no la sabiduría del Espíritu de arriba.

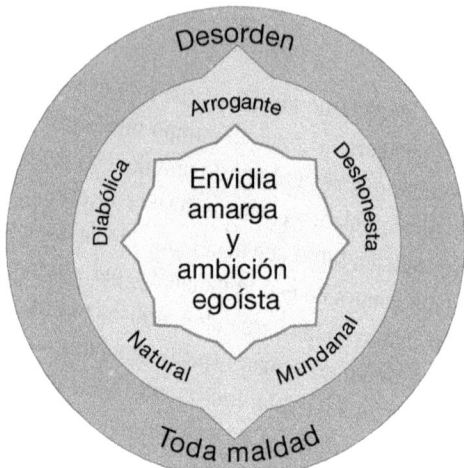

Frutos del insensato

5. *Diabólica* (3:15). Esto no necesariamente quiere decir que la sabiduría del mundo viene directamente de seres diabólicos, aunque en algunos casos puede ser así. Más bien, el énfasis recae en la sabiduría que refleja una filosofía o patrón de pensamiento tan contrario a la verdad de Dios que Satanás mismo pudiera endosarla.

Así que, vemos el corazón del insensato caracterizado por envidia amarga y ambición egoísta (3:14). Tal persona es arrogante, deshonesto, mundanal, natural y diabólica en su carácter (3:14-15). Santiago termina su retrato del insensato con una breve descripción del resultado final: «Porque donde hay envidias y rivalidades, también hay confusión y toda clase de acciones malvadas» (3:16). Tras el paso del insensato vemos olas de caos, confusión, desarmonía, antagonismo y mezquindad. ¡Ciertamente, no un ejemplo a seguir!

— 3:17-18 —

Habiendo descrito la sabiduría de abajo en términos francos en 3:14-16, Santiago termina con el agudo contraste de «la sabiduría de lo alto» (3:17-18). Ya ha mencionado a la persona verdaderamente sabia como demostrando esta sabiduría por su buena conducta y obras hechas en humildad (3:13). Ahora vuelve a considerar a la persona con este tipo de corazón, mostrando las características que marcan su vida (3:17) y los resultados que siguen (3:18).

1. *Pura*. La sabiduría de lo alto es, «ante todo pura». La palabra «primeramente» quiere decir más que solo primera en la lista. Indica primera en orden de importancia. La sabiduría dada por Dios produce pureza de motivos internos tanto como acciones externas. Este tipo de estilo de vida

tiene una promesa integral, como Jesús dijo: «Dichosos los de corazón limpio, porque ellos verán a Dios» (Mt 5:8). La pureza de pensamiento y obras nos ayuda a ver a Dios obrando en todas nuestras circunstancias.

2. *Pacífica*. En contraste con la «envidia amarga» y «ambición egoísta» del insensato, la sabiduría dada por Dios produce relaciones personales pacíficas. La tendencia natural es discutir, pelear, ser beligerante y de mecha corta. Pero la vida sobrenatural de Dios dentro de nosotros nos guarda para no alienar a otros. Más bien, procura eliminar la mala voluntad. Jesús tiene una promesa para los pacíficos: «Dichosos los que trabajan por la paz, porque serán llamados hijos de Dios» (Mt 5:9).

3. *Bondadosa*. La tercera característica del sabio es la bondad. Esta es una palabra griega diferente de la que se tradujo por «humildad» en 3:13. Ese versículo recalcó la humildad. En el versículo 17 el significado es «equitativo, moderado, que cede». Describe a la persona que cede sus derechos por un ideal más alto. En nuestros días cuando la gente piensa que se han lesionado sus derechos, entablan pleitos por las ofensas más insignificantes. Esa es la sabiduría del mundo: mezquina, contenciosa, egoísta, amarga. Pero con la sabiduría de Dios, recibimos las infracciones mezquinas de nuestros «derechos» con una ética de tipo diferente: «Si alguien te da una bofetada en la mejilla derecha, vuélvele también la otra. Si alguien te pone pleito para quitarte la capa, déjale también la camisa» (Mt 5:39-40).

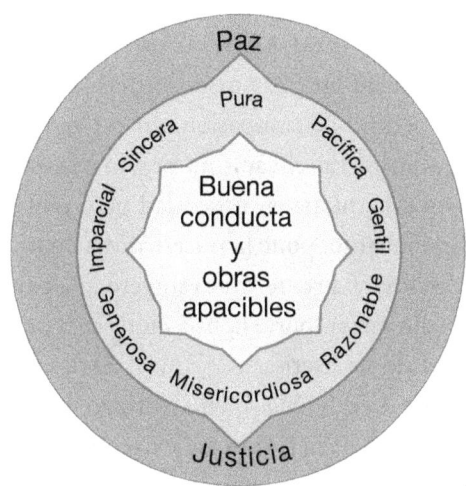

4. *Dócil*. Esta palabra griega aparece solo aquí en el Nuevo Testamento. Viene de dos palabras griegas, «bien» y «persuasible». Juntas quieren decir: «fácilmente persuasible». Pero no conciba la idea errada. Esto no quiere decir que el sabio es un ingenuo enclenque. Más bien, tiene el sentido de «enseñable», alguien que deja a un lado la obstinación y fácilmente cede a la verdad. Puede referirse a una persona que es conciliatoria, flexible y abierta al cambio. Cuando el Espíritu de Dios capta el corazón y hace su obra muy adentro, nos ablanda.

La relación personal de Abraham con Lot en Génesis 13 ejemplifica este tipo de actitud conciliadora. Dios había bendecido a estos dos hombres con tanto ganado que los mismos potreros no podían sostener sus rebaños. Ahora, recuerde, Abraham es el mayor de los dos, y es a él a quien Dios le había prometido toda la tierra de Canaán. Él podía haber dicho: «Lot, llévate tus vaqueros y tus ganados y aléjate». Pero no lo hizo. De acuerdo a Génesis 13:8-9: «Así que Abram le dijo a Lot: «No debe haber pleitos entre nosotros, ni entre nuestros pastores, porque somos parientes. Allí tienes toda la tierra a tu disposición.

Por favor, aléjate de mí. Si te vas a la izquierda, yo me iré a la derecha, y si te vas a la derecha, yo me iré a la izquierda». Ahora bien, ese fue un hombre de sabiduría: *dócil... cooperador... flexible*.

5. *Misericordiosa*. El quinto rasgo de carácter de los que exhiben sabiduría de lo alto es misericordia. Si gracia es dar a una persona una bendición que no merece, misericordia es retener un castigo justo que la persona *se merece*. Misericordia implica mirar a alguien con compasión cuando probablemente merece castigo. En tanto que la sabiduría del mundo acumula ridículo y castigo, la misericordia muestra bondad y benevolencia.

6. *De buenos frutos*. Los sabios están llenos de «buenos frutos». Santiago liga esto estrechamente con la cualidad previa, «misericordia». Probablemente se refiere a las acciones externas que acompañan a la actitud de compasión por otros. El que tiene genuina misericordia dará bendiciones abundantes a otros. En el capítulo previo Santiago usó el ejemplo de la «fe» estéril de los que ven a un hermano o hermana en necesidad pero rehúsan hacer algo al respecto (2:15-16). La sabiduría de lo alto, sin embargo, pone la misericordia en práctica, abundando en obras fructíferas.

7. *Imparcial*. Este término sugiere una persona con principios fijos, que jamás viola los estándares bíblicos sin que importe la situación. Esta persona firme nunca está abierta para hacer acomodos con la verdad de las Escrituras. ¡Jamás! Ahora bien, esto no quiere decir que contradice la característica anterior de «dócil». Más bien, Santiago indica el equilibrio que da la verdadera sabiduría. El sabio no toma la virtud de la firmeza al extremo del legalismo de mal talante, ni tampoco lleva la flexibilidad al extremo de hacer acomodos en cuanto a la verdad absoluta. Ese tipo de balance exige verdadera sabiduría... y ella viene solo de arriba.

8. *Sincera*. Finalmente, Santiago describe a la sabiduría de lo alto como «sincera», o, «sin hipocresía». La palabra griega *jupokrisis* viene de un término que se usaba para describir a un actor que desempeñaba dos papeles. En los dramas griegos un actor a menudo cambiaba de máscaras, disfraces o utilería para desempeñar papeles diferentes. (Mientras menos actores participaban en una obra, ¡mayor la ganancia en la venta de entradas!). Cuando el actor desempeñaba un papel de comedia, llevaba una máscara con una gran sonrisa. Para un personaje trágico, la máscara cambiaba a tristeza. Luego salía corriendo del escenario y volvía con una cara colérica para el villano. Esa es la esencia de la hipocresía: rapidez, inestabilidad, algo impredecible. Pero los creyentes dotados con el Espíritu de sabiduría viven una vida de sinceridad. Todas las máscaras quedan fuera y ellos siguen el principio de «Lo que ves es lo que obtienes».

Siguiendo las ocho características del sabio, vemos los resultados en el versículo 18: «En fin, el fruto de la justicia se siembra en paz para los que hacen la paz». La palabra «paz» se refiere a la armonía en las relaciones, paz de unos con otros. ¿Recuerda el resultado de la falsa «sabiduría» en Santiago 3:16: «confusión y toda clase de acciones malvadas»? El estilo de vida que es el polo opuesto produce el resultado opuesto: orden (paz) y todo lo bueno (justicia).

Santiago deja su punto claro como el cristal. *Si aduces tener sabiduría como deberías, entonces, ¿por qué vives como no deberías?*

Máscaras de teatro que usaba un *jupócrites* («actor») griego.

Aplicación

Atrapado entre dos retratos

Imagínese mentalmente que está sentado en el centro de una pequeña galería de arte. El salón brillantemente iluminado parece vacío excepto por dos retratos contrastantes en paredes opuestas. En un lado cuelga el retrato de un individuo arrogante, del mundo, diabólico, presentado contra un trasfondo negro que despierta emociones de cólera y envidia. Una barba hirsuta y bigote velan sus facciones y un sombrero enorme arroja una sombra sobre sus ojos malévolos. Deja caos y destrucción a su paso conforme avanza, impertérrito, hacia la consecución de sus metas, empujado por la envidia y la ambición. La leyenda debajo del retrato dice: «El insensato» pintado por «Yo».

El retrato en la pared opuesta no podía ser más diferente. El hombre presenta un semblante bondadoso, postura en calma y expresión serena. Sus ojos parecen invitadores y su mano parece lista para el servicio. Detrás de él le siguen personas, anhelantes de oír sus palabras e imitar sus acciones. Los niños celebran su llegada, encantados de ver los regalos que pudiera traerles. Claramente respetado, no muestra ningún indicio de orgullo, y en su senda hay gozo, paz y prosperidad. Debajo de este retrato la leyenda dice: «El sabio» pintado por «El Espíritu de Dios».

A la luz de estos dos retratos contrastantes del sabio y del insensato señalado en Santiago 3:13-18, ¿con qué retrato se identifica usted? ¿Lucha con la envidia por el éxito de otro? ¿Motivan su vida los esfuerzos personales a costa de la paz? ¿De qué manera estos sentimientos internos y acciones externas afectan a los que lo rodean? ¿Acaso el desorden y la mezquindad caracterizan su vida? ¿Persigue usted las cosas del mundo en lugar de las cosas de Dios?

¿O se caracteriza su vida por la bondad y la humildad? ¿Lo conocen como persona de misericordia, autenticidad y paz? ¿Actúa usted de la misma manera en casa como en su trabajo... o en la iglesia... o en público? ¿Edifica usted a otros alegrándose por sus éxitos, y pone las necesidades e intereses de los demás por delante de los suyos? ¿Deja usted a su paso armonía y alegría?

Al pensar en serio en estas preguntas, evite contestar de la manera en que *desearía* que las cosas fueran. Responda de la manera en que las cosas *realmente son*. Trate de defender su respuesta con evidencia real de ejemplos que vienen a la mente. Pregúntese si sus familiares o amigos más íntimos responderían a estas preguntas respecto de usted de la misma manera.

Después de que se ha identificado con uno de los retratos del sabio o del insensato, piense en su respuesta. Para el sabio, responda a Dios con acciones de gracias, alabándole por moldearle en los años de formación de su vida. Usted no es sabio por cosecha propia, sino por la obra interna del Espíritu de Dios. Para el insensato, pida a Dios sabiduría, luego decida qué problemas de carácter necesita atender específicamente con la ayuda de Dios. ¿Necesita remendar una relación personal en particular? Hágalo. ¿Necesita abandonar alguna empresa egoísta? Abandónela. ¿Necesita empezar un ejercicio espiritual descuidado, como la oración, la adoración o la lectura de la Biblia? Empiece ahora. Nunca es demasiado tarde para empezar a hacer lo correcto.

No deje que los efectos de la insensatez se salgan de control. Permita que Dios empiece a pintar de nuevo su retrato con colores que transforman la vida. Usted empezará a reflejar no su propio carácter frágil, sino el carácter del Hijo de Dios.

Cómo empiezan las peleas... y se les detiene (Santiago 4:1-10)

¹¿De dónde surgen las guerras y los conflictos entre ustedes? ¿No es precisamente de las pasiones que luchan dentro de ustedes mismos? ²Desean algo y no lo consiguen. Matan y sienten envidia, y no pueden obtener lo que quieren. Riñen y se hacen la guerra. No tienen, porque no piden. ³Y cuando piden, no reciben porque piden con malas intenciones, para satisfacer sus propias pasiones.

⁴¡Oh gente adúltera! ¿No saben que la amistad con el mundo es enemistad con Dios? Si alguien quiere ser amigo del mundo se vuelve enemigo de Dios. ⁵¿O creen que la Escritura dice en vano que Dios ama celosamente al espíritu que hizo morar en nosotros? ⁶Pero él nos da mayor ayuda con su gracia. Por eso dice la Escritura:

> «Dios se opone a los orgullosos,
> pero da gracia a los humildes.»
>
> ⁷Así que sométanse a Dios. Resistan al diablo, y él huirá de ustedes. ⁸Acérquense a Dios, y él se acercará a ustedes. ¡Pecadores, límpiense las manos! ¡Ustedes los inconstantes, purifiquen su corazón! ⁹Reconozcan sus miserias, lloren y laméntense. Que su risa se convierta en llanto, y su alegría en tristeza. ¹⁰Humíllense delante del Señor, y él los exaltará.

¿Alguna vez ha comido hierba?

En el barrio en que me crié, ese era el castigo estándar para el que perdía una pelea. El vencedor y los espectadores se divertían y gritaban mientras el perdedor comía hierba. Después todos nos poníamos a jugar de nuevo... hasta la próxima pelea. Probablemente usted tenía su propio protocolo conocido que integraba la pelea en la trama de la subcultura de los adolescentes. Nuestro ciclo de «pelear, comer hierba, jugar, pelear, comer hierba, jugar», con certeza suena a tontería, ¿verdad? Y lo era.

Quisiera que hubiéramos dejado eso atrás ahora en nuestros años adultos.

No, ya no comemos hierba, pero todavía parece que integramos las peleas en nuestras vidas. La pelea surge naturalmente para la mayoría de personas, especialmente los hombres. ¿Por qué? Porque todos nacemos con una naturaleza escabrosa que prefiere atacar la yugular en lugar de darse por vencido. Todo empezó después de la caída, que se anota en Génesis 3. La primera pelea entre Caín y Abel terminó en asesinato (4:1-8). Desde entonces podemos trazar la historia fácilmente por sus conflictos y guerras. No es sorpresa, entonces, que Santiago atiende el ciclo de conflicto entre creyentes. Adorar, pelear, orar, adorar, pelear, orar; fue lo mismo hace dos mil años como lo es hoy. Ese es el problema específico que Santiago considera en 4:1-10.

La división de capítulos entre Santiago 3:18 y 4:1 es lamentable. Recuerde, Santiago no numeró los capítulos y los versículos; esos detalles fueron añadidos siglos más tarde por cuestión de conveniencia. El capítulo 4 continúa desarrollando los mismos pensamientos del capítulo 3. De hecho, los comentarios iniciales que hace respecto de la naturaleza destructora de la lengua en 3:6-10 van subiendo aun más al principio del capítulo 4 mientras trata de los conflictos abiertos entre creyentes. Luego desempaca más los efectos de la envidia amarga y ambición egoísta que introdujo en 3:13-15. Así, en estos primeros diez versículos del capítulo 4, Santiago establece las razones para las peleas entre creyentes, así como también sus resultados trágicos. Pero Santiago no nos deja sin algunas respuestas sobre cómo detener estos conflictos que han cobrado su precio en nuestras filas. Su diagnóstico incluye una receta para manejar todo tipo de conflictos.

— 4:1 —

Esperaríamos que el mundo, de espaldas a Dios y desprovisto de su palabra y Espíritu, se caracterizara por las peleas. Las personas pelean en los negocios, en política, en religión, en educación, en el matrimonio y en los deportes. Pero, triste como suena, los creyentes también pelean en la iglesia.

De hecho, esta es la arena específica de conflicto que Santiago tiene en mente en la primera parte del versículo 1: «¿De dónde surgen las guerras y los conflictos entre ustedes?» En toda esta carta está dirigiéndose a los creyentes cristianos judíos (3:1; 4:11). Esta sección revela obviamente que ellos estaban teniendo problemas para llevarse bien.

¿Su problema? «Guerras y conflictos». La palabra griega que se traduce «guerras» es una palabra general para peleas o guerras de la cual obtenemos nuestra palabra «polémicas». La palabra para «conflictos» es un término más limitado para escaramuzas, ataques individuales. En términos de guerra física, el primer término se refiere a la guerra; el segundo a una batalla específica. Estos creyentes estaban en un estado continuo de pelea que explotaba en conflicto abierto.

¿De dónde vienen estas guerras y escaramuzas? Nos veríamos tentados a decir: «¡De Satanás!» o «¡De falsos hermanos»!» o «¡De los herejes que se han introducido en secreto!» ¡Errado! Santiago responde: «¿No es precisamente de las pasiones que luchan dentro de ustedes mismos?» Santiago es bueno para refregarnos en la nariz de nuestra propia depravación cuando lo necesitamos. Puede parecer riguroso a veces, y si uno se queda allí todo el día, podría serlo.

Pero recordatorios frecuentes de nuestra propia naturaleza perversa aparte de la gracia de Dios puede hacernos mucho bien. Recuerde que Santiago mencionó la fuente de la tentación y pecado como nuestros «propios deseos malos» (1:14). El desorden y la perversidad resulta de nuestra propia «envidia y ambición egoísta» (3:16). De la misma manera, nosotros somos primariamente responsables por nuestras propias peleas internas. Satanás puede hacer de las suyas y los no creyentes pueden alegrarse al vernos a nosotros dedicados a eso, *pero nosotros somos los que tenemos la culpa.*

Santiago 4:1 usa un término más neutral para «pasiones». Literalmente quiere decir «disfrutes». Esto puede incluir el deseo de tener éxito, el deseo de usar los talentos y dones, o el deseo de tener relaciones personales, alimento, diversión, o las necesidades de la vida. El problema surge cuando el mundo frustra nuestros logros de estos deseos. Entonces las «pasiones» de la vida se vuelven fuentes de conflicto. Cuando algo se interpone en el camino para cumplir nuestros deseos, tendemos a pelear hasta que nos salimos con la nuestra.

---4:2-4---

Los que codician cosas no tienen que cometer «asesinato» (4:2). Por supuesto, pocos en realidad asesinan en un sentido literal, pero todos somos culpables de asesinato en nuestros corazones y con nuestros labios. Recuerde la interpretación de Cristo de la ley: «Ustedes han oído que se dijo a sus antepasados: "No mates, y todo el que mate quedará sujeto al juicio del tribunal". Pero yo les digo que todo el que se enoje con su hermano quedará sujeto al juicio del tribunal» (Mt 5:21-22). De modo similar, Juan sucintamente anotó: «Todo el que odia a su hermano es un asesino, y ustedes saben que en ningún asesino permanece la vida eterna» (1 Jn 3:15).

Los que pelean por frustración no acuden a Dios en busca de provisión. Jesús dijo: «Hasta ahora no han pedido nada en mi nombre. Pidan y recibirán, para que su alegría sea completa» (Jn 16:24).

Los peleadores no oran. «Pero», alguien puede objetar «he orado y orado por esto y lo otro, pero ¡Dios todavía no me ha dado lo que quiero!» Santiago tiene una respuesta para esto: «Y cuando piden, no reciben porque piden con malas intenciones, para satisfacer sus propias pasiones» (Stg 4:3).

La promesa de Dios de responder a nuestras oraciones y darnos lo que pedimos debe ser gobernada por todas las enseñanzas de la Biblia en cuanto a la oración. Esto no es «menciónalo y reclámalo», ni una teología de «dilo y agárralo». El apóstol Juan nos ayuda a equilibrar nuestra perspectiva sobre la oración.

> Y recibimos todo lo que le pedimos porque obedecemos sus mandamientos y hacemos lo que le agrada […] Ésta es la confianza que tenemos al acercarnos a Dios: que si pedimos conforme a su voluntad, él nos oye (1 Jn 3:22; 5:14).

¿Lo captó? Santiago advierte en contra de la oración motivada por el placer; Juan estimula la oración que agrada a Dios. Los creyentes de mentalidad espiritual oran por cosas que agradan a Dios, no por cosas que alimentarán sus propios deseos envidiosos y egoístas.

En el versículo 4 Santiago se dirige a sus lectores tan severamente como cualquier pasaje de las Escrituras: «¡Adúlteros!» *Eso* tiene que captar la atención de ellos. ¿Por qué llama a sus lectores «gente adúltera»? ¡Porque estaban traicionando a Dios! La atención, afectos y lealtad de ellos no eran para Dios y su pueblo, sino para ellos mismos y el mundo.

La palabra «mundo» aquí en el griego es la palabra *kosmos*. Se refiere al sistema del mundo que se contrapone a Dios. Es la humanidad caída colectivamente levantando su puño crispado contra Dios, dándole la espalda al Creador. Dios llama a la gente «adúltera» sólo si se supone que deben ser fieles a él pero no lo son. La persona no salvada no es adúltera. Pero el salvado que cultiva la amistad con el cosmos está cometiendo adulterio y por consiguiente está haciéndose enemigo de Dios.

Así que Santiago se refiere a creyentes que están cometiendo adulterio espiritual. Esta mundanalidad de la iglesia produce peleas y conflictos. Viene cuando hacemos política, ponemos la economía antes que el ministerio y tratamos de entretener antes que disciplinar. Aflora cuando reemplazamos la verdad inmutable con tendencias culturales o convertimos una relación personal con Cristo en simplemente otra religión del mundo. Estos movimientos dividen iglesias y destruyen ministerios.

Para resumir, los deseos internos frustrados conducen a pensamientos asesinos, peleas, abandono de la oración, u oración con motivos errados (4:1-3). Un corazón que late al son del mundo lleva a ira contra Dios y oposición a sus palabras y obras (4:4). Estas dos condiciones llevan a peleas y conflictos entre creyentes.

--- 4:5-6 ---

Menos mal, Santiago no deja sin solución el problema que nos aqueja. Como buen médico, luego de diagnosticar nuestra enfermedad nos da una receta. Presenta una sinopsis de la solución, un tratamiento para las peleas internas que incluye el señalar el poder y luego establecer un principio.

El versículo 5 es notoriamente difícil de traducir e interpretar. Un erudito lo llama «¡uno de los versículos más difíciles» de todo el Nuevo Testamento!² Santiago alude a algún pasaje o enseñanza del Antiguo Testamento: «¿O creen que la Escritura dice en vano...?» (Stg 4:5). Pero la declaración real es difícil de traducir al español sin hacer algún tipo de decisión interpretativa. Una rápida comparación de unas pocas traducciones de la Biblia demuestra lo difícil que puede ser este versículo:

... que Dios ama celosamente al espíritu que hizo morar en nosotros (NVI).
... El Espíritu que él ha hecho morar en nosotros nos anhela celosamente (RVR).
... Dios ama celosamente el espíritu que ha puesto dentro de nosotros (DHH).
... ¿Acaso creen que el espíritu que Dios puso en nosotros arde de envidia? (PDT).
... el Espíritu que Dios ha hecho habitar en nosotros y que nos da lo mejor es un Espíritu celoso (LAT).
... que Dios ama grandemente al espíritu que puso para que habite en nosotros (LBD).
... Él celosamente anhela el Espíritu que ha hecho morar en nosotros (LBLA).

Así que, ¿cuál es? El problema es que las palabras que Santiago usa para «celosamente» y «anhelar» son términos neutrales que pueden tener una connotación bien sea positiva o negativa. También, la palabra «espíritu» puede referirse bien sea al espíritu humano o al Espíritu Santo. Para confundir más el problema, la forma de la palabra «espíritu» en el griego bien puede ser el sujeto de la frase ¡o su objeto! Así que, ¿está Santiago diciendo que el espíritu humano, dado a nosotros cuando Dios creó a Adán, «envidia intensamente»... o que Dios anhela intensamente que le honremos con nuestros espíritus... o que el Espíritu de Dios dentro de nosotros desea intensamente nuestra fidelidad... o que Dios desea intensamente que le honremos por el Espíritu Santo que vive en nosotros?

Pienso que el contexto de la frase nos ayuda a aclarar la confusión. Recuerde que Santiago 4:4 acusa a los creyentes de ser «adúlteros», los que traicionan a Dios y sus caminos a favor del mundo y sus caminos. Entonces Santiago sigue con la respuesta de Dios a la infidelidad de los creyentes. Pudiéramos traducir esta frase: «El espíritu que mora en nosotros anhela intensamente».

Si éste es el significado de la frase, Santiago probablemente tiene en mente docenas de pasajes del Antiguo Testamento cuando dice: «la Escritura dice». El anhelo intenso de Dios por la fidelidad de su pueblo es como el anhelo de un esposo por la fidelidad de su esposa. Vemos este tema mejor desarrollado en el libro de Oseas, en donde la relación de Dios con Israel se ilustra mediante la relación del profeta con su esposa prostituta, Gomer. Este trasfondo encaja en la imagen de Dios como esposo con justicia celoso por la fidelidad de su esposa, la iglesia. Así que, la primera solución del problema presentado por Santiago es el poder del Espíritu Santo. Dios quiere controlar su vida por su Espíritu, y eso quiere decir que usted debe abandonar su control.

Hace años, cuando mis hijos eran pequeños, querían conducir el auto. En ocasiones, se los permitía. Pero no simplemente le entregaba las llaves a mi hijo de seis años y le decía: «Regresa a las siete». ¡Ni soñarlo! Los sentaba sobre mis piernas, ponía el auto en marcha y les dejaba «conducir» unos pocos metros a la derecha o a la izquierda en la seguridad del antejardín de la casa. Ah, ellos pensaban que estaban conduciendo... y en cierto sentido, lo estaban. Pero la realidad era que yo tenía mi pie listo en el freno, mis manos cerca del volante, y un ojo alerta al entorno. Yo estaba en completo control, y mi hijo o hija cooperaban conmigo. Esa es la clase de control que Dios quiere tener en nuestras vidas. Si aflojamos nuestro apretón y nuestras demandas egoístas, él se asegurará de que conducimos derecho.

Esa clase de rendición humilde al control de Dios es el principio clave descrito en el versículo 6: «Pero él nos da mayor ayuda con su gracia». ¿Mayor que qué? Mayor que nuestra voluntad, nuestro egoísmo, nuestra incapacidad de abandonar el control. Esa es la obra primaria del Espíritu Santo. No es fácil pasar de un orgullo egocéntrico de vida y humillarnos delante de Dios; pero cuando lo hacemos, hallamos toda una bodega de la gracia de Dios lista para ser derramada sobre nosotros. El casi olvidado himno de Annie Johnson Flint lo dice muy bien:

> Su gracia es mayor si las cargas aumentan;
> su fuerza es mayor si la prueba es más cruel;
> si es grande la lucha, mayor es su gracia;
> si más son las penas, mayor es su paz.[3]

4:7-10

Santiago termina con un consejo práctico sobre cómo poner en acción el principio de humildad por el poder del Espíritu Santo. Nuestra búsqueda frustrada de placer produce nuestra propensión a pelear (4:1-4), y el Espíritu de la gracia de Dios es la receta (4:5-6). Santiago ahora describe la manera en que podemos aplicar el remedio a nuestras vidas (4:7-10). Es el régimen diario, la dosis apropiada, por así decirlo, que describe cómo hacer de la humildad que Dios da una parte de nuestro carácter.

Inicialmente, debemos someternos a Dios (4:7). Esto es un imperativo, una orden. No pelee, ni resista, ni presione. Más bien, ríndase, renuncie y abandone. Sí, eso va en contra de la fibra de nuestra tendencia natural a pelear, pero Dios da la gracia para hacerlo. Diga: «Señor, me rindo. Estoy vencido».

Esto va mano a mano con resistir al diablo. No saque esta declaración fuera de su contexto. Santiago no está pasando de repente a una lección sobre cómo expulsar demonios. Está diciendo que el esfuerzo arrogante de nuestro «yo puedo» se parece mucho a la arrogancia rebelde de Satanás que condujo a su caída (Is 14:13-14). Seguir la filosofía del mundo es seguir la sabiduría mundanal diabólica (Stg 4:15). Es lo opuesto de seguir a Dios.

El versículo 8 nos dice: «Acérquense a Dios, y él se acercará a ustedes». En términos de salvación, no podemos acercarnos más a Dios de lo que ya estamos. Cuando ponemos nuestra fe solo en Cristo para salvarnos, de inmediato somos bautizados por su Espíritu en el cuerpo de Cristo (1 Co 12:13). El Espíritu nos selló para la redención (Ef 4:30), y nos ha dado «todas las cosas que necesitamos para vivir como Dios manda» (2 P 1:3). Hemos sido salvados (tiempo pasado) por la gracia de Dios y por la fe sola (Ef 2:8-9). Todo esto describe nuestra posición en Cristo, la cual nunca puede cambiar.

Pero Santiago 4:8 está hablando de nuestra relación personal diaria con Dios, nuestro crecimiento en la experiencia en conocerle y progresivamente llegar a ser más semejantes a su Hijo. Entonces, ¿cómo nos «acercamos a Dios» en esta relación personal con él? El resto de Santiago 4:8-10 provee la respuesta a manera de fuego rápido:

- Límpiense las manos (¡Dejen de hacer el mal!)
- Purifiquen su corazón (¡Dejen de pensar en el mal!)
- Reconozcan sus miserias, lloren y laméntense (¡Arrepiéntanse de su maldad!)
- Que su risa se convierta en llanto, y su alegría en tristeza. (¡No tomen a broma su propia perversidad!)

Todos estos mandamientos reflejan los pensamientos internos y los efectos externos del *arrepentimiento*. Si levantamos nuestro puño crispado y le damos la espalda a Dios en rebelión orgullosa, entonces acercarnos a Dios quiere decir volver nuestra cara hacia él y abrir nuestras manos para lo que sea que él tiene para nosotros. Entonces, en los brazos de Aquel que más nos ama, recibimos lo que hemos tratando de adquirir nosotros mismos: «Humíllense delante del Señor, y él los exaltará» (Stg 4:10).

El mensaje de Santiago es claro. En lugar de entablar pelea, hay que vestirse de fe. En vez de causar conflicto, hay que cultivar el contentamiento. En lugar de pisar fuerte y obstinarnos, hay que someternos voluntariamente a Dios. Cuando uno hace eso, él le da la gracia para hacerle frente a cualquier circunstancia que surja.

Aplicación

Cómo acabar con el monstruo de ojos verdes

¡Oh, mi señor, cuidado con los celos;
Es el monstruo de ojos verdes, que se divierte
con la vianda que le nutre.[4]

Esas palabras de la obra Otelo de Shakespeare son el trasfondo para el modismo «verde de envidia». Los griegos antiguos pensaban que los sentimientos de envidia y el pecado hermano, los celos, causaban una producción mayor de bilis, poniendo a la persona color verde pálido, pútrido. La idea de enfermarse con envidia viene de ese sentimiento profundo, nauseabundo, que sentimos cuando tenemos celos o envidia. Santiago culpa a la envidia incontrolada por toda clase de problemas cuando escribe: «Ustedes sienten envidia y no pueden obtener; así que pelean y guerrean» (4:2).

¿Qué es exactamente la envidia? ¿En qué se diferencia de su hermano, los celos? La envidia es una consciencia dolorosa y llena de resentimiento de una ventaja que otro disfruta, acompañada de un deseo fuerte de poseer la misma ventaja. La envidia como borrego quiere tener lo que otra persona posee. Los celos quieren exclusivamente poseer lo que ya tiene. Los celos son crudos y crueles. La envidia es astuta y sutil. Los celos se aferran y sofocan. La envidia está siempre agarrando, anhelando, ponderando y diciendo cosas siniestras.

La envidia halla maneras socialmente aceptables de expresar el resentimiento personal. Un método favorito es el enfoque del «pero». Cuando hablo de alguien a quien envidio, tal vez diga, «Él es un excelente vendedor, *pero* en realidad no es muy sincero». O «Así es; ella tiene una mente brillante, ¡*pero* es aburrida como maestra!» O «El hombre es un cirujano destacado, ¡*pero* no le importa cobrar un ojo y la mitad del otro!»

Otra vía favorita de expresar la envidia es el enfoque «a la inversa». Alguien hace un buen trabajo y yo arrojo una sombra sobre eso cuestionando el motivo. Un hombre da una ofrenda verdaderamente generosa, y nosotros decimos entre dientes: «Obviamente está tratando de impresionarnos». Un matrimonio compra un auto nuevo y unos cuantos muebles. ¡Cuidado! Habrá alguien que diga entre dientes un comentario envidioso como: «Me pregunto a cuántos misioneros se pudiera haber dado sostenimiento con lo que pagaron por ese auto».

El enfoque de «comparación desfavorable» es igualmente cínico. El barítono hace un trabajo encomiable el domingo mientras aquel calienta bancas envidioso piensa: Así es, lo hizo bien, pero deberían haber oído a Fulano de Tal cantar esa canción. O, «Si piensa que mi vecino tiene un jardín hermoso, ¡debería ver el de la casa en la calle Tal y Cual!» O «Lindo auto, en verdad, pero la revista de consumidores dice que sólo es un auto promedio».

Es un hecho curioso que la envidia es una tensión que a menudo se halla entre profesionales talentosos y altamente competentes. Ustedes los conocen: médicos, cantantes, artistas, abogados, empresarios, autores, comediantes, predicadores, educadores, artistas, políticos. Extraño, ¿verdad? Personas tan capaces hallan casi imposible aplaudir a otros de su propio campo que sobresalen apenas un ápice más que ellos mismas. Los colmillos de la envidia pueden estar escondidos, pero tenga cuidado cuando la criatura se enrosca. Por más cultos y dignos que parezcan, el «monstruo de ojos verdes» puede reducir a una persona a escombros y dejar a una comunidad entera en caos.

Mire al monstruo en las Escrituras. Vendió a José como esclavo, expulsó a David al exilio, echó a Daniel en el foso de los leones, puso a Cristo a juicio y casi divide la iglesia de Corinto. Pablo nos dice que la envidia es uno de los rasgos prevalentes de la depravación (Ro 1:29); y anda con otras bestias como las palabrotas, la suspicacia y la arrogancia (1 Ti 6:4).

¿Está usted luchando con la envidia? Hágase usted mismo estas preguntas: Cuando alguien en su trabajo recibe un elogio o una promoción para la cual usted también es elegible, ¿cómo responde? Cuando alguien en la iglesia recibe reconocimiento por algo logrado, ¿cuál es su reacción? ¿Cuenta usted las noticias junto con un «pero»? ¿Trata de discernir motivos malos que pudieran impulsar el reconocimiento? ¿Trata usted de «ponerlo en perspectiva» comparándolo? Si es así, a usted lo ha mordido el monstruo de ojos verdes. ¿Se siente ya enfermo?

¿Cuál es el remedio? *Contentamiento*. Sentirse confortable y seguro con lo que usted es y dónde está. No teniendo que «ser mejor», ni «ir más allá», ni «tener más», ni «demostrarle al mundo», ni «llegar a la cumbre». Contentamiento quiere decir entregarle a Dios sus esperanzas frustradas y metas no alcanzadas, puesto que solo «El Señor da la riqueza y la pobreza; humilla, pero también enaltece» (1 S 2:7). ¿Tiene problemas con la envidia? ¿Se carcome de corazón porque alguien avanza uno o dos pasos más que usted en la carrera y adquiere notoriedad? *Tranquilícese.* Usted es *usted*, ¡no él o ella! Y usted es responsable de hacer lo mejor que pueda con lo que tiene por tanto tiempo como pueda.

La decisión es suya: puede estar *contencioso* o *contento*. Si quiere la paz que viene con el contentamiento, ¿por qué no dedicar algún tiempo para aprender de memoria Filipenses 4:11-13? Luego acuda a Dios y pida fuerza para derrotar al monstruo de ojos verdes.

Los peligros de dárselas de Dios (Santiago 4:11-17)

> [11] Hermanos, no hablen mal unos de otros. Si alguien habla mal de su hermano, o lo juzga, habla mal de la ley y la juzga. Y si juzgas la ley, ya no eres cumplidor de la ley, sino su juez. [12] No hay más que un solo legislador y juez, aquel que puede salvar y destruir. Tú, en cambio, ¿quién eres para juzgar a tu prójimo? [13] Ahora escuchen esto, ustedes que dicen: «Hoy o mañana iremos a tal o cual ciudad, pasaremos allí un año, haremos negocios y ganaremos dinero». [14] ¡Y eso que ni siquiera saben qué sucederá mañana! ¿Qué es su vida? Ustedes son como la niebla, que aparece por un momento y luego se desvanece. [15] Más bien, debieran decir: «Si el Señor quiere, viviremos y haremos esto o aquello». [16] Pero ahora se jactan en sus fanfarronerías. Toda esta jactancia es mala. [17] Así que comete pecado todo el que sabe hacer el bien y no lo hace.

Sin ninguna duda, Jesucristo es quien mejor demuestra verdadera humildad. Voluntariamente dejó su posición celestial, vino al mundo y se hizo un obrero común, vivió en perfecta obediencia a Dios y a la ley de Moisés y voluntariamente sacrificó su vida en la cruz por los pecados de todos (Fil 2:6-8). Esta perfecta humildad de Dios Hijo se vuelve un modelo para nosotros en nuestra propia búsqueda de humildad. Pablo dijo: «La actitud de ustedes debe ser como la de Cristo Jesús» (2:5).

Y para respaldarlo más, Pablo advirtió a los filipenses en contra de la misma arrogancia egocéntrica que Santiago recrimina en toda su carta. Pablo escribe: «No hagan nada por egoísmo o vanidad; más bien, con humildad consideren a los demás como superiores a ustedes mismos. Cada uno debe velar no solo por sus propios intereses sino también por los intereses de los demás» (Fil 2:3-4).

En Santiago 3:13—5:6 Santiago desarrolla el tema de que *la fe verdadera produce humildad genuina*. En 4:11-17 Santiago nos lleva más hondo, revelando más caminos en que afirmamos un espíritu arrogante. Lo primero tiene que ver con la manera en que a menudo vemos a otros (4:11-12). Trata de nuestra tendencia de arrogarnos el lugar de Dios en las vidas de otras personas al juzgarlas o criticarlas. Lo segundo tiene que ver con la manera en que a menudo nos vemos a nosotros mismos (4:13-16). En estos versículos él trata de nuestra tendencia de arrogarnos el lugar de Dios en nuestras propias vidas al fanfarronear o jactarnos. En ambos casos, sea que hagamos de juez para otros o la hagamos de rey para nosotros mismos, erramos cuando nos apropiamos de papeles reservados solo para Dios.

— 4:11-12 —

El objetivo de pretender hacer el papel de Dios en la vida de los demás es creerse uno mismo superior a otros creyentes y rebajarlos de varias maneras. El que asume el papel de Dios se convierte en un crítico cualificado, alguien que está por encima de otra persona, asumiendo una posición de superioridad.

Hallamos las dos reglas sencillas del juego en el versículo 11. La primera es «hablar mal» de un hermano o hermana en Cristo. ¿Cómo se ve eso? Las Escrituras nos dan varios ejemplos usando la misma palabra griega, *katalaleo* («hablar hacia abajo»), tanto en la traducción griega del Antiguo Testamento como en el Nuevo Testamento en griego.

- Aarón y Miriam *hablaron contra* Moisés por haberse casado con una mujer cusita (Nm 12:8).
- El pueblo de Israel *habló contra* Dios quejándose de las condiciones en el desierto (Nm 21:5).
- El salmista dice que el perverso *habla contra* su hermano, calumniándolo con mentiras (Sal 50:20).
- Los amigos de Job *hablaron contra* Job, insultándolo y destrozándolo con sus palabras (Job 19:1-3).
- Los no creyentes *hablaron contra* los creyentes, calumniándolos como malhechores (1 P 2:12; 3:16).

¿Qué nos dice esta recapitulación de *katalaleo*? Permítame decirlo sin tapujos. Santiago está diciendo que los creyentes que «hablan contra» sus hermanos o hermanas en Cristo se incluyen en ese registro bíblico de murmuradores rebeldes, quejumbrosos, calumniadores engañosos, insultadores que destrozan y difamadores perversos. (¡No exactamente la mejor compañía!)

Permítame mostrarle cómo funciona este juego. Usted habla mal contra la otra persona a oídos de alguien, esperando rebajar el aprecio de la persona (y en el proceso espera lograr quedar mejor usted mismo). Por supuesto, tiene que tapar su intención maliciosa con sentimentalismo creativo. Así que usted empieza su declaración con «Ahora, corríjame si me equivoco, pero...»; o, «Ahora bien, no quiero criticar, pero...»; o, «Tal vez no debería decir esto de él o ella, pero...»; o incluso, «En realidad quiero a Fulano de Tal como persona, pero...».

Santiago también trae a colación el horrible hábito de creyentes que juzgan. Estos dos van mano a mano, hablando contra una hermana y juzgándola; calumniando a un hermano y condenándolo. La Biblia repetidas veces condena las actitudes y acciones de juzgar. Jesús dijo: «No juzguen a nadie, para que nadie los juzgue a ustedes» (Mt 7:1). Y Pablo escribió: «Por tanto, no tienes excusa tú, quienquiera que seas, cuando juzgas a los demás, pues al juzgar a otros te condenas a ti mismo» (Ro 2:1).

La idea de no juzgar es bíblica por cierto. Al mismo tiempo, sin embargo, es preciso notar el contexto. Jesús hablaba de una actitud de juicio legalista con una actitud «santurrona»: «¿Cómo puedes decirle a tu hermano: "Déjame sacarte la astilla del ojo", cuando ahí tienes una viga en el tuyo?» (Mt 7:4). Pablo añade: «¿Piensas entonces que vas a escapar del juicio de Dios, tú que juzgas a otros y, sin embargo, haces lo mismo que ellos?» (Ro 2:3).

En breve, la Biblia ataca el juicio de servicio egoísta, malicioso, en tanto que en realidad estimula el discernimiento sabio y justo. Jesús dijo: «No juzguen por las apariencias; juzguen con justicia» (Jn 7:24). Y Pablo dijo: «¿Acaso me toca a mí juzgar a los de afuera? ¿No son ustedes los que deben juzgar a los de adentro? Dios juzgará a los de afuera. Expulsen al malvado de entre ustedes» (1 Co 5:12-13). Así que, dejemos bien claro. Santiago no está sugiriendo que seamos ingenuos y permisivos, dejando que la gente se salga con cualquier cosa. Recuerde, en su propia carta Santiago confronta a otros creyentes en cuanto a sus pecados; pero hay una diferencia entre la confrontación con el propósito de edificar y la condenación con el propósito de destrozar.

Santiago dice que si uno destroza y juzga a otro creyente, quebranta la ley. ¿A qué ley se refiere Santiago? Esta no es la ley mosaica, y ciertamente no las leyes adicionales del judaísmo. Santiago se refiere a la ley por la que aboga en toda su carta. La describe como «la ley perfecta que da libertad» (1:25). Es la ley real, «Ama a tu prójimo como a ti mismo» (2:8). De hecho, vuelve al tema de levantarse en juicio contra otros que introdujo en 2:4-13 cuando habla del problema de la parcialidad y el prejuicio. Así que, una actitud de juicio se manifiesta de muchas maneras. Pero en todos los casos el juez autonombrado quebranta la ley del amor.

— 4:13-16 —

Los versículos 11 y 12 consideran el problema de hacer el papel de Dios en la vida de otros. Los versículos 13 al 16 miran a hacer de Dios en la vida de uno mismo. El objetivo de este juego es imaginarnos como la autoridad final sobre nuestras propias vidas, y luego vivir de esa manera. Uno secuestra a Dios en el compartimiento de la vida de uno y lo mantiene allí, excepto en una rara instancia cuando uno está de verdad en aprietos. Ahora bien, la mayoría de personas no admitirían que han desterrado a Dios al cuarto de atrás de su vida. Pero muchos de nosotros le asignamos soberanía sobre ciertas tareas, manteniendo lo diario y lo mundano para nosotros mismos. Dios se vuelve el jefe de asuntos religiosos, cuestiones morales, conflictos internacionales y cuestiones de fe. Ese es su campo. Pero nosotros manejamos cosas como las finanzas, relaciones personales y decisiones de negocios. Esas cosas no podían importarle menos a Dios, siempre y cuando tenga nuestros corazones.

En la raíz de esta falsa filosofía, sin embargo, está la idea de que somos los amos de nuestro propio destino. Tales personas recitan el himno de la confianza propia encapsulada en la estrofa del poema «Invictus», de William Ernest Henley:

> No importa cuán estrecho sea el camino,
> Cuán cargarda de castigo la sentencia,
> soy el amo de mi destino;
> Soy el capitán de mi alma.[5]

De mi diario

Verificación de hechos

Algo que sucedió en mis días del seminario todavía me persigue. Una vez un misionero invitado hizo un pésimo trabajo en su presentación. Después, un grupo de nosotros nos quedamos atrás y despotricamos contra el mensaje. Despellejamos al hombre con un espíritu engreído, crítico. Y no escondimos nuestro sarcasmo, porque un estudiante de un curso inferior nos oyó. Me seleccionó como blanco para la censura porque, y detesto admitirlo, yo era uno de los oficiales del cuerpo estudiantil. Debería haberlo sabido mejor.

El joven me tomó del brazo y me dijo: «Chuck, tú no sabes todos los hechos».

«¿Qué quieres decir?» le dije. «¡Fue un mensaje horroroso!»

Él respondió: «¿Sabías que dos horas antes del mensaje, su esposa llamó para decirle que su hijo menor había muerto? ¿Sabías que hace tres meses a su esposa le diagnosticaron cáncer terminal? Y, a pesar de todo eso, él vino y presentó su mensaje».

El joven estudiante tenía todo el derecho de confrontarme. Ni siquiera puede imaginarse la vergüenza que sentí. Yo había juzgado y hablado en contra de un hermano en Cristo que presentó su pobre mensaje bajo circunstancias difícilmente imaginables. Yo no sabía las circunstancias.

Demasiado a menudo los creyentes critican a otros antes de averiguar los hechos. Observamos un suceso, captamos unas pocas palabras de una conversación, o recogemos un puñado de información al azar. Luego saltamos a conclusiones y empezamos a moverla sin hueso al respecto. Los golpes verbales prenden y se extienden, y antes de que uno sepa, el «chisme» se convierte en «noticia». No hay nada más contagioso en una iglesia, cuerpo estudiantil, negocio, persona, organización, u hogar que un espíritu negativo. La infección es contagiosa; se esparce como resfriado en un jardín de infantes.

Menos mal, el joven seminarista tuvo las agallas para confrontarme en cuanto a mi actitud de juzgar antes de que se saliera de control. Apropiadamente, me recordó que yo no estaba calificado para juzgar a ese misionero.

Vale la pena repetir el principio: solo Dios está calificado para juzgar... porque solo él conoce todos los hechos.

Esa es la filosofía de quien hace de Dios en su propia vida. Ora solo por las cosas importantes. ¡Tienes que valerte por ti mismo! ¡Dictamina tus propias jugadas!

Las reglas de este juego se hallan en Santiago 4:13. Permítame dividirlas, paso a paso.

Reglas para hacerlas de Dios... según Santiago 4:13

1. Determine su propia agenda.	"Hoy o mañana..."
2. Elija su propio camino.	"...iremos a tal o cual ciudad..."
3. Fije sus propios límites.	"...pasaremos allí un año..."
4. Arregle sus propios negocios.	"...haremos negocios..."
5. Establezca las consecuencias..	"...y ganaremos dinero..."

Ahora bien, nótese que ninguna de las actividades que Santiago describe es negativa en y por sí misma. No hay nada de malo en planear de antemano, nada de malo o peculiar en cuanto a fijar un horario o calendario, nada anormal en cuanto a participar en negocios, y nada de pecado en cuanto a obtener ganancias. De hecho, Santiago describe los asuntos cotidianos de la vida normal. *Pero eso es precisamente su punto.* Porque Dios es nuestro Señor soberano, hay que considerarlo a él en todo aspecto de nuestra vida.

Santiago empieza destacando en el versículo 14 problemas con una actitud hacia la vida de seguir la corriente. Primero, *como meros seres humanos mortales, no tenemos ni idea de lo que el futuro traerá*. No sabemos lo que sucederá hoy, mucho menos cómo serán las cosas el próximo año o en dos años. Cada uno de nosotros está a un latido del fin de nuestras vidas. Una intrusión ruda de un evento inesperado puede poner fin a todos nuestros planes. Podemos vivir hasta cumplir los noventa... o morir esta noche. Nadie lo sabe. Solo Dios lo sabe.

Segundo, *hacer de Dios en nuestras propias vidas es arriesgado porque no tenemos seguridad de una vida larga*. Santiago describe nuestra vida como una «niebla» que aparece de repente y se disipa rápidamente. Imagínese estando puertas afuera en un día de pleno invierno con las temperaturas bajo cero. Usted se arropa con un abrigo grueso, gorra con orejeras, y guantes... con una bufanda envuelta dos veces alrededor del cuello. Al exhalar, ¿qué sucede? Su aliento abrigado forma una pequeña nubecita de vapor blanco que dura por un segundo y luego desaparece. Se fue. Así es la vida; y no simplemente la vida de alguien que muere joven. Incluso una vida relativamente larga pasa volando. Gente que frisa ya sus noventa años dicen que sienten como si fuera apenas ayer cuando se graduaron. La juventud no dura. Antes de que uno lo sepa, ¡puf!… el vapor de la vida se disuelve y sucede rápido. Para cuando la cara queda limpia, ¡la mente se nubla!

Tercero, *no tenemos derecho de ignorar la voluntad de Dios en todo aspecto de nuestras vidas*. En el versículo 15 Santiago provee el correctivo necesario a la necedad de hacerlas de Dios: «Más bien, debieran decir: «Si el Señor quiere, viviremos y haremos esto o aquello». Para muchos creyentes esa expresión: «Si el Señor quiere», se ha vuelto casi un cliché, una etiqueta obligatoria que supersticiosamente añadimos a nuestros planes para asegurarnos de que no se nos perciba como presuntuosos.

La instrucción de Santiago para decir: «Si el Señor quiere», refleja una actitud y orientación hacia la vida. Quiere decir someternos con humildad al único Dios verdadero que tiene el derecho de ser el Señor en todas las cosas de nuestra vida, y no solo de unas pocas. Quiere decir borrar de nuestra mente las dicotomías entre lo sagrado y secular, lo celestial y terrenal, lo espiritual y lo físico, que delegan algunas cosas a Dios y otras a nosotros. Dios gobierna todas las cosas, incluso las decisiones diarias «mundanas». Él es dueño de todo. La alternativa a someter todas las cosas a Dios es una arrogancia perversa y jactanciosa; vivir la vida como si fuéramos los amos de nuestro destino y capitanes de nuestra alma (Stg 4:16).

— 4:17 —

Santiago concluye señalando dos maneras de dejar las de hacer de Dios (4:17). Ambas tienen que ver con la verdadera humildad que brota de una fe auténtica: primero, *sabemos lo que es correcto hacer*; y segundo, *empezamos a hacer lo correcto*. Dios tiene un estándar de vida correcta que trasciende nuestros propios intereses y esfuerzos, y él quiere guiarnos en la senda que ha determinado para nosotros. Hacer que eso suceda requiere mantenerse cerca de Su Palabra y moldear nuestra senda de acuerdo a su sabiduría.

Pero eso es solo la mitad de la solución. Cuando sabemos lo que Dios quiere de nosotros, debemos hacerlo. Continuar viviendo como si Dios no estuviera interesado en ciertos aspectos de nuestra vida es pecado. Si tratamos de determinar nuestras propias jugadas, hacer nuestros propios planes, e independientemente hacer lo nuestro, no estamos haciendo lo que Dios quiere que hagamos. Ese es el punto de la advertencia final de Santiago. Saber lo correcto; y luego someternos a ello con humildad.

Aplicación

«Toma mi voluntad y hazla tuya»

Salmo 14:1 dice: «Dice el necio en su corazón: "No hay Dios"». Supongo que peor que decir que no hay Dios y vivir en concordancia a eso sería *conocer* y *creer* en el Dios verdadero, y luego actuar como si él no fuera Dios. Y para añadir idolatría a la blasfemia, el peor caso es colocarnos nosotros mismos como «dios» en lugar del Único que tiene derecho de ser Juez y Señor de nuestra vida. Este es el punto de Santiago 4:11-17. Cuando nos ponemos a juzgar a nuestros hermanos y hermanas en Cristo, estamos haciendo la parte del Juez divino. Y cuando planeamos nuestra vida como si Dios no estuviera interesado o no interviniera, estamos haciendo la parte del Señor divino.

Santiago 4:17 es especialmente práctico para aquellos que tenemos una tendencia a meternos en el territorio de Dios: «Así que comete pecado todo el que sabe hacer el bien y no lo hace». En este breve versículo Santiago nos da dos reglas sencillas que seguir. Primero, *uno debe saber lo correcto que hay que hacer*. Cueste lo que cueste, uno debe evaluar la vida y modelarla de acuerdo a la Palabra de Dios, y no de acuerdo con los propios hábitos o tradiciones de uno. Segundo, *uno debe empezar a hacer lo correcto*. En lugar de hacer lo incorrecto, reemplácelo con lo correcto. Primero, *saber*... luego, *hacer*.

Permítame decirlo de manera directa. Si usted es una persona negativa, quisquillosa, chismosa y se ha visto confrontado con este mensaje de la Palabra de Dios, usted es responsable de cambiar. Si no, es pecado. Para decirlo de otra manera: juicios calumniosos, críticas maliciosas, menosprecio cruel, estas cosas no convienen al creyente. Hacen daño al cuerpo de Cristo y al mismo creyente. ¡Deténgase! Vuelva a leer Santiago 4:11-12, y considere estas penetrantes preguntas:

- ¿He estado hablando contra un hermano o hermana en Cristo, juzgándolo?
- ¿He estado de manera hipócrita señalando con el dedo a otros por motivos egoístas?
- ¿He confrontado a otros a guisa de interesarme por ellos, en tanto que he estado escondiendo un corazón lleno de envidia o celos?
- ¿Qué debo hacer para detener este patrón de conducta?

Pero, hay otro lado de hacer de Dios, probablemente más común. Si usted se ha salido del absoluto señorío de Cristo sobre todo aspecto de su vida, debe dejar eso. Si usted está determinando sus propias jugadas, siendo su propio árbitro, trazando sus propios planes, es pecado. No puedo decirlo más claro. *Tiene* que dejarlo. Hágase usted mismo estas preguntas:

- ¿En qué aspectos específicos de mi vida tiendo a «seguir la corriente»?
- ¿Qué decisiones he tomado últimamente en las que no he incluido la perspectiva de Dios?
- ¿Qué decisiones hay en el horizonte que necesito poner ante Dios y buscar su voluntad?

Hasta cierto punto, todos somos culpables del pecado de hacer de Dios. Hacemos de Dios con otros cuando los menospreciamos y lo juzgamos. La hacemos de Dios con nosotros mismos cuando no le damos lugar a Dios para que guíe nuestros pasos. En lugar de la filosofía centrada en el yo de la poesía «Invictus» de Henley, cuánto mejor es emular la letra de Francis Ridley Havergal:

> Que mi vida entera esté
> consagrada a ti, Señor;
> que a mis manos pueda guiar
> el impulso de tu amor.
>
> Que mi tiempo todo esté
> consagrado a tu loor;
> que mis labios al hablar
> hablen solo de tu amor.
>
> Toma, Dios, mi voluntad,
> y hazla tuya, nada más;
> toma, sí, mi corazón,
> y tu trono en él tendrás.[6]

¿Hay algo que le impide hacer de este himno de rendición su oración hoy?

Advertencias a los ricos (Santiago 5:1-6)

> [1]Ahora escuchen, ustedes los ricos: ¡lloren a gritos por las calamidades que se les vienen encima! [2]Se ha podrido su riqueza, y sus ropas están comidas por la polilla. [3]Se han oxidado su oro y su plata. Ese óxido dará testimonio contra ustedes y consumirá como fuego sus cuerpos. Han amontonado riquezas, ¡y eso que estamos en los últimos tiempos! [4]Oigan cómo clama contra ustedes el salario no pagado a los obreros que les trabajaron sus campos. El clamor de esos trabajadores ha llegado a oídos del Señor Todopoderoso. [5]Ustedes han llevado en este mundo una vida de lujo y de placer desenfrenado. Lo que han hecho es engordar para el día de la matanza. [6]Han condenado y matado al justo sin que él les ofreciera resistencia.

En 1923 un grupo élite de hombres de negocios se reunió en el lujoso hotel Edgewater Beach, de Chicago. La lista incluía algunos de los magnates más influyentes, famosos y ricos de principios del siglo veinte. Algunos de los nombres eran:

- Charles M. Schwab, presidente de la Bethlehem Steel Corporation
- Richard Whitney, presidente de la Bolsa de Valores de Nueva York
- Albert Fall, Ministro del Interior, bajo la presidencia de Warren G. Harding
- Jesse Livermore, potentado de Wall Street
- Ivar Kreuger, jefe de un monopolio global de fabricantes de fósforos

Estos poderosos controlaban más riqueza que los haberes totales del tesoro de los Estados Unidos de América en ese tiempo. Con certeza estos hombres llegarían a convertirse en modelos de espíritu empresarial y ejemplos estelares de éxito financiero. Pero, corra la película como unos 25 años, y mire de nuevo al curso de sus vidas:

- Schwab, murió en 1939, endeudado en $300.000.00
- Whitney, fue a parar en la prisión de Sing Sing por desfalco
- Fall, fue a la cárcel por mala conducta en su cargo, dejando una reputación en ruinas
- Livermore, se suicidó en 1940, describiéndose a sí mismo como un «fracaso»
- Kreuger, se suicidó de un disparo en 1932, después de que su monopolio global colapsó.[7]

Enterrados bajo los escombros de la humillación, derrota, crimen, enfermedad y colapso financiero, estos hombres, junto con muchos de sus colegas, murieron en una condición deprimente, lastimera. Su riqueza, poder y prestigio no les sirvió de nada para aliviar la ansiedad personal y la culpa que sufrieron en la vida. La realidad es que gran inteligencia y trabajo duro pueden enriquecer a un individuo; pero se necesita de la sabiduría dada por Dios y humildad sobrenatural para poder manejar la riqueza y la influencia.

—5:1—

Santiago empieza llamando la atención de sus lectores ricos: «Ahora escuchen». Él usa la misma frase al dirigirse al hombre de negocios autónomo en Santiago 4:13. Es casi como si Santiago esperara que algunos estuvieran tan distraídos por sus propios esfuerzos del mundo que necesitara sacudirlos para sacarlos de su aturdimiento: «¡Escuchen!» En 4:13 Santiago se dirige a los que *gastan sus días* como si Dios no fuera su Señor. En 5:1 se dirige a los que *gastan su dinero* como si Dios no fuera su amo.

Esta es la primera vez en su carta que Santiago se dirige directamente a ricos, aunque los menciona dos veces. En Santiago 1:10-11 notó que el rico debe gloriarse «de su humilde condición», porque se desvanecerá en medio de sus propios esfuerzos como hierba que se seca bajo el viento candente. Y en 2:5-6 regañó a los que favorecían a los ricos por sobre los pobres, debido a que los ricos y poderosos son los que tendían a perseguir a los creyentes. Basados en estos pasajes, sería fácil concluir que Santiago la emprende contra los ricos. Uno pudiera quedar con la idea de que Santiago ridiculiza a los ricos y concluir que los pobres van al cielo en tanto que los ricos van al infierno. Pero no tomemos ese camino. Claramente, las Escrituras enseñan que no es la riqueza o pobreza económica del individuo lo que determina la relación del mismo con Dios, sino la condición *espiritual* de la persona.

El ser rico o pobre *por fuera* se refiere a cuánto de los bienes del mundo tiene una persona a su disposición. La riqueza o pobreza *interna* se refiere a la relación de la persona (o falta de la misma) con Dios, expresada mediante su amor por otros. Cuando miramos a las cosas de esta manera, hay en realidad cuatro clasificaciones. La tabla que sigue puede ayudar a explicar esto de manera más

Cuatro clases de riqueza y pobreza

Condición económica	Condición espiritual	Descripción	Receta	Ejemplo bíblico
Pobre	Pobre	Teniendo pocos de los bienes del mundo y no viviendo en el amor de Dios, el doblemente pobre está en una condición de lo más miserable.	Provisión de necesidades físicas esenciales para expresar el amor de Dios; *para los no creyentes*, dirigirlos a la salvación en Cristo; *para los creyentes*, exhortarlos a que confíen en que Cristo proveerá tanto física como espiritualmente.	Los que están afligidos tanto física como espiritualmente (Is 61:1)
Rico	Rico	Habiendo sido bendecido tanto en riqueza material como en riquezas celestiales, el doblemente rico usa su prosperidad para ayudar a otros.	Provisión de oportunidades para dar y servir a otros con tiempo y recursos.	Job antes y después de sus pruebas (1:1-3; 42:10); José de Arimatea (Mt 27:57)
Pobre	Rico	Teniendo poco de los bienes del mundo, el externamente pobre a menudo necesita comida, ropa, y techo; pero tiene una fe fuerte y a menudo da de lo poco que tiene.	Provisión de necesidades físicas esenciales y darles oportunidad para ministrar a las necesidades espirituales de otros.	La viuda pobre (Mr 12:42-44); los pobres de este mundo que son ricos en fe (Stg 2:5); la iglesia de Esmirna (Ap 2:9)
Rico	Pobre	Teniendo abundancia de los bienes del mundo, el espiritualmente pobre se olvida de que sus bendiciones vienen de Dios a fin de que sea bendición para otros.	Provisión de corrección; *para los no creyentes*, exhortarlos a confiar en Cristo en lugar de en sus riquezas; *para los creyentes*, animarlos a someter su riqueza al señorío de Cristo.	No creyente: el joven rico (Mr 10:21); creyentes, la iglesia de Laodicea (Ap 3:17)

sencilla. He incluido una descripción, una receta sobre cómo ministrar a las personas en cada categoría, así como también uno o dos ejemplos bíblicos de cada tipo.

¿Se ve usted como encajando en la tercera categoría, pobre en este mundo pero espiritualmente rico en Cristo? Si es así, permítame presentarle un reto mencionándole que, en su mayor parte, nuestra definición de «pobre» es muy diferente a la de la Biblia. En la Biblia los pobres eran indigentes, desvalidos, destituidos y sin esperanza. A menudo no tenía nada que comer, nada que ponerse, ni un lugar en donde quedarse. Según los estándares bíblicos, incluso a la gran mayoría de personas que viven según nuestro estándar de «pobreza» de nuestra sociedad no se los consideraría verdaderamente «pobres». La realidad es que la mayoría de nosotros somos bendecidos con mucho más de lo que necesitamos y por consiguiente estamos en posición de bendecir a otros, si damos por sentado, por supuesto, que no hemos caído en la cuarta categoría de los espiritualmente pobres.

Es a los físicamente ricos y espiritualmente pobres que Santiago dirige su reprimenda. Aunque los creyentes pueden estar fuera de la voluntad de Dios respecto a sus finanzas, en 5:1-6 Santiago se dirige de preferencia a los ricos no creyentes que oprimen a los pobres. Estos son los mismos que menciona de pasada en Santiago 2:6-7. ¿Qué le dice a este grupo? «Lloren y laméntense porque les han venido encima desgracias» (5:1). Detrás de esta advertencia general se halla un largo historial de llanto y lamento debido al castigo que viene sobre los impíos (Is 13:6).

Este es el mismo contexto en el que Santiago se dirige a los ricos opresores. Menciona «los últimos tiempos» en Santiago 5:3 y luego habla de cómo los creyentes deben vivir «hasta la venida del Señor» en 5:7. La advertencia es clara: confiar en la fuerza de las riquezas en lugar de confiar en Cristo acabará en el desastre. Como el Salmo 62:10 dice: «No confíen en la extorsión ni se hagan ilusiones con sus rapiñas; y aunque se multipliquen sus riquezas, no pongan el corazón en ellas».

―5:2-6―

Después de esa reprimenda general, Santiago pasa a algunas razones específicas para la misma. Santiago pinta un cuadro lúgubre de la condición espiritualmente oscura de los ricos no creyentes. De paso también señala la retribución divina que viene por esta clase de conducta.

Primero, Santiago reprende a los ricos *porque son culpables de amontonar riquezas* (5:2-3). En esos días una persona podía exhibir su riqueza de tres maneras: mediante opíparos banquetes, vistiéndose con extravagancia y gastando con desenfreno. (¡Algunas cosas nunca cambian!) Santiago enfoca estos tres aspectos del estilo de vida extravagante de los ricos, señalando lo necio que es centrar sus vidas en estas cosas. Por el tiempo y falta de uso los alimentos se dañan, los vestidos se los comen la polilla y los metales preciosos se oxidan. Al amontonar en lugar de compartir, la riqueza de los ricos se pudre y oxida.

Segundo, Santiago reprende a los ricos *porque son culpables de engañar a otros* (5:4). En lugar de pagar un salario justo a los que trabajan en sus campos, los ricos los engañan. Una señal del rico egoísta es su mala gana para pagar sus obligaciones. Durante la crisis financiera que empezó en el

2008, el mundo presenció a numerosos súper ricos recompensarse a sí mismos con bonos mientras sus empleados perdían sus empleos. Es una realidad asombrosa que algunos de los más codiciosos también son los más ricos; ¡y algunos de los más generosos dan hasta su último centavo!

Tercero, Santiago reprocha a los ricos *porque son culpables de un estilo de vida egoísta* (5:5). Los ricos perversos viven en las faldas del lujo, en indulgencia de placeres y engordando no solo sus vientres sino también sus corazones. Santiago pinta el cuadro de un individuo que trata de satisfacer los anhelos más hondos de su corazón mediante un estilo de vida de playboy. Como el puerco se engorda para la matanza, estos ricos ni siquiera saben que al atracarse egoístamente con los placeres de la vida, están comiendo y bebiendo castigo para sí mismos.

Cuarto, Santiago reprocha a los ricos *porque son culpables de aprovecharse injustamente del justo* (5:6). Haciendo eco de una acusación ya mencionada en 2:6, Santiago lleva esta reprimenda a un nivel más alto. Los ricos son culpables de juzgar y matar al «justo». La palabra «justo» está en singular, refiriéndose a una clase de persona, el justo. Esta categoría incluye no solo a Jesús, el Justo máximo, sino también a todos los creyentes que, como su Señor, sufren condenación y martirio por su fe, todo a manos de los ricos opresores y poderosos. Incluye a todos los justos que los ricos no creyentes tratan con brutalidad.

¿Cómo responde el Señor a esto? Vimos las razones humanas para la reprimenda; un vistazo a la retribución divina es escalofriante. De nuevo, hay cuatro respuestas divinas.

Primero, *las riquezas acaparadas rinden dividendos lamentables* (5:1-3). Si usted mira la cara de los ricos no salvados hoy, con más frecuencia de lo que se piensa lo que verá es estrés, afán, amargura y vaciedad. Los ricos al final descubren que el dinero no puede comprar la felicidad. Por el contrario, a menudo lo que trae es desesperanza.

Segundo, *las riquezas no proveen ningún alivio en la eternidad* (5:3). Afirma Proverbios 11:4: «En el día de la ira de nada sirve ser rico, pero la justicia libra de la muerte». Viene el día, dice Santiago, en que el Contador verdadero conducirá su auditoría. En ese día a los ricos no creyentes se les entregará una factura que no podrán pagar, y todos sus tesoros terrenales serán como cenizas que se lleva el viento. Solo la justicia de Dios, la dádiva de gracia que se otorga por la fe en Jesucristo, puede rescatar a una persona en el día del juicio.

Tercero, *las acciones injustas de los no salvados no quedarán en el olvido* (5:4). Santiago dice que el clamor de los tratados injustamente «ha llegado a oídos del Señor Todopoderoso». El título «*Señor de Sabaot*» quiere decir «Señor de los ejércitos» o «Señor de las huestes». Se refiere a Dios como el Juez que hace la guerra contra sus enemigos (Is 2:12). El público judío de Santiago habría conocido este título, puesto que venía de su lenguaje y cultura hebreos nativos. Y ellos hubieran captado su alusión al juicio venidero del fin de los tiempos. Tal como las voces de los hebreos oprimidos y esclavos en Egipto llegaron a Dios y acarrearon sus castigos (Éx 2:23-25), así Dios oye hoy las voces de los oprimidos.

Finalmente, *una falta de juicio hoy no quiere decir falta de juicio mañana* (5:1-6). En todo este pasaje Santiago presenta las advertencias del juicio del fin de los tiempos sobre las hermosas cabezas de los plutócratas. El juicio de los creyentes está detrás de ellos; Cristo llevó todo el castigo de la muerte, pagando por todos nuestros pecados en la cruz. Pero el juicio de los no creyentes está por delante de ellos. Los que mueren rechazando a Cristo enfrentan no solo el sufrimiento del fin de los tiempos si están vivos durante los últimos días, sino también el castigo eterno después de que son condenados ante el gran trono blanco (Ap 20:11-15). Aunque por una temporada puede parecer que los perversos se salen con la suya y prosperan a costa de otros, al final sus obras malvadas serán recordadas.

Como hemos visto, Santiago usa algunas palabras contundentes para los malvados, reservando algunas de sus advertencias más severas para los que son físicamente ricos y, al mismo tiempo, espiritualmente pobres. Antes de que nos encojamos de hombros ante esta advertencia y pretendamos que estamos exentos, será sabio recordar un par de principios prácticos que deben seguir todos los creyentes.

Si Santiago ilustra los ejemplos extremos que evitar, la Primera Carta de Pablo a Timoteo nos da por lo menos dos principios que seguir. Primero, la preocupación de Dios no es con la riqueza en sí, que es neutral, sino con nuestras actitudes hacia la riqueza (1 Ti 6:8-10). Dios insta a los suyos a contentarse (6:8), en lugar de anhelar enriquecerse. El dinero en sí mismo no es la raíz del mal. Es el *amor* al dinero lo que es la raíz de todo tipo de mal (6:10). Segundo, Dios no está en contra de los ricos, sino en contra de sus prioridades equivocadas (6:17-19). Los ricos tienen una obligación especial de «que sean ricos en buenas obras, y generosos, dispuestos a compartir lo que tienen» (6:18). Dios nos bendice con el propósito de que seamos bendición para otros, y no con el propósito de satisfacer nuestros propios placeres egocéntricos.

Si mantenemos las actitudes correctas y prioridades apropiadas, no nos dejaremos descarriar por las riquezas llegando a ser de esa manera paupérrimos espiritualmente. Pero este tipo de actitud hacia las riquezas puede venir solo de la humildad dada por Dios en nuestros corazones. El remedio para el orgullo y la arrogancia de la riqueza es la obra del Espíritu.

En la tercera sección principal de su libro, Santiago nos ha recordado que *la fe verdadera produce humildad genuina* (3:13—5:6). Este tipo de mentalidad sobrenatural se ve como un ubérrimo oasis en el escenario seco de nuestro propio orgullo y egoísmo natural. Dejados a nuestra propia sabiduría natural, somos infértiles y estériles; pero con la sabiduría de lo alto podemos producir abundancia de frutos de calidad (3:13-18). Al poner en práctica nuestros propios esfuerzos egocéntricos, surge el conflicto; pero cuando nos humillamos delante de Dios, nuestras relaciones personales están llenas de paz (4:1-10). Cuando nos jactamos de nuestros propios planes, fracasamos; pero cuando nos rendimos a la soberanía de Dios, triunfamos espiritualmente, más allá del resultado (4:11-17). Por último, cuando confiamos en nuestra propia riqueza en busca de significación, fracasaremos; pero la humildad delante de Dios traerá riquezas espirituales independiente de nuestra situación económica (5:1-6).

En cada caso, Santiago estimula la humildad que Dios concede y que fluye de la fe genuina. Lejos de la gracia de Dios obrando en nuestros corazones para producir sabiduría santa y buenas obras, llegaremos a ser tan vacíos y estériles como el vasto desierto de Libia.

NOTAS:

1. Charles Hodge, *Systematic Theology*, Charles Scribner, Nueva York, 1872; reimp., Eerdmans, Grand Rapids, 1940, 3:471.
2. Douglas J. Moo, *The Letter of James*, The Pillar New Testament Commentary, ed. D. A. Carson, Eerdmans, Grand Rapids, 2000, 188.
3. Annie Johnson Flint, «He Giveth More Grace» [Su gracia es mayor], traducción de Honorato T. Reza, en *Celebremos su Gloria*, Libros Alianza, Dallas, Texas, No. 438.
4. William Shakespeare, Otelo, Acto III, Escena 3.
5. William Ernest Henley, «Invictus», en *Modern British Poetry*, ed. Louis Untermeyer, Harcourt, Brace, & Company, Nueva York, 1920, 10.
6. Frances Ridley Havergal, «Take My Life and Let It Be» [Que me vida entera esté], traducción de Vicente Mendoza, en *Himnos de la Iglesia*, Publicadores Lámpara y Luz, No. 260.
7. Información adaptada, con investigación adicional, de Paul Lee Tan, *Encyclopedia of 7,700 Illustrations*, Assurance Publishers, Rockville, MD., 1979, 824; y Walter B. Knight, *Knight's Master Book of New Illustrations*, Eerdmans, Grand Rapids, 1956, 572-73.

LA FE VERDADERA PRODUCE PACIENCIA GENUINA (SANTIAGO 5:7-20)

En esta breve carta a los cristianos judíos, Santiago les pregunta a sus lectores: «Si dices que crees como debes, entonces, ¿por qué te comportas como no debes?» Los creyentes judíos del primer siglo luchaban por perseverar en medio de la adversidad, mantener buenas obras, promover la paz en sus iglesias y vivir con paciencia esperando el retorno del Señor. Conocían a Jesús como el Camino de vida, pero necesitaban una guía paso a paso para andar en ese Camino.

En el clímax de este breve manual de cristianismo práctico, Santiago afirma que *la fe real produce paciencia genuina* (5:7-20). Esos creyentes judíos, angustiados por las circunstancias que eran un reto a su fe, necesitaban oír ese mensaje vez tras vez. Santiago exhorta a sus lectores a ser pacientes en el sufrimiento a la luz de la venida del Señor (5:7-12). Los anima a buscar integridad física y espiritual (5:13-18). Finalmente, los exhorta a procurar que los creyentes descarriados vuelvan a la senda correcta (5:19-20). La *paciencia* en medio de los retos de la vida debe caracterizar a los creyentes verdaderos como señal segura de una fe verdadera.

Paciencia en el sufrimiento (5:7-12)

⁷Por tanto, hermanos, tengan paciencia hasta la venida del Señor. Miren cómo espera el agricultor a que la tierra dé su precioso fruto y con qué paciencia aguarda las temporadas de lluvia. ⁸Así también ustedes, manténganse firmes y aguarden con paciencia la venida del Señor, que ya se acerca. ⁹No se quejen unos de otros, hermanos, para que no sean juzgados. ¡El juez ya está a la puerta!

¹⁰Hermanos, tomen como ejemplo de sufrimiento y de paciencia a los profetas que hablaron en el nombre del Señor. ¹¹En verdad, consideramos dichosos a los que perseveraron. Ustedes han oído hablar de la perseverancia de Job, y han visto lo que al final le dio el Señor. Es que el Señor es muy compasivo y misericordioso.

¹²Sobre todo, hermanos míos, no juren ni por el cielo ni por la tierra ni por ninguna otra cosa. Que su «sí» sea «sí», y su «no», «no», para que no sean condenados.

Puede suceder mientras conducimos. Sin querer le cortamos el paso a alguien, y ese conductor se toma el trabajo de salirse otros cien kilómetros solo para devolvernos el favor. *Puede suceder en el trabajo.* Alguien nos causa una cierta dificultad en particular un día, y esperamos a que se presente la oportunidad para «cobrársela». *Puede suceder en la iglesia.* Alguien nos ofende, y guardamos notas en un rincón de nuestro cerebro para traerlas a colación en el momento apropiado. *Puede suceder en*

TÉRMINOS CLAVE

μακροθυμέω [*makrotzumeo*] (3114) «perseverar, ser paciente, esperar largo tiempo»

Esta palabra viene de dos términos griegos, *makro*, que quiere decir «grande», y *tzumós*, que quiere decir «ira intensa», «cólera ardiente», o «furor explosivo». Cuando se unen, *makrotzumeo* se refiere al acto de contener la ira. Pudiéramos decir que tal persona tiene «mucho aguante» y es capaz de evitar súbitos arranques de ira. También implica la capacidad de mantener la calma y el control por largo tiempo, sin exhibir las frustraciones ante las circunstancias difíciles.

ἐπιστρέφω [*epistrefo*] (1994) «volver, devolver, voltear, retornar»

Como el término «arrepentirse», *epistrefo* se refiere a un retorno interno o externo, un cambio de senda, de un curso de pensamiento o acción a otro. En el uso de Santiago (5:19-20), la palabra refleja, con probabilidad, su trasfondo judío de sabiduría de «los dos caminos»: la senda de la vida y la senda de la muerte. Cuando al creyente descarriado se le hace volver de la senda errada, se le restaura a la senda correcta de una vida cristiana fructífera.

---

cualquier lugar. Alguien nos hace un daño, intencional o accidentalmente, y el impulso a desquitarnos nos golpea como un reflejo incontrolable de náusea. Me sucede a mí… le sucede a usted.

Todos hemos sufrido la herida del maltrato y malos entendidos. Tal herida tiene una variedad de formas: una situación intolerable en el trabajo, conflictos domésticos, padres impositivos, hijos rebeldes, la traición de algún amigo, un feligrés quisquilloso o un vecino chismoso. Nuestra tendencia natural es desquitarnos; devolver mal por mal, ojo por ojo. O si no, lo embotellamos y permitimos un fermento lento que carcome. Pero Dios tiene una mejor idea que encapsularlo o reventar. Santiago revela esta alternativa. Nos dice no solo qué hacer cuando nos hacen mal, sino también cómo hacerlo.

— 5:7a —

Santiago 5:7 simultáneamente conecta y contrasta con la sección previa. Santiago empieza con «Por tanto», indicando que lo que sigue se basa en lo que vino antes. Pero también cambia su público de «ustedes ricos» (5:1) a «hermanos» (5:7). Recordarán que Santiago en los versículos 1-6 se dirige a los ricos opresores, y expone sus maldades y llama a un arrepentimiento humilde a la luz del castigo divino venidero. Ahora, empezando en 5:7 Santiago se dirige a las víctimas de ese horrible: «Por tanto, *a la luz del hecho del castigo final de los gobernantes perversos que los oprimen*, ¡tengan paciencia, hermanos!»

Santiago continúa con el tema de la venida de Cristo para castigo: «hasta la venida del Señor». Si bien los perseguidores deben temer la venida de Cristo, los creyentes la esperan soportando con paciencia el sufrimiento. No se pierda el hecho de que Santiago se dirige a los creyentes en esta sec-

De mi diario

Supresión del reflejo vengativo

Episodios de todos los días a veces pueden en realidad poner a prueba nuestra paciencia. Un día, hace varios años, conducía mi auto entrando al estacionamiento de un supermercado, buscando espacio. Cuando hallé un buen lugar, con todo cuidado estacioné el auto compacto en un espacio estrecho entre dos otros vehículos. Sería apretado y tendría problemas para salir pero era el único espacio que pude hallar. Mi hijo, que estaba conmigo, salió por su puerta sin problema. Pero por más cuidado que tuve cuando abrí mi puerta, esta fue a dar contra el auto del lado.

Fruncí el ceño y limpié el lugar en donde accidentalmente había golpeado el otro auto. Nada. Ni siquiera un rasguño. ¡Qué alivio! Entonces alcé la vista y vi que el hombre estaba en el auto. No estaba sonriendo. Hice un gesto hacia la puerta y dije con una sonrisa: «Lo lamento. Pero no hay ningún daño». Bien sea que no me creyó, o simplemente que no le caí bien, porque creo que ni con martillo se le hubiera podido sacar el ceño fruncido de su expresión de piedra. Me clavó la mirada en silencio. Me encogí de hombros, cerré la puerta y me dirigí al almacén con mi hijo.

Llámeselo intuición, o una deducción inconsciente, pero algo hizo que me volviera a mirar. Con certeza, el individuo estaba abriendo la puerta de su auto. ¡Pum! ¡Pum! Con toda fuerza contra mi parachoques posterior. Ahora bien, permítame describir lo que pasó por mi mente en medio segundo. Mi primera reacción fue regresar corriendo por la playa de estacionamiento y arrancarle la cabeza. Con esa noción carnal todavía agitándose en mi mente, me vino una segunda imagen: la primera plana del periódico local con el titular: *Pastor mata a hombre en estacionamiento*. Luego un tercer pensamiento me vino después del segundo: ¡Este tipo es más grande que yo! Así que el titular de primera página cambió a la página posterior que contenía mi obituario.

Al fin y al cabo, no hice nada. Mi hijo pequeño tenía su mano en la mía y pensé: *Vamos, simplemente sería terrible que viera a su papá siendo zamarreado por toda la playa de estacionamiento*. En realidad, sin embargo, sí hice algo. Algo asombroso. Apliqué esa rara virtud de la paciencia; esa clase de paciencia que viene solo por la obra del Espíritu Santo. No le lancé un «saludo» con un gesto obsceno, ni llamé a la policía, ni le grité cosas horribles. El Espíritu de Dios milagrosamente suprimió mi reflejo de venganza. Al recordar ese día cuando me alejé de lo que podía haberse convertido en una escena horrible, estoy agradecido. Pero yo no puedo arrogarme el crédito. Fue la dádiva de fe que da Dios lo que produjo en mí una paciencia inexplicable.

ción. El hombre sin Cristo vive frustrado si trata de aplicar paciencia a la persecución, maltrato o aflicciones de todos los días. Pero el creyente tiene la capacidad sobrenatural, por la obra del Espíritu Santo, de aguantar las desdichas de la vida, sean blandas o extremas. ¡Cuán valiosa es la paciencia!

La exhortación en el versículo 7 a «tener paciencia» domina el resto del capítulo 5. Es la respuesta inspirada por la fe a una variedad de circunstancias que los creyentes deben aguantar en el mundo, desde soportar el sufrimiento (5:7-11) hasta la respuesta a la enfermedad (5:14-15); a la tentación a tomar las cosas con ligereza (5:12) y al trato a los que se han descarriado en pecado (5:19-20). Santiago responde a una pregunta sencilla en esta sección: «¿Cómo puedo hacer el bien cuando se me ha hecho mal?»

Él responde a esta pregunta subyacente con cuatro mandamientos: dos positivos de abrazar y dos positivos de evadir.

— 5:7b-8a —

Tengan paciencia. Santiago ilumina con una ilustración la primera respuesta a la pregunta de cómo responder correctamente cuando se nos ha hecho un mal. Tal como el agricultor aprende a esperar con paciencia la temporada de crecimiento antes de poder cosechar el fruto de su trabajo, los creyentes deben «aguardar con paciencia» (5:8). La palabra «paciencia» en griego es *macrotzumeo*, que quiere decir «temperamento contenido». Santiago dice: «Cuando algo injusto tiene lugar, hagan brillar su luz. No pierdan los estribos. Cálmense».

Pero, digamos las cosas tal como son, preferiríamos tomar por la garganta a los que nos ofenden. Dios tiene un mejor plan: que esperemos en él. ¿Qué quiere decir eso? En sentido definitivo, cuando Cristo vuelva aplicará la justicia a los que han perseguido a los suyos (5:7). Pero esperar con paciencia en el Señor también tiene su aplicación en el aquí y ahora. Dios tiene su manera de realizar sus propósitos y planes en una escala cotidiana, tal como realizará su plan grandioso a escala cósmica. Así que, tener paciencia en las circunstancias negativas quiere decir permitir que Dios atienda la situación a su manera y a su tiempo. Como el agricultor que espera la cosecha, *hay que tener paciencia*.

— 5:8b —

Afirmen sus corazones. El segundo mandamiento tiene que ver con la forma en que debemos responder cuando se nos hace un mal. Se refiere a nuestra fortaleza emocional o disposición interna. La palabra «afirmar» quiere decir establecer, respaldar o apuntalar. Bajo estrés y tensión, el corazón se cansa, pero el Espíritu de Dios puede aligerar la carga de un corazón agobiado por las presiones. Salmo 55:22 dice: «Encomienda al Señor tus afanes, y él te sostendrá; no permitirá que el justo caiga y quede abatido para siempre». De modo similar, 1 Pedro 5:6-7 nos dice que nos humillemos bajo la poderosa mano de Dios, y echemos sobre él todas nuestras ansiedades.

En la práctica, aquí es donde hallamos útil el «principio de 50-20». Obtengo ese nombre de Génesis 50:20, el pasaje clímax en la vida de José. ¿Recuerda la experiencia? Los hermanos de José lo habían vendido a la esclavitud y le habían dicho a su padre, Jacob, que José había muerto. Conforme se desenvolvió la trágica vida de José, pasó de esclavo preso a primer ministro de Egipto. Años más tarde, cuando los mismos hermanos que lo habían vendido en otro lugar aparecieron en la escena, arrastrándose y suplicando misericordia, ¿cómo responde José? Con el «principio de 50-20»: «Es verdad que ustedes pensaron hacerme mal, pero Dios transformó ese mal en bien para lograr lo que hoy estamos viendo: salvar la vida de mucha gente» (Gn 50:20).

A menos que veamos más allá del «alguien» que nos hizo mal, nos desquitaremos. Esa es la respuesta natural (y carnal). Pero Dios hace que todas las cosas resulten para nuestro bien último (Ro 8:28). Necesitamos tener una perspectiva de cuadro en grande. No necesitamos visión «20/20», sino «visión 50-20». Ese cambio de perspectiva de nuestra vista limitada a un punto de vista divino me ha fortalecido el corazón en todo tipo de males. Créanme: puede hacer lo mismo por ustedes.

— 5:9–11 —

No se quejen. La tercera respuesta a cómo los creyentes deben responder al sufrimiento tiene que ver con nuestras acciones hacia los que nos rodean. Cuando las circunstancias prueban nuestra paciencia y cuando uno se siente desalentado y frustrado por presiones externas, tendemos a quejarnos. Aquí, Santiago se refiere a un fenómeno mucho más insidioso que guardar en silencio un rencor contra los que nos han hecho mal. Nos advierte no murmurar, rezongar, ni quejarnos «unos contra otros» (5:9).

¿No es extraño que cuando una familia, un negocio, una iglesia sufre adversidad, los miembros

LLUVIAS TEMPRANAS Y LLUVIAS TARDÍAS

Por miles de años los agricultores de la Tierra Santa han experimentado un ciclo anual de temporada seca y lluviosa. La temporada seca, que va aproximadamente de junio a septiembre, deja el suelo reseco. La temporada de lluvia, sin embargo, empapa la tierra en dos períodos de seis semanas en octubre y noviembre (las «lluvias tempranas») y después de nuevo en abril y mayo (las «lluvias tardías»). Las lluvias tempranas permiten que las semillas germinen. Después de una larga espera, las lluvias tardías hacen que las plantas echen raíces y crezcan. Mientras que la tierra está en su temporada seca por esos cinco meses, los agricultores con anhelo esperan observando cielos para que Dios envíe la lluvia y produzca una cosecha abundante (Jer 5:24; Jl 2:23; Zac 10:1).

Los israelitas reconocían a Dios como el Sustentador y Proveedor que les enviaba lluvias de bendición según sus promesas (Gn 1:11-12; 8:22). La ausencia de suficientes lluvias era una de las maldiciones que acarreaba la desobediencia bajo la ley del Antiguo Testamento (Dt 11:13-17; 28:12, 23-24). Cuando Santiago asemeja la espera del agricultor por las lluvias tardías a la expectativa del creyente del retorno del Señor, recalca la necesidad de paciencia. Aunque tal vez no hayamos recibido todavía la bendición de la salvación final plantada en nuestra vida por la semilla de la fe, nuestra promesa inquebrantable del nuevo pacto de salvación garantiza que un día Dios hará llover sus bendiciones sobre nosotros mediante la gloriosa aparición de su Hijo.

de esa comunidad a menudo toman a pecho la agresión y se vuelven unos contra otros? O se vuelven contra sus líderes. O se vuelven contra sus hijos, empleados o mascotas. Ventilamos nuestras frustraciones sobre los que nos rodean. Podemos aparentar que tenemos paciencia en medio del sufrimiento, pero por dentro nos hemos convertido en cuerda apretada al máximo, explotando al más ligero toque de los más cercanos a nosotros.

Santiago ya abordó en el capítulo 4:11-12 los resultados de este tipo de espíritu quejoso. El que habla en contra de otro creyente o lo juzga estará sujeto al castigo de Dios (4:12). Igualmente serio, los que señalan con el dedo y se quejan contra otros estarán sujetos a la mano disciplinaria de Dios (5:9). Ya hemos visto que Dios no castiga a los creyentes con la condenación o el infierno (Ro 8:1). Sin embargo, no permite que nuestra amargura y mala conducta quede sin disciplina, tal como el padre que ama disciplina a sus hijos para su bien (He 12:5-11).

Los antiguos profetas hebreos sirven como un ejemplo para nosotros de cómo aguantar con paciencia (5:10). El término «profetas» a menudo se refiere no solo a los que tenían el oficio profético, personas como Isaías y Daniel, sino también a todos los personajes del Antiguo Testamento que hablaban y actuaban en nombre de Dios (Mt 5:17; Ro 1:2). Santiago concentra el lente en tal vez el mayor ejemplo de paciencia y perseverancia bajo sufrimiento agonizante: Job. Aunque Job aguantó pérdidas incomprensibles a nivel personal, financiero y físico, rehusó ceder al reflejo de venganza, y demostró su fe mediante paciencia genuina. Santiago nos recuerda que el sufrimiento de Job fue temporal, y a la larga dio paso a una bendición abundante que reflejó la compasión y misericordia de Dios (5:11). De la misma manera, los que soportan con paciencia la adversidad hoy sin quejarse pueden descansar en la promesa de Dios de recompensa y bendición final en esta vida o en la vida venidera. ¡Quejarse es un hábito que vale la pena romper!

— 5:12 —

No juren. Este mandamiento final relaciona el cómo debemos responder cuando se nos ha hecho mal con nuestra tendencia a tomar decisiones y hacer promesas precipitadas bajo presión. «Jurar» es introducir a Dios en las circunstancias y presentarlo para que dé validez a nuestros compromisos. Por ejemplo: «Te juro por Dios que no miento»; o, «Por Dios que voy a hacerlo». O, «¡Nunca más volverá a suceder! Pongo a Dios por testigo».

Santiago capta del Sermón del Monte de Jesús su enseñanza sobre los juramentos:

> Pero yo les digo: No juren de ningún modo: ni por el cielo, porque es el trono de Dios; ni por la tierra, porque es el estrado de sus pies; ni por Jerusalén, porque es la ciudad del gran Rey.
> Tampoco jures por tu cabeza, porque no puedes hacer que ni uno solo de tus cabellos se vuelva blanco o negro. Cuando ustedes digan "sí", que sea realmente sí; y cuando digan "no", que sea no. Cualquier cosa de más, proviene del maligno (Mt 5:34-37).

La prohibición de Santiago en cuanto a jurar está en tiempo presente, lo que sugiere que quiere que sus lectores dejen de participar en algo en lo cual ya están participando. No sabemos lo suficiente en cuanto a la situación histórica para determinar exactamente por qué estaban pronunciando juramentos. Lo que sí sabemos es que sus lectores cristianos judíos estaban atrapados entre perseguidores judíos y gentiles. Vivían bajo presiones extremas en lo religioso, lo cultural y lo económico para que negaran a Cristo de palabra y obra. Pudiera ser que la prohibición de Santiago en cuanto a pronunciar juramentos tiene que ver con retractarse de su confesión de fe en Cristo o prometer lealtad a otros aparte de la iglesia. En la situación que tenían, el resultado de jurar produciría grandes beneficios: reducción del sufrimiento, la persecución, la adversidad o las pruebas; pero el costo sería abandonar a su Salvador.

Veo en todo esto una exhortación a la sencillez en el hablar. Responda a las circunstancias con un simple «sí» o «no». Responda de manera sucinta y con autenticidad. Cuando se trata de las circunstancias difíciles de la vida, somos sabios al evitar largas explicaciones, excusas detalladas y especialmente espiritualización santurrona. Este tipo de análisis desbordante nos lleva a tropezar con nuestras palabras. Nos hallamos trayendo a Dios a las circunstancias para que juegue un papel en nuestros términos. Caemos en la trampa de hacer tratos con Dios, prometiéndole todo tipo de cosas extremas si nos aligera la carga. En el proceso, pensamos que nos hemos figurado lo que está causando el sufrimiento y cómo podemos escabullirnos del mismo. Resista esta tentación de espiritualizar y analizar demasiado.

Más bien, quédese quieto, en calma, y deje que Dios realice su propósito.

Tenga paciencia.

SANTIAGO Y EL JUEZ QUE VIENE

La carta de Santiago repetidas veces menciona el retorno de Cristo, los juicios y recompensas de Dios y la venida del reino. Los siguientes pasajes subrayan el papel que el retorno de Cristo juega en el pensamiento de Santiago.

- Dichoso el que resiste la tentación porque, al salir aprobado, recibirá la corona de la vida que Dios ha prometido a quienes lo aman (1:12).
- ¿No ha escogido Dios a los que son pobres según el mundo para que sean ricos en la fe y hereden el reino que prometió a quienes lo aman? (2:5).
- Porque habrá un juicio sin compasión para el que actúe sin compasión (2:13).
- Hermanos míos, no pretendan muchos de ustedes ser maestros, pues, como saben, seremos juzgados con más severidad (3:1).
- Ahora escuchen, ustedes los ricos: ¡lloren a gritos por las calamidades que se les vienen encima! (5:1).
- Han amontonado riquezas, ¡y eso que estamos en los últimos tiempos! (5:3).
- Ustedes han llevado en este mundo una vida de lujo y de placer desenfrenado. Lo que han hecho es engordar para el día de la matanza (5:5).
- Por tanto, hermanos, tengan paciencia hasta la venida del Señor (5:7).
- Así también ustedes, manténganse firmes y aguarden con paciencia la venida del Señor, que ya se acerca (5:8).
- ¡El juez ya está a la puerta! (5:9).
- Que su «sí» sea «sí», y su «no», «no», para que no sean condenados (5:12).

Aplicación
Hagamos el bien cuando sufrimos un mal

En Santiago 5:7-12, Santiago responde a una pregunta sencilla: «¿Cómo hago el bien cuando se me ha hecho un mal?» Su respuesta viene en forma de cuatro mandamientos: sean pacientes (5:7-8), afirmen sus corazones (5:8), no se quejen (5:9-11) y no juren (5:12). A la luz de estas exhortaciones prácticas, permítame sugerir cuatro aplicaciones fáciles de entender.

Primero, no se concentre en la situación ni se enfade. Más bien, ¡sea paciente! Sí, ha sufrido un mal. Sí, pudiera expresar su ira desquitándose. Pero no lo haga. Resista la reacción de vengarse y abandónela. *Tenga paciencia*.

Segundo, no se concentre en usted mismo, porque si lo hace sentirá lástima propia. Más bien, ¡sea fuerte! Recuerde el «Principio 50-20», y diga: «Señor, veo a esta persona, no como un enemigo sino como un instrumento. Esta persona tal vez parezca mi enemiga, al hacerme un daño, pero sé que tú eres más grande que eso. Gracias por hacerme objeto de la obra de tus manos. Hazme vehículo de tu gracia, te lo ruego». Permita que Dios llegue a usted mediante la experiencia y que realice su propósito. *Sea fuerte*.

Tercero, no se concentre en otros para echarles la culpa, porque si lo hace dará lugar a la queja. Más bien, vea a otros como medios que Dios utiliza para afilar su vida. Tal como los perpetradores del mal son instrumentos para su crecimiento espiritual, así aquellos a quienes él ha puesto sobre usted, alrededor suyo y bajo usted, pueden ser instrumentos para enseñarle perseverancia paciente. No dirija su ira hacia ellos. No los menosprecie con su espíritu quejoso y amargado. No les eche la culpa a otros. Más bien, vea a otros como medios que Dios utiliza para moldear su yo interno. *No se queje*.

Cuarto, no se concentre en el presente. Tenga en mente el futuro. Este es un principio difícil de aplicar cuando uno está en medio de una crisis. Así que considere aprender de memoria un par de versículos clave para enhebrar esta idea en la trama de su corazón. Hágalos parte de su pensamiento.

> De hecho, considero que en nada se comparan los sufrimientos actuales con la gloria que habrá de revelarse en nosotros (Ro 8:18).

> Pues los sufrimientos ligeros y efímeros que ahora padecemos producen una gloria eterna que vale muchísimo más que todo sufrimiento. Así que no nos fijamos en lo visible sino en lo invisible, ya que lo que se ve es pasajero, mientras que lo que no se ve es eterno (2 Co 4:17-18).

> Esto es para ustedes motivo de gran alegría, a pesar de que hasta ahora han tenido que sufrir diversas pruebas por un tiempo. El oro, aunque perecedero, se acrisola al fuego. Así también la fe de ustedes, que vale mucho más que el oro, al ser acrisolada por las pruebas demostrará que es digna de aprobación, gloria y honor cuando Jesucristo se revele (1 P 1:6-7).

No sé lo que le espere en las próximas semanas, meses y años. Tampoco usted lo sabe. Pero Dios sí. Puede ser una citación judicial que no se merece. Puede ser una reprimenda inmerecida de un patrono, o un despido intempestivo. Puede ser un vecino que causa aflicción prolongada por algo trivial. Puede ser un cónyuge que lo abandona, o un hijo que se rebela, o un padre o madre que lo trata como basura. Sea lo que sea, el consejo práctico de Santiago puede ayudarlo a salir adelante. Sea paciente. Sea firme. No guarde rencores. No busque subterfugios para escaparse.

Paciencia mediante la oración (Santiago 5:13-18)

> ¹³¿Está afligido alguno entre ustedes? Que ore. ¿Está alguno de buen ánimo? Que cante alabanzas. ¹⁴¿Está enfermo alguno de ustedes? Haga llamar a los ancianos de la iglesia para que oren por él y lo unjan con aceite en el nombre del Señor. ¹⁵La oración de fe sanará al enfermo y el Señor lo levantará. Y si ha pecado, su pecado se le perdonará. ¹⁶Por eso, confiésense unos a otros sus pecados, y oren unos por otros, para que sean sanados. La oración del justo es poderosa y eficaz. ¹⁷Elías era un hombre con debilidades como las nuestras. Con fervor oró que no lloviera, y no llovió sobre la tierra durante tres años y medio. ¹⁸Volvió a orar, y el cielo dio su lluvia y la tierra produjo sus frutos.

Como un auto sin combustible, la vida sin oración se detiene en seco. Como una lámpara sin electricidad, el creyente famélico de oración no brilla en un mundo oscuro y desesperado. Pero, muéstreme un hombre o mujer de oración prevaleciente, y le mostraré un hombre o una mujer con una fe profunda. La oración efectiva, ferviente, mueve el corazón del omnipotente Dios del universo. Sin embargo, demasiados creyentes viven una vida llena de actividades que aturden, y no dejan tiempo para este ingrediente crucial que puede transformar las meras acciones humanas en hechos divinos poderosos.

Tal vez usted recuerde de la introducción de esta carta que Santiago era bien conocido por su vida de oración. Se ganó el apodo de «rodillas de camello» porque pasaba tanto tiempo de rodillas en oración que sus rodillas parecían las callosas rodillas de un camello. Uno esperaría de un libro escrito por un hombre famoso por la oración que el tema aflorara repetidamente en su carta. En Santiago 1:5 escribió: «Si a alguno de ustedes le falta sabiduría, pídasela a Dios, y él se la dará, pues Dios da a todos generosamente sin menospreciar a nadie». En 4:2, dijo: «No tienen, porque no piden». Ahora, en el clímax de su carta, Santiago desarrolla más completamente el tema de la oración.

Permítame poner la consideración que hace Santiago de la oración efectiva en el contexto de su argumentación. En esta última sección principal de la carta, Santiago arguye que *la fe verdadera produce paciencia genuina* (5:7—5:20). En 5:7-12 contestó a la pregunta de cómo responder al sufrimiento mediante la perseverancia paciente. Aquí, en 5:13-18 veremos que Santiago continúa desarrollando la idea de que debemos conducirnos con paciencia mientras esperamos la venida del Señor. Esta vez, sin embargo, la fe real que se exhibe mediante paciencia se manifiesta de manera diferente, es decir, en oración. Frente a todo obstáculo, sea enfermedad o pecado, la respuesta correcta es la oración. La oración no solo refleja una actitud de fe genuina, sino que también revela resistencia paciente conforme acudimos a Dios para enfrentar las luchas de la vida, a su tiempo y de acuerdo con sus promesas. Como tal, la oración se vuelve una característica de quintaesencia de la fe auténtica.

5:13

Santiago empieza refiriéndose a dos extremos del espectro de la vida: el sufrimiento y la alegría. El uno se refiere a la aflicción física, mental, emocional o espiritual. Puede incluir enfermedad o desaliento, duda o ansiedad, revés financiero o conflictos en las relaciones personales. En breve, puede incluir cualquier cosa que causa problemas o aflicción. ¿La respuesta? «Que ore».

Las personas por lo general no tienen dificultades como último recurso para acudir a Dios en oración cuando sus vidas se deshilvanan. Cuando el dolor aumenta, cuando la ansiedad los vence, cuando los acontecimientos se salen de control, Dios finalmente recibe su llamado. Pero en mi experiencia, las personas tienden a dejar la oración como último recurso, o la tratan como si fuera una manera de desperdiciar tiempo que las distrae de buscar una solución al problema por cuenta propia. Pero Santiago es claro: la oración es la solución al problema. Todo lo que hacemos debe empezar con oración. Los creyentes harán bien en recordarse las palabras del casi olvidado himno de Thomas Hastings:

> En todo apuro y cruel dolor, y cuando asalta el tentador,
> da ayuda Dios en la aflicción, en el lugar de oración.
>
> El Salvador prodiga paz a los que buscan fiel su faz,
> si piden con el corazón en el lugar de oración.
>
> Al pueblo suyo el Padre Dios ha prometido oír su voz,
> y derramar su bendición en el lugar de oración.[1]

Esto no quiere decir que Dios de inmediato pone punto final a la aflicción. Él nunca promete dar alivio instantáneo; pero sí promete darnos paciencia y perseverancia. La oración no expresa fe en Dios para librarnos *de* las pruebas sino *al atravesar* las pruebas. Así que, cuando estamos afligidos, es tiempo de orar. Y cuando esa aflicción finalmente se levanta, ¡es tiempo de alabar!

Esto nos conduce a lo opuesto de la aflicción: la alegría. La respuesta apropiada es entonar alabanzas. Santiago ve la alabanza como otra forma de oración que eleva nuestros corazones en adoración, acciones de gracias y honor a Dios por quién es él y por lo que él ha hecho. Esto sugiere que en todas las circunstancias, buenas y malas, la respuesta apropiada es acudir a Dios en oración y alabanza. En otras palabras, debemos orar *constantemente*.

5:14-15

Santiago luego cubre un aspecto principal de la oración que la mayoría de los creyentes conoce bien. ¿Quién no ha clamado a Dios para que le cure alguna enfermedad propia o de otros? Es más, parece como si la mayoría de las peticiones de oración en nuestras listas tienen que ver con recuperación de enfermedades, cirugías o lesiones. Así que Santiago considera en los versículos 14-15 este asunto de la enfermedad física.

La palabra «enfermo» en el versículo 14 tiene el significado básico de «débil» o «endeble». En el Nuevo Testamento a menudo se refiere a la enfermedad física (Lc 4:40; Hch 9:37); pero también se refiere figuradamente a los que son «débiles en la fe» (Ro 4:19; 14:1) o a los que tienen una «conciencia débil» (1 Co 8:12). En Santiago 5:14-15 el énfasis es más en la persona que está débil debido a la enfermedad física. Santiago receta tres cosas para tal persona.

Primero, debe llamar a los dirigentes espirituales de la iglesia (5:14). ¿No es eso interesante? En la actualidad lo consideramos al revés. A veces los pastores son los últimos en saber que alguien está enfermo, va al hospital o queda incapacitado. Tal vez cuando la enfermedad es grave, los enfermos a la larga lo dan a conocer a la iglesia. Pero la gente rara vez acude a los líderes primero. Es más, algunos de los que están enfermos no quieren que *nadie* lo sepa. Pero Santiago rechaza la idea de que nuestras enfermedades físicas sean asuntos privados, personales. Debemos dar al cuerpo de Cristo la oportunidad de ministrarnos en nuestras debilidades, además de la comunidad médica.

Segundo, Santiago receta una respuesta específica de parte de los ancianos de la iglesia: oración y unción. El texto griego combina estas dos acciones, la una acompañando a la otra: «orar, mientras le ungen con aceite». Hallamos en la Biblia dos usos distintos de ungir con aceite. Uno se refiere a una acción religiosa o ceremonial como símbolo de consagración, como la unción de David como rey de Israel (1 S 16:13). Un segundo tipo de unción era más común y de rutina: con propósitos medicinales o higiénicos. Como el uso de loción para la piel reseca o el uso de ungüentos para heridas, se usaban el aceite para afectar el cuerpo de maneras específicas. Vemos este uso cuando el samaritano echa vino y aceite en el herido en Lucas 10:34. El vino limpiaba la herida en tanto que el aceite las aliviaba y protegía.

Lo más probable es que Santiago tenga este segundo uso del aceite en mente. La idea detrás del uso de la oración como la unción es que la iglesia debe acudir para ayudar al enfermo tanto en las necesidades físicas como en las espirituales. El uso medicinal del aceite proveía alivio físico y promovía el proceso de curación. Nótese que Santiago *no* ve ningún conflicto entre la oración y la medicina.

La tercera receta para el enfermo físico es dejar los resultados al Señor. En última instancia, Dios es el que da la curación, no el aceite, ni los ancianos, ni la oración. La oración «en el nombre del Señor» quiere decir orar de acuerdo a *su* voluntad. Esto a su vez significa aceptación del plan y propósito de Dios.

El versículo 15 establece tres resultados específicos de la oración y unción de parte de los ancianos que se eleva con fe: sanar, levantar y perdonar. Esto sugiere que Santiago puede haber tenido en mente a algún individuo en particular que estaba sufriendo enfermedad como resultado del pecado. La palabra griega que se traduce «sanar», *sozo*, es la misma que se refiere a la salvación espiritual, pero también puede referirse a la curación física (Mt 9:21; Jn 11:12). También, Santiago deja bien claro que las dolencias físicas pueden ser resultado del pecado personal. Sin embargo, usa la palabra griega *kan* («y si») en su frase final, «*y si* ha pecado, su pecado se le perdonará». Esto indica que no todos los casos de enfermedad física son resultado del pecado. Pero si la enfermedad de la persona fue causada por algún pecado, la restauración divina puede incluir la recuperación tanto física como espiritual.

— 5:16 —

Nótese el enlace con el versículo previo. Santiago dice: «*Por eso*, confiésense unos a otros sus pecados». Cambia de la tercera persona (cualquiera que está enfermo) a la segunda persona: «sus pecados». El versículo 16 nos ayuda a comprender este pasaje respecto a la enfermedad y el pecado. Está diciendo, en efecto: «Alguno en la congregación está enfermo debido al pecado. Deben llamar a los ancianos, y estos deben orar y esperar que Dios dé restauración. Pero algunos de ustedes, ahora mismo, necesitan atender este asunto antes de que se desarrolle la enfermedad. Así que, confiésense sus pecados unos a otros y oren los unos por los otros».

En este punto pudiéramos referirnos a una situación similar en la cual el pecado en la Iglesia resultó en castigo divino mediante enfermedad, debilidad e incluso muerte. En 1 Corintios 11:27-31 Pablo escribe:

> Por lo tanto, cualquiera que coma el pan o beba de la copa del Señor de manera indigna, será culpable de pecar contra el cuerpo y la sangre del Señor. Así que cada uno debe examinarse a sí mismo antes de comer el pan y beber de la copa. Porque el que come y bebe sin discernir el cuerpo, come y bebe su propia condena. Por eso hay entre ustedes muchos débiles y enfermos, e incluso varios han muerto. Si nos examináramos a nosotros mismos, no se nos juzgaría.

Esta realidad de pecado que conduce a la

LAS CINCO LEYES DEL SUFRIMIENTO

¿Sana Dios hoy?

Esa pregunta atiza un debate interminable. Denominaciones religiosas enteras se han formado alrededor de la creencia en sanadores que aducen estar dotados por Dios y que la muerte de Cristo no solo nos trajo perdón de nuestros pecados y salvación eterna, sino que también nos garantiza salud física en esta vida. ¿Tienen razón? ¿Les falta fe a los que sufren dolor, enfermedad y adversidad? ¿Están perdiéndose algunos de los beneficios de la vida cristiana?

Con el correr de los años he desarrollado lo que yo llamo «Las cinco leyes del sufrimiento». Estos principios ayudarán a los que sufren y borrarán la confusión en cuanto a por qué sufren y lo que Dios ha hecho (o hará) al respecto.

Primera ley: Hay dos clasificaciones de pecado. El *pecado original* es la condición de pecado que todos los seres humanos (excepto Jesucristo) heredan de Adán, quien es la fuente y «cabeza» de la raza humana (Ro 5:12). Los pecados personales son acciones de maldad del individuo que regular y voluntariamente cometemos por cuenta propia debido a nuestra condición de pecadores (Ro 3:23). Debido al pecado original (la raíz) cometemos actos de pecado (el fruto).

Segunda ley: El pecado original introdujo sufrimiento, enfermedad y muerte en la raza humana (Ro. 5:12). Si el pecado original nunca hubiera entrado en el huerto del Edén, la humanidad nunca hubria conocido la enfermedad y la muerte. En el sentido más amplio, toda enfermedad y sufrimiento es resultado del *pecado original*. Después de que Adán y Eva cayeron, empezaron a sufrir una existencia como de muerte en un mundo hostil caracterizado por el sufrimiento, debido a haberse apartado del camino de Dios (Gn 3).

Tercera ley: A veces hay una relación directa entre los pecados de uno y la enfermedad. David testifica de la relación entre sus propios pecados de desobediencia y las enfermedades físicas en Salmos 32:3-5 y 38:3-5. Pablo también advirtió que algunos de los creyentes de Corinto estaban «débiles y enfermos» y algunos de ellos habían muerto debido al pecado cometido (1 Co 11:27-30).

Cuarta ley: A veces no hay ninguna relación entre los pecados personales y la enfermedad. Algunos nacen con aflicciones, y sufren incluso antes de que lleguen a la edad de cometer pecados (Jn 9:1-3; Hch 3:1-2). Otros, como Job, están viviendo vidas rectas y les llega el sufrimiento (Job 1:1-5). Jesús mismo jamás cometió pecados personales y, sin embargo, sufrió a menudo; por eso puede identificarse con nuestra aflicción y sufrimiento en un mundo caído (Heb 4:15; 5:8).

Quinta ley: No es la voluntad de Dios que todos sanen en esta vida. Algunos piensan que Dios quiere que todo creyente disfrute de completa salud física en esta vida. Respaldan sus convicciones con las palabras de Isaías: «Gracias a sus heridas fuimos sanados» (Is 53:5). «¡La muerte de Cristo nos trajo salud!», cantan y gritan. ¡Por supuesto que la trajo! Pero, ¿qué clase? Verifique el contexto. Todo el flujo de pensamiento en Isaías 53 tiene que ver con las necesidades *espirituales* de los seres humanos y la invalorable provisión de Cristo para el perdón del pecado. Es cierto que Mateo 8:17 cita a Isaías 53:4 en referencia tanto a la curación física como a la espiritual, pero aquí Mateo lo relaciona a la obra personal de sanidad que hizo Cristo como señal inequívoca de su identidad como el Siervo de Isaías.

Al demostrar su autoridad para sanar las enfermedades y dolencias, Cristo demostró su capacidad para sanar la enfermedad espiritual (Mt 9:4-6). Por eso lo traspasaron y molieron. Por eso murió, no primariamente para sanar a los enfermos en esta vida, sino para dar vida espiritual a todos y un día resucitarnos de los muertos con un cuerpo que nunca más sufrirá la enfermedad y la muerte (Ap 21:3-4). De hecho, Pedro mismo interpreta este versículo de la misma manera, y conecta su aplicación al perdón de pecados y a una vida de justicia: «Él mismo, en su cuerpo, llevó al madero nuestros pecados, para que muramos al pecado y vivamos para la justicia. *Por sus heridas ustedes han sido sanados*» (1 P 2:24). Pero está claro se refiere a la integridad espiritual y no a la salud física.

¿Todavía no está convencido de que la salud física no es una garantía que tienen los creyentes? Tomemos a Pablo como ejemplo. Tres veces le pidió a Dios que le quitara de su cuerpo la espina del sufri-

enfermedad y muerte está detrás de la exhortación de Santiago a confesarnos los pecados los unos a los otros (5:16). ¿Qué clase de confesión es esta? Santiago no está hablando acerca de la confesión original de fe para salvación. Ni siquiera se refiere a la confesión de ofensas delante de Dios. No está instando una confesión ante un religioso encerrado en un pequeño cubículo oscuro. Por cierto no está abogando vaciar indiscriminadamente todos nuestros pecados y vergüenzas frente a toda la congregación. El contexto del mensaje de Santiago indica hacer enmiendas a aquellos a quienes uno ofendió y perdonar a los que nos han ofendido.

Tal vez usted está enfermo por dentro; su alma está plagada de amargura o culpabilidad que lo carcome. Si permite que esos pensamientos lo hostiguen sin limpiarlos mediante la confesión y la oración, lo consumirán. A la larga se abrirán paso en forma de hábitos malsanos, depresión crónica, estrés descontrolado, cólera embotellada y enfermedades físicas. Pero no tiene que ser así. Cuando los creyentes confiesan sus pecados a los que han ofendido, su culpabilidad quedará sanada. Cuando oran por los que les han hecho daño, su amargura queda curada.

Y, ¿adivine? Cuando usted haya descargado el peso de la culpabilidad y amargura mediante la confesión y la oración, su vida interna quedará limpia de la basura que la contamina y enferma. Esa condición de justicia ante Dios y los demás resultará en su capacidad de orar más efectivamente. Santiago afirma: «La oración del justo es poderosa y eficaz». Esto nos conduce al cuarto aspecto de oración por el creyente.

5:17-18

Cuando nos afligen los problemas, debemos orar (5:13). Cuando estamos enfermos físicamente, debemos orar (5:14-15). Cuando estamos manchados por la culpa o la amargura, debemos orar (5:16). Ahora, para concluir su tratado sobre la oración, Santiago nos da un ejemplo de oración por peticiones específicas (5:17-18).

Recuerde que el contexto de orar pidiendo que Dios responda a peticiones específicas es la vida limpia del pecado mediante la confesión y la oración (5:16). Si usted está agobiado por la culpa, la amargura, o un montón de otros pecados, no solo sus oraciones serán ineficaces, sino que incluso tal vez ni siquiera esté en estado espiritual de discernir por *qué cosas* orar y *cómo* orar. El justo tiene su actitud, prioridades y disposición orientadas hacia la voluntad de Dios. Eso es lo que hace que la oración del justo sea eficaz y poderosa de una manera desusada. La palabra griega que se traduce «eficaz» es *energeo*, de la cual obtenemos nuestra palabra «energía». La oración es el ingrediente que convierte las expresiones verbales ordinarias en palabras poderosas. La palabra que Santiago usa en cuanto a la «oración» del justo se refiere a pedir por una necesidad específica. «Petición» o «ruego» tal vez serían mejores traducciones.

Permítame ofrecerle unas cuantas pautas sobre cómo orar eficazmente. (1) Conozca las Escrituras y ore de acuerdo con la Palabra de Dios. (2) Sea específico; trate directamente de asuntos en particular y pida resultados específicos. (3) Tenga fe absoluta en la capacidad, el miento. Tres veces recibió un «no» directo e inequívoco de Dios (2 Co 12:7-9). Después de esa traumática experiencia dijo, «me regocijo en debilidades» debido a que, incluso enfermo, el Señor demostró ser suficiente y fuerte en la vida del apóstol (12:10). *No se promete sanidad física a todos.*

Permítame aclarar dos puntos importantes. ¿Estoy sugiriendo que Dios no sana? ¡Ni remotamente! Dios puede sanar, y en efecto sana a las personas, a veces instantánea y milagrosamente, a veces lenta y gradualmente. En verdad, *cada vez* que tiene lugar una curación, independientemente de los medios, Dios es quien la da. *Él* es la fuente de la vida y la salud. Más a menudo, la cura viene mediante el diagnóstico y el tratamiento médico. Pero a veces Dios escoge sanar milagrosamente; *nada es demasiado difícil para él.* Sus curaciones son completas y permanentes. Por consiguiente, cuando Dios sana, no hay manera en que un hombre o mujer pueda atribuirse la gloria y la responsabilidad.

¿Estoy diciendo que Dios usa hoy sanadores divinos, ciertos individuos «ungidos» especialmente por el Espíritu de Dios para imponer las manos sobre algunos y sanarlos al instante? ¡Ni remotamente! En el período del Nuevo Testamento, este don de señal especial fue dado para confirmar la nueva obra de revelación de Dios a la Iglesia, y estaba específicamente conectada con el trabajo fundamental durante los tiempos de los apóstoles y profetas (Ef 2:20; 2 Co 12:12; Heb 2:3-4). Aunque había sanadores especiales presentes en la primera generación de la Iglesia cristiana, los llamados «sanadores divinos» actuales hacen rapiña de los que no conocen la verdad. Le echan la culpa de toda enfermedad al pecado o a la falta de fe. Y cuando sus poderes sanadores no resultan, ¿adivinen a quién le echan la culpan esos charlatanes? Al enfermo que no tuvo suficiente fe para sanarse. ¡Trágico!

No olvide estas cinco leyes del sufrimiento. Escríbalas en el reverso de su Biblia. Tan cierto como que el mundo existe, usted va a tropezar con algunos que se preguntan por qué ellos (o sus seres queridos) no son sanados. Tal vez Dios usará sus palabras para tranquilizarlos y borrar su confusión.[2]

calendario y la sabiduría de Dios, confiando sin reserva en que la respuesta de Dios a su petición será la correcta. Esto caracteriza la vida de oración del justo. ¡Con razón este tipo de oración «es poderosa y eficaz!»

Santiago ilustra tal oración con el profeta Elías. Nos recuerda que Elías tenía una naturaleza tal como la nuestra (5:17): pecador, inconstante, imperfecto y, sin embargo, perdonado y equipado con dones de lo alto. Las peticiones específicas de Elías tuvieron tal abundancia de poder que pudo detener la lluvia y hacer que lloviera.

Antes de que usted salga corriendo al aire libre y ore por un cambio repentino en el clima, necesita entender el contexto más amplio: el contexto de Santiago y de Elías. Elías, como justo, sabía por qué cosas orar y cuándo orar. El Espíritu le capacitó de manera especial para discernir la voluntad de Dios a fin de orar por ciertos sucesos milagrosos para captar la atención de los gobernantes de Israel y martillar su llamado al arrepentimiento (1 R 17—18). El creyente justo de hoy también se sintoniza con la dirección del Espíritu de Dios y sabe cómo, cuándo y por qué cosas orar. Pero incluso cuando no tenemos un sentido claro de la dirección de Dios en un asunto, siempre podemos orar por aquellas cosas por las que Dios explícitamente nos ha dicho en la Biblia que oremos (ver Ro 8:26).

En este breve pero penetrante pasaje sobre la oración (5:13-18), Santiago enseña que la fe verdadera exhibida mediante paciencia afecta cómo respondemos a Dios. En toda circunstancia, enfermedad o salud, gozo o adversidad debemos acudir a Dios en oración. La oración no solo refleja una actitud de fe genuina, sino que también revela perseverancia paciente conforme acudimos a Dios para enfrentar las luchas de la vida en el tiempo de Dios y de acuerdo con sus promesas. Como tal, la oración se vuelve una característica de quintaesencia de la verdadera fe.

> **DOCE COSAS POR LAS CUALES SE INSTRUYE A LOS CREYENTES A ORAR**
>
> 1. Por quienes nos persiguen (Mt 5:44)
> 2. Por el Reino de Dios (Mt 6:10)
> 3. Por provisión diaria (Mt 6:11)
> 4. Para vencer la tentación (Mt 6:13)
> 5. Por perdón (Lc 11:4)
> 6. Por todos los santos (Ef 6:18)
> 7. Por la extensión del evangelio (2 Ts 3:1)
> 8. Por los gobernantes terrenales (1 Ti 2:2)
> 9. Por sabiduría (Stg 1:5)
> 10. En el sufrimiento (Stg 5:13)
> 11. Unos por otros (Stg 5:16)
> 12. Por los creyentes descarriados (1 Jn 5:16)

Aplicación

Principios prácticos de la oración

La oración tal vez sea una de las bendiciones más mal entendidas y descuidadas de la vida cristiana. Lo curioso es que la oración es uno de los conceptos más sencillos de entender y una de las acciones más fáciles. Permítame darle cuatro lecciones sencillas y prácticas que he recogido del profundo pasaje de Santiago sobre la oración.

Primero, *la oración debe ser continua*. Si la oración se aplica a todas las situaciones y a cada circunstancia, debe ser el pulso y latido constante en su vida. Debe representar su disposición interna hacia Dios que produce un ritmo bien a la par con el latido de su corazón y tan natural como su respiración. No estoy necesariamente hablando de un algo programado de tres o cuatro momentos específicos durante el día, aunque esa es una disciplina excelente que vale la pena considerar. Estoy hablando de la necesidad de estar en conversación con Dios todo el día, respondiendo con oración y alabanza a lo que sea que tenga lugar. Los creyentes deben ser adictos a la oración. Debemos «sufrir» de oración crónica. ¿Es ese usted? ¿Cuánto ha orado desde el domingo pasado cuando se le pidió que inclinara la cabeza en la iglesia? ¿Habla usted con el Señor Jesucristo todo el día, excluyendo la oración por las comidas? ¿O acaso es la oración un acto infrecuente?

Segundo, *la oración está diseñada para todo aspecto de la vida*. Deje de tener la oración como si fuera un extinguidor de incendios. No debe estar colgada en algún rincón de su cerebro hasta que surja una crisis o sobrevenga una tragedia. Sí, la oración fluirá normalmente en la aflicción, la enfermedad, el pecado, el temor y la pérdida. Pero también tiene que ver con alegría, bendiciones, gratitud y conversación íntima con su Padre celestial. Toda clase de situación exige oración. ¿Actúa usted todavía como si fuera miembro del escuadrón voluntario de oración, respondiendo en oración sólo cuando es necesario? O, ¿ha descubierto la paz y el gozo que surge cuando uno habla con el Padre celestial en toda circunstancia?

Tercero, *la oración no es sustituta de la responsabilidad*. Recuerde que Santiago dice que la oración debe ir acompañada por la aplicación de medicina (5:14). La oración no excluye la acción inteligente, sino que la incluye. Erramos cuando oramos sin incluir nuestros planes y acciones. Pero también erramos cuando planeamos sin orar. No ore por su salud sin al mismo tiempo dar pasos razonables para conservarla o recuperarla. No le pida a Dios protección para sus hijos si usted mismo los descuida. Eso no es fe, sino arrogancia. La oración y la acción van mano a mano.

Por último, *la oración no es para los perfectos, sino para los imperfectos*. Santiago mencionó a Elías como ejemplo de la oración poderosa de un hombre «con debilidades como las nuestras» (5:17). Usted no tiene que ser profeta o apóstol para orar eficazmente. No tiene que esperar a ser perfecto para que Dios oiga sus oraciones. La limpieza del pecado viene mediante la oración (5:15). La sabiduría viene por la oración (1:5-6). Las necesidades específicas se suplen mediante la oración (4:2-3). Sí, la oración del justo produce *mucho* fruto (5:16). Pero, usted no tiene que ser irreprochable para orar. Si así fuera, ¡nadie podría orar por nada! Así que, no espere hasta ser grandioso. Ore *mientras* espera.

No se olvide: Dios está oyendo.

¿Está usted orando?

Paciencia en la corrección (5:19-20)

> ¹⁹Hermanos míos, si alguno de ustedes se extravía de la verdad, y otro lo hace volver a ella, ²⁰recuerden que quien hace volver a un pecador de su extravío, lo salvará de la muerte y cubrirá muchísimos pecados.

Los salvavidas que han rescatado a nadadores que estaban ahogándose saben mejor que muchas de las víctimas tienden a luchar contra sus rescatadores en la histeria de ese momento aterrador. En pánico descontrolado, incluso arrastran bajo el agua a sus rescatadores. La razón debería decirles que si el salvavidas se ahoga, pierden la única esperanza de sobrevivir. Pero cuando una persona se está ahogando, no razona. También es así a menudo cuando el creyente intenta rescatar a los que flaquean espiritualmente debido a que su fe ha sufrido un naufragio.

El profesor Howard Hendricks del Seminario de Dallas, mi mentor y amigo de toda la vida, cuenta de un joven que, después de alejarse del Señor Jesucristo, volvió con la ayuda de un amigo que lo amó sin condiciones. Cuando fue restaurado, el doctor Hendricks le preguntó cómo se sentía cuando andaba lejos de Dios.

El hombre contestó: «Parecía como si me estuvieran arrastrando más y más mar adentro, a aguas más profundas. Todos mis amigos estaban en la playa lanzándome acusaciones en cuanto a justicia, condenación y pecado». Luego añadió: «Pero hubo un hermano en Cristo que se lanzó a nadar para alcanzarme y no me soltó. Luché contra él, pero resistió. Me alcanzó, me puso un salvavidas y se las arregló para arrastrarme a la orilla. Solo por la gracia de Dios y aquel hombre alcancé restauración; el hombre se negó a soltarme».

Santiago tampoco quiere que soltemos a nadie. En toda su carta, recalca la necesidad de una fe que obra. Pregunta: «Si dices que crees como debes, ¿por qué te comportas como no debes?» Ahora, en el clímax y conclusión del libro, Santiago nos instruye en cuanto a lidiar con los que creen como deben, pero se comportan como no deben.

Por los últimos pocos versículos Santiago ha estado considerando el tema de que *la fe verdadera produce paciencia genuina*. Pero *paciencia genuina* no es *permisividad pasiva*. Bajo la excusa de «esperar pacientemente en el Señor», los creyentes con frecuencia dan un paso atrás y «pacientemente» observan a un hermano o hermana hundirse cada vez más en el pecado. ¡No debe ser así! Cuando se trata de cuidar a santos descarriados, la obra genuina impulsada por la fe verdadera pide más que oración. A menudo incluye intervención expresada mediante una confianza paciente en Dios y una disposición paciente hacia el proceso de confrontación y restauración.

En estos dos últimos versículos Santiago atiende una serie de preguntas prácticas. ¿Hay algún momento, alguna vez, cuando un creyente debe intervenir y enfrentar el pecado de otro? ¿En qué punto debe la paciencia del creyente agotarse? ¿La corrección de los santos descarriados obra solo del Espíritu Santo aparte de la intervención humana, o debemos intervenir y ser parte de la solución? Si es así, ¿cómo podemos hacerlo sin dar la apariencia de ser legalistas o estar juzgando? ¿No condenó Santiago antes en su carta esta actitud de juzgar?

Con estas preguntas en mente, examinemos su respuesta.

— 5:19 —

Un verano mi hijo mayor, Curt, siguió un curso de manufactura en metales. Un día una diminuta partícula de metal saltó y fue a dar en su ojo y se incrustó en la córnea. No nos dimos cuenta de inmediato porque era muy pequeña. Pero el ojo se le irritó y se hizo obvio que había un problema. Los llevamos a un oftalmólogo quien rápidamente descubrió la esquirla de metal. Entonces, el médico con toda calma le colocó la quijada de mi hijo en un soporte, anestesió la córnea, y procedió a extraer la partícula de metal con cuidado y precisión. Para mí fue agonizante. Podía oír a la enorme aguja lanzar un sonido estridente *ping… ping… ping…* mientras el médico trataba de extraer esa partícula de metal del ojo de mi hijo. (Tuve que desviar la vista, puesto que esas cosas me aturden). Por dicha, el diestro médico sacó la esquirla con cuidado… y con gran paciencia.

En Mateo 7:3-5 Jesús nos da instrucciones en cuanto a sacar partículas diminutas del ojo de aquellos cuya vista está nublada por el pecado:

¿Por qué te fijas en la astilla que tiene tu hermano en el ojo, y no le das importancia a la viga que está en el tuyo? ¿Cómo puedes decirle a tu hermano: «Déjame sacarte la astilla del ojo», cuando ahí tienes una viga en el tuyo? ¡Hipócrita!, saca primero la viga de tu propio ojo, y entonces verás con claridad para sacar la astilla del ojo de tu hermano.

¡Algunos se sienten llamados a criticar! Aunque su propia vida esté en ruinas y su perspectiva nublada por el pecado, piensan que es su obligación señalar incluso los defectos más pequeños en otros. Jesús condenó este tipo de juicios hipócritas. Al igual que su hermano mayor, Santiago también habló en contra de los que juzgan con hipocresía, calumnian y hablan en contra de un hermano o hermana en Cristo (4:11-12). A la luz de estas advertencias, nunca debemos precipitarnos a hacer cirugía del ojo espiritual. Solo los que están calificados con visión clara, puntuada por paciencia y equipados con sabiduría y humildad, deben acometer esta tarea (ver Gá 6:1-2).

Dadas estas importantes advertencias y comprensión de la seriedad de nuestra responsabilidad por los santos extraviados, podemos considerar los principios que Santiago nos da para atender a los hermanos descarriados. Consideremos la explicación razonable de Santiago en el versículo 19. Primero, Santiago se dirige a la situación de creyentes que se han extraviado. No está hablando de conducir a los que no son creyentes a la salvación, sino de restaurar a creyentes que se han desviado de la verdad. «Extraviado» es traducción del griego *planao*, palabra de la cual obtenemos la palabra «planeta». A diferencia de las estrellas, que mantienen su lugar en relación a otras lumbreras, los planetas parecen andar y deambular por todo el firmamento nocturno. De igual modo, estos individuos se han alejado y desviado de la senda correcta.

Nótese también que la persona que Santiago tiene en mente se ha alejado a propósito de la *verdad*. Eso se refiere al cuerpo completo de la verdad cristiana contenida en la Biblia. Las personas pueden extraviarse de la verdad en un par de maneras. Pueden alejarse *doctrinalmente*; es decir, pueden errar en sus creencias. Pero también pueden extraviarse de la verdad *prácticamente*, no alineando su práctica con lo que profesan creer. En cualquier caso, la respuesta de los creyentes sanos debe ser la misma: debemos hacer volver a la verdad a los extraviados.

«Hacer volver» quiere decir hacer dar la vuelta o dirigir en la dirección opuesta; una inversión de ciento ochenta grados. Usted tal vez recuerde que los creyentes judíos veían a la vida como andar en una de dos trayectorias: la senda de la vida o la senda de la muerte. Los creyentes que crecen en la fe y buenas obras están en el camino de la vida, pero los que no son creyentes están en la senda de muerte. Santiago dice que algunos creyentes, después de avanzar por la senda de la vida, pueden extraviarse, y empezar a dirigirse en la dirección errada. Tales personas necesitan una intervención firme y, sin embargo, llena de gracia, para evitar el castigo de Dios que se describe en 5:15-16.

No todos están equipados con la actitud apropiada para hacer volver a la senda correcta a los creyentes extraviados. Anteriormente mencioné Gálatas 6:1. Da una clara descripción de la actitud que uno debe tener al acercarse a los santos extraviados: «Hermanos, si alguien es sorprendido en pecado, ustedes que son espirituales deben restaurarlo con una actitud humilde. Pero cuídese cada uno, porque también puede ser tentado». ¿Lo captó? El que interviene en la vida de un hermano o hermana extraviados debe ser espiritual, gentil, sabio y humilde. El carnal, severo y arrogante no tiene ninguna parte en el rescate del extraviado, aunque a menudo son quienes lo intentan.

Me preocupa en gran medida cuando nos echamos encima la práctica de sacar pajas de los ojos de otros sin considerar primero si estamos calificados para hacerlo. Si alguien disfruta de la idea de confrontar al creyente, es probable que no debiera hacerlo. Es más, si el que confronta al alma extraviada asume una actitud «santurrona», la intervención hará más daño que bien. Ese tipo de enfoque empuja la paja más adentro antes que sacarla con gentileza.

— 5:20 —

Si triunfamos en nuestra operación de rescate gracias a la paciencia, la humildad, la gentileza y la perseverancia, Santiago nos asegura que habremos restaurado a la persona a la senda correcta. Entonces describe los resultados beneficiosos y alentadores de esta restauración.

Primero, *cuando hacemos volver del error de su camino al creyente que peca, «lo salvará de la muerte»*. Dado el trasfondo judío cristiano de esta carta, parece más probable que «muerte» aquí se refiere a la «senda de muerte», una existencia oscura, «como de muerte». Recuérdese que en la enseñanza cristiana temprana, se decía que la vida seguía una de dos sendas, la senda de la vida o la senda de la muerte. «Senda» o «camino» en griego es *hodos* y se refiere a una carretera literal o figuradamente a una dirección en la vida. En el versículo 20 Santiago usa la misma palabra, *hodos*, para referirse al estilo de vida del creyente apartado como «su extravío». Así que, Santiago tiene en mente el uso figurado del término, un estilo de vida que se caracteriza por muerte antes que muerte física. También hemos visto, sin embargo, que algún pecado sin arrepentimiento puede conducir a la enfermedad y a la muerte física (5:14-16), que se ve como el destino final de los que continúan por el «camino de la muerte» sin volverse mediante el arrepentimiento.

Segundo, *cuando hacemos volver del error de su camino a un creyente que peca, «cubriremos una multitud de pecados»*. Esto tiene una aplicación doble. No solo que la confesión de pecado que hace una persona le da perdón por la senda extraviada que tomó, sino que también previene que la persona continúe más en la senda cuyo fin es la muerte. El daño que ha sido hecho y podía ser hecho mediante los pecados rebeldes del creyente quedarán cubiertos. Pedro usa el mismo término «cubrir» cuando dice que «el amor cubre multitud de pecados» (1 P 4:8). La intervención de los creyentes llenos de amor mediante oración, paciencia y perseverancia salvará no solo a esa persona de acumular más pecado y hacer una mayor ruina de su vida, sino que también librará a la iglesia del daño hecho por un hermano o hermana extraviado.

Aunque Santiago no retrocede de su afirmación de que la fe genuina produce paciencia genuina, a veces debemos dar un paso adelante y acompañar nuestras oraciones por los santos extraviados con palabras y acciones deliberadas. En otras palabras, la paciencia no es una excusa para la pasividad; la fe no es excusa para la inacción. Si Santiago nos ha enseñado algo con claridad es que *la fe verdadera produce obras genuinas.*

Si está considerando intervenir en la vida de algún creyente extraviado mediante una palabra de estímulo, alivio o corrección, primero verifique sus motivos. Asegúrese de que está actuando debido a un amor genuino por la persona. Asegúrese de que se ha sumergido en la oración. Y alístese para aplicar paciencia al perseverar en un proceso largo. La mayoría de los santos extraviados no se vuelven de repente cuando se les da una palmadita en el hombro. Puede exigir un tiempo largo, muy largo.

Pienso que es apropiado que Santiago termine su carta con esta exhortación a buscar a los santos extraviados. Todo su libro es un ruego para asegurar que nuestras acciones externas vayan acompañadas de convicciones internas, que nuestras palabras sean compatibles con nuestras obras, que la fe real produzca obras genuinas de estabilidad (1:1-27), amor (2:1—3:12), humildad (3:13—5:6), y paciencia (5:7-20). Ha intervenido en los aspectos más íntimos de la vida de sus lectores, y lo ha hecho con un espíritu de convicción y atención. Toda la carta de Santiago ejemplifica su propio llamamiento a restaurar a los santos extraviados a la senda de la vida. Su final dirigido a los lectores originales bien podría dirigirse con igual facilidad a usted: «He venido a tu rescate en esta carta e invertí mi tiempo en darte mis pensamientos en estos aspectos específicos en los que te has descarriado. Ahora, haz lo mismo».

NOTAS:

1. Thomas Hastings, «From Every Stormy Wind That Blows» («En el lugar de oración»), en *El Himnario*, The Rodeheaver Company, Winona Lake, IN, 1964, no. 320. Traducción de G.Paul S.
2. Adaptado de Chuck Swindoll, «Healing», en *Come before Winter and Share My Hope*, Zondervan, Grand Rapids, 1985, 313-15.

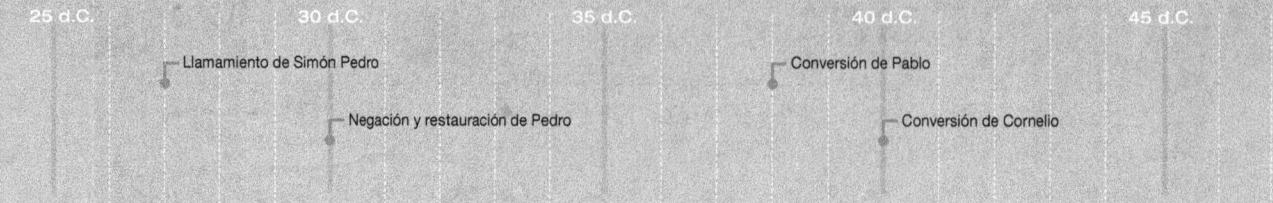

Destinatarios de 1 y 2 Pedro en Asia Menor

1 PEDRO

Pedro: El hombre y su mensaje
Introducción

«Aunque todos te abandonen —declaró Pedro—, yo jamás lo haré"» (Mt 26:33).

Esas audaces palabras de Pedro llegaron después de la serena afirmación de Jesús de que todos los discípulos, sin excepción, le darían la espalda al Maestro: «Esta misma noche —les dijo Jesús— todos ustedes me abandonarán» (Mt 26:31). Aunque debería haber tenido mejor juicio, Pedro «santurronamente» rechazó las palabras de Jesús y juró lealtad absoluta a su Señor. Sin embargo, la respuesta de Cristo a la devoción impetuosa de Pedro solo reforzó el hecho de que Jesús habló proféticamente, y no con pesimismo: «Te aseguro —le contestó Jesús— que esta misma noche, antes de que cante el gallo, me negarás tres veces» (26:34).

En respuesta al pronunciamiento claro y específico de Cristo, Pedro replicó con pasión: «Aunque tenga que morir contigo, jamás te negaré» (26:35). Una vez pronunciadas, esas palabras quedaron tal vez retumbando en la noche, y volvían a repetirse en los oídos del Maestro y en la memoria de los otros discípulos. Al parecer, Pedro tomó las palabras de Jesús no como una profecía directa que sellaba su destino, sino como un reto personal para demostrar su valía como el mejor de todos los discípulos. ¡Cuánto tenía todavía que aprender!

Apenas unas pocas horas después, con el corazón despedazado, Pedro se halló llorando amargamente tras haber negado a su Salvador no una ni dos sino tres veces (Mt 26:69-75), tal como Jesús lo había anunciado. Para muchos esta escena habría significado el fin de un ministerio promisorio, pero para Pedro la negación llegó a ser el momento en que además de romperle el corazón; aclaró su absoluta debilidad ante Dios y lo preparó para la verdadera grandeza que le daría Dios en el reino de su Señor.

Esquema del libro de 1 Pedro

Sección	Nuestra esperanza viva	Nuestra vida peregrina	Nuestro fuego de prueba
Temas	**Información** «Que abunden en ustedes la gracia y la paz...» conforme nos apropiamos de nuestra esperanza (1:3-12) conforme andamos en santidad (1:13-25) conforme crecemos juntos (2:1-12) Gracia para continuar Una esperanza *viva* por la resurrección de Cristo (1:3)	**Exhortación** «Queridos hermanos [...] sométanse» (2:13—3:7) ¡sean humildes! (3:8-22) ¡asuman la misma actitud! (4:1-6) ¡glorifiquen a Dios! (4:7-11) Gracia para estar firmes Una esperanza *tranquila* mediante sumisión personal (3:6)	**Consolación** «Queridos hermanos, no se extrañen del fuego...» No se extrañen (4:12) Alégrense (4:13) Entréguense a su fiel Creador (4:19) Depositen en él su ansiedad. (5:7) Gracia para regocijarse Una esperanza *firme* por fe (4:19)
	Esperanza . . . Sufrimiento . . . Sobriedad		
Términos clave	Imperecedera Santo Obediencia	Someter Santificar	Pastor Humilde
Pasaje	1:1–2:12	2:13–4:11	4:12–5:14

TÉRMINOS CLAVE

ἐλπίς [*elpis*] (1680) «esperanza, expectativa confiada»

Hebreos 11:1 dice: «Ahora bien, la fe es la garantía de lo que se espera, la certeza de lo que no se ve». Este paralelismo enlaza «las cosas que se esperan» con «lo que no se ve», y nos da un reflejo de la profundidad de la esperanza en la vida cristiana. La esperanza viva del creyente, una de las tres virtudes cristianas prominentes (1 Co 13:13), es la dimensión orientada al futuro de la fe y el amor. La esperanza para el creyente no es abstracta sino que enfoca promesas particulares, sobre todo la promesa del retorno de Cristo y nuestra futura resurrección de los muertos (1 P 1:3, 21; 3:15).

πάσχω [*pasko*] (3958) «sufrir, experimentar dolor, soportar adversidad»

La forma verbal, como su contraparte como sustantivo, *patzema*, o ambas, aparecen en cada capítulo de 1 Pedro. Como la vida misma, la carta de Pedro está llena de sufrimiento. La palabra griega está detrás de la palabra en español «pasión», especialmente en lo que se refiere a los sufrimientos de Cristo. En la Carta de Pedro, el sufrimiento de los creyentes está enlazado estrechamente a su continua participación en el ministerio de Cristo como su cuerpo, la Iglesia, llamada no solo a gloria eterna sino también a adversidad temporal.

νήφω [*nefo*] (3525) «ser o estar sobrio, tranquilo y en calma, templado»

Usada tres veces en 1 Pedro (1:13; 4:7; 5:8), la exhortación a «ser sobrios» literalmente quiere decir evitar la borrachera. Pero en sus seis usos en el Nuevo Testamento es una metáfora referida a tener la cabeza clara antes que nublada (1 Ts 5:6, 8; 2 Ti 4:5), y tener un espíritu en calma, que discierne; ese es el significado principal en 1 Pedro. El término implica la capacidad de concentrarse de lleno en lo que es más importante.

Es difícil imaginar que el mismo hombre que regurgitó la negación, «¡A ese hombre ni lo conozco!» (Mt 26:72), más tarde escribió: «Más bien, honren en su corazón a Cristo como Señor. Estén siempre preparados para responder a todo el que les pida razón de la esperanza que hay en ustedes» (1 P 3:15). ¿Quién es este hombre? ¿De dónde vino? ¿Qué transformó su audacia ofensiva en confianza intrépida?

UN RESUMEN DEL MINISTERIO DE PEDRO

Si usted es como yo, cuando recibe una nota, carta o correo electrónico, primero observa quién lo envió. Cuando una persona totalmente extraña me escribe, por lo general entiendo las palabras, pero nunca puedo captar del todo las emociones y motivos que hay detrás de estas. Pero si conozco a la persona, se me facilita en gran medida la lectura y comprensión del texto. Así que, antes de sumergirnos en el libro del Nuevo Testamento llamado 1 Pedro, necesitamos dedicar tiempo para familiarizarnos con un hombre que empezó la vida como pescador curtido y rústico y terminó como un estadista que murió como mártir por la iglesia.

Captamos nuestra primera visión de Pedro en Marcos 1, cuando Jesús lo llamó a él y a su hermano, Andrés, como discípulos (Mr 1:16-18):

> Pasando por la orilla del mar de Galilea, Jesús vio a Simón y a su hermano Andrés que echaban la red al lago, pues eran pescadores. «Vengan, síganme —les dijo Jesús—, y los haré pescadores de hombres». Al momento dejaron las redes y lo siguieron (Mark 1:16–18).

Sin vacilación, Simón y Andrés abandonaron su lucrativo negocio de pesca basado en la ciudad galilea de Capernaúm y siguieron a Jesús. Podríamos interpretar su reacción como entusiasta o como impulsiva. De cualquier manera, la respuesta inmediata de Simón Pedro —en realidad la respuesta de todos los discípulos galileos— encaja en lo que conocemos del carácter de los galileos en general. El historiador judío Josefo, gobernador de Galilea en el siglo I, describió el temperamento de los galileos como «siempre anhelantes de innovaciones, y por naturaleza dispuestos al cambio, y encantados con las sediciones»,[1] William Barclay anota: «Mal genioso, impulsivo, emotivo, fácilmente acicateado por los atractivos de la aventura, leal hasta el fin, Pedro era un hombre típico de Galilea».[2]

Fíjese en la respuesta de Simón Pedro. La mayoría de los adultos que conozco están plenamente dedicados a sus carreras. Aun cuando estén aburridos hasta los huesos, saben que un cambio por lo general significa empezar de nuevo y trabajar desde el escalón más bajo de la escalera proverbial. Así, sea que estén empezando o que hayan estado en un empleo por décadas, la mayoría piensa mucho antes de dejarlo todo de repente y marcharse. Pero eso fue exactamente lo que Simón Pedro hizo. En tanto que esto tal vez nos dice algo importante sobre la personalidad atractiva de Jesús y su predicación, también nos da un cuadro del abandono aventurero de Pedro.

Un simple vistazo al registro bíblico del papel de Pedro entre los discípulos revela que le encantaba un lugar de prominencia. Mateo se refiere a Pedro como «el primero» de los doce discípulos (Mt 10:2): «Éstos son los nombres de los doce apóstoles: primero Simón, llamado Pedro». Vemos en el relato de llamamiento de Pedro, sin embargo, que él y su hermano, Andrés, fueron llamados al mismo tiempo (Mr 1:16-18). Así que, en Mateo 10:2 la palabra griega *protos* quiere decir «primero en prominencia» y no «primero en orden».[3]

Pedro rápidamente se convirtió en el portavoz de los discípulos. Su intrepidez le llevó a presentar preguntas que ningún otro haría (Mt 15:15; 18:21; 19:27). Actuó como el hombre de relaciones públicas de Jesús para los de afuera (17:24). Y cuando se quedaban en Capernaúm, Jesús usaba la casa de Pedro como su sede del ministerio (Mr 1:29-32).

Sin embargo, la Biblia indica que Pedro podía ser impulsivo en su lealtad. En realidad discutió con Jesús cuando el Señor (en Mt 16:21) les hizo saber a sus discípulos en cuanto a su inminente muerte y resurrección. Tal plan no encajaba con la idea de Pedro de cómo se debería desarrollar la carrera del Mesías. Mateo escribe: «Pedro lo llevó aparte y comenzó a reprenderlo: "¡De ninguna manera, Señor! ¡Esto no te sucederá jamás!"» (16:22). La respuesta leal pero impulsiva de Pedro provocó la ira de Jesús: «¡Aléjate de mí, Satanás! Quieres hacerme tropezar; no piensas en las cosas de Dios sino en las de los hombres» (16:23).

Y, por supuesto, nadie puede olvidar la negación de Pedro. Su gran celo llevó al hombre a hacer promesas que no pudo cumplir; no debido a que no quiso, sino porque en el poder de la carne, sin

Introducción

Ruinas de una iglesia bizantina edificada sobre la ubicación probable de la casa de Pedro en Capernaúm.

la capacitación del Espíritu de Dios, no podía. «Aunque todos te abandonen, yo jamás lo haré» (Mt 26:33). Ya hemos visto los resultados: determinación, negación y desesperación.

Cuando ese tipo de tragedia tiene lugar, es tentador concluir que uno está acabado para siempre, ¿verdad? Tal vez usted nunca ha negado explícitamente al Señor; pero lo más probable es que conoce el sentimiento de no haber vivido a la altura de su testimonio mediante un estilo de vida que se ha salido del carril, un testimonio fracasado en casa, en el trabajo o en la escuela, o tal vez una sarta desdichada de palabras dichas en un arranque de cólera que usted quisiera poder recuperar. Las buenas noticias son que el fracaso nunca es final. Ningún fracaso, ni negación, ni pecado puede superar a la gracia de Dios que restaura al rebelde arrepentido. La vida de Pedro ilustra esto hermosamente.

De inmediato después de la resurrección, un ángel en la tumba vacía instruyó a las mujeres: «Vayan a decirles a los discípulos y a Pedro» (Mr 16:7). Siempre me ha encantado que el ángel intencionalmente señalara a Pedro en particular para el mensaje de que Jesús había resucitado de los muertos. Con esas palabras el plan divino de restauración empezó. Esta rehabilitación de Pedro está a la par de la promesa de Cristo antes de la negación de Pedro: «Simón, Simón, mira que Satanás ha pedido zarandearlos a ustedes como si fueran trigo. Pero yo he orado por ti, para que no falle tu fe. Y tú, cuando te hayas vuelto a mí, fortalece a tus hermanos» (Lc 22:31-32).

Vemos el clímax de esta restauración en el Evangelio de Juan. Después de servir a sus discípulos el desayuno junto a una fogata en la orilla del mar de Galilea, Jesús en calma se vuelve a Simón Pedro y le dice: «Simón, hijo de Juan, ¿me amas más que éstos?» (Jn 21:15). Juan usa el verbo de «amor

¿EL PAPA PEDRO EL GRANDE?

¿Fue Pedro el primero en una larga sucesión de papas colocados como cabeza de la iglesia universal por Jesús mismo? Estableciendo la posición de liderazgo de Simón Pedro entre los discípulos con el nuevo y singular nombre que recibió Pedro en Mateo 16:18-19, algunos han concluido que Jesús fundó la iglesia sobre Pedro.

Yo te digo que tú eres Pedro, y sobre esta piedra edificaré mi iglesia, y las puertas del reino de la muerte no prevalecerán contra ella. Te daré las llaves del reino de los cielos; todo lo que ates en la tierra quedará atado en el cielo, y todo lo que desates en la tierra quedará desatado en el cielo (Mt 16:18-19).

Esto merece un examen más cuidadoso. Tenemos que darnos cuenta de que Jesús no le dio ninguna autoridad especial solo a Pedro ni le hizo el único cimiento sobre el cual estableció la Iglesia universal. Primero, es cierto que Jesús le puso a Pedro el nuevo nombre de «Roca» (*Petros*) debido a su confesión en cuanto a Cristo. Pero cuando Jesús se refiere al cimiento de la Iglesia usa la palabra para «piedra», *petra*, que se puede referir metafóricamente a la confesión de Pedro o a Jesús mismo. Segundo, aunque la autoridad de «atar y desatar» se dirige a Pedro en singular en 16:19, se les da a todos los discípulos en Mateo 18:18 y Juan 20:23. Finalmente, Pedro mismo usa el mismo término, *petra*, para referirse a Cristo como la «Roca [*petra*] de tropiezo» (1 P 2:8) que consideraba como la piedra angular de la Iglesia (2:4-8).

Debemos recordar que aunque Pedro fue un gran líder en la Iglesia del primer siglo, nunca se le destaca con autoridad singular sobre los demás apóstoles. Tampoco se le debe considerar como el «primer papa», el primero en una larga hilera de papas de Roma que ejercen autoridad doctrinal sobre la Iglesia Católica Romana. Los primeros padres de la Iglesia nunca aceptaron esta noción del «trono de Pedro» teniendo prioridad sobre las demás iglesias cristianas. De hecho, como las iglesias protestantes, la Iglesia Ortodoxa Oriental jamás ha aceptado la autoridad del papa en casi dos mil años de historia.

Estatua de San Pedro en la cúspide de la basílica de San Pedro en el Vaticano.

incondicional», *agapao*, que subraya la clase de devoción superior que Pedro había aducido cuando prometió jamás abandonar al Señor, aunque todos los demás lo hicieran (Mt 26:33).

Avergonzado de su afirmación de tener devoción superior a los demás discípulos, Pedro replicó a la pregunta de Jesús: «Sí, Señor, tú sabes que te quiero» (Jn 21:15). En este caso Juan usa la palabra *fileo*, no *agapao*, con lo que revertía a una palabra que significa «amor fraternal». Pedro no iba a afirmar superioridad sobre sus colegas discípulos. No lo haría de nuevo.

Esta era precisamente la actitud de humildad que Jesús buscaba en aquel líder quebrantado. Así que le responde a Pedro: «Apacienta mis corderos» (Jn 21:15). Y tal como Pedro había negado al Señor tres veces, Jesús le preguntó tres veces a Pedro en cuanto a su devoción (Jn 21:15-17). Pero la tercera vez usó la palabra *fileo* en vez de *agapao*, lo que ilustra cómo el Maestro alcanzó a Pedro en su estado de devoción a Cristo reprobado y le reaseguró que lo estaba restaurando a su posición de liderazgo entre los discípulos. Desde ese punto en adelante Pedro se destacaría como pastor de los corderos de Cristo, y apacentaría las ovejas como humilde líder servidor.

Vemos este liderazgo frontal y central realizado después de la ascensión de Cristo cuando Pedro «se puso de pie en medio de los creyentes» para encabezar la búsqueda del decimosegundo discípulo para reemplazar a Judas (Hch 1:15). Y Pedro no titubeó para ponerse de pie en el día de Pentecostés cuando los judíos que no creían preguntaron sobre el significado de la señal milagrosa del Espíritu: «Pedro, con los once, se puso de pie y dijo a voz en cuello...» (Hch 2:14). Años más tarde, el apóstol Pablo consideró a Pedro como una columna principal en la iglesia, y le atribuyó un lugar de prominencia (Gá 1:18; 2:7-9).

Pedro no fue ajeno a la controversia en su crecimiento hacia la madurez. En Antioquía, Pablo tuvo que reprender en público a Pedro por retirarse hipócritamente de los creyentes gentiles cuando llegaron los creyentes judíos de Jerusalén. Pablo informó:

> Antes que llegaran algunos de parte de Jacobo, Pedro solía comer con los gentiles. Pero cuando aquellos llegaron, comenzó a retraerse y a separarse de los gentiles por temor a los partidarios de la circuncisión. Entonces los demás judíos se unieron a Pedro en su hipocresía, y hasta el mismo Bernabé se dejó arrastrar por esa conducta hipócrita (Gá 2:12-13).

Sabemos que la reprimenda de Pablo fue efectiva. Pedro aprendió de la misma, porque en el concilio de Jerusalén se levantó entre los apóstoles y dejó en claro que el evangelio de la gracia era para los gentiles aparte de las obras de la Ley:

> Después de una larga discusión, Pedro tomó la palabra: «Hermanos, ustedes saben que desde un principio Dios me escogió de entre ustedes para que por mi boca los gentiles oyeran el mensaje del evangelio y creyeran. Dios, que conoce el corazón humano, mostró que los aceptaba dándoles el Espíritu Santo, lo mismo que a nosotros. Sin hacer distinción alguna entre nosotros y ellos, purificó sus corazones por la fe. Entonces, ¿por qué tratan ahora de provocar a Dios poniendo sobre el cuello de esos discípulos un yugo que ni nosotros ni nuestros antepasados hemos podido soportar? ¡No puede ser! Más bien, como ellos, creemos que somos salvos por la gracia de nuestro Señor Jesús» (Hch 15:7-11).

Claramente, Pedro no se ajustó rápidamente al programa de Dios de llevar el evangelio a los gentiles. Dios le repitió tres veces a Pedro una visión a fin de prepararle para que le predicara a un centurión romano, Cornelio (Hch 10:9-48). Pero una vez convencido, Pedro se convirtió en el gran defensor de la misión del Espíritu Santo a los gentiles. Defendió el desarrollo ante los creyentes judíos que todavía no habían cambiado de opinión (11:1-18).

En verdad, Pedro quedó restaurado de su gran negación. El curtido pescador convertido en pescador de hombres continuó ejerciendo gran influencia durante los años fundamentales de la naciente iglesia. Veamos varias de las maneras en que Pedro dejó su huella en la primera mitad del libro de Hechos.

- Pedro tomó la iniciativa para escoger al decimosegundo discípulo para que tomara el lugar de Judas (Hch 1).
- Pedro se convirtió en el principal portavoz en el primer esfuerzo de evangelización (Hch 2).
- Pedro, con Juan, sanaron a un cojo en el templo (Hch 3).
- Pedro se enfrentó al Sanedrín cuando se negó a dejar de predicar a Jesús (Hch 4).
- Pedro valientemente presidió sobre la desagradable tarea de lidiar con el engaño de Ananías y Safira (Hch 5).
- Pedro confirmó la predicación del evangelio a los samaritanos y se enfrentó al engaño de Simón el hechicero (Hch 8).
- Pedro sanó a los enfermos y revivificó muertos en Lida, Sarón y Jope (Hch 9).
- Pedro alcanzó a los gentiles, tras aceptar el plan de Dios de la oferta universal del evangelio (Hch 10).

William Shakespeare escribió: «El mal que los hombres hacen vive después de ellos; / el bien a menudo se entierra con sus huesos».[4] En su gracia, Cristo le dio a Pedro una segunda oportunidad para redimir su legado; el cual fácilmente podría haber acabado en la madrugada de aquel viernes santo cuando cantó el gallo. Pero Dios tenía otros planes para Pedro.

UN VISTAZO A LA PRIMERA CARTA DE PEDRO

Nuestro breve bosquejo de la primera parte de la vida de Pedro debe darnos suficiente trasfondo para comprender el carácter del hombre que escribió las palabras de 1 Pedro. (Dejaremos la segunda parte para la introducción a 2 Pedro). A la luz de su vida, algunas cosas de la carta tendrán mejor sentido. Pedro tenía un corazón por los que sufrían y estaban quebrantados. Tuvo un ministerio dirigido a los que sufrían. Los comprendió. Supo que el ministerio significa más que mensajes bien elaborados y palmaditas en la espalda. La sinceridad y la verdad, el estímulo y la exhortación, van mano a mano. Así que no debemos sorprendernos de que Pedro escribiera su Primera Carta a personas que sufrían y estaban al borde de la desesperanza.

Introducción

EL ESCRITOR (O ESCRITORES) Y LOS DESTINATARIOS DE LA CARTA

Aunque Pedro se identifica como el autor de la carta en 1 Pedro 1:1, más adelante menciona: «Con la ayuda de Silvano […] les he escrito brevemente» (5:12). En el mundo del primer siglo, esta frase a menudo quería decir que la persona nombrada sirvió como secretario, que bien escribió una carta dictada o contribuyó a la composición de la carta bajo la autoridad directa del autor primario. Esto es probablemente el significado aquí.[5] Pedro no dice que envió la carta por medio de Silvano, sino que la escribió con su ayuda.

¿Quién fue este Silvano que ayudó a Pedro a componer esta gran Carta de esperanza? A Silvano, también llamado «Silas», se le menciona en Hechos 15:22 en la iglesia de Jerusalén, en donde conoció a Pedro. Fue uno de los hombres enviados con Pablo y Bernabé a Antioquía, llevando los resultados del Concilio de Jerusalén (15:27). Se nos dice que Silas mismo era un «profeta» que animó y fortaleció a los creyentes de Antioquía (15:32). Después de que Pablo abruptamente se disgustó con Bernabé en cuanto a llevar a Juan Marcos en el segundo viaje misionero (15:35-39), Pablo decidió llevar a Silvano en vez de a Bernabé (15:40). A Silvano se le menciona entonces repetidas veces durante el segundo viaje misionero de Pablo. Sufrió persecución con Pablo, y se regocijó en el sufrimiento (16:19, 25). Trabajó estrechamente con Pablo y Timoteo para establecer y fortalecer las iglesias por toda Asia Menor, Macedonia y Grecia (Hch 16—18; 2 Co 1:19).

Es fácil olvidar que 1 y 2 Tesalonicenses las escribió no solo Pablo, sino «Pablo, Silvano y Timoteo» (1 Ts 1:1; 2 Ts 1:1). Después de su ministerio con Pablo y Timoteo, Silas aparece luego con Pedro en Roma, a cargo de componer y enviar la carta de Pedro a las iglesias de Asia Menor. Sin duda, Silvano conocía muy bien a muchas de esas congregaciones.

Entonces, si Silvano (Silas) tuvo parte en la redacción de 1 Pedro, tenemos una carta en la que colaboraron un apóstol (Pedro) y un profeta (Silvano).[6] La carta resultante, inspirada por el Espíritu Santo, lleva autoridad absoluta y profunda pertinencia para la Iglesia de todas las edades. Aunque podemos discernir la influencia de Silvano en esta carta por varias frases que nos conectan con el vocabulario e imágenes singulares de Pablo, el autor humano primario responsable de su contenido es Pedro.

Los destinatarios de la carta son «los elegidos, extranjeros dispersos por el Ponto, Galacia, Capadocia, Asia y Bitinia» (1 P 1:1). Estos extranjeros dispersos conocían al Señor y eran ciudadanos del Reino de Dios que vivían exiliados en los rincones más recónditos del mundo. Desde una perspectiva terrenal eran refugiados, pero desde una perspectiva celestial eran «elegidos». Esparcidos por la persecución, víctimas de circunstancias fuera de su control, deambulantes en el desierto de la desesperanza, aquellos hombres y mujeres todavía tenían razón para regocijarse. ¡Eran los elegidos de Dios!

Los creyentes esparcidos por Asia Menor (Turquía en días modernos) incluían a creyentes tanto judíos como gentiles que sufrían persecución. Pedro, quizá escribiendo desde Roma, echó mano de su trasfondo judío y de su experiencia intercultural para entretejer un mensaje que habla a ambos grupos. Él extrajo de extensos pasajes del Antiguo Testamento e imágenes familiares para los creyentes judíos; pero también recordó a sus lectores gentiles que ya no eran ignorantes ni inmorales (1:14), sino que ahora eran receptores de la misericordia como pueblo de Dios (2:10).

PROPÓSITO Y VISTAZO PRELIMINAR A LA CARTA

Nuestra esperanza como creyentes debe remontarse por encima del tratamiento que recibimos de aquellos a quienes no les gustamos o desconfían de nosotros. Debemos apoyarnos en el Señor y en sus promesas certeras. El punto de la carta de Pedro, dicho de manera sencilla, es que *Cristo da esperanza en tiempos de aflicción*. ¿Quién mejor para saber cómo mantener encendida la esperanza en medio de un mundo frío de desesperanza negra que aquel que vivió la primera parte de su vida en lobreguez física, mental, emocional y espiritual?

En todo el libro de 1 Pedro vemos recordatorios de la realidad del sufrimiento (1:6-7; 2:18-19; 3:15-16; 4:12-16; 5:8-10). El tema sigue resonando al frente de la mente de Pedro. Es el mensaje que sus lectores necesitaban oír y el mensaje que Pedro está calificado para enviar. Pedro quiere recordar a los creyentes que las pruebas dolorosas no son el fin. Dios vencerá a sus adversarios y realizará un propósito redentor a través de estos períodos de dolor. Pedro nos recuerda lo que podemos olvidar con facilidad: Cristo da esperanza en tiempos de aflicción.

Pedro desarrolla su mensaje animador de que Cristo da esperanza en tiempos de aflicción con tres acciones. Primero, *informa* a sus lectores respecto de su esperanza viva (1:1—2:12). En esta sección nos da a conocer que la gracia y la paz pueden ser nuestras conforme nos apropiamos de nuestra esperanza (1:3-12), conforme andamos en santidad (1:13-25), y conforme crecemos en Cristo (2:1-12). Pedro destaca la gracia para avanzar, y describe una *esperanza viva* por la resurrección de Cristo (1:3). Cristo llega a ser la *fuente* de la esperanza en tiempos de aflicción.

Segundo, Pedro *exhorta* a sus lectores a vivir con esperanza a pesar de su vida como peregrinos (2:13—4:11). Insta a sus lectores a someterse a las diversas autoridades (2:13—3:7), a ser humildes en espíritu (3:8-22), a armarse con perseverancia (4:1-6), y a glorificar a Dios (4:7-11). Estos principios se vuelven la clave para vivir como creyentes en un mundo hostil. Pedro recalca la gracia para estar firmes, y describe una *esperanza serena* mediante la sumisión (3:6). Cristo llega a ser el *ejemplo* de esperanza en tiempos de aflicción.

Finalmente, Pedro *consuela* a sus lectores en medio de su prueba de fuego (4:12—5:14). Les recuerda que no se sorprendan por sus circunstancias difíciles (4:12). Más bien, ellos deben seguir regocijándose (4:13), confiándole su vida a Dios (4:19), y echando sus afanes en Dios (5:7). Pedro nos anima con gracia a regocijarnos, y dirige nuestra atención hacia una esperanza *firme* por fe (4:19). Cristo se vuelve el *cimiento* de esperanza en tiempos de aflicción.

Aplicación

¡No abandone su esperanza!

No puedo hablar por usted, pero la vida y ministerio de Pedro me dan esperanza. Cuando considero cómo aquel galileo curtido pasó del fracaso a la fidelidad en virtud de la gracia transformadora de Dios, no puedo dejar de pensar que Dios puede hacer lo mismo con usted y conmigo. Encuentro por lo menos tres lecciones clave que podemos aprender del ejemplo de Pedro.

Primero, *el fracaso en el pasado no anula el propósito en el futuro*. La gente tratará de persuadirlo (y alguna vez usted mismo se convencerá) de que Dios sigue la regla de «un "strike" y eres "out"». Si uno arruina las cosas, él lo descartará y se volverá a alguien más confiable y fiel. Si alguna vez se ha visto tentado a pensar que Dios lo ha descartado de su plan, piense en Pedro. Después de tres «strikes», ya él mismo se consideraba eliminado. Pero Cristo deliberadamente lo restauró, y lo elevó a un lugar de liderazgo entre sus compañeros discípulos. No creo que Pedro habría dirigido a la iglesia naciente si no hubiera sentido que recibía el absoluto perdón de Cristo por sus abiertas negaciones. Recibió el perdón de Dios y en el proceso se perdonó a sí mismo. Se vio a sí mismo como Dios lo veía: completamente limpio y libre de la culpa y la vergüenza de su pasado. No piense ni por un momento que el fracaso en su pasado anula los planes de Dios para su futuro.

Segundo, *un corazón quebrantado es una gran preparación para sanar vidas fracturadas*. Pablo dijo que Dios «nos consuela en todas nuestras tribulaciones para que con el mismo consuelo que de Dios hemos recibido, también nosotros podamos consolar a todos los que sufren» (2 Co 1:4). ¿Quién mejor que Pedro podía conducir un ministerio próspero de reconciliación, proclamando el perdón incondicional de Dios a través de Jesucristo? Él conocía la fragilidad de la humanidad, los interiores débiles que se disfrazan con enchapes de osados, la tendencia a caer por muy firme que una persona trate de pararse. Así que al ministrar a los creyentes afligidos que se hallan al borde de su propio abismo, puede animarlos debido a su experiencia personal para hacer de tripas corazón y seguir avanzando. Lo mismo es verdad para usted y para mí. Sufrimos adversidad, sobrevivimos crisis y nos recuperamos del fracaso *por una razón*. Dios quiere usar esas experiencias de nuestro pasado para ministrar a otros en circunstancias similares. Un corazón quebrantado es buenísima preparación para sanar vidas fracturadas.

Tercero, *una nota de esperanza da más ánimo que mil pensamientos jamás expresados*. Desde la Roma distante, en medio de un atareado ministerio propio, Pedro sintió la necesidad de escribir a los creyentes hostigados en una región separada por dos mares. Fácilmente podía haberlos dejado al cuidado de otros. Más bien, dedicó tiempo para escribir lo que llama una carta «breve» (cf. 5:12). Esta expresión compasiva determinó la diferencia en la vida de ellos. Tal vez usted conoce a individuos que atraviesan tiempos difíciles que podrían usar su estímulo. Usted ha pasado por eso. Usted sabe qué decir (y qué no decir). Escríbales. Y no quiero decir un correo electrónico o un mensaje instantáneo. Regáleles algo real a que aferrarse, una señal tangible de que no están solos, que alguien se preocupa. Tome la vida de Pedro como ejemplo y cierre la brecha entre la preocupación remota y la acción real. Sabiendo que una nota de esperanza da más estímulo que mil pensamientos nunca expresados, le animo a que dé el siguiente paso. Dedique tiempo para conectarse y llevar un rayo de esperanza al mundo negro y desalentador de alguna persona.

NOTAS:

1. Flavio Josefo, *The Life of Flavius Josephus*, en *The Complete Works of Josephus*, trad. al inglés William Whiston, reimpr. Kregel, Grand Rapids, 1981, 5.

2. William Barclay, *The Master's Men*, Abingdon, Nueva York, 1959, 18.
3. Walter Bauer, et al., *A Greek-English Lexicon of the New Testament*, 2ª ed. rev. Univ. of Chicago Press, Chicago, 1979, 726. Usando la misma palabra griega, Pablo se llamó el «primero» de los pecadores (1 Ti 1:15), y Hechos 13:50 se refiere a los «hombres más prominentes» de la ciudad con el mismo término.
4. Antonio a los ciudadanos de Roma en *Julius Caesar*, Acto III, Escena 2. Traducción de Miguel A. Mesías E., 2010.
5. Peter H. Davids, *The First Epistle of Peter*, The New International Commentary on the New Testament, ed. Gordon D. Fee, Eerdmans, Grand Rapids, 1990, 198.
6. Los eruditos a menudo señalan la diferencia en el estilo del griego entre 1 Pedro y 2 Pedro, sugiriendo que una o ambas no tienen relación con el discípulo Pedro, sino que fueron fraudes de su nombre. Pero si reconocemos la ayuda de Silvano, un profeta y coautor de los escritos del Nuevo Testamento, las diferencias en estilo se explican con facilidad. Primera de Pedro es de Pedro, escrita por Silvano, en tanto que 2 Pedro viene más directamente de la pluma del mismo Pedro (2 P 1:1).

NUESTRA ESPERANZA VIVA (1 PEDRO 1:1—2:12)

Irrumpiendo en la oscuridad por delante de su joven compañero que había llegado a la tumba momentos antes, los ojos de Simón necesitaron tiempo para adaptarse a la oscuridad. Le bastó una mirada para confirmar el informe de María: *¡El cuerpo de Jesús había desaparecido!* Pero la situación no era tan sencilla como un cadáver faltante. En lugar de un cadáver en la tumba, Simón halló las manchadas vendas envueltas todavía sobre la losa, con el sudario todavía enrollado nítidamente y puesto a un lado (Jn 20:6-7).

La voz de Juan de repente rompió el silencio, retumbando en las paredes de piedra: «¡Ha... resucitado!»

«¡Silencio!», musitó Pedro, todavía pensando. Había tomado suficientes decisiones precipitadas para toda una vida. No iba a tomar otra. Alguien debía haberse robado el cuerpo. Pero, ¿quién? Ninguno de los discípulos; de eso estaba seguro. Estaban escondidos desde la crucifixión, temiendo que también los arrestaran y ejecutaran como a su Maestro. Y, no podían haber sido las autoridades judías... ni las romanas. Si algunos necesitaban a Jesús muerto *y sepultado*, eran ellos. Pero, ¿quién más podía haberse llevado el cuerpo? Y, ¿a dónde se lo habían llevado?

«¡Ha resucitado!», insistió Juan. Pedro le hizo una seña con la mano para que guardara silencio, y luego se frotó la barba con mano temblorosa. Incluso si alguien se hubiera llevado el cuerpo, ¡habían dejado las telas sepulcrales! Y se habían tomado incluso el tiempo para doblar nítidamente el sudario. ¡Qué absurdo! Uno no anda por Jerusalén con un cadáver desnudo y frío. Eso no sería kosher para ningún estándar. Pedro cerró los ojos conforme las palabras de Jesús pasaban por su mente. Era como si el Señor mismo de nuevo se las susurrara en privado: «Simón, Simón, mira que Satanás ha pedido zarandearlos a ustedes como si fueran trigo. Pero yo he orado por ti, para que no falle tu fe. Y tú, cuando te hayas vuelto a mí, fortalece a tus hermanos».

Las lágrimas afloraron a sus ojos y luego se desbordaron cuando abrió los ojos y vio la tumba vacía. Juan avanzó, y examinó las telas sepulcrales y volviéndose a Pedro con una expresión entre deleite y terror, dijo: «Simón, escúchame... Ha... resucitado. ¡Está... vivo!»

Pedro asintió con la cabeza, se apoyó contra el muro de la tumba y dijo: «Tienes razón, Juan. ¡Ha resucitado!» En ese momento, Pedro sintió como si le quitaran del corazón una piedra gigantesca y de su mente las rancias vendas sepulcrales.

Él sabía que todo cambiaría pronto... *todo*.

Casi treinta años más tarde, Pedro escribió estas palabras de alabanza: «¡Alabado sea Dios, Padre de nuestro Señor Jesucristo! Por su gran misericordia, nos ha hecho nacer de nuevo mediante la resurrección de Jesucristo, para que tengamos una esperanza viva» (1 P 1:3).

TÉRMINOS CLAVE

ἄφθαρτος [*áftzartos*] (862a) «imperecedero, no sujeto a putrefacción, incorruptible»

Esta palabra es la negación de la palabra griega difícil de pronunciar *ftzartos*, «corruptible». En tanto que todo en este mundo caído está sujeto a decadencia, incluyendo los mortales seres humanos (Ro 1:23) y las recompensas materiales (1 Co 9:25), los creyentes miran con esperanza a una resurrección con cuerpo incorruptible (15:53) y a una recompensa imperecedera (1 P 1:4). Pedro refina más adelante esta idea notando que somos imperecederos porque hemos nacido de una semilla imperecedera, «la palabra de Dios que vive y permanece» (1:23).

ἅγιος [*jagios*] (40) «santo, sagrado, apartado; puro, recto»

El concepto de santidad juega un papel muy importante en la primera carta de Pedro. En su sentido básico, «santo» significa apartado, separado para un propósito especial, único. Cuando se usa respecto a una persona, a veces quiere decir consagrado para un servicio en particular (2:5). Otras veces se hace énfasis en el aspecto moral, en ser moralmente distinto de la sociedad inmoral que le rodea (1:15). En cualquier caso, el estándar de nuestra santidad es la santidad de Dios (1:16), a través del llamamiento del Santo mediante la obra santificadora del Espíritu de santidad (1:2, 15).

ὑπακοή [*jupakoé*] (5218) «obediencia, acatamiento»

Esta palabra está relacionada con el verbo *jupakouo*, «oír». En el griego clásico se refería a un portero, cuya responsabilidad era contestar el llamado a una puerta; de aquí que lleva la idea de responder a un llamado u obedecer a una orden. Para los creyentes, la obediencia absoluta se le debe rendir a Cristo como Señor (1:2, 14, 22). Por consiguiente, debemos escuchar sus mandatos; y cuando él llama, debemos responder de inmediato sin reservas.

Es a esta *esperanza viva* que Pedro dirige a sus lectores en la primera sección principal de su carta. Primero *informa* a sus lectores respecto a su esperanza (1:1—2:12). También amplía su mirada al permitir que los creyentes de toda generación, incluyendo nosotros, sepamos que la gracia y la paz pueden ser nuestras conforme nos apropiamos de nuestra esperanza en medio del sufrimiento (1:3-12), conforme andamos en santidad en un mundo corrupto (1:13-25), y conforme crecemos en Cristo como su pueblo escogido (2:1-12).

Destacando la gracia que nos fortalece para avanzar a pesar de las circunstancias, Pedro dirige el reflector al Cristo resucitado, no a nosotros ni al mundo, como la única fuente confiable de esperanza en tiempos de aflicción. Así como la luz del día desplazó a la oscuridad en esa tumba vacía hace casi dos mil años, la luz de la esperanza puede llenar nuestros corazones con gozo, y expulsar las sombras de la desesperanza.

Cómo sonreír al atravesar el sufrimiento (1 Pedro 1:1-12)

¹Pedro, apóstol de Jesucristo, a los elegidos, extranjeros dispersos por el Ponto, Galacia, Capadocia, Asia y Bitinia, ²según la previsión de Dios el Padre, mediante la obra santificadora del Espíritu, para obedecer a Jesucristo y ser redimidos por su sangre: Que abunden en ustedes la gracia y la paz.

³¡Alabado sea Dios, Padre de nuestro Señor Jesucristo! Por su gran misericordia, nos ha hecho nacer de nuevo mediante la resurrección de Jesucristo, para que tengamos una esperanza viva ⁴y recibamos una herencia indestructible, incontaminada e inmarchitable. Tal herencia está reservada en el cielo para ustedes, ⁵a quienes el poder de Dios protege mediante la fe hasta que llegue la salvación que se ha de revelar en los últimos tiempos. ⁶Esto es para ustedes motivo de gran alegría, a pesar de que hasta ahora han tenido que sufrir diversas pruebas por un tiempo. ⁷El oro, aunque perecedero, se acrisola al fuego. Así también la fe de ustedes, que vale mucho más que el oro, al ser acrisolada por las pruebas demostrará que es digna de aprobación, gloria y honor cuando Jesucristo se revele. ⁸Ustedes lo aman a pesar de no haberlo visto; y aunque no lo ven ahora, creen en él y se alegran con un gozo indescriptible y glorioso, ⁹pues están obteniendo la meta de su fe, que es su salvación.

¹⁰Los profetas, que anunciaron la gracia reservada para ustedes, estudiaron y observaron esta salvación. ¹¹Querían descubrir a qué tiempo y a cuáles circunstancias se refería el Espíritu de Cristo, que estaba en ellos, cuando testificó de antemano acerca de los sufrimientos de Cristo y de la gloria que vendría después de éstos. ¹²A ellos se les reveló que no se estaban sirviendo a sí mismos, sino que les servían a ustedes. Hablaban de las cosas que ahora les han anunciado los que les predicaron el evangelio por medio del Espíritu Santo enviado del cielo. Aun los mismos ángeles anhelan contemplar esas cosas.

Todas las personas, en todos los lugares, y en todo momento tenemos algo en común: sabemos lo que significa sufrir. Sea que se trate de judíos o cristianos, musulmanes o hindúes, ateos o idólatras, las lágrimas son iguales para todos. Las culturas vienen y van, las naciones surgen y caen y los pueblos aparecen y desaparecen. Pero el sufrimiento trasciende todas las culturas, invade a toda nación y traduce su mensaje de dolor a cada persona que jamás ha vivido.

El extendido problema del dolor requiere una receta potente. La primera carta de Pedro dispensa el remedio diciéndonos cómo podemos soportar el sufrimiento, no con determinación disciplinada y mandíbulas apretadas, sino con un sentido establecido de paz; sí, incluso gozo. Para la mayoría, eso suena estrafalario, pero Pedro merece que le prestemos oído.

Pedro escribe a creyentes desplazados, marcados por el fragor de las llamas de la persecución. Vivían en circunstancias difíciles, con toda razón terrenal para abandonar la esperanza. Muchos estaban desertando, pero Pedro no trata de arengarlos con pensamientos positivos ni ofreciendo un montón de perogrulladas vacías. Más bien, se pone al lado de ellos en su sufrimiento, y dirige con delicadeza su atención hacia el cielo, para que vean más allá de las circunstancias y hallen nueva esperanza en su llamamiento celestial.

Y las palabras de Pedro pueden hacer lo mismo por nosotros.

— 1:1-2 —

Me encantan las invenciones modernas, la tecnología, la eficiencia y las conveniencias que vienen con ellas. Pero también me gustan las cosas viejas: música clásica, proverbios sabios, libros empastados en cuero. En realidad aprecio el estilo antiguo de escribir cartas, en donde el que escribía ponía su nombre al principio. ¿No es bueno eso? Allá en los tiempos antiguos, la gente firmaba sus cartas al principio, así que uno sabía de inmediato quién puso la tinta sobre el pergamino o papiro.

Ahora imagínese que usted es un creyente que vive en medio de tremenda presión de toda dirección. En sus mejores momentos, aprieta las mandíbulas y se queja por la demora del retorno del Señor. En los peores momentos, considera volver a los rituales familiares de la sinagoga o incluso volver a los templos repletos de ídolos. En los momentos de desilusión, alguien le entrega una carta enrollada y sellada. Usted rompe el sello, lentamente abre el rollo, y lee de inmediato: «Pedro, apóstol de Jesucristo». Como brisa fría que se abre paso en el sofocante calor del verano, esas palabras iniciales penetran su fatiga y encienden una esperanza fresca. El principal apóstol le ha escrito una carta... *a usted*. De repente le parece que ese ligero rollo le pesa en la mano, y no puede esperar para reunir a sus compañeros creyentes y devorarlo. ¡La esperanza acaba de llegar!

Pedro escribe «a los elegidos, extranjeros dispersos». Eran extranjeros lejos de su país natal; su destino atesorado estaba con Cristo, en el cielo, cuando murieran, pero en última instancia en su Reino cuando él volviera. Pero, ¿*ahora*? Ahora estaban dispersos, desplazados por todo el mundo. La palabra «dispersos» es *diáspora*. Santiago usó el mismo término al referirse a los creyentes judíos desplazados (Stg 1:1). Aquí Pedro usa el término en un sentido figurado, no refiriéndose a judíos literalmente desplazados de su país natal, sino a todos los creyentes, judíos y gentiles, empujados por la adversidad al desierto de un mundo cruel y hostil, perseguidos y alienados. Sea que estuvieran viviendo en sus propias casas o no, aquellos lectores tenían vidas «dispersas», espíritus fracturados, corazones quebrantados. Su dolor les penetraba hasta los huesos.

Al enfrentar la persecución, nuestros instintos nos dicen que huyamos o luchemos. Perseverar al atravesar el sufrimiento y responder con gracia es extremadamente difícil. Si alguna vez alguien lo ha maltratado, usted sabe la gran tentación de defenderse, de desquitarse, de vengarse. Pedro escribe con el propósito de ayudar a sus lectores a avanzar más allá de todo eso, a recuperar la compostura y a hallar esperanza a pesar del tratamiento injusto.

Debido a que la Iglesia empezó en Judea, entre los judíos, el imperio romano en el comienzo la consideró una «secta» del judaísmo. Entre todas las religiones paganas del mundo romano, el judaísmo era la única religión legal a la que no se le exigía que ofreciera sacrificios al emperador.

Más bien, podían elevar oraciones a favor del emperador. Entre tanto y en cuanto a los creyentes se les viera como una secta del judaísmo, los romanos los consideraban bajo esa sombrilla de exención y protección.

Pero cuando la sinagoga empezó a expulsar a los cristianos y el cristianismo adoptó una identidad distinta compuesta de judíos y gentiles, perdió su protección legal y se convirtió en blanco de la persecución de Roma. Esta era la situación en la que se hallaban los cristianos que vivían en Asia Menor (Turquía en días modernos) cuando recibieron la carta de Pedro. La chispa de la sospecha había encendido el fuego de la persecución, que con el tiempo envolvería al mundo romano en un flagelo ardiente contra la naciente Iglesia, tratando de reducir el movimiento a cenizas. Las palabras de Pedro tienen el propósito no sólo de consolar a estos creyentes en su crisol ardiente de sufrimiento, sino también prepararlos para oleadas subsiguientes de persecuciones.

Pedro empieza a alentar a sus lectores repasando la posición que tenían ante Dios. Ellos son «elegidos» de acuerdo al previo conocimiento del Padre, santificados y apartados por el Espíritu y consagrados por la sangre de Cristo, a quien ellos deben servir mediante la obediencia (1:1-2). Este recordatorio de la gracia de Dios hacia ellos debe darles paz «en la medida más plena», independientemente del caos que soporten en su vida cotidiana.

---- 1:3-9 ----

En los versículos 3 al 9 Pedro escribe sobre cómo podemos hacer más que resistir el sufrimiento. Podemos, en verdad, ¡regocijarnos desafiantemente en medio del mismo! En su majestuoso himno, llamado una «doxología» («palabras de exaltación»), Pedro alaba a Dios por darnos por lo menos tres razones por las que podemos regocijarnos en el sufrimiento. Estos versículos son la carne de los huesos de esa «gracia y paz» mencionada en el versículo 2. Y si el versículo 2 afirma nuestra posición incondicional ante nuestro Dios trino como sus elegidos, los versículos 3-9 describen las posesiones incomparables que tenemos en esta relación permanente con el Padre, el Hijo y el Espíritu Santo.

Una esperanza viva (1:3). Primero, podemos regocijarnos porque tenemos una «esperanza viva». Los creyentes en Jesucristo han «nacido de nuevo» a una esperanza viva por la resurrección de Cristo de los muertos. Cuando nos damos cuenta de que el destino de este viaje largo y difícil es la eternidad en el cielo, eso hace que valga la pena soportar los baches y descomposturas en el camino. Para los que no son salvos, la esperanza no es más que un deseo ilusorio:

- «Espero ganar la lotería».
- «Espero que un día mi hijo se enmiende».
- «Espero que las cosas me salgan bien en mi trabajo».
- «Espero sobrevivir hasta el próximo día de pago».

Pero esta clase de pensamiento ilusorio difiere del todo de una *esperanza viva*. La esperanza cristiana se basa en la realidad de Cristo y su resurrección. Debido a que resucitó de la tumba,

LA TRINIDAD Y LA SALVACIÓN

Si no se presta atención, uno puede pasar de corrido por 1 Pedro 1:2 y perderse la obra de la Trinidad en la salvación de uno. Muchos creyentes se olvidan, o por lo menos no aprecian a plenitud, el hecho de que Padre, Hijo y Espíritu Santo obran juntos en perfecta armonía para establecer nuestra nueva identidad como hijos de Dios. Demasiado a menudo nos imaginamos que la doctrina de la Trinidad es irrelevante para nuestra vida, que no es nada más que teoría sin importancia práctica. Pero la bendición con que Pedro inicia su carta deja esa noción como corta de vista, en el mejor de los casos.

Un autor escribe: «Cada Persona de la deidad desempeña un papel distinto: el Padre elige, el Hijo redime y el Espíritu santifica».[1] Debemos reconocer que aunque cada una de las tres personas de la Trinidad afecta aspectos distintos de nuestra salvación, obran en completa unidad. Al mismo tiempo, debemos tener cuidado de no confundirlas de manera que implique que son la misma persona, simplemente con nombres diferentes. Por ejemplo, los creyentes que agradecen a Dios Pa-

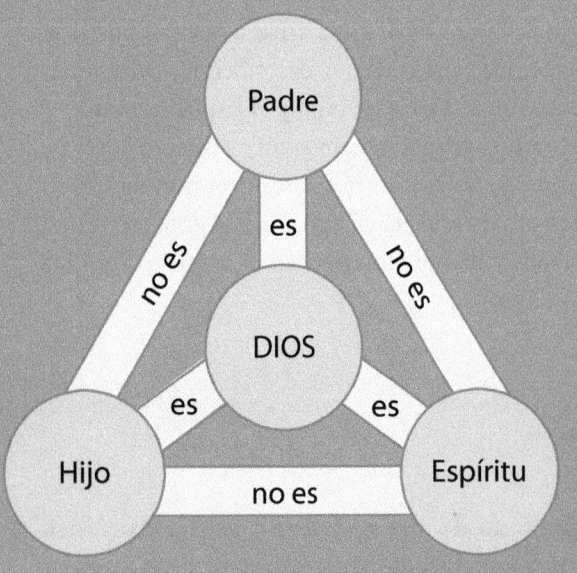

también resucitaremos con él en cuerpos glorificados para morar en un nuevo cielo y una nueva tierra por toda la eternidad (1 Ts 4:16-18; Ap 21:5).

Una herencia permanente (1:4). Segundo, podemos regocijarnos en el sufrimiento porque tenemos una herencia permanente. En mis años de ministerio he tenido el privilegio de viajar mucho, alojándome en todo tipo de hoteles y paraderos por todo el mundo. Pero confieso con sinceridad que me irrita de manera especial cuando se esfuma mi reservación de habitación «garantizada». Uno se presenta a las 9:30 p.m., agotado por un largo día de viaje, le da el nombre al empleado y la tarjeta de crédito, y espera mientras este hace unos cuantos sortilegios en su computadora, y luego se queda mirándolo a uno como si viera a un fantasma. Si nuestro nombre no aparece en la pantalla, ¡uno no existe! Le da el número de confirmación, pero de nada sirve. Al fin, uno termina en un hotel de segunda o tercera clase, a dos calles de distancia, sin nada más que una disculpa a medias, porque de alguna manera la reservación se esfumó, desapareció.

Pedro ofrece grandes noticias: ¡esto jamás sucederá con nuestra reservación en la gloria! Las reservaciones celestiales se compraron con la sangre de Cristo y quedaron confirmadas con su resurrección gloriosa. Algún recepcionista celestial no se quedará viéndonos y diciendo: «Otra vez, ¿cuál es tu nombre? o «¿Me permites ver esa tarjeta de crédito otra vez?» No, después de su largo y doloroso viaje por esta vida, el Dios viviente le dará la bienvenida a su casa sin ni siquiera un centímetro de papeleo. Podemos regocijarnos en el sufrimiento debido a que nuestra herencia es segura.

Una protección divina (1:5). Tercero, podemos regocijarnos en el sufrimiento porque «nos protege el poder de Dios». Por aguda que sea la persecución, usted y yo jamás quedamos perdidos en el proceso. La mano consoladora y fortalecedora de Dios permanecerá con nosotros. Sin que importe la calamidad, sin que importe la causa de muerte, la profundidad del dolor o el horror de la catástrofe, Dios tiene las riendas. Él es Todopoderoso, todo bueno, y lo sabe todo. Eso quiere decir que podemos confiar en él sin que importen nuestras circunstancias. La muerte puede destruir nuestros cuerpos, pero Dios ha prometido protegernos el alma y resucitarnos con cuerpos inmortales y gloriosos «en los últimos tiempos». Nadie puede decir todas las razones por las que atravesamos estos tiempos de dificultad. Nadie puede explicarlas a nuestra completa satisfacción. Pero debido a que conocemos la clase de Dios que tenemos, podemos aceptar el misterio del sufrimiento y saber con certeza que Dios nos protegerá con su poder, desde ahora hasta la eternidad.

> dre por morir en la cruz imprudentemente atribuyen al Padre la obra del Hijo. Necesitamos seguir el ejemplo del Nuevo Testamento, y entender que Padre, Hijo y Espíritu Santo, aunque eternamente unidos en una deidad, tienen papeles distintos.
>
> Este obrar en unidad en medio de la distinción refleja la unidad y diversidad del Padre, Hijo y Espíritu en la deidad. A diferencia de los incontables dioses de las religiones paganas, la Biblia enseña que hay un solo Dios verdadero (Dt 6:4). En la unidad de la deidad, sin embargo, existen tres Personas coeternas: Padre, Hijo y Espíritu Santo. El Padre es Dios (Jn 6:27; Ef 4:6), el Hijo es Dios (Jn 1:1; Heb 1:8) y el Espíritu Santo es Dios (Hch 5:3-4). Pero el Padre no es el Hijo (Lc 23:46; Jn 20:17), el Padre no es el Espíritu (Lc 11:13; Jn 14:26), y el Espíritu no es el Hijo (Jn 14:16; Hch 2:33). Sin embargo, no son tres dioses, sino un solo Dios trino. Esta doctrina bíblica de la Trinidad, «un Dios en tres personas», es imposible de comprender a plenitud, pero es fundamental para nuestra salvación (1 P 1:2).

Una fe en desarrollo (1:6–7). Cuarto, podemos regocijarnos en medio de varias pruebas porque ellas producen crecimiento y fortaleza en nuestra fe. Pedro reconoce que sus lectores «han tenido que sufrir diversas pruebas por un tiempo». No trata de restarle importancia y descartar la realidad de su sufrimiento, sino que les ofrece una razón para «tener gran alegría» a pesar de la prueba, y no debido a esta (1:6). El dolor y el sufrimiento en sí no son buenos; son el resultado de un mundo caído. Podemos tener la certeza de esto: Cuando Dios cure a este mundo de su maldición, esas cosas ya no estarán presentes. A pesar de los males de la persecución, el dolor y la adversidad, Dios providencialmente hace que haya buenos resultados.

Los versículos 6-7 nos ofrecen cuatro verdades en cuanto a las pruebas.

- Son necesarias para humillarnos, para desviar nuestra atención de nosotros mismos y ponerla en Dios.
- Son angustiosas, dolorosas y difíciles; no son buenas, ni un deleite, ni fáciles.
- Son variadas y diversas, y vienen en formas diferentes, en momentos diferentes y por duración diferente.

- Demuestran lo genuino de nuestra fe, tal como el oro, que cuando se refina en el fuego, se purifica y demuestra ser auténtico.

Todas estas cosas se combinan para producir el desarrollo de la fe conforme los creyentes resisten las pruebas por la vida. Aunque no nos regocijamos por la prueba misma, podemos regocijarnos por el resultado que nuestro Dios produce.

Un Salvador invisible (1:8). Los creyentes podemos regocijarnos en el sufrimiento porque tenemos confianza en el poder invisible de Cristo. Detrás de las palabras de Pedro puede estar el episodio que sucedió varios años antes cuando Jesús se reveló vivo a Tomás, quien dudaba de la resurrección. Cuando Tomás por fin declaró creer en Jesús como Señor y Dios (Jn 20:28), Jesús respondió: «Porque me has visto, has creído; dichosos los que no han visto y sin embargo creen» (Jn 20:29). Esta es la categoría en la cual los lectores de Pedro se hallaban; eran especialmente dichosos porque aunque no habían visto en persona al Salvador, creían en él y lo amaban como si estuviera presente. Nosotros «vemos» mejor a Cristo en los tiempos de prueba. Cuando viene el sufrimiento, este disipa mucha de la niebla que nubla nuestra visión. A menudo, lo único que permanece es el Salvador y nuestra confianza en él.

Una liberación garantizada (1:9). Nunca olvidaré un viaje a Canadá que duró ocho días. Tuve ropa para dos días porque mis maletas terminaron en Berlín. La aerolínea entregó mis maletas a miles de kilómetros, al otro lado de un océano que no tenían ninguna razón de cruzar. Ese tipo de experiencia nos hace pensar dos veces en cuanto a confiar el equipaje a la persona que está frente a la correa transportadora, lista a enviar las maletas de uno a quién sabe dónde. No culpo a quienes se niegan a entregar sus maletas, porque el traslado nunca está garantizado. Pero Cristo puede garantizar la entrega. La razón definitiva por la que podemos regocijarnos en el sufrimiento es que la salvación de nuestra alma está garantizada. Dios tiene el poder de salvarnos físicamente al atravesar las pruebas. Incluso cuando nuestros cuerpos a la larga sucumban a la muerte, nuestras almas serán libradas fielmente, tal como está prometido.

¿Podemos *de veras* regocijarnos en el sufrimiento? Pedro responde a esto con un resonante «¡sí!» Pero no nos regocijamos porque el sufrimiento es grande. No nos regocijamos porque estamos fuera de contacto con la realidad sino porque tenemos una esperanza viva, una herencia permanente, una protección divina, una fe que se desarrolla, un Salvador invisible y una liberación garantizada. Entrenarnos para recordar todo eso nos ayuda a limar las aristas cortantes de la vida.

— 1:10-12 —

¡Qué salvación tan maravillosa! No solo nos garantiza una herencia en el futuro, sino que también nos da fe, esperanza y gozo inexplicables en el presente. A la luz de esta gloriosa verdad, Pedro cambia del futuro al presente a fin de revivir brevemente el pasado; es más, retrocede hasta el pasado distante.

Este ligero retroceso se puede considerar como un breve interludio, para desempacar algo en cuanto a la «salvación» que menciona en el versículo 9. Empieza con «esta salvación» y luego menciona a los profetas del Antiguo Testamento que profetizaron en su día en cuanto a la gracia que ya había llegado en tiempo de Pedro. ¿De qué manera este retroceso encaja en la argumentación de Pedro de que podemos tener esperanza en tiempos de afición? Muy sencillo: su reflexión sobre cómo los profetas ansiaban la salvación por medio de Cristo aumenta el valor de nuestra esperanza presente. También afirma que Dios tiene un historial de cumplimiento de sus promesas. Los profetas ansiaban con esperanza a Cristo, *¡y Cristo vino!* De la misma manera, nosotros ansiamos el retorno de Cristo, *¡y Cristo volverá!*

Pedro dice que tenemos un singular punto de ventaja que no tenían los profetas del Antiguo Testamento. Nosotros podemos mirar hacia atrás y ver la vida y milagros de Cristo anotados por testigos oculares. Vemos su muerte salvadora y resurrección, leemos sus palabras y promesas y vemos cómo la iglesia creció y se esparció por todo el mundo a pesar de la persecución. Todo esto nos da confianza de que Dios realizará su plan en nuestra vida hoy. Pero los profetas del Antiguo Testamento contaban con mucho menos. Sus imágenes mentales antes de la venida de Cristo no eran tan claras como nuestra comprensión después de su venida. De hecho, Pedro dice que ellos «estudiaron y observaron esta salvación. Querían descubrir a qué tiempo y a cuáles circunstancias se refería el Espíritu de Cristo, que estaba en ellos, cuando testificó de antemano acerca de los sufrimientos de Cristo y de la gloria que vendría después de éstos» (1:10-11).

Pedro dice que los santos del Antiguo Testamento vieron las cúspides del plan de Dios, la muerte y resurrección de Cristo y su reino futuro, pero no vieron los puntos más finos del espacio entre una y otra cima. Ese espacio, siempre parte del plan de Dios pero mantenido oculto de la vista de los profetas, incluye el período presente de salvación por Cristo en la iglesia. Los profetas del Antiguo Testamento pudieron haber esperado un salto inmediato de los sufrimientos de la cruz a la gloria de la corona. Pero entre estos eventos cósmicos experimentamos los sucesos de «en medio», en los cuales el sufrimiento y la esperanza, el dolor y la gloria se mezclan.

Esos profetas no captaron por completo lo que escribieron por revelación del Espíritu Santo. Al escribir obedientemente, se dieron cuenta de que sus palabras serían cumplidas en un tiempo futuro. Pedro revela que este tiempo vino en la persona y obra de Cristo, anunciado a los creyentes de Asia Menor por los apóstoles que les predicaron las buenas nuevas por la obra fortalecedora del mismo Espíritu Santo que inspiró las Escrituras (1:12). Tan profundo es el cumplimiento de estas expectativas que incluso los ángeles anhelan escuchar nuestros cantos de redención, miran por sobre el hombro al pecador que ora pidiendo perdón, y se quedan en los alrededores mientras los creyentes soportan el sufrimiento temporal por la gloria eterna.

Si los ángeles se admiran de la esperanza que tenemos en Cristo, ¿no deberíamos admirarnos nosotros también?

TELESCOPIO PROFÉTICO

Al mirar al futuro, los profetas del Antiguo Testamento no tenían un cuadro claro del plan completo de Dios. Vieron, por así decirlo, dos cumbres: el monte Gólgota y el Monte de los Olivos. En el Gólgota Cristo moriría en humillación y desgracia (Mr 15:22); volverá en gloria y poder en el Monte de los Olivos (Zac 14:4). Vieron las cimas, pero desde su punto de observación no podían ver el gran valle que se extendía entre las dos montañas. Este valle representa la presente edad de la Iglesia.

Los creyentes del Antiguo Testamento también tenían una desventaja porque el Espíritu Santo no moraba permanentemente en ellos como lo hace

Aplicación
Cómo hallar sentido en el sufrimiento

En su libro *El problema del dolor*, C. S. Lewis comentó sobre las ramificaciones de la visión excelsa y creativa, que Dios tiene para nuestra vida: hacernos más semejantes a Cristo.

Somos —y no es en el sentido metafórico sino en una manera muy real— una divina obra de arte, algo que Dios está haciendo [...] Sobre un boceto hecho a la ligera para entretener a un niño, el artista no se tomaría mucha molestia. Podría dejarlo a medio terminar aunque no representara exactamente lo que pretendía ser. Pero en el gran cuadro de su vida artística, aquella obra que ama —aunque de diferente modo— tanto como un hombre ama a una mujer o una madre a su hijo, el mismo artista se tomaría interminables molestias y, por lo tanto, causaría todo tipo de incomodidades a su pintura si ésta fuera sensible. Podemos imaginar una pintura sensible que después de haber sido borrada, raspada y recomenzada por décima vez, desearía haber sido un simple boceto que quedara terminado en un minuto. [...] Del mismo modo, es natural que a veces deseemos que Dios hubiera determinado para nosotros un destino menos glorioso y menos arduo, pero en tal caso no estaríamos pidiendo más amor, sino menos.[2]

Si usted ahora mismo está sufriendo, solo la perspectiva de Cristo puede reemplazar su resentimiento con regocijo y su dureza con humildad. He visto suceder esto en habitaciones de hospital mientras oraba por personas que sufrían. Lo he visto suceder en mi estudio mientras orientaba a corazones endurecidos. Lo he visto suceder en individuos perdidos y deambulando en el mundo cuando abrazan a Cristo y de repente se dan cuenta de que Jesús es la pieza central del rompecabezas de la vida que les había estado faltando por todos estos años. Si usted pone esa pieza en su lugar, el resto del rompecabezas, por enigmático que parezca, empieza a cobrar sentido.

¿Está usted en medio de la tempestad ahora mismo? ¿Se pregunta cuándo, si acaso en algún momento, terminará? ¿Ha empezado a pensar

en nosotros hoy. El Espíritu de Dios habló por los profetas, encendiendo su mensaje, pero no habían experimentado el bautismo espiritual en el cuerpo de Cristo (1 Co 12:12-13; Ef 3:4-6). Hoy, el Espíritu obra para darnos poder con fe y esperanza como en ninguna otra era. Con la cruz detrás de nosotros y la corona de gloria por delante, se nos anima a seguir adelante.

que tal vez usted está recibiendo castigo, que Dios lo ha abandonado, o que necesita hacer lo que sea para escapar de todo este dolor? Deténgase. Cuando usted se convierte a Cristo, las tormentas de la vida no se detienen de repente. La verdad sea dicha, a veces se intensifican en huracanes, por lo menos por una temporada. Pero incluso en medio del huracán, usted tiene al Maestro del viento y las olas sentado a su lado en su diminuto barco, con las manos en el timón, y manteniéndolo a flote.

Cómo mantenerse limpio en una sociedad corrupta (1 Pedro 1:13-21)

¹³Por eso, dispónganse para actuar con inteligencia; tengan dominio propio; pongan su esperanza completamente en la gracia que se les dará cuando se revele Jesucristo. ¹⁴Como hijos obedientes, no se amolden a los malos deseos que tenían antes, cuando vivían en la ignorancia. ¹⁵Más bien, sean ustedes santos en todo lo que hagan, como también es santo quien los llamó; ¹⁶pues está escrito: «Sean santos, porque yo soy santo». ¹⁷Ya que invocan como Padre al que juzga con imparcialidad las obras de cada uno, vivan con temor reverente mientras sean peregrinos en este mundo. ¹⁸Como bien saben, ustedes fueron rescatados de la vida absurda que heredaron de sus antepasados. El precio de su rescate no se pagó con cosas perecederas, como el oro o la plata, ¹⁹sino con la preciosa sangre de Cristo, como de un cordero sin mancha y sin defecto. ²⁰Cristo, a quien Dios escogió antes de la creación del mundo, se ha manifestado en estos últimos tiempos en beneficio de ustedes. ²¹Por medio de él ustedes creen en Dios, que lo resucitó y glorificó, de modo que su fe y su esperanza están puestas en Dios.

En el pasaje de apertura, Pedro recalca la esperanza que persiste a pesar del sufrimiento. Esta esperanza se fortalece conforme nos enfocamos en el alivio que disfrutaremos en nuestro hogar celestial. Todavía enfocándose en la vida del creyente en este mundo caído, Pedro cambia su énfasis de las pruebas físicas a las tentaciones espirituales. Si la pregunta en la primera sección fue: «¿Cómo puedo mantenerme gozoso en medio del sufrimiento?», la pregunta en la siguiente es: «¿Cómo puedo mantenerme limpio en una sociedad corrupta?»

A través de toda la historia los cristianos han respondido a esta pregunta con todo tipo de extremos. Algunos han adoptado una mentalidad de ermitaños escondiéndose en cuevas, viviendo en soledad. Otros han modelado una mentalidad monástica, viviendo sólo con creyentes en una comunidad cerrada, lejos del alcance del mundo. Los que tienen una mentalidad utópica han intentado reconstruir una sociedad perfecta empezando desde cero, un mundo sin mundanalidad. De manera interesante, cada enfoque cae bajo la idea de santificación por aislamiento, alejándose del mundo de alguna manera para impedir ser contagiado.

La Biblia tiene un enfoque muy diferente del de los ermitaños, monjes y utópicos. Los creyentes tienen una misión que realizar en este mundo y, por consiguiente, no podemos darnos el lujo de encerrarnos *fuera* del mundo. La solución del creyente al problema de vivir una vida santa en un mundo que no es santo no es *aislamiento*, sino un *recubrimiento aislador*. Por eso 1:13-21 nos exhorta a ser diferentes de nuestra sociedad depravada sin huir a cuevas, monasterios ni comunas.

— 1:13-16 —

Puedo imaginarme que conforme Pedro dictaba los primeros doce versículos de su carta, lo hizo en una postura de alabanza mientras caminaba de aquí para allá por su habitación en Roma, en donde estaba. Tal vez contemplaba por la ventana, dirigiendo sus palabras de oración en parte a su secretario, Silvano, y en parte a su Padre celestial mientras le alababa por la esperanza viva que los creyentes tienen por medio de Cristo. Pero luego, después de haber dicho las palabras «Aun los mismos ángeles anhelan contemplar esas cosas» del versículo 12, puedo imaginarme a Pedro deteniéndose de súbito, cerrando los ojos y respirando hondo. Su tono cambia de la exaltación a la exhortación cuando dice: «Por eso, dispónganse para actuar con inteligencia» (1:13). En otras palabras, a la luz de la gran salvación que ha sido derramada con abundancia sobre nosotros, es tiempo de tomar las cosas en serio. Dispara entonces una serie de mandamientos como ametralladora, uno detrás de otro. Si estuviera escribiendo en el estilo actual, tal vez hubiera usado una lista:

- ¡Dispónganse para actuar con inteligencia!
- ¡Tengan dominio propio!
- ¡Pongan su esperanza!
- ¡No se amolden!
- ¡Sean santos!

Pedro quiere que nos demos cuenta de que aunque vivimos en un mundo perverso lleno de miles de pruebas y negras tentaciones diarias, nuestro enfoque debe elevarse por encima de las circunstancias presentes. Esto significa vivir según un estándar más alto que el del mundo que nos rodea. Este es el significado de «santidad» que Pedro considera. Quiere decir ser *diferente*.

Pedro dice que todo empieza con la mente: «Dispónganse para actuar con inteligencia; tengan dominio propio» (1:13). Pero eso conduce hacia afuera, más allá de nosotros mismos: «Pongan su esperanza completamente en la gracia que se les dará cuando se revele Jesucristo». De acuerdo con 1 Juan 3:3 la esperanza y la santidad van juntas: «Todo el que tiene esta esperanza en Cristo, se purifica a sí mismo, así como él es puro». (Suena como si Pedro y Juan hubieran pasado mucho tiempo juntos, ¿verdad?).

Pedro entonces da por sentado en el versículo 14 la obediencia de los creyentes. No es una deducción fuera de razón si están obedeciendo los mandamientos del versículo 13, si han preparado su entendimiento, si se han mantenido sobrios y alertas respecto al mundo que les rodea y luego han fijado su esperanza en la venida de Cristo; en ese caso la obediencia vendrá más fácilmente.

Su obediencia toma una forma específica: «No se amolden a los malos deseos que tenían antes, cuando vivían en la ignorancia» (1:14). Ya hemos visto que Pedro y Juan usan un vocabulario similar respecto a la esperanza y la santidad. Ahora observamos un significativo paralelo entre Pedro y Pablo. Nótese el lenguaje de Pablo en Romanos 12:2: «No se amolden al mundo actual, sino sean transformados mediante la renovación de su mente». Y tómese nota de esto con cuidado: la santidad empieza en la mente. Incluye apartarse de la ignorancia y renovar su manera de pensar. Conduce a uno a conformarse a la santidad de Cristo en lugar de conformarse a las pasiones del mundo.

Esto lleva a la exhortación de Pedro a la santidad: como el Dios santo, los creyentes deben ser santos en toda su conducta (1:15). Refuerza esta ejecución práctica de su esperanza y obediencia parafraseando un famoso versículo del Antiguo Testamento, Levítico 11:44-45. El versículo original en su contexto declara: «Yo soy el Señor su Dios, así que santifíquense y manténganse santos, porque yo soy santo. No se hagan impuros por causa de los animales que se arrastran. Yo soy el Señor, que los sacó de la tierra de Egipto, para ser su Dios. Sean, pues, santos, porque yo soy santo».[3] En Levítico 20:26, el mismo mandato va ligado al papel de Israel como pueblo especial de Dios: «Sean ustedes santos, porque yo, el Señor, soy santo, y los he distinguido entre las demás naciones, para que sean míos».

¿Qué significa para los creyentes ser «santos» (*jaguios*)? Pregunte a las personas que le rodean y recibirá una variedad de respuestas, la mayoría erróneas. El término, en su sentido básico, quiere decir ser apartado, separado para un propósito especial, único. Por eso al matrimonio a veces se le llama «santo matrimonio». Un hombre y una mujer se separan de sus compromisos familiares anteriores y se comprometen el uno al otro en una relación personal única e íntima. También llamamos a la Biblia «Santas Escrituras» porque estos escritos, inspirados por el Espíritu Santo, son de tal perfección que han sido apartados de todos los demás escritos humanos, por buenos y útiles que otros pudieran ser. Lo mismo con el pueblo de Dios. Israel en el Antiguo Testamento, y ahora los creyentes en la era del Nuevo Testamento, son apartados para la gloria de Dios.

— 1:17 —

No sólo que debemos vivir vidas de santidad a la luz de nuestra esperanza (1:13-16), sino que también debemos conducir nuestro andar en el temor del Señor (1:17). Sé que vivimos en un mundo al que

De mi diario

Santo es como el Santo hace

Cuando estaba a trece mil kilómetros lejos de mi esposa, en las fuerzas armadas, no tenía a nadie a mi alrededor que me exigiera cuentas respecto a mi «santo matrimonio». Tenía sólo el recuerdo de estar ante Dios y a un par de predicadores que dijeron las palabras precisas de modo que Cynthia y yo pudiéramos convertirnos en esposo y esposa. Tenía el recuerdo de haberme apartado exclusivamente para mi esposa y ella exclusivamente para mí... por el resto de la vida.

Nos habíamos comprometido a la santidad, a apartar nuestra vida el uno para el otro. Entrar a otra vida y tener relaciones íntimas con otra persona sería romper esa relación santa, esa singular unidad que era nuestra por matrimonio santo. Pero no bastaba que yo me hubiera consagrado a mi esposa en ese particular momento. Tenía que mirar de continuo mi anillo de bodas, contemplar la fotografía, aferrarme a las cartas, recordar esas palabras. Como ve, aunque me había apartado para mi esposa, necesitaba confirmar continuamente ese compromiso.

Lo que es cierto en el matrimonio, también es cierto en nuestras relaciones con Dios. Fuimos declarados «santos» por nuestro Dios de gracia cuando nos salvó y entablamos unas relaciones permanentes con él. Pero día tras día debemos recordar nuestro llamamiento santo, consagrarnos nuevamente y vivirlo.

Por esa razón empiezo cada mañana diciendo: «Señor, aparto mi mente para ti hoy. Aparto mis pasiones, mis ojos, mis oídos, mis labios. Aparto mis motivaciones, mis actitudes, mis disciplinas. Aparto todas esas cosas para ti». Este tipo de recordatorio sencillo me ha mantenido avanzando hacia el objetivo de la santidad que Pedro menciona en los versículos 15-16. Lo animo a que haga lo mismo.

no le gusta hablar mucho del temor de Dios. A la gente no le es problema hablar del amor, la gracia, la misericordia y las bendiciones de Dios, pero referirse a Dios como Juez que evalúa nuestro trabajo, y al que se le debe temer por ser nuestro Padre grande y santo; a muchos les molesta hablar de eso, incluso a creyentes. Pero Pedro no vacila en referirse a la gran santidad y justicia de Dios que exige reverencia ante él.

El temor de Dios va mucho más allá del tipo de respeto que pudiéramos mostrar a una figura humana poderosa. Hebreos 12:21 dice que el ver a Dios fue tan «terrible» que Moisés exclamó: «Estoy temblando de miedo». De igual manera, nuestra respuesta a Dios, el «fuego consumidor», debe ser «con temor reverente» (Heb 12:28). De hecho, Filipenses 2:12 dice que debemos ejercitar nuestra salvación «con temor y temblor». Seríamos sabios en conformar nuestra actitud a las palabras de Pedro antes que a las preferencias del mundo.

Cuando Pedro dice: «Ya que invocan como Padre [...]», tiene la oración en mente. Si vamos a orar a Dios como «Padre nuestro», debemos hablar y actuar como «hijos obedientes» (1:14). Debemos considerarlo con la más alta reverencia, sabiendo que un día daremos cuenta ante él por el tiempo que pasamos en esta tierra. La esperanza de nuevo llena el intervalo, pero es percatarse de que el ascenso esperado a nuestra morada celestial irá acompañado de recompensas directamente relativas a la calidad de nuestra vida. Pablo nos da un recordatorio aleccionador similar: «Así que cada uno de nosotros tendrá que dar cuentas de sí a Dios» (Ro 14:12). Y en 2 Corintios 5:10 escribe: «Es necesario que todos comparezcamos ante el tribunal de Cristo, para que cada uno reciba lo que le corresponda, según lo bueno o malo que haya hecho mientras vivió en el cuerpo».

Un día los creyentes comparecerán ante el tribunal de Cristo. El pueblo de Dios, lejos de la tierra, dará cuenta de su vida ante Dios y él los recompensará en concordancia. La primera carta a los Corintios 3:15 deja bien claro que el creyente que no recibe recompensa será todavía salvo, pero el juicio de Dios hará separación entre las cosas elogiosas de la vida de ese creyente y el tiempo, dinero, energía y motivos desperdiciados que mancharon la santidad del mismo.

En esta tierra los creyentes aplauden a otros creyentes que tienen ministerios dinámicos, evangelización de impacto y testimonios poderosos. Y por encima muchos parecen ser supersantos... o por lo menos haber logrado un nivel de estatus de celeridad en el ámbito religioso. Por mucha que haya sido la adulación y los aplausos, nunca debemos olvidar que Dios es el Juez. Solo él sabe la verdadera motivación detrás de la vida de una persona. En el análisis final, él será quien diga: «Este merece recompensa, pero *aquel* no». Él juzgará nuestras obras y expondrá nuestros motivos sin parcialidad. Por eso es que nuestra esperanza del cielo debe inducirnos a la santidad en la tierra.

—1:18–21—

Pedro quiere que los creyentes vivan vidas santas (1:13-16) y que anden en temor (1:17). También quiere que concentren sus pensamientos en Cristo (1:18-21). Debemos mantener nuestro enfoque en Cristo porque nuestro principal campo de batalla es la mente. El enemigo tiene la mira puesta en nuestra mente. Si puede conseguir que enfoquemos alguna otra cosa que no sea la esperanza que tenemos en Jesucristo, habrá ganado la batalla; todo lo demás será simplemente apoderarse del botín de guerra.

Nos conducimos con vidas santas con el temor del Señor sabiendo que: «El precio de su rescate no se pagó con cosas perecederas [...] sino con la preciosa sangre de Cristo» (1:18-19). Todos los que no conocen a Cristo son mercadería en el mercado de esclavos del pecado. Tal vez no se den cuenta, pero son esclavos de sus deseos, impulsos e ignorancia, alienados de Dios, quien es la única fuente de verdadera libertad. Viven en una condición en la cual no pueden ayudarse ni cambiarse a sí mismos. Ciegos espirituales, y encadenados al pecado, son zarandeados y maltratados por la carne incontrolable, el atractivo del mundo y los demonios seductores. Continúan viviendo en ese estilo de vida fútil y frustrante heredado de generaciones anteriores. Su única esperanza es ayuda de afuera.

Cristo proveyó esa ayuda en la cruz, donde con su propia sangre pagó el castigo que acarrea el pecado: la muerte. No lo pagó con plata ni oro, chatarra de metal inútil comparado con el precio de un alma humana. No, Cristo pagó con su sangre, y con ello rompió las cadenas, abrió la puerta y llamó a los irredentos a salir de la esclavitud de la cual habían sido comprados. Eso es redención. Lo único que impide que una persona reciba esta libertad es su renuencia a recibir la oferta gratuita de vida eterna, saliendo de las tinieblas, de la futilidad a la luz de una vida gozosa y significativa.

Dios, por supuesto, conocía nuestro vacío interior: no podemos trabajar o comprarnos a nosotros mismos del mercado de esclavos del pecado. Así que, incluso antes de la fundación del mundo, Dios tuvo un plan listo para ser implementado (1:20). Y ese plan implicaba que su Hijo eterno, divino, se separara de su confort y privilegios celestiales, que tomara plena humanidad y voluntariamente se entregara a la cruz por nosotros a fin de que nuestra fe y esperanza pudieran descansar en Dios (1:21). No hay otra base sólida de esperanza en tiempos de aflicción que el hecho de que Cristo mismo lo llevó todo sobre sí mismo y se levantó victorioso, listo para llevarnos también a nosotros a la victoria.

Una estrofa del himno de Carlos Wesley lo resume brillantemente:

En vil prisión mi alma padeció,
atada en pecado y oscuridad;
pronto en mi celda resplandeció
la clara luz de su verdad.
Cristo las férreas cadenas destruyó;
quedé ya libre, ¡Gloria a Dios!
¡Oh, maravilla de su amor,
por mí murió el Salvador![4]

Aplicación
Órdenes generales para los embajadores de Cristo

Cristo no nos compró con su sangre preciosa para hacernos ermitaños, monjes o ilusos. Hemos sido redimidos de la esclavitud y llamados a ser sus embajadores, agentes especiales con una misión en el mundo. Esto requiere que nos mantengamos limpios en una sociedad corrupta, que seamos representantes de la luz en un mundo de tinieblas. ¿Cómo podemos hacer esto? Tengo cuatro sugerencias que le insto a que recuerde. Tómelas como cuatro órdenes generales que ha recibido como agente de Cristo enviado a una misión al mundo.

Primero, *preste atención a lo que ve*. Esto nos lleva de regreso a 1 Pedro 1:13: «Por eso, dispónganse para actuar con inteligencia; tengan dominio propio; pongan su esperanza completamente en la gracia que se les dará cuando se revele Jesucristo». Sus ojos son la conexión más corta con su mente. Captan imágenes que son seductoras, atractivas, sensuales y agradables. Tenga cuidado con lo que permite que pase por la puerta de sus ojos, ¡especialmente cuando está solo! Para reforzar este principio, lea Job 31:1; Colosenses 3:1-2; y 2 Pedro 2:13-14.

Segundo, *piense más en las consecuencias que en los placeres inmediatos*. Notará que una de las características del mundo es que nadie jamás menciona las consecuencias desastrosas de la pornografía, de un enredo amoroso, o de alimentar la codicia y descuidar a la familia. Examine las consecuencias de sus acciones, piense en los efectos, mencione por nombre a las personas cuyas vidas sufrirán daño, y recuérdese usted mismo el alto costo de una reputación arruinada. Examine todas las consecuencias de sus acciones. Para ayudarle a considerar las consecuencias del pecado, estudie Proverbios 7.

Tercero, *empiece cada día renovando su sentido de reverencia a Dios*. No limite eso a la iglesia o a un grupo pequeño. Empiece cada día pasando tiempo con el Señor. A veces solo digo: «Señor: Estoy aquí. Soy tuyo. Te entrego mi día. Inadecuado y frágil como soy, necesito tu ayuda hoy». Haga de la reverencia al Señor la fuente de su poder. Empiece cada día renovando esa relación personal de Padre a hijo. Para recordarse la necesidad de temer a Dios diariamente, lea Eclesiastés 12:13-14 y 2 Corintios 7:1.

Cuarto, *durante todo el día vuelva a enfocarse en Cristo*. Conforme algunas personas, sucesos y tentaciones se cruzan en su camino, empezará a alejarse de ese curso original. Suceda lo que suceda, vuelva a enfocarse en Cristo; incluso si eso quiere decir programar regularmente tiempos breves de oración y lectura de la Biblia o devocionales durante el receso o el almuerzo. Dedique tiempo para enfocarse en Dios todo el día. Eche un vistazo más de cerca a Hebreos 12:1-2 para considerar nuevas maneras en que puede concentrarse plenamente en Cristo.

Motivos para colaborar estrechamente (1 Pedro 1:22—2:3)

²²Ahora que se han purificado obedeciendo a la verdad y tienen un amor sincero por sus hermanos, ámense de todo corazón los unos a los otros. ²³Pues ustedes han nacido de

nuevo, no de simiente perecedera, sino de simiente imperecedera, mediante la palabra de Dios que vive y permanece. ²⁴Porque

> «todo mortal es como la hierba,
> y toda su gloria como la flor del campo;
> la hierba se seca y la flor se cae,
> ²⁵pero la palabra del Señor permanece para siempre.»

Y ésta es la palabra del evangelio que se les ha anunciado a ustedes.

²:¹Por lo tanto, abandonando toda maldad y todo engaño, hipocresía, envidias y toda calumnia, ²deseen con ansias la leche pura de la palabra, como niños recién nacidos. Así, por medio de ella, crecerán en su salvación, ³ahora que han probado lo bueno que es el Señor.

Antes de que Andrew Jackson llegara a ser presidente de los Estados Unidos de América, sirvió como comandante de la milicia de Tennessee. Durante la guerra de 1812, sus tropas llegaron a un punto muy bajo en su ánimo. Un espíritu criticón surgió entre ellos. Peleaban, discutían y luchaban entre sí. Se dice que Jackson los reunió en una ocasión cuando las tensiones alcanzaron el punto más álgido y les dijo: «¡Caballeros! ¡Recordemos que el enemigo *está allá*!»

¡Qué recordatorio tan aleccionador para la Iglesia de hoy!

La noche cuando Cristo instituyó la Cena del Señor, dijo a sus discípulos: «De este modo todos sabrán que son mis discípulos, si se aman los unos a los otros» (Jn 13:35). Para vergüenza nuestra, el mundo a veces ve a los creyentes que creen en la Biblia como egoístas y facciosos, incluso faltos de amor y porfiados. No siempre se nos ha conocido por nuestro amor y respaldo mutuo. En lugar de ser leales y estar firmemente comprometidos unos con otros, tendemos a buscar maneras de amargarnos la vida unos a otros, y denigrarnos, en lugar de edificarnos. ¡Qué extraño!

Pedro llama a sus lectores a ser mejores que eso. Aunque andaban dispersos por la persecución y atacados en todo frente, necesitaban estar unidos y hallar fuerza en la compañía los unos de los otros. Como resultado, su círculo se niega a romperse y debilitarse desde adentro. Sin embargo, en nuestro día las ocurrencias frecuentes del «aporreo de hermanos y la tunda a las hermanas» quieren decir que necesitamos recordarnos por qué debemos colaborar estrechamente.

Pedro ofrece algunos pensamientos vitales sobre la unidad dentro del Cuerpo de Cristo; unidad que puede debilitarse e incluso destrozarse en medio del sufrimiento y pérdida de esperanza. Como hemos visto, los lectores de Pedro atravesaban varias pruebas. Algunos se sentían tentados a hacer acomodos, comprometerse o darse por vencidos. Se estaban poniendo nerviosos, ¡y llegando al punto de hostigarse unos a otros! Pero aquel sabio y anciano apóstol, quizá recordando el mensaje de unidad de Jesús durante el curso de su propio ministerio, recetó un antídoto, fácilmente soslayado, para la enfermedad de las derrotas: la unidad.

— 1:22 —

Dispersos, afligidos, probados y tentados, los lectores originales de Pedro habían sentido todos los ingredientes de una pérdida de esperanza y una fragmentación de la comunidad. En este contexto, Pedro empieza lo que pudiéramos llamar su mensaje motivador: asumiendo el papel de entrenador personal, anima a su equipo a marchar unidos. Debido a que son parte de la misma familia, deben avanzar en la misma dirección y hacia la misma meta.

¿Qué hace posible esto? ¿Cómo nos respaldamos los creyentes unos a otros? ¿Cómo cultivamos la unidad y la comunidad, y evitamos la soledad y la desesperanza? Pedro nos da tres respuestas a esta pregunta en la primera parte del versículo 22. (1) Requiere «obediencia a la verdad». No seguir nuestros impulsos internos, el ejemplo de otros, ni nuestras normas culturales. Obedecemos la verdad: el estándar de Dios de lo que quiere decir ser creyentes. (2) Requiere «pureza de alma». Esto excluye todo orgullo, prejuicios, rencores y amargura. Quiere decir librarse, limpiarse, de esas cosas que se interponen entre hermanos y hermanas en Cristo. (3) Requiere «amor sincero». Debido a nuestra obediencia a la verdad, y nuestra limpieza de alma, quedamos libres para amar sin hipocresía. Se nos da una medida extra de gracia para pasar por alto los defectos de otros.

El versículo 22 entonces pasa de las condiciones que hacen posible la unidad y el amor a la orden que los hace efectivo: «Ámense de todo corazón los unos a los otros». Por encima pudiera parecer que Pedro estuviera repitiéndose: ámense los unos a los otros con sinceridad, deben amarse fervientemente unos a otros de corazón. En realidad, Pedro usas dos palabras diferentes que se traducen «amor» en este versículo. El Nuevo Testamento usa de preferencia dos palabras griegas para referirse al amor. Una es *filós*, que se refiere a un amor fraternal o el amor de un amigo. La otra es *agape*, una expresión más alta de amor incondicional (ver 1 Co 13:4-7). Ambos tipos de amor se usan en 1 Pedro 1:22. Cuando Pedro habla de «un amor sincero por sus hermanos», usa la palabra *filadelfia*, amor fraternal. Entonces, en su exhortación, Pedro llama a sus lectores: «ámense de todo corazón los unos a los otros», usando la forma más alta de amor: *agapao*. Esta expresión final de amor, sin embargo, queda modificada por el adverbio *ektenos*, que quiere decir «fervientemente» o «constantemente».[5]

En términos prácticos, la exhortación de Pedro quiere decir que necesitamos respaldarnos unos a otros. Algunos que conocemos están sufriendo la devastación de un divorcio. Necesitan ayuda de otros en la familia de Dios que han pasado por esto y saben cómo superar los sentimientos de rechazo, vergüenza y soledad. Algunos han perdido hace poco a seres queridos y necesitan a alguien que camine a su lado mientras atraviesan el valle oscuro de la aflicción. Otros están luchando con alguna adicción y necesitan que alguien se ponga su lado y les diga: «Yo sé lo que es eso. Sé lo que es estar a punto de volver a caer en el fango. Permíteme ayudarte». En breve, todos necesitamos y todos podemos ofrecer ese refugio de cuidado y estímulo que Pedro describe como amarnos unos a otros con fervor de corazón.

—1:23–2:3—

Este tipo de amor desprendido no surge naturalmente. Nuestra vieja naturaleza egoísta se rebela contra eso con todo tipo de excusas:

- «Esos no son mis dones».
- «Otros tienen más experiencia para eso».
- «Yo tengo mis propios problemas».
- «¡Ojalá tuviera tiempo!»

Pero Pedro se adelanta a nuestras excusas cuando se sumerge en cuatro recordatorios esenciales de por qué debemos cuidarnos y respaldarnos unos a otros en la familia de Dios.

Primero, todos somos hijos del mismo Padre celestial. Nótese la conexión lógica entre los versículos 22 y 23. «Ámense de todo corazón los unos a los otros» (1:22); pero, ¿por qué, Pedro? «Pues ustedes han nacido de nuevo» (v. 23), lo que equivale a: «*porque* todos ustedes han nacido de nuevo». La implicación es que todos tenemos el mismo Padre. En tanto que las circunstancias específicas que nos llevaron a nuestra conversión a Cristo son singulares, los creyentes todos hemos renacido espiritualmente de la misma manera: «mediante la palabra de Dios que vive y permanece» (1:23). Todos somos miembros de una familia permanente; somos hermanos y hermanas en Cristo. ¿Qué quiere decir Pedro? Puesto que han nacido en la misma familia de Dios, *¡vivan como si lo fueran!*

Segundo, necesitamos estar juntos como familia porque *recibimos nuestra instrucción de la misma fuente*. La «palabra de Dios que vive y permanece» para siempre. La referencia de Pedro a la Palabra de Dios como «simiente» por la cual somos renacidos puede retroceder hasta la parábola de Jesús del sembrador y la semilla, que se nos da en Mateo 13:1-23. Para que la semilla eche raíz y dé fruto en nuestra vida, debe ser bien plantada y regada. Siempre me asombra cuando la misma porción bíblica, leída, enseñada o predicada al mismo grupo de personas, da resultados tan radicalmente diferentes en personas diferentes. Eso se debe a que a la Palabra de Dios hay que entenderla, abrazarla y aplicarla, y no solo oírla.

Nótese cómo Pedro cita Isaías 40:6-8, y contrasta con intención la fragilidad de la carne humana con el poder de la Palabra de Dios. Pedro incluso pudiera haber tenido en algún rincón de su mente las palabras de reprimenda de Jesús cuando les pidió a Pedro, Jacobo y Juan que oraran con él en el Monte de los Olivos. Como seguían quedándose dormidos en lugar de respaldarlo en oración, Jesús les dijo: «El espíritu está dispuesto, pero el cuerpo es débil» (Mt 26:41). ¡Cuán cierto! Aunque la Palabra de Dios es poderosa, efectiva e imperecedera, somos todo lo opuesto: débiles, defectuosos y perecederos. Por eso, para marchar juntos como familia de Dios, necesitamos recibir las instrucciones de la Palabra de Dios y con diligencia implantarla en nuestros pensamientos, en nuestros sentimientos y en nuestra vida.

Tercero, necesitamos marchar juntos porque *tenemos nuestras luchas en el mismo ámbito*. Pedro empieza el capítulo 2 con un «por tanto», y continúa su explicación de las implicaciones de nuestra relación personal como hermanos y hermanas en la familia de Dios y nuestra común tutela bajo la Pala-

De mi diario

Necesidades de familia

Un marino, compañero mío en los días en la Marina, se entregó a Cristo varios años después de su baja de la Marina. Cuando me llegaron las noticias de su conversión, me sentí más que agradablemente sorprendido ¡En realidad quedé estupefacto! Él era uno de esos individuos al que uno jamás imagina con interés en las cosas espirituales. Vociferaba palabrotas, bebía hasta emborracharse, peleaba por todo, andaba con mujeres, le encantaban las armas y detestaba la iglesia. Él y Dios no se hablaban en aquellos días en que estábamos cerca.

Entonces un día, años después, nos encontramos por casualidad. Conforme la conversación fue pasando a la salvación, frunció el ceño, me puso una mano en el hombro, y confesó: «Chuck, lo único que echo de menos es aquel antiguo compañerismo que todos los hombres de nuestro pelotón solíamos tener en aquella cantina de mala muerte. Nos sentábamos, nos reíamos, contábamos cuentos, bebíamos unas cuantas cervezas, y de veras nos relajábamos. ¡Era tremendo! Pero no he hallado nada que tome el lugar de ese gran tiempo que solíamos disfrutar. No tengo a nadie a quien confesar mis faltas... y que me ponga el brazo sobre el hombro y me diga que así y todo estoy bien».

El estómago se me retorció; no debido a que sus palabras me espantaran, sino a que todo lo que podía hacer era estar de acuerdo. El hombre necesitaba un refugio; alguien que le diera un oído. Necesitaba a la familia de Dios; no la producción ensayada, en un escenario, impersonal, que a menudo llamamos «iglesia». Necesitaba al cuerpo de Cristo, hermanos y hermanas en la fe que se rieran con él, que lloraran con él, que lo entendieran y lo aceptaran, que lucharan con él y sufrieran con él. Cuando la familia de Dios se olvida de su llamado a una vida auténtica y amor genuino de unos para los otros, ¡no vive a la altura ni siquiera de la camaradería de una cantina local!

En mis primeros años en que crecía en la familia Swindoll, papá solía recordarnos la necesidad de mantenernos juntos como familia. «Podemos tener unas cuantas diferencias dentro de estas paredes, pero, muchachos, recuerden, si tu hermano o hermana te necesita, cuídalo. Ámalo. Ponte a su lado». Esta es una arenga que todos los hermanos y hermanas en Cristo podríamos usar hoy.

bra de Dios. A la luz de esto, debemos dejar a un lado cinco cosas con las que todos luchamos. Como una camisa sucia, debemos despojarnos de toda malicia, engaño, hipocresía, envidia y calumnia. (Vea las definiciones de estos pecados en el recuadro sobre «Pecados que nos separan»). Nótese que todo esto tiene efectos potencialmente desastrosos en nuestras relaciones personales, y cada uno de ellos va al contrario del llamado de Pedro al amor fraternal (*filadelfia*) y amor incondicional (*agape*). Pedro se concentra en aspectos en los cuales todo creyente continuará luchando por el resto de su vida.

La cuarta razón por la que debemos marchar juntos como familia de Dios es porque *concentramos nuestra atención en el mismo objetivo* (2:2-3). Por más de tres años Pedro anduvo cerca de Jesús, escuchando sus palabras, observando sus acciones y presenciando sus obras poderosas. Había probado la bondad del Señor conforme Jesús le mostró a Pedro paciencia más allá de toda medida y perdón más allá del que merecía. Y debido a su crecimiento en semejanza a Cristo, Pedro pudo animar a sus propios discípulos a seguir la misma senda. Como recién nacidos, los creyentes deben alimentarse de la leche de la Palabra de Dios y crecer en la comprensión y aplicación de su salvación. Si la meta de la vida cristiana es la madurez espiritual, la nutrición viene de la Palabra de Dios y el modelo es el Hijo de Dios.

Jesucristo es la esperanza segura en tiempos de aflicción; pero, trágicamente, demasiado a menudo ¡la familia de Dios es la causa de la herida! Fue lo mismo en el día de Pedro. Todos debemos procurar dejar a un lado nuestras diferencias mezquinas, abrazar nuestra salvación común, y vivir como reflejos de esperanza por amor a nuestros hermanos en Cristo. Eso suena simple y fácil, ¡pero es una tarea de tiempo completo!

PECADOS QUE NOS SEPARAN

Malicia. La palabra griega *kakía* es una palabra general para maldad.[6] En este pasaje caracteriza a los que están atrincherados en el sistema del mundo.

Engaño. La palabra griega *dolos* quiere decir «astucia» o «traición».[7] Incluye más que simplemente mentir en la cara de una persona. Incluye actuar de maneras solapadas o con dos caras.

Hipocresía. La palabra base, *jupokrisis*, se refiere a uno que, como actor, representa un papel, «y es una cosa por dentro y otra por fuera».[8]

Envidia. Comentando sobre el uso que Pedro hace de esta palabra, Edward Selwyn describe la envidia como «una plaga constante de todas las organizaciones voluntarias, sin omitir las organizaciones religiosas, a la cual incluso los doce estaban sujetos durante la crisis del ministerio de nuestro Señor».[9] La envidia sigue siendo uno de los «deportes techados favoritos» entre los creyentes.

Calumnia. Literalmente, la palabra quiere decir «habla perversa».[10] Se extiende en especial cuando se hace correr un rumor. Este chisme denigrante destruye nuestra confianza en un individuo y puede debilitar la reputación de esa persona.

Aplicación

Cuatro pasos hacia la unidad

De manera extraña, en las iglesias en donde la enseñanza bíblica y el conocimiento teológico son puntos fuertes, a menudo el amor y la unidad son débiles. Los creyentes deben esforzarse tanto hacia la madurez en el conocimiento como hacia la unidad en el amor. Debemos mantener presente el objetivo importante del crecimiento cristiano, tratarnos con humildad y respeto, y ayudarnos unos a otros en la senda mientras procuramos llegar a ser semejantes a Cristo. Jesús puso el ejemplo; sus discípulos a la postre mostraron que se podía hacer. Solo lo que queda de nuestra vieja naturaleza nos impide hacer lo mismo. ¡Es tiempo de despojarnos de lo antiguo y marchar juntos dentro de lo nuevo!

Permítame tomar unos minutos para sondear nuestros corazones y hábitos a la luz de la lección de Pedro sobre la necesidad de la unidad, en particular los cuatro recordatorios respecto a la necesidad de estar unidos. Hágase usted mismo estas preguntas.

Primera, *¿está usted tratando a los demás creyentes como hijos del mismo Padre celestial* (1:23)? La desunión en las iglesias a menudo se ve en prácticas tales como el chisme respecto a otros creyentes, quejas contra el liderazgo, rezongos por decisiones, críticas de las debilidades de otros y el desarrollo de grupos selectos de personas. Dedique unos momentos para examinar la vida social de su iglesia, y note cualquiera de estos u otros indicadores de desunión que tal vez aparezcan. Piense en personas hacia las cuales tal vez usted haya mostrado actitudes o acciones que no son de amor.

Segundo, *¿está usted procurando implantar en su corazón la semilla de la Palabra de Dios* (1:23-25)? Cuando se trata de relaciones personales, es fácil llegar a ser un mero oidor de la Palabra de Dios en lugar de un hacedor. Dedique tiempo ahora para determinar acciones específicas que usted tomará para someterse más intencionalmente a lo que enseña la Palabra de Dios. ¿La oye con fidelidad y la lee con regularidad? ¿Medita en su significado y lo que eso significa para usted personalmente? ¿Planea usted acciones específicas que respondan a esa Palabra? La aplicación de la verdad de Dios no es automática; exige la disciplina del seguimiento personal.

Tercero, *¿qué luchas comunes le afectan más en sus relaciones con otros* (2:1)? ¿Lucha usted mayormente con la malicia (pensamientos, intenciones o acciones malvadas, el engaño (mentiras, medias verdades), la hipocresía (fingir, esconder las intenciones reales, encubrir motivos), la envidia (desprecio, celos, acciones ambiciosas que dañan a otros), o la calumnias (chismes, críticas sin freno, comentarios hirientes, sarcasmo exagerado)? Sea muy sincero. ¿De qué manera estas cosas dañan a otros?

Por último, *¿es la madurez espiritual de Cristo su principal ambición* (2:2-3)? Haga un alto y piense antes de responder. ¿Cuál es su prioridad principal en la vida? ¿Hacia qué dirige usted la mayor parte de su tiempo, energía y dinero? Si un equipo de filmación le siguiera por una semana y si algún contador examinara su chequera, ¿concluiría alguno de ellos que su crecimiento como creyente es lo más importante en su vida? Respalde sus respuestas con ejemplos reales.

Estas preguntas pueden ayudarle a llegar a la raíz de los asuntos, pero a menos que tome la decisión de hacer lo que sea necesario para unirse y dar amor y esperanza a los demás creyentes, nada cambiará. Dedique tiempo en oración para pedirle a Dios que lo conforme a la imagen de Cristo. Pídale ayuda para «despojarse» de los viejos hábitos que producen desarmonía y heridas y para ponerse los nuevos hábitos que promueven armonía y esperanza. Si han aflorado relaciones personales que necesitan reparación, tráguese el orgullo y dé los pasos difíciles necesarios para la reconciliación. Escriba una nota, haga una llamada o invite a tomar un café. No permita que las malas relaciones personales se infecten.

Cómo llegar a ser piedras vivas (2:4-12)

⁴Cristo es la piedra viva, rechazada por los seres humanos pero escogida y preciosa ante Dios. Al acercarse a él, ⁵también ustedes son como piedras vivas, con las cuales se está edificando una casa espiritual. De este modo llegan a ser un sacerdocio santo, para ofrecer sacrificios espirituales que Dios acepta por medio de Jesucristo. ⁶Así dice la Escritura:

«Miren que pongo en Sión una piedra principal escogida y preciosa,
y el que confíe en ella no será jamás defraudado.»

⁷Para ustedes los creyentes, esta piedra es preciosa; pero para los incrédulos,

«la piedra que desecharon los constructores
ha llegado a ser la piedra angular»

⁸ y también:

«una piedra de tropiezo y una roca que hace caer.»

Tropiezan al desobedecer la palabra, para lo cual estaban destinados.
⁹Pero ustedes son linaje escogido, real sacerdocio, nación santa, pueblo que pertenece a Dios, para que proclamen las obras maravillosas de aquel que los llamó de las tinieblas a su luz admirable. ¹⁰Ustedes antes ni siquiera eran pueblo, pero ahora son pueblo de Dios; antes no habían recibido misericordia, pero ahora ya la han recibido.
¹¹Queridos hermanos, les ruego como a extranjeros y peregrinos en este mundo, que se aparten de los deseos pecaminosos que combaten contra la vida. ¹²Mantengan entre los incrédulos una conducta tan ejemplar que, aunque los acusen de hacer el mal, ellos observen las buenas obras de ustedes y glorifiquen a Dios en el día de la salvación.

Demasiados creyentes se imaginan a Dios con las mandíbulas apretadas, la frente llena de surcos, los brazos cruzados, desaprobando constantemente todo lo que pensamos, decimos o hacemos; chasqueando la lengua por nuestras trastadas y meneando la cabeza por nuestros errores. Siempre está ceñudo, listo para caernos encima con severa disciplina en el momento en que inevitablemente nos desviamos.

Es asombroso, pero los creyentes tendemos a olvidarnos de nuestro Padre bondadoso, amante, que nos tiene en sus brazos, nos protege, nos enseña cómo andar y hablar, que nos da todo lo que necesitamos para crecer. La mayoría de los nuevos creyentes se sienten libres y en confianza con su Padre celestial, y le piden todo y se lo cuentan todo. Pero conforme avanzan en conocimiento bíblico y teológico, se produce una erosión. Muchos se alejan de la inicial e inocente intimidad con Dios y antes de que pase mucho tiempo, ese Padre amoroso parece distante, desinteresado en nuestros problemas cotidianos, incluso algo irritado por nuestras constantes equivocaciones y hostigosas peticiones.

La primera carta de Pedro se dirige a personas cuyas esperanzas se han desvanecido. Desplazados por la persecución y despojados de sus comodidades y conveniencias terrenales, atravesaban tiempos de sufrimiento y persecución inmerecidos. Habiendo casi olvidado su identidad como hijos amados de Dios, se sentían tentados a retornar a un estilo de vida menos ofensivo para sus vecinos. Al menos, parecía una manera más segura de vivir. Por medio de las palabras de Pedro, Dios dio instrucción inspirada por el Espíritu Santo y estímulo para recordar a los creyentes que en los tiempos de aflicción podemos abrazar la esperanza que produce el saber quiénes somos en los ojos de Dios. Para los que han llegado a verse como escolares en problemas que sufren bajo la mirada agria de un divino maestro de escuela, la realidad del aprecio positivo que Dios tiene de nosotros resulta liberadora.

2:4-8

«Al acercarse a él...». Con las palabras iniciales del versículo 4 enfrentamos dos preguntas inmediatas. ¿A quién se refiere Pedro con el pronombre «él»? Y, ¿qué quiere decir acercarse a él? El contexto responde a la primera pregunta. El versículo 3 termina con: «ahora que han probado lo bueno que es el Señor». El versículo 4 se refiere a Cristo como la piedra «rechazada por los seres humanos», los versículos 6 y 7 se refieren a la «piedra principal escogida y preciosa» y «la piedra que desecharon los constructores». La primera viene de una paráfrasis de Isaías 28:16:

> Por eso dice el Señor omnipotente:
> «¡Yo pongo en Sión una piedra probada!,
> piedra angular y preciosa para un cimiento firme;
> el que confíe no andará desorientado» (Is 28:16).

Pedro dice que la salvación por fe en la Piedra angular alivia la desilusión (1 P 2:6), que da «valor precioso» a la vida del creyente (2:7). Esas son buenas noticias para los que han venido a la Piedra viva. Pero para los que no han notado ese Cimiento firme, esa misma Piedra puede convertirse en lo que los hace tropezar. Pedro enlaza imágenes del Salmo 118:22 e Isaías 8:14, para referirse a la piedra rechazada por los constructores que se ha convertido en «piedra de tropiezo y una roca que hace caer» (1 P 2:8). Dado el contexto del pasaje de Isaías, Pedro quizá tiene en mente a sus compatriotas judíos que rechazaron a Jesús como su Mesías (Is 8:14). Y debido a que desobedecieron la Palabra de Dios, iban a tropezar. Sin embargo, este texto también se aplica a cualquiera que rehúsa acercarse a Cristo, aquel que fue «rechazado por los hombres» (1 P 2:4). Está claro que Pedro se refiere aquí a Jesucristo.

Para responder a la segunda pregunta, «acercarse a él» no se refiere a nuestra conversión inicial, sino a acercarnos a Dios mediante nuestro crecimiento espiritual en comunión con Dios y otros. «Acercarse» en griego es un verbo en presente conectado al verbo principal de la oración del versículo 5: «se está edificando». Así que Pedro declara que al acercarnos a Cristo, somos edificados. Nótese que el verbo está en voz pasiva y no en voz activa. Eso quiere decir que Dios es el que en última instancia hace todo esto. Nosotros participamos, sí, y lo hacemos obediente, voluntaria y activamente (ver 1:14-15, 22; 2:1-2). Pero nunca debemos permitir que entre en nuestra mente la idea de que somos responsables en última instancia de nuestro crecimiento espiritual. Como Pablo dijo en otro contexto: «Yo sembré, Apolos regó, pero Dios ha dado el crecimiento» (1 Co 3:6). Nosotros

PIEDRAS VIVAS EN EL EDIFICIO DE DIOS

En las prácticas de construcción del primer siglo, a menudo se extraían piedras nuevas de las canteras, y luego se ajustaba las piedras recién cortadas perfectamente en su lugar. Pero una manera más rápida y menos costosa de reunir materiales de construcción era usar piedras de edificios viejos o derrumbados, tallándolas apropiadamente según fuera necesario para que encajaran en nuevos edificios. Los arqueólogos a menudo desentierran edificios que habían incorporado varias piedras de siglos anteriores. Algunas de estas piedras recicladas pueden incluso tener rastros de viejas inscripciones que revelan la identidad original de ellas.

La iglesia primitiva vio en estas prácticas de construcción una gran metáfora de la obra de Dios al edificar su Iglesia con «piedras vivas». Lo mismo si las piedras procedían de canteras nuevas (creyentes gentiles) que de edificios antiguos (creyentes judíos), unas y otras necesitaban algo de corte, tallado y moldeo para que encajaran en una estructura unificada y estable. Pablo usa en sus cartas a la iglesia de Corinto esta imagen de cómo Dios edifica su templo (1 Co 3:16-17; 2 Co 6:16), y el cuadro lo desarrolla a plenitud en su carta a Éfeso (Ef 2:20-22). Incluso después del tiempo de los apóstoles, pastores líderes de la iglesia antigua continuaron usando la metáfora de edificios, torres y templos en referencia a la Iglesia cristiana.[11]

Ignacio, pastor de Antioquía que murió como mártir a principios del siglo segundo por su indeclinable fe en Cristo, escribió a la iglesia de Éfeso alrededor del año 110 d.C.: «Ustedes son piedras de un templo, preparadas de antemano para el edificio de Dios Padre, levantadas a las alturas por la grúa de Jesucristo, que es la cruz, usando como cuerda el Espíritu Santo» (Ignacio, *A los Efesios* 9). Los templos eran comunes en el mundo antiguo, centros de adoración y lugares de reunión para encuentros con lo divino. Al usar el templo como una metáfora de la iglesia, con sus piedras individuales como miembros, Pedro enfatiza la unidad del cuerpo de Cristo y la presencia sobrenatural del Espíritu Santo conforme los creyentes se reúnen para adorar y tener comunión con Dios.

desempeñamos nuestra parte en nuestro crecimiento y en el de otros hacia la madurez, pero Dios es el Jardinero Maestro que produce los efectos por su propia gracia.

Nosotros sabemos que Cristo es la Piedra viva, una Piedra angular preciosa, y los que lo rechazan van a tropezar y caer. Pero, ¿qué de los que creen en él? Pedro usa una metáfora especial para los creyentes. Los llama «piedras vivas, con las cuales se está edificando una casa espiritual» (2:5). ¿De dónde sacó Pedro esta ilustración del pueblo de Dios como un edificio? Retrocediendo a los sucesos que se anotan en Mateo 16, Pedro confesó: «Tú eres el Cristo, el Hijo del Dios viviente» (Mt 16:16), a lo cual Jesús respondió con palabras famosas: «Yo te digo que tú eres Pedro, y sobre esta piedra edificaré mi iglesia» (16:18).

Un proyecto de construcción continua está en marcha. Cristo está en el proceso de edificar su iglesia, esas piedras muertas extraídas de la cantera del pecado que revivió y convirtió en «piedras vivas», y luego las encajó en esa gloriosa estructura suya llamada la iglesia. Cada vez que una persona confía en Cristo como Salvador, otra piedra se añade a esa iglesia viva, creciente. Por favor, entienda, llegar a ser una más en un edificio de piedras incontables no le resta importancia. De hecho, ¡la mejora! Usted representa una parte vital en la ejecución del plan de Dios. Sin usted, algo está faltando. La pared queda debilitada. Nunca subestime su importancia en la amplia comunidad de Cristo.

En estos versículos Pedro elabora otra analogía. No solo somos piedras vivas en la casa espiritual de Dios, sino que somos «un sacerdocio santo» llamados «para ofrecer sacrificios espirituales que Dios acepta por medio de Jesucristo» (2:5). Pedro repite esta descripción en el versículo 9: «real sacerdocio». Aquí hallamos una implicación doble de nuestro llamado a un nuevo sacerdocio real y santo de todos los creyentes. Primero, tenemos acceso sin mediación al trono de Dios. Debido a nuestra relación personal con Cristo, nuestro sumo sacerdote, podemos acercarnos «confiadamente al trono de la gracia» (Heb 4:16). No necesitamos ningún sacrificio de animales para purificarnos, ni ningún sacerdote terrenal que sirva como mediador, ni ningún rito o ceremonia para darnos acceso a la puerta del cielo. Tenemos acceso directo a Dios. Podemos simplemente orar: «Padre nuestro».

Segundo, tenemos el privilegio —y la responsabilidad— de servirnos como sacerdotes unos a otros. Se nos amonesta vez tras vez en el Nuevo Testamento que intercedamos mediante la oración unos por otros e incluso que nos confesemos los pecados unos a otros. Santiago 5:16 dice: «Por eso, confiésense unos a otros sus pecados, y oren unos por otros, para que sean sanados».

No todo creyente tiene los dones o llamamiento para ser por oficio pastor, predicador, maestro, misionero o evangelista. Pero todos somos llamados a ser sacerdotes de tiempo completo. Por lo menos, debemos «ofrecer sacrificios espirituales» (2:5). Pero, ¿qué quiere decir eso? El libro de Hebreos nos da una indicación clara de la clase de sacrificios que son apropiados para los creyentes del Nuevo Testamento:

> Así que ofrezcamos continuamente a Dios, por medio de Jesucristo, un sacrificio de alabanza, es decir, el fruto de los labios que confiesan su nombre. No se olviden de hacer el bien y de compartir con otros lo que tienen, porque esos son los sacrificios que agradan a Dios (He 13:15-16).

¿REEMPLAZÓ LA IGLESIA A ISRAEL COMO PUEBLO DE DIOS?

Cuando Pedro toma el vocabulario del Antiguo Testamento dirigido a la nación de Israel y lo aplica a la iglesia del Nuevo Testamento, ¿está implicando que Israel ha sido completamente rechazado y reemplazado por la Iglesia? Muchos cristianos hoy piensan que el plan de Dios con los judíos llegó a su fin, y que las promesas de una nación gloriosa y bendición sublime en la tierra han quedado abolidas. Algunos dicen que las promesas han sido cumplidas en un sentido espiritual por los cristianos. Otros dicen que Dios se ha divorciado de Israel a fin de tomar una nueva esposa: la iglesia.

El Nuevo Testamento, sin embargo, nos dice que Dios no planea reinterpretar ni abolir sus promesas del Antiguo Testamento a Israel, sino cumplirlas por medio de Jesucristo. Aunque la mayor parte del Israel étnico ha permanecido en un estado de incredulidad desde el tiempo de Jesús, Dios un día traerá un remanente a la fe en Cristo y los restaurará en la tierra prometida a sus antepasados (Gn 13:15). Jesús mismo prometió a los apóstoles: «Les aseguro que en la renovación de todas las cosas, cuando el Hijo del hombre se siente en su trono glorioso, ustedes que me han seguido se sentarán también en doce tronos para gobernar a las doce tribus de Israel» (Mt 19:28).

Años más tarde Pablo consideró el problema de la incredulidad presente de la mayoría de judíos y declaró que esa rebelión un día será revertida: «Hermanos, quiero que entiendan este misterio para que no se vuelvan presuntuosos. Parte de Israel se ha endurecido, y así permanecerá hasta que haya entrado la totalidad de los gentiles. De esta manera todo Israel será salvo» (Ro 11:25-26). En otras palabras, cuando Dios haya logrado sus propósitos a través de la iglesia, de nuevo volverá su atención a la nación de Israel y los llevará a la fe en Cristo. Dios no se olvidará de su pueblo ni de sus promesas.

Alabanza a Dios... agradecimiento... hacer el bien... compartir; estos son los tipos de sacrificios que agradan a Dios. Claro, todos nosotros podemos servir como sacerdotes en ese orden «santo» y «real» (2:5, 9).

— 2:9-10 —

Además de ser piedras vivas en el edificio de Dios y sacerdotes en su templo, también somos miembros de un «linaje escogido», ciudadanos de una «nación santa» (2:9), un nuevo pueblo de Dios «que pertenece a Dios» (2:9-10), y beneficiarios de la «misericordia» de Dios (2:10). Para estas designaciones Pedro toma prestado vocabulario e imágenes del libro de Deuteronomio, ilustrando una analogía entre la nación de Israel como pueblo especialmente escogido del Antiguo Testamento y la iglesia como el pueblo especial del Nuevo Testamento.

Porque para el SEÑOR tu Dios tú eres un pueblo santo; él te eligió para que fueras su posesión exclusiva entre todos los pueblos de la tierra. El SEÑOR se encariñó contigo y te eligió, aunque no eras el pueblo más numeroso sino el más insignificante de todos. Lo hizo porque te ama y quería cumplir su juramento a tus antepasados; por eso te rescató del poder del faraón, el rey de Egipto, y te sacó de la esclavitud con gran despliegue de fuerza (Dt 7:6-8).

Tal como Dios llamó al pueblo de Israel para que fuera una nación singular con un propósito especial entre los reinos paganos, la iglesia ha sido llamada a ser un testigo singular de Jesucristo en medio de un mundo perverso. Podríamos envanecernos al pensar que Dios nos eligió, a menos que entendamos que esta no fue una elección para la cual nosotros hicimos campaña. No fue algo que nos ganamos o merecemos. Tal como el pueblo hebreo no fue escogido sobre la base de algún mérito propio (Dt 7:7), los creyentes no han sido escogidos por su intelecto, belleza, influencia o moralidad superiores.

Cuando Dios nos eligió, nos hizo una «nación santa». Como aprendimos anteriormente, santidad quiere decir estar apartado. Como «nación» entre las naciones, somos llamados con propósitos especiales, «para que proclamen las obras maravillosas de aquel que los llamó de las tinieblas a su luz admirable» (2:9). Como tales, somos un «pueblo que pertenece a Dios». Piense en cuánto aumenta el valor de algo ordinario cuando es posesión de alguien extraordinario. Un antiguo diccionario se vuelve más valioso si fue el diccionario de Abraham Lincoln. Un escritorio de repente se vuelve más costoso e interesante si Winston Churchill escribió sus famosos discursos agachado sobre su gastada superficie. Y, sí, un hombre o mujer común toma una diferente clase de importancia si es posesión del Dios Todopoderoso (2:10).

> Así que cuando Pedro se refiere a Israel como aquellos «constructores» que rechazaron a la Piedra angular, Jesucristo (2:7), debemos entender esto a la luz de la enseñanza de Pablo: «Ahora pregunto: ¿Acaso tropezaron para no volver a levantarse? ¡De ninguna manera!» (Ro 11:11). Y cuando Pedro aplica pasajes de las Escrituras del Antiguo Testamento a la iglesia del Nuevo Testamento, no debemos dar por sentado que el pueblo escogido del Antiguo Testamento ha recibido un divorcio total y ha sido reemplazado por el pueblo nuevo. Más bien, el Antiguo Testamento sirve como ejemplo con aplicación para nosotros, aunque el significado principal del pasaje sigue inmovible. Como Pablo escribe con referencia a las Escrituras del Antiguo Testamento: «Todo eso les sucedió para servir de ejemplo, y quedó escrito para advertencia nuestra, pues a nosotros nos ha llegado el fin de los tiempos» (1 Co 10:11).

El hecho de que no nos pertenecemos determina una diferencia sobre cómo vivimos y para quién vivimos; ese es todo el significado de los versículos que como sumario da Pedro en 2:11-12. La renovación de nuestra relación con Dios incluye recordar nuestra posición en él y responder a él con esperanza, a pesar de nuestras circunstancias.

— 2:11-12 —

A la luz de nuestra nueva y singular posición delante de Dios como «llamados», Pedro al instante pasa de lo teológico a lo práctico. La posición como «extranjeros y peregrinos» en este mundo quiere decir que debemos vivir de tal manera que nos diferencia de las actitudes y acciones de la cultura. En estos dos breves versículos hallo por lo menos cuatro exhortaciones sencillas y a la vez urgentes.

Primero, *el real sacerdocio de Dios debe vivir una vida ejemplar* (2:11-12). Para los que no son creyentes, el mundo es una cancha de pasiones. Pero para los creyentes es el campo de batalla de oposición y tentación. Debemos gritarle «¡no!» a las pasiones carnales.

Segundo, *el linaje escogido de Dios no debe dar lugar a la calumnia* (2:12). La defensa más contundente contra las falsas acusaciones de parte de los que no son creyentes es una integridad incuestionable. Negar acusaciones falsas es fácil; pero debe haber más. Nuestras vidas deben hacer que esas acusaciones suenen ridículas para los que nos conocen bien.

Tercero, *la nación santa de Dios debe hacer buenas obras entre los que no son creyentes* (2:12). Cuando vemos a alguien necesitado, nuestra primera pregunta no es: «¿Puedo ver su tarjeta de identificación como creyente?» sino: «¿Qué puedo hacer para ayudar?» Esto tal vez quiera decir que hay que cruzar los límites tan guardados de nuestras comunidades cristianas y pasar tiempo con los que están fuera de nuestro círculo. O podría también significar que hay que invitar a «extranjeros» a nuestro medio. Sólo entonces verán ellos nuestras buenas obras, como Jesús dijo: «Hagan brillar su luz delante de todos, para que ellos puedan ver las buenas obras de ustedes y alaben al Padre que está en el cielo» (Mt 5:16).

Finalmente, *el pueblo peculiar de Dios nunca debe olvidar que lo están observando* (2:12). Pedro dice que al «observar» nuestras buenas obras, los que no son creyentes glorificarán a Dios. Nos guste o no, nos están observando. El mundo está observando. Si no ven que reflejamos el amor inquebrantable y la esperanza que anhelan, no van a pensar gran cosa de nuestra salvación… ni de nuestro Salvador.

Warren Wiersbe ilustra estos puntos con el siguiente relato:

> En el verano de 1805, un número de jefes y guerreros indígenas se reunieron en concilio en Búfalo Creek, Nueva York, para oír una presentación del mensaje cristiano por un tal Cram, de la Sociedad Misionera de Boston. Después del sermón, Chaqueta Roja, uno de los jefes principales, dio una respuesta. Entre otras cosas, el jefe dijo:
>
> «Hermano, se nos dice que has estado predicando a los blancos en este lugar. Estas personas son vecinos nuestros. Los conocemos bien. Esperaremos un poco y veremos qué efecto tiene tu predicación en ellos. Si hallamos que les hace bien, que los hace honrados y menos inclinados a engañar a los indios, consideraremos de nuevo lo que has dicho»[12]

NOTAS:

1. J. Carl Laney Jr., «God: Who He Is, What He Does, How to Know Him Better», [«Dios: Quién es, qué hace, cómo conocerle mejor»] en *Understanding Christian Theology*, ed. Charles R. Swindoll y Roy B. Zuck, Nelson, Nashville, 2003, 206.
2. C. S. Lewis, *El problema del dolor*, Miami, Caribe, 1977, 42-43.
3. Pedro tal vez esté aludiendo también a Levítico 20:7, 26 ó 21:8, que reitera la exhortación de Levítico 11:44-45.
4. Charles Wesley, And Can It Be? [Maravilloso es el gran amor] en *Celebremos su Gloria*, Libros Alianza, Dallas, Tex., 1992, no. 166. Traducción de Esteban Sywulka B.
5. Walter Bauer et al., A Greek-English Lexicon, 245.
6. Ibid., 397.
7. Ibid., 203.

8. Stuart Briscoe, *1 Peter: Holy Living in a Hostile World*, ed. rev., Understanding the Book Series, Harold Shaw, Wheaton, IL., 1992, 73.
9. Edward Gordon Selwyn, *The First Epistle of St. Peter*, 2ª ed., St. Martin's, Nueva York, 1961, 153.
10. Bauer et al., Greek-English Lexicon, 412.
11. Ver William R. Schoedel, *Ignatius of Antioch: A Commentary on the Letters of Ignatius of Antioch*, ed. Helmut Koester, Hermeneia, Fortress, Filadelfia, 1985, 66.
12. Warren W. Wiersbe, *Be Hopeful*, Victor Books, Wheaton, IL., 1982, 57.

NUESTRA VIDA PEREGRINA
(1 PEDRO 2:13—4:11)

Me encanta la experiencia de la pareja misionera estadounidense que volvía a los Estados Unidos de América por barco después de varias décadas de servicio fiel en África. A bordo, junto con ellos, viajaba un diplomático importante que recibió tratamiento de alfombra roja durante el viaje, mientras la pareja misionera simplemente estaba a un lado y contemplaba la fanfarria. A la llegada a la ciudad de Nueva York, una multitud y una banda se había reunido para recibir al político. Después de bajar por la pasarela, música y fuertes aplausos estallaron mientras su desfile motorizado se alejaba.

Después, calladamente, sin ninguna fanfarria, ninguna atención, ni música, la pareja misionera desembarcó tomados del brazo por la pasarela, dando sus primeros pasos en terreno estadounidense en más de treinta años. Después de algún silencio, el esposo se volvió a su esposa y le dijo: «Mi amor, no parece bien que después de todos estos años nadie venga a saludarnos, mientras aquel hombre recibe una recepción tan grandiosa».

La esposa lo abrazó y gentilmente le recordó: «Pero, cariño, todavía no hemos llegado a la patria».

> Por la fe se radicó como extranjero en la tierra prometida, y habitó en tiendas de campaña con Isaac y Jacob, herederos también de la misma promesa, porque esperaba la ciudad de cimientos sólidos, de la cual Dios es arquitecto y constructor (He 11:9-10).

Debido a su esperanza impulsada por la fe, Abraham, como incontables santos del Antiguo Testamento, vivieron en este mundo como peregrinos. Noé, predicador de justicia y receptor de la gracia de Dios, no encajó en su mundo de constante perversidad (Heb 11:7; 2 P: 2:5). Moisés, también, vivió la vida de peregrino y extranjero. Nunca se sintió en su país en Egipto, en la tierra de Madián o en el desierto de Sinaí. Es más, Moisés le puso por nombre a su primer hijo «Gersón», que quiere decir «extranjero», recordatorio constante de que era «un extranjero en tierra extraña» (Éx 2:22). Como Noé y Abraham antes de él, Moisés también conocía demasiado bien que como siervo de Dios, su principal ciudadanía no estaba en un reino terrenal, sino en el Reino de Dios.

Usted y yo como creyentes vivimos lejos de la patria. Aunque somos residentes temporales de alguna nación en particular aquí en la tierra, somos ciudadanos eternos de otra tierra. Permítame decirlo más claramente. Vivimos en medio de una cultura *pagana*, rodeado por paganos, que abrazan una filosofía *pagana*, una forma *pagana* de vida, y una actitud *pagana* hacia los creyentes. Pero Dios nos ha plantado aquí para que seamos embajadores de un reino diferente y conduzcamos a otros a una ciudad mejor cuyo arquitecto y constructor es Dios.

En esta segunda sección principal de 1 Pedro, la más larga de las tres, Pedro *exhorta* a sus lectores a una vida de esperanza a pesar de vivir como extranjeros en tierra extraña (2:13—4:11). Insta a sus lectores a someterse a las varias autoridades seculares (2:13—3:7), a ser humildes en espíritu

TÉRMINOS CLAVE

ὑποτάσσω *[jupotasso]* (5293) «colocar debajo, sujetar, someter»

De la preposición *jupó* («bajo») y de la palabra griega *tassis* («orden»), este término literalmente quiere decir «colocar bajo» otro. La palabra se usaba como término militar griego para describir la deferencia voluntaria a las órdenes de otro. Implica una sujeción consciente, voluntaria, a la autoridad de otra persona. Este tema de sumisión aparece por toda la carta de Pedro. Todos deben someterse a los gobiernos humanos (2:13-14), los siervos a los patronos (2:18), las esposas a los esposos (3:1), y los jóvenes a sus mayores (5:5). En otras palabras, todo aspecto de la vida se debe conducir con orden, y no en desorden.

ἁγιάζω *[jagiazo]* (37) «hacer santo, consagrar, apartar, santificar»

Relativo al adjetivo *jáguios* («santo»), esta forma verbal se refiere al proceso que aparta a alguien o algo. Por lo general la palabra se refiere a la obra de Dios para hacer más santos a los creyentes (Ef 5:26; 1 Ts 5:23). Pero el único uso de Pedro es singular porque los creyentes son llamados a «santificar» a Cristo (1 P 3:15, RVR1960). Cuando conscientemente honramos a Cristo, estamos considerándole santo, colocándole en el lugar exclusivo como Señor y Maestro de nuestra vida.

(3:8-22), a armarse como soldados acantonados en territorio extranjero (4:1-6), y a glorificar a Dios a la luz de la venida de Cristo para llevarlos a su verdadera patria (4:7-11). Estos principios se vuelven la clave para vivir como creyentes en un mundo hostil. En toda esta sección Pedro recalca la gracia para mantenerse firmes, y describe una *esperanza tranquila* mediante la sumisión personal (3:6). Y el Señor Jesús se vuelve *ejemplo* de sufrimiento injusto a la luz de la gloria indecible, modelo de esperanza en tiempos de aflicción.

Cómo seguir avanzando aunque lo esquilmen a uno (1 Pedro 2:13-25)

[13]Sométanse por causa del Señor a toda autoridad humana, ya sea al rey como suprema autoridad, [14]o a los gobernadores que él envía para castigar a los que hacen el mal y reconocer a los que hacen el bien. [15]Porque ésta es la voluntad de Dios: que, practicando el bien, hagan callar la ignorancia de los insensatos. [16]Eso es actuar como personas libres que no se valen de su libertad para disimular la maldad, sino que viven como siervos de Dios. [17]Den a todos el debido respeto: amen a los hermanos, teman a Dios, respeten al rey.

[18]Criados, sométanse con todo respeto a sus amos, no solo a los buenos y comprensivos sino también a los insoportables. [19]Porque es digno de elogio que, por sentido de responsabilidad delante de Dios, se soporten las penalidades, aun sufriendo injustamente. [20]Pero ¿cómo pueden ustedes atribuirse mérito alguno si soportan que los maltraten por

hacer el mal? En cambio, si sufren por hacer el bien, eso merece elogio delante de Dios.
²¹Para esto fueron llamados, porque Cristo sufrió por ustedes, dándoles ejemplo para que sigan sus pasos. ²²Él no cometió ningún pecado, ni hubo engaño en su boca». ²³Cuando proferían insultos contra él, no replicaba con insultos; cuando padecía, no amenazaba, sino que se entregaba a aquel que juzga con justicia. ²⁴Él mismo, en su cuerpo, llevó al madero nuestros pecados, para que muramos al pecado y vivamos para la justicia. Por sus heridas ustedes han sido sanados. ²⁵Antes eran ustedes como ovejas descarriadas, pero ahora han vuelto al Pastor que cuida de sus vidas.

¿Alguna vez ha comprado usted un auto usado y se ha dado cuenta a las pocas semanas de que compró una chatarra? ¿Alguna vez pagó un dineral para ver una película que hizo que el video aficionado que usted grabó el año pasado en las vacaciones de su familia pareciera como *La novicia rebelde*? ¿Quién no se ha dejado engatusar por un vendedor zalamero, bien vestido, y bien peinado y zapatos relucientes? Y, ¿quién no se ha dejado engañar por la deslumbrante campaña política que prometió mucho más de lo que puede cumplir?

Estafas comunes como estas tienen lugar relativamente a menudo y, por lo general, es fácil recuperarse de ellas. Es mucho más difícil aguantar cuando el sufrimiento se vuelve personal. Si alguna vez ha soportado el golpe recio de alguna calamidad, no está solo. David sufrió maltrato de parte de Saúl; Esaú dijo que Jacob lo engañó; los hermanos brutalizaron a José; y Job recibió en cuerpo y alma grandes calamidades, ¡visibles e invisibles! Por supuesto, ser contado en las filas con David, Esaú, José y Job no es ningún consuelo cuando eso significa ser tratado injustamente.

Cuando alguien difama nuestra reputación, chismea a nuestras espaldas, o es una amenaza para la forma en que nos ganamos la vida, las cosas pueden ponerse bastante feas. En mi experiencia, nuestra reacción espasmódica al tratamiento injusto por lo general cae en una de tres categorías. Primero, podemos adoptar el patrón agresivo de echarles a otros la culpa, y concentrarnos en la persona que nos hizo el mal y hacer lo que sea con tal de cobrárnoslas. Segundo, podemos abrazar un patrón pasivo y compadecernos a nosotros mismos, dejándonos absorber por la lástima de uno mismo y quejándonos constantemente por nuestra suerte. Tercero, podemos caer en un círculo vicioso de sentimientos postergados, poniendo nuestras emociones al rescoldo, para arder debajo de una superficie en calma.

Todas estas reacciones naturales tienen sentido desde el punto de vista humano, ¿verdad? Pero eso es todo lo que son: *naturales* y *humanas*. El apóstol Pedro ofrece una alternativa sobrenatural y divina a estas respuestas humanas típicas. Pero permítame darle una advertencia. Los audaces ejemplos de Pedro en cuanto al tratamiento injusto quizá superan la mayoría de nuestras quejas relativamente mezquinas, y nos despojan de toda excusa que pueda empujarnos a las tres reacciones espasmódicas típicas.

— 2:13-17 —

Recuerde que Pedro escribió esta carta para guiar a sus lectores de Asia Menor a Jesucristo como la verdadera fuente de esperanza en tiempos de aflicción. ¡Y vaya que eran tiempos de aflicción! Aquellos creyentes estaban dispersos y maltratados, aprisionados y esclavizados. Sus mismos parientes los rechazaban, eran singularizados por sus patronos, y los encargados de la imposición de la ley los atacaban, aunque debían protegerlos. Además de estas instancias de pruebas diarias, todos, en todo el imperio, vivían bajo un emperador que cada día estaba más loco y más anticristiano: Nerón.

A César Nerón, que reinó del 54 al 68 d.C., se le recuerda por su tiranía, brutalidad y breve pero horrorosa persecución de los cristianos en Roma.

Así que cuando Pedro empieza su respuesta que honra a Dios ante el tratamiento injusto con «Sométanse por causa del Señor a toda autoridad humana», no suena extraño: ¡suena *drástico*! La palabra «someterse» viene de la palabra griega *jupotasso*, término militar que describe la deferencia voluntaria a los deseos de otra persona. Significa una sujeción consciente, voluntaria, a la autoridad de otra persona.

La sumisión al gobierno humano requiere que «le demos al César» nuestra obediencia civil (Mt 22:21). Incluye la oración sincera por los gobernantes que tienen autoridad sobre nosotros (1 Ti 2:1-2), estemos de acuerdo o no con su política y procedimientos. Quiere decir vivir honorablemente y en paz en ese dominio (Ro 13:1-7). Los creyentes deben ser ciudadanos modelo, y no rebeldes o desadaptados sociales. Así que Pedro insta a sus lectores a reconocer a las autoridades locales («gobernantes») y también a las autoridades más altas («reyes»). Independientemente de la corrupción e idolatría de esas autoridades, hay que respetarlas y respaldarlas. Pero, ¿por qué?

Pedro explica en el versículo 15 el porqué de esta sumisión radical: «Esta es la voluntad de Dios: que, practicando el bien, hagan callar la ignorancia de los insensatos». «Hacer callar» literalmente equivale a «poner bozal», como en: «No le pongas bozal al buey mientras esté trillando» (1 Ti 5:18). Pero más a menudo el Nuevo Testamento usa el término en su sentido metafórico: para dejar a alguien sin tener qué decir, incapaz de responder para no exponer su culpabilidad (Mt 22:12), derrota en el debate (22:34), o incluso sumisión a una autoridad más alta (Lc 4:35). Este es el tipo de «poner bozal» a los insensatos que se oponen al cristianismo que Pedro tiene en mente.

Como ve, las acusaciones y rumores sin base abundaban en cuanto a los creyentes en esos días. «Son leales a un rey diferente». «Son una secta rebelde». «Quieren derrocar al gobierno». «¡Son subversivos!». Al someterse voluntariamente, haciendo lo correcto ante Dios y otras personas, cerraría la boca a los que regaban esos rumores tan malévolos y erróneos.

Detrás del mandamiento de Pedro a someterse (2:13-14) y del porqué de la sumisión (2:15) está otro principio importante en cuanto a nuestra actitud en la sumisión (2:16-17). En el contexto actual, nos sometemos al presidente de la nación aunque no hayamos votado por él o su partido. Nos sometemos a las decisiones de los legisladores aunque pensemos que sus leyes a veces no tengan sentido o sean excesivas. En breve, nos sometemos, no porque seamos ciegos nacionalistas, sino porque somos «esclavos de Dios». Como tales, nuestra obligación es servirlo y, para hacerlo, necesitamos vivir de una manera que honre su reputación ante la opinión pública.

Con este principio vienen cuatro mandamientos breves en rápida sucesión: «Den a todos el debido respeto, amen a los hermanos, teman a Dios, respeten al rey». Estas frases son fáciles de escribir, pero juntas producen un difícil acto de equilibrio, ¿verdad? Debemos honrar y respetar a todas las personas, independientemente de su fe en Cristo, su estilo de vida impío y sus actitudes hacia los creyentes. Al mismo tiempo, debemos amar incondicionalmente a los hermanos y hermanas creyentes. La palabra es *agape*, amor incondicional, como el de Cristo. Dios siempre debe tener nuestra reverencia, y debemos tener su voluntad como suprema. Pero también debemos honrar al rey, que a lo mejor incluso nos aborrezca, aborrezca a su propio pueblo y aborrezca a Dios.

Seamos realistas. La Biblia nunca sugiere que los gobernantes serán perfectos, y nuestra sumisión civil no está condicionada al hecho de que el gobierno modele virtud cristiana o refleje moralidad bíblica. Recuerde, en los días de Pedro el imperio no era una monarquía benevolente, favorable a los cristianos. Un porcentaje de los impuestos que los creyentes pagaban iba a la construcción de templos paganos y financiaba guerras injustas. Todavía más, el dictador loco, Nerón, era notoriamente cruel con los cristianos. Esta combinación presentaba un dilema para Pedro y sus lectores: ¿Cómo honrar a todas las personas, amar a los hermanos y hermanas en la fe, temer a Dios, *y* honrar a aquel rey en particular? ¿Acaso no deberían negarse a pagar impuestos que respaldan un régimen tan opresivo? O, ¿tal vez deberían levantarse en armas contra un gobierno con un líder semejante? Pedro dice que no. En ninguna parte las Escrituras promueven la revolución y la anarquía.

Pero el llamado de Pedro a la sumisión al gobierno establecido como sistema para mantener el orden no quiere decir que Dios endose a ese gobernante en particular. Tampoco quiere decir que apruebe leyes en particular que se dictan en contra de la voluntad divina. Los creyentes no están obligados a aceptar leyes que están en conflicto con la voluntad de Dios claramente revelada (ver Dn 6; Hch 5:29). La Biblia no instruye que el pueblo de Dios guarde silencio frente a las injusticias sociales y políticas (ver Mr 6:17-18). En los casos en que Dios ha dado un mandamiento a su pueblo, como por ejemplo predicar el evangelio y evitar la idolatría, los creyentes deben obedecer a Dios antes que a sus líderes humanos. Pero al hacerlo, también deben estar dispuestos a sufrir las consecuencias legales por esa desobediencia y críticas expresas.[1]

Claramente, debemos enfocarnos con sabiduría y oración en nuestra responsabilidad de someternos al gobierno humano. También necesitamos considerar con todo cuidado nuestras respuestas a las injusticias y males de ese gobierno. La respuesta no es seguir la agenda perversa de un tirano mientras que enarbolamos nuestras banderas de patriotismo. Eso sería deshonrar a Dios, a la iglesia y al mundo. No debemos atrincherarnos en un recinto con alambre de púas y declararles la guerra a los funcionarios corruptos del gobierno que vienen a nuestra puerta con una factura por impuestos o una citación judicial. Eso sería deshonrar al rey y motivar reproche a Cristo. Entre estos dos extremos vivimos en la tensión incómoda, constante, de los mandamientos de Pedro al parecer imposibles: «Den a todos el debido respeto: amen a los hermanos, teman a Dios, respeten al rey». Solo la sabiduría que nos ofrece Dios puede ayudarnos a vivir como es debido en esa tensión.

— 2:18-25 —

Dejando el asunto mayor de la sumisión a la autoridad del gobierno, Pedro se concentra en un ejemplo en particular de sumisión que era común en el primer siglo: la esclavitud.

En el siglo XXI, con un mundo que con toda razón se estremece a la sola mención de la esclavitud, las palabras de Pedro parecen chocantes. Para algunos, ¡sonarían completamente ofensivas! Pero la institución de la esclavitud en los días de Pedro era muy diferente al sistema nauseabundo racista de la historia moderna, e incluso el deplorable trágico clandestino de esclavos en nuestros propios días. Con todo, la esclavitud en el mundo antiguo podía ser horrible, incluso mortal, ¡sobre todo si el amo no apreciaba la nueva fe en Cristo que su esclavo había hallado!

Muchos han derivado una analogía entre la esclavitud del primer siglo y la relación actual de patrón a empleado, sugiriendo que tienen suficientes similitudes para garantizar la aplicación de este pasaje a nuestra situación moderna en el lugar de trabajo. De algunas maneras esto es apropiado, pero de muchas maneras básicas, la analogía no resulta. Aunque el lugar donde trabajamos es el punto de arranque, nunca debemos olvidar que los trabajos en el mundo hoy, en su vasta mayoría, son voluntarios, y no obligatorios.

En la historia, algunos cristianos radicales han interpretado la libertad que tienen en Cristo como garantía de una libertad social y política de toda autoridad y opresión. Durante la Reforma, el énfasis de Martín Lutero en la «libertad del creyente» de la esclavitud espiritual a la iglesia Católico romana llevó a que algunos campesinos entusiastas tomaran las armas contra sus señores alemanes. Hoy muchos promueven la «teología de la liberación» e interpretan el mensaje de la cruz de maneras socialistas o comunistas, abogando por el derrocamiento de los sistemas sociales opresivos y la igualdad económica para todos.

Los apóstoles y líderes de la iglesia primitiva, sin embargo, conocían los peligros de abogar por una revolución social y política aparte de una verdadera conversión del corazón y la mente dentro de la sociedad. Es verdad que donde el evangelio de Jesucristo penetra en el corazón de las personas en una escala amplia, la cultura se transforma y los males como la pobreza, la esclavitud y la opresión disminuyen de manera radical. Pero estos cambios sociales son el resultado, y no la meta, de la suprema prioridad de Dios: transformar mentes y corazones (Ro 12:1-2; 1 Co 7:20-24).

Conociendo la tendencia humana de rebelarse contra el tratamiento injusto, Pedro insta a los siervos cristianos que se sometan a sus amos, aun los que son ásperos e irrazonables. Hay que reconocer que eso es difícil de aguantar. Pero la exhortación de Pedro a la sumisión tiene sentido cuando la relacionamos con nuestro llamamiento a reflejar el carácter divino en un mundo oscuro y sin Dios. Pedro deja en claro lo que dice cuando trae a colación el sufrimiento injusto de Cristo: «Para esto fueron llamados, porque Cristo sufrió por ustedes, dándoles ejemplo para que sigan sus pasos. Él no cometió ningún pecado, ni hubo engaño en su boca» (2:21-22). Cuando sufrimos injustamente a manos de un dictador cruel o un jefe injusto e impositivo, participamos del ministerio de Cristo de sufrimiento injusto por otros. Cristo sufrió por nosotros. Nosotros sufrimos por los inconversos que necesitan poner en práctica el evangelio en la vida.

LA ESCLAVITUD EN EL IMPERIO ROMANO

Erramos si pensamos que la esclavitud en los días de Pedro era similar a la esclavitud en el mundo moderno. Debemos considerar a los esclavos en el mundo antiguo como una clase social. Los historiadores piensan que el porcentaje total de esclavos en la sociedad romana puede haber constituido entre un 25 a un 45 por ciento de la población.[2] Antes del tiempo de Pedro, los romanos adquirían la mayoría de sus esclavos como botín de guerra. Con el tiempo, sin embargo, hombres y mujeres podían convertirse en esclavos de varias maneras. Los hijos de los esclavos automáticamente eran propiedad de sus amos. A los niños abandonados los podían comprar como esclavos. Incluso algunos individuos podían venderse a sí mismos como esclavos para satisfacer deudas u otras obligaciones. Como tal, la esclavitud en el mundo romano se basaba más en un estatus social, económico y político que en raza o etnia.

Las tareas diarias del esclavo variaban dependiendo de su pericia, el estatus de sus amos, y la ciudad o región en donde vivían. Las tareas podían ser tan rutinarias como limpieza o tan brutales como trabajar en minas. Otros esclavos podían ser preciados cocineros, maestros e incluso médicos. El tratamiento a los esclavos dependía del temperamento de sus amos y amas.

Los amos podían dar la libertad a sus esclavos cuando quisieran, y en ese momento el esclavo tomaba el nombre de su amo y, por lo general, se le concedía el mismo nivel social.[3] Puesto que la ley romana permitía la posibilidad de concederles derechos a tales esclavos, la composición de la población empezó a cambiar con el tiempo, especialmente respecto a un aumento de la diversidad étnica. En una época solo personas que no fueran romanas eran esclavas, pero en el tiempo de Pedro, la población de esclavos se había vuelto diversa, compuesta tanto de romanos como de no romanos.[4]

Relieve que muestra a una romana y su criada.

Nadie sufrió tan injustamente como Cristo. Al único Hombre perfecto que ha existido sus oyentes lo malentendieron, los enemigos maltrataron, su familia lo olvidó, sus amigos lo traicionaron, sus discípulos lo abandonaron, los agentes de la ley lo torturaron y los políticos lo ejecutaron. El Único en la historia con todo derecho a presentar una queja guardó silencio. El único Hombre que podía haber llamado a Dios para que castigara a sus enemigos, soportó en silencio el castigo inmerecido (2:23). Y lo hizo no por sí mismo, sino por nosotros (2:24). Al morir en nuestro lugar —el justo por los injustos— nos sanó el alma para que podamos vivir una nueva vida de justicia (2:24).

Pedro llama a sus lectores, incluyéndonos a nosotros, a someternos voluntariamente a la autoridad, aun cuando los que ostentan el poder actúen con injusticia. Pero no hace este llamado solo para mantener la paz o defender el sistema del mundo. Más bien, nos señala a Jesucristo como ejemplo por excelencia. Cristo se entregó «a aquel que juzga con justicia» y pudo por consiguiente soportar con esperanza la injusticia. De modo similar, los creyentes pueden confiar en el Pastor y Guardián de sus almas (ver 2:25). O sea, al seguir el ejemplo de Cristo, podemos tener una fe inquebrantable en tiempos de aflicción.

Aplicación

Beneficios de soportar los embates

El enfoque de Pedro en cuanto a soportar el tratamiento injusto de las autoridades del gobierno y de los que nos mandan en el trabajo parece drástico. Pero lo cierto es que la rebelión directa y el desquite abierto resultan *menos* revolucionarios que aguantar con paciencia la injusticia por la causa de Cristo.

Muchos de nosotros al presente no sufrimos persecución a manos del gobierno civil, pero como creyentes en una sociedad cada vez más pluralista y cada vez menos tolerante del cristianismo bíblico, enfrentamos retos de parte de instituciones políticas y sociales que nos aplican un tratamiento injusto. Con la rápida deterioración de los valores cristianos, es más probable que suframos maltrato en nuestro trabajo debido a nuestra dedicación a Cristo. En ambos casos, probablemente nuestra respuesta inicial será hablar radicalmente; pero Pedro nos ofrece *una manera incluso más drástica*.

Nuestro mundo nos bombardea con mensajes que nos empujan a defender nuestros derechos. Somos rápidos para defendernos cuando sentimos que alguien nos pisa los callos, sobrepasa la línea, ignora límites o entra en nuestro espacio. Podemos hallar el número de teléfono de algún abogado más rápido de lo que podemos encontrar un pasaje de la Biblia que nos exhorta a soportar la adversidad. ¡Deténgase y piense! ¿Cuándo fue la última vez que recibió un golpe en la quijada por causa de Cristo? ¿Cuándo fue la última vez que cedió sus derechos con el propósito deliberado de seguir el ejemplo de Cristo? ¡Qué raro es eso, sobre todo en nuestra cultura de desquites!

El mensaje de Pedro a la naciente iglesia del primer siglo puede parecerle un puñetazo en el estómago a la iglesia del siglo XXI. Pero no podemos restar importancia a la significación de su llamado a soportar con paciencia la intolerancia, el prejuicio y el tratamiento injusto cuando se sigue a Cristo.

Y debido a que este tipo de actitud no brota de nosotros en forma natural, dedique algún tiempo para resolver su enfoque a este asunto respondiendo a algunas de las preguntas que siguen.

Primero, considere cuáles reacciones «naturales» al tratamiento injusto suelen caracterizar a su persona. ¿Instantáneamente se desquita? ¿Busca oportunidades para vengarse? En su experiencia, ¿cuáles han sido los efectos negativos a esas respuestas? ¿De qué manera los que no son creyentes perciben a los creyentes y el cristianismo debido a sus reacciones?

Segundo, reflexionando en las palabras de Jesús anotadas en Mateo 5:38-42, ¿de qué modo la enseñanza de Cristo se aplica a las circunstancias cotidianas en su vida? ¿De qué manera los que no son creyentes percibirían a los creyentes y al cristianismo si usted aplicara en su vida esta respuesta radical al tratamiento severo?

Podemos disfrutar de un fogonazo de satisfacción personal cuando nos defendemos o nos desquitamos de los que tienen autoridad sobre nosotros, pero Cristo nos llama a un camino mejor. En lugar de responder a la bofetada del mundo con un puñetazo en la barriga, Cristo nos dice que volvamos la otra mejilla. Nunca debemos permitir que el sentido del mundo en cuanto al bien y al mal dicte nuestra respuesta. Nos sometemos al señorío de un Líder perfecto que ha dispuesto el ejemplo de sumisión de los derechos personales para una gloria mayor.

El tira y afloja de la armonía doméstica (1 Pedro 3:1-7)

¹Así mismo, esposas, sométanse a sus esposos, de modo que si algunos de ellos no creen en la palabra, puedan ser ganados más por el comportamiento de ustedes que por sus palabras, ²al observar su conducta íntegra y respetuosa. ³Que la belleza de ustedes no sea la externa, que consiste en adornos tales como peinados ostentosos, joyas de oro y vestidos lujosos. ⁴Que su belleza sea más bien la incorruptible, la que procede de lo íntimo del corazón y consiste en un espíritu suave y apacible. Ésta sí que tiene mucho valor delante de Dios. ⁵Así se adornaban en tiempos antiguos las santas mujeres que esperaban en Dios, cada una sumisa a su esposo. ⁶Tal es el caso de Sara, que obedecía a Abraham y lo llamaba su señor. Ustedes son hijas de ella si hacen el bien y viven sin ningún temor.

⁷De igual manera, ustedes esposos, sean comprensivos en su vida conyugal, tratando cada uno a su esposa con respeto, ya que como mujer es más delicada, y ambos son herederos del grato don de la vida. Así nada estorbará las oraciones de ustedes.

Con un fulgor en los ojos, el joven esposo ayuda a su hermosa esposa a subirse al carruaje y luego sube él. Toma las riendas del único caballo que tira de la carreta y con una palabra empieza un trote placentero. La noche fresca, clara, es perfecta para el paseo. Hay romance en el aire; los recién casados están sentados muy juntitos, y se contemplan el uno al otro antes que a la belleza del entorno iluminado por la luz de la luna. Después de unos pocos kilómetros, sin embargo, las cosas empiezan a cambiar. El esposo se distrae y no dirige al caballo. La carreta se sale del camino. La esposa trata de tomar el control y estalla el conflicto. Mientras los dos se dedican a un tira y afloja por las riendas de cuero, el caballo se lanza al galope y se dispara al bosque. Lo que en un momento fue un paseo tranquilo bajo una noche estrellada de pronto se convierte en una peligrosa odisea a saltos y a brincos que empeora con cada segundo que pasa. Cuando la carreta por fin se vuelca, las heridas internas de la pareja duelen más que los golpes y las contusiones externas.

Este relato ficticio ilustra un hecho importante: *una boda es una cosa; un matrimonio es otra cosa completamente diferente*. Al estar casado con Cynthia por más de cincuenta años, he llegado a ser un realista respecto al matrimonio, no un idealista. Nuestras décadas de matrimonio han sido a la vez años de aprendizaje y crecimiento, dificultad, deleite, descubrimiento, corazones rotos, tragedias, tiempos dolorosos y momentos de éxtasis. Esas experiencias han hecho más fuerte nuestro matrimonio. El apóstol Pedro también habla del matrimonio, pero no desde alguna cueva remota de un profeta ni desde la proverbial torre de marfil del catedrático. No, Pedro era un hombre casado. Es más, su esposa lo acompañó en muchos de sus viajes (1 Co 9:5). Así que Pedro conocía en carne propia las luchas que atraviesan los casados.

Como el diamante engastado en platino, el enfoque que Pedro hace del matrimonio cristiano aparece en medio de su disertación acerca de nuestra vida como extranjeros, como creyentes en un mundo hostil y sin esperanza. En toda esta carta Pedro dirige el reflector a Jesucristo, por quien podemos tener esperanza en tiempos de aflicción. En el contexto inmediato de este pasaje, recuerde, Pedro empezó a hablar del asunto de la sumisión, y llama a los creyentes a someterse por causa de Cristo a las instituciones humanas y a los amos humanos (2:13-25), incluso a aquellos que los tratan mal. Debemos someternos porque eso honra a Dios e impide que los que están afuera tengan base para difamar el cristianismo. Y *podemos* someternos porque Cristo sirve de ejemplo de paciencia ante el sufrimiento inmerecido con un propósito mayor y con el ojo puesto en la esperanza de la gloria que viene.

Así que el contexto de 1 Pedro 3:1-7, que trata de la armonía en el matrimonio, tiene que ver con la capacidad de vivir en una situación injusta e incluso insoportable. La mayoría de los matrimonios que conozco no son precisamente «insoportables». ¿Difíciles, frustrantes? Sí. Pero por lo general no tan agonizantes como que no se puedan tolerar ni tan peligrosos que estén al borde de ser mortales. Ese no es el matrimonio común. También sé que casi todos los matrimonios atraviesan días, semanas, incluso tal vez períodos recurrentes que son difíciles de aguantar, en los cuales uno de los cónyuges empuja al otro al borde del agotamiento o incluso de la desesperación. Pedro habla de este tipo de conflicto matrimonial, y ofrece esperanza si se sigue el ejemplo de Jesucristo.

— 3:1-6 —

Pedro empieza con la expresión: «Así mismo». Esta conjunción de inmediato nos lleva de regreso a lo que Pedro ha considerado ya, puesto que nos lleva a preguntar: «Así mismo, ¿respecto a *qué*?» Una pregunta más apropiada sería: «Así mismo ¿respecto a *quién*?» No debe sorprendernos que el contexto inmediato sea el ejemplo de la fidelidad de Cristo al plan y propósito de Dios. Pero brotando de este llamado a imitar a Cristo, vemos el tema de la ciudadanía fiel (2:13) y el servicio fiel (2:18). En otras palabras, tal como somos llamados a ser fieles a las instituciones del gobierno y el servicio, también debemos ser fieles a la institución del matrimonio.

No debe sorprendernos, entonces, que Pedro reitere el mismo mandamiento que ha dado a los ciudadanos y a los siervos: «esposas, sométanse». Es el mismo verbo, *jupotaso*, significando someterse voluntariamente a otro, con la implicación de seguir en obediencia la dirección del otro. Estoy perfectamente consciente de cuán sensible puede ser la cuestión de sumisión en el matrimonio, en especial en un mundo en donde las mujeres demasiado a menudo han sido objeto de abuso físico y emocional a manos de esposos patanes que no exhiben para nada el amor de Cristo. Nótese que Pedro habla a los esposos más adelante, en el versículo 7.

No pienso que Pedro tenga la intención de obligar a soportar el abuso en una relación en la que peligra la salud o la vida de la esposa, el esposo o los hijos solo por ser fiel en el matrimonio. Eso no es sumisión; eso es rendición intolerable. Con todo, algunos han interpretado este pasaje sobre los papeles en el matrimonio como producto del contexto cultural de Pedro, irrelevante para el mundo de hoy. Así que se vuelve una simple opción… y obsoleta de paso. Pero, ¿significaría eso que someterse al gobierno humano también es opcional? ¿O que la insubordinación en el trabajo es aceptable para los creyentes? Aunque popular, este tipo de enfoque relativista a los principios de la Biblia no da resultado. Así que, conscientes de los dos abismos a cada lado de esta senda estrecha, debemos permitir que las propias palabras de Pedro expliquen este consejo sabio para esposos y esposas.

En los primeros seis versículos encuentro cuatro imperativos implícitos entretejidos en la trama del principio general de Pedro del llamado a la esposa a someterse al liderazgo de su esposo:

- Analicen sus acciones (3:1-2).
- Vigilen sus adornos (3:3).
- Verifiquen su actitud (3:4).
- Evalúen su atención (3:5-6).

Examinemos con mayor detenimiento cada uno de estos.

Primero, *Pedro insta a las esposas a analizar sus acciones* (3:1-2). Pedro primero considera una respuesta común al principio de sumisión: «Un cambio total es aceptable; yo seré la clase de esposa que Dios quiere que sea, ¡siempre y cuando Jorge sea la clase de esposo que Dios quiere que sea!» Pero el versículo 1 explícitamente pinta a un esposo que no está viviendo a la altura de los ideales bíblicos. Pedro dice que las esposas deben mostrar un espíritu sumiso hacia sus esposos incluso «si algunos de ellos no creen en la Palabra». Esta frase por lo menos quiere decir que no están viviendo según los principios bíblicos, pero también podría incluir a los que todavía no se han sometido personalmente al señorío de Cristo.

Pedro no está escribiendo para «poner a la esposa en su lugar». La sumisión tiene un propósito mucho mayor que el orden doméstico: «de modo que… puedan ser ganados más por el comportamiento de ustedes que por sus palabras». Este es el asunto: cuando una esposa creyente vive una vida como la de Cristo en sus actitudes y acciones, puede atraer a un esposo que de otra manera tendría el corazón duro hacia la verdad bíblica. De hecho, Pedro dice que la esposa puede llevar a Cristo al esposo si este observa en ella una «conducta íntegra y respetuosa» (3:2). El término «observar» se refiere a una observación cuidadosa, y no a un vistazo casual. Una «buena obra» de sumisión y llena de gracia no es suficiente. Pedro tiene en mente un carácter siempre virtuoso. Esta sumisión casta y respetuosa no es agazaparse amilanada, corrida. Es la consagración de una esposa a castidad, pureza y devoción a su esposo. Exige un espíritu tranquilo de cooperación desprendida antes que arranques de oposición obstinada. Una esposa así no puede pasar desapercibida (ni lo será).

Segundo, *Pedro insta a las esposas a vigilar sus adornos* (3:3). La palabra griega que se traduce «adornos» es la palabra *kosmos*, de la cual obtenemos el término «cosmético». Se refiere a todo lo que se usa para embellecer o decorar. Lucas usa la forma verbal de esta palabra cuando describe al templo de Jerusalén como «adornado con hermosas piedras» (Lc 21:5). Es la misma palabra griega que se usa cuando se habla de un mundo ordenado, un mundo físico de creación ordenada (Hch 17:24), el mundo de la humanidad en general (Jn 3:16), o el sistema humano orientado en oposición a Dios (1 Jn 5:19).

Por favor, note que Pedro no prohíbe el uso apropiado de cosméticos, joyas o peinados. Algunas han sacado esto de su contexto y han optado por un enfoque de «mujer sin maquillaje», que resulta en una presencia desarreglada, incluso deschavetada, que casi atrae tanto la atención a lo externo como los adornos exagerados y estridentes. Semejante enfoque yerra lo que dice Pedro. Las esposas que usan los cosméticos con mesura y buen gusto no son «mundanas». Las que descuidan su apariencia externa y no cultivan su carácter interno, sin embargo, se han equivocado en cuanto a prioridad.

Tercero, *Pedro insta a las esposas a verificar su actitud* (3:4). En la RVR1960 el versículo 4 empieza con una conjunción de contraste: «sino». Pedro dirige a sus lectores a las actitudes internas del «corazón» en lugar de a los adornos externos del cuerpo. El corazón es la fuente del verdadero carácter. Aunque la fuente de este adorno es invisible, se manifiesta en palabras y acciones externas. Así que en los versículos 3 y 4 se contrasta el *adorno* con el *corazón*, lo externo con lo interno, el aspecto superficial de nuestro cuerpo con la exhibición superior de nuestra virtud. Lleva nada más que unas pocas horas prepararse para una noche elegante, pero lleva toda una vida edificar un carácter elegante. Las madres deben prestar cuidadosa atención a esta advertencia porque las hijas jóvenes de manera especial reciben de su madre indicios en cuanto a prioridades. Usted puede enseñar a sus pequeñas a preocuparse al detalle por el peinado, el maquillaje, las joyas y los vestidos... y a la vez descuidar las importantes virtudes de modestia, bondad y paz.

Este tipo de énfasis no es popular hoy. La cultura occidental valora la ostentación, la moda, lo que está en onda. Los medios de comunicación nos bombardean con un mensaje: «Presenta la mejor apariencia, ¡cueste lo que cueste!» El mundo derrama sus tesoros sobre aquellos a quienes considera los más hermosos físicamente. Pero Dios voltea las mesas de la agenda del mundo. El adorno interno de la virtud nunca pasa de moda; es *imperecedero*. Aunque la cualidad de un espíritu suave y apacible tal vez no impresione a la multitud de la alfombra roja de los Premios de la Academia, *es preciosa a la vista de Dios.*

Por último, *Pedro insta a las esposas a evaluar su atención* (3:5-6). Para ilustrar el principio bíblico de sumisión, Pedro acude a las heroínas del Antiguo Testamento, a quienes llama «santas mujeres que esperaban en Dios». Debemos tener mucho cuidado en notar la conexión que Pedro hace entre la santidad y la esperanza, tema que desarrolla y continuará desarrollando en toda la carta. Al esperar en Dios, teniéndolo como la fuente de su fuerza, santidad, provisión y protección, las santas del Antiguo Testamento pudieron conducirse con humildad, mansedumbre y sumisión. Aparte de esta divina esperanza, es imposible mantener tal disposición divina.

También nótese cómo Pedro usa la palabra «adornarse» para las actitudes internas que se manifiestan tanto en palabras como en obras. Sara, la esposa de Abraham, se convierte en el modelo de este tipo de sumisión de esperanza y santidad a su esposo. Ella mostró respeto en sus palabras y en sus obras, lo que hacía sin temor. No se rebeló, ni se desquitó, ni abandonó a Abraham a fin de hacer lo que se le antojaba. Ella le dio la atención y el honor debido a él como esposo.

Me doy cuenta de que algunas damas que lean esto se sentirán tentadas a cruzar los brazos y responder: «Está bien, pero Sara estaba casada con Abraham, ¡el padre de la fe! Si mi esposo fuera un santo como Abraham, ¡con gusto le seguiría adondequiera!» Pero no nos olvidemos la dura vida que Sara tuvo que soportar como esposa de Abraham. Piense en las siguientes cosas desde la perspectiva limitada de Sara.

- Su esposo en cierto momento le dijo que había tenido visiones de Dios instruyéndole que se mudara (cuando ya eran bastante viejos) a una tierra extraña (Gn 12:1-5).
- Su esposo convenció a Sara para que fingiera ser su hermana cuando estuvieron en Egipto, en donde el faraón temporalmente tomó a Sara como esposa (Gn 12:10-20).
- Siguió la dirección de su esposo cuando Abraham le entregó la mejor tierra de pastoreo a su sobrino Lot (Gn 13:1-11).
- Una segunda vez Abraham trató de hacer pasar a Sara como su hermana, y esta vez atrajo la atención de Abimélec, rey de Gerar, que también quiso tomar a Sara como esposa (Gn 20:1-18).
- Soportó el casi sacrificio de su único hijo, Isaac, a manos de Abraham, quien afirmó que Dios le había instruido que lo ofreciera (Gn 22:1-19).

Desde la perspectiva de Sara, Abraham pudiera haber aparecido impredecible, engañador, necio, precipitado e irresponsable. En algunos casos, la opinión que Sara tenía del hombre ¡hubiera sido bastante acertada! Sin embargo, Pedro nos dice en 1 Pedro 3:6: «Tal es el caso de Sara, que obedecía a Abraham y lo llamaba su señor». No debido a su matrimonio seguro y perfecto, sino debido a su matrimonio inseguro e imperfecto, Sara llegó a ser un protoipo de sumisión para todos los creyentes.

En este punto sería apropiado que las esposas se hicieran algunas preguntas penetrantes a sí mismas.

- ¿Estoy mirando a santas como Sara como ejemplos a seguir, o a las telenovelas de la tarde o películas de la noche?
- ¿Tengo a mi esposo en primer lugar en mi lista de oración?
- ¿Pongo a mi esposo en primer lugar en mis planes?
- ¿Busco maneras de honrarlo?
- ¿Le hago la vida más fácil o más difícil?

Este tipo de preguntas son apropiadas a la luz de la exhortación de Pedro a una vida santa y llena de esperanza como una esposa santa.

— 3:7 —

Pedro no deja caer un gran peso sobre las esposas y deja a los esposos libres de responsabilidad. De hecho, aunque se dirige a los esposos en un solo versículo, este solo contiene tres fuertes imperativos, explícitos o implícitos: *vive con tu esposa; conoce a tu esposa y honra a tu esposa*. Antes de saltar a estos mandamientos, note cómo empieza a hablarles a los esposos. «*De igual manera*, ustedes esposos» (3:7). Este lenguaje es paralelo a la línea inicial de Pedro a las esposas:

Así mismo, esposas ... (3:1)
De igual manera, ustedes esposos ... (3:7)

La palabra griega es *homois*, un adverbio que significa «similar», o «de igual manera». ¿Recuerda el contexto más amplio de esta sección? Debido a la esperanza que tenemos en Cristo, podemos tener seguridad en él para someternos por amor a otros en todo contexto de la vida: gobierno, empleo y matrimonio. Tal como las esposas creyentes tienen ciertas responsabilidades en el matrimonio, los esposos creyentes tienen un papel importante que desempeñar.

Primero, *el esposo debe vivir con su esposa*. Esta frase quiere decir más que «aguantar» o «sobrevivir». Quiere decir morar juntos en relación íntima: física, emocional, mental y espiritualmente. Los esposos con demasiada facilidad sustituyen el ganar una vida cómoda y proveer para las necesidades físicas en lugar de dar de su tiempo, sus palabras y sus sentimientos. Pero este tipo de relaciones íntimas son necesarias para verdaderamente *vivir con* sus esposas.

En segundo lugar *el esposo debe conocer a su esposa*. El texto griego dice que los esposos deben morar con sus esposas «conforme a conocimiento». Esto no tiene nada que ver con conocimiento superficial, como el color favorito de ella, o la comida que menos le gusta a ella. Tampoco tiene que ver con conocimiento psicológico en cuanto a las necesidades de las mujeres en general. No. Pedro quiere decir una comprensión y aprecio profundos de la esposa. Incluye percibir sus más íntimos deseos y necesidades. Incluye discernir sus preocupaciones y afanes que no expresa con palabras. Incluye ayudarla para resolver los asuntos de una manera cuidadosa y atenta. Tiene que ver directamente con «vivir juntos», de modo que quiere decir una comprensión constante, momento tras momento, de la esposa de uno.

De mi diario

¡Fuera las manos!

En los primeros años de mi ministerio pastoral, oficié la boda de un hombre y una mujer, cuyas vidas debí de haber sabido que se dirigían a la destrucción. En retrospectiva probablemente debiera haberme negado a oficiar la ceremonia. Pero aunque hice lo mejor que pude para posponerla, ni siquiera querían oírlo. Cegados por el amor o impulsados por la pasión, estaban decididos a casarse… ¡sin demora!

Recuerdo haberle dicho sin rodeos a la futura esposa en cierto momento cuando hablábamos a solas que yo pensaba que su novio era «un poco extraño». No podía decir con exactitud lo que me llamaba la atención, pero algo en él no parecía correcto. Para mi sorpresa, ella estuvo de acuerdo conmigo. Pero como tantos hombres y mujeres ven su mundo prematrimonial con lentes color rosa en forma de corazón, respondió: «Lo sé, pero pienso que lo resolveremos». Pensaba que podía aguantar la conducta extraña de él, o que ella podía ayudarle a cambiar.

Varios meses después de la boda, la pareja pasó por la puerta de mi oficina de nuevo. Él entró como borrego y se sentó; la tensión en el aire casi se podía cortar con cuchillo. Finalmente ella abrió la boca y preguntó:

—¿Es normal que un esposo remueva todas las puertas de la casa después de casarse?

—Bueno —contesté—, nunca he oído de eso antes, pero…

—Porque pocos días después de la luna de miel, él removió todas las puertas para que no haya secretos entre nosotros.

Aquel hombre desconfiaba tanto de su esposa que tenía que vigilar todos sus movimientos, ¡mientras estaban en casa! ¡Qué actitud tan espeluznante! Pero ese tipo de cosas son demasiado comunes. La desconfianza y la sospecha se convierten en celos. Los celos conducen a la cólera. Y la cólera resulta en violencia. No puedo pensar en un hombre más despreciable que el que abusa de su esposa, física, emocional o verbalmente. Si un marido no puede controlarse para no golpear a su esposa con palabras y manos, necesita conseguir ayuda *inmediatamente*. Y solo porque sus manos estén limpias no quiere decir que esté libre de culpa. La opresión, la manipulación, la obsesión, el descuido y el remover todas las puertas para vigilarla son maneras claras de *desobedecer* la exhortación de Pedro a que los hombres tengan una actitud comprensiva con sus esposas.

Junto con esta comprensión, Pedro insta a los esposos a tratar a sus esposas como tratarían a «un vaso más frágil». Pudiéramos parafrasear esto como «vaso delicado».[5] La idea es que la tendencia del esposo puede ser actuar como un toro en un almacén de porcelana, manejando las situaciones a la manera masculina como lo haría con sus amigos o colegas hombres. Más bien, debe tratar a su esposa como una pieza delicada de porcelana, con ternura, con cuidado, con gentileza. Aunque uno puede lanzar por todas partes una pelota de fútbol, ¡nadie jugaría fútbol con un costoso vaso de porcelana etrusca!

La descripción que da Pedro aquí del «vaso más frágil» no tiene ninguna intención de rebajar a la mujer o considerarla de menos valor. En verdad, ¡es precisamente lo opuesto! No quiere decir que las mujeres sean moral o intelectualmente más débiles que los hombres. He estado cerca de suficientes mujeres que aguantan las pruebas del embarazo, alumbramiento y maternidad, como para saber que no se puede referir a debilidad en resistencia física. Más bien, la mayoría de los comentaristas opinan que esta frase se refiere a la fuerza física general de las mujeres en comparación a los hombres.[6]

Es verdad que *en promedio* los hombres están hechos fisiológicamente para tener mayor masa muscular que las mujeres. Esto quiere decir que en un juego de tira y afloja, si tenemos cien hombres promedio en un extremo de una cuerda, y cien mujeres promedio en el otro, los hombres siempre ganan. Así que, cuando Pedro llama a los esposos para que entiendan a sus esposas, tratándolas como uno trataría a un vaso delicado, tiene en mente la necesidad de la mujer en cuanto a cuidado físico y protección. Esto es todavía verdad hoy, pero era más pertinente en el mundo antiguo, en donde la mujer podía con facilidad caer víctima del delito o del abuso legal sin la protección del esposo. Pero otra implicación es que Pedro llama a los esposos a dejar todo abuso verbal y físico de sus esposas. Detrás de las palabras de Pedro hay una reprimenda contundente: «¿Qué tipo de hombre retorcido, con un cuerpo del doble del tamaño de su esposa, siquiera *consideraría* alzar un dedo contra ella?»

Tercero, *el esposo debe honrar a su esposa*. En este punto Pedro deja en claro que ve a las mujeres como compañeras honorables e iguales en el matrimonio. Los esposos deben asignar a sus esposas un lugar de honor. La esposa debe tener prioridad, y ocupar el mejor lugar no solo en su corazón y en su mente, sino también en su calendario, con sus palabras y por sus acciones. Ella merece este tipo de honor porque no es inferior. Ella y él «son herederos del grato don de la vida». El esposo y la esposa comparten la misma relación personal con el Señor Jesucristo. En el campo espiritual, son iguales sin ninguna duda.

Por último, Pedro destaca un gran propósito para mantener la armonía doméstica: «Así nada estorbará las oraciones de ustedes». ¿Alguna vez ha tratado de orar después de haber tenido una pelea con su esposa? ¿Cuán fácil es tomar las manos de su esposo en oración después que haberse dado de cabezazos en un conflicto? Cuando el esposo y la esposa no mantienen intacta su vida de casados, tienen problemas para mantener su vida espiritual como se debe. ¿Por qué? Porque hay una relación directa entre el amor de Dios y el amor de nuestros semejantes creyentes (1 Jn 4:20). El matrimonio, entonces, funciona como un barómetro que mide nuestra vida espiritual por las relaciones personales cotidianas. Piénselo. Si Jesucristo está en medio de dos personas que se reúnen en su nombre (Mt 18:20), imagínese lo poderosas que pueden ser las oraciones de un esposo y esposa unificados, ¡lo que más que cualquier otra analogía humana ilustra la unión entre Cristo y su Iglesia (Ef 5:31-32)!

Aplicación

Más allá de esposos cascarrabias y esposas de malas pulgas

Seamos francos. Muchos esposos tienen problema en cuanto a entender y honrar a sus esposas. Tienden a atiborrar sus calendarios con cosas para el avance de sus carreras o satisfacer sus intereses o inflar sus egos, antes que con cosas que edifican la intimidad con sus esposas. Al mismo tiempo, a muchas esposas les cuesta respetar y seguir la dirección de sus esposos. Se quejan abiertamente de sus esposos o los denigran frente a sus amistades. Algunas esposas se valen de la manipulación activa o pasiva para salirse con la suya.

Tanto los esposos como las esposas serán sabios si recuerdan sus papeles y responsabilidades maritales. Los principios de 1 Pedro 3:1-7 pueden tomar muchas formas prácticas, pero permítame sugerir algunos proyectos para darle un buen comienzo inmediato.

Primero, la próxima semana pasen tiempo juntos como pareja y anoten cuatro cualidades que más aprecian de su cónyuge. Hablen de esas cualidades. Hágale saber a su cónyuge cómo desea usted honrarlo como persona.

Segundo, usando 1 Pedro 3:1-7 como guía, confiese una cosa que quisiera cambiar *de usted mismo* en lo que tiene que ver con la forma de tratar a su cónyuge. ¡No lo haga al revés! No mencione cuatro cosas que usted quiere cambiar *de su cónyuge*. Apéguese a la sección del pasaje bíblico que se aplica a usted. Habiendo hecho esto, confiésele a su cónyuge que usted no ha vivido a la altura de esto y que quiere esforzarse por lograrlo. Entonces cúmplalo con oración y paciencia.

Tercero, si usted lucha con su papel de esposo o esposa, piense en alguien que pueda servirle de ejemplo y que lo ayude a crecer en su relación con su cónyuge (Ti 2:3-5). Póngase en contacto con alguien a quien usted mira como buen ejemplo de un matrimonio armonioso y pídale que se reúnan para hablar de su propio enfoque a la armonía matrimonial. O, si usted ha pasado por los altibajos del matrimonio y tiene algo de sabiduría que dar a alguna pareja que apenas está empezando, considere buscar a alguien a quien pudiera servir de mentor en esta temporada del matrimonio de esa persona.

Por sobre todo, recuerde que la armonía doméstica verdadera no surge con facilidad. A veces parece del todo imposible. Esposos cascarrabias, obstinados en su forma de hacer las cosas, o esposas de malas pulgas que no están dispuestas a ceder pueden ser verdaderos obstáculos para la aplicación de los principios que Pedro nos da en este pasaje. Pero, ¡no se dé por vencido! Con esperanza en Dios incluso en tiempos de aflicción, usted puede avanzar hasta ver el fruto de su fidelidad en la vida de su cónyuge.

Vida justa y defensa pronta (1 Pedro 3:8-17)

> [8] En fin, vivan en armonía los unos con los otros; compartan penas y alegrías, practiquen el amor fraternal, sean compasivos y humildes. [9] No devuelvan mal por mal ni insulto por insulto; más bien, bendigan, porque para esto fueron llamados, para heredar una bendición.

¹⁰En efecto,

> «el que quiera amar la vida y gozar de días felices,
> que refrene su lengua de hablar el mal y sus labios de proferir engaños;
> ¹¹ que se aparte del mal y haga el bien; que busque la paz y la siga.
> ¹² Porque los ojos del Señor están sobre los justos,
> y sus oídos, atentos a sus oraciones;
> pero el rostro del Señor está contra los que hacen el mal».

¹³Y a ustedes, ¿quién les va a hacer daño si se esfuerzan por hacer el bien? ¹⁴¡Dichosos si sufren por causa de la justicia! «No teman lo que ellos temen, ni se dejen asustar». ¹⁵Más bien, honren en su corazón a Cristo como Señor. Estén siempre preparados para responder a todo el que les pida razón de la esperanza que hay en ustedes. ¹⁶Pero háganlo con gentileza y respeto, manteniendo la conciencia limpia, para que los que hablan mal de la buena conducta de ustedes en Cristo, se avergüencen de sus calumnias. ¹⁷Si es la voluntad de Dios, es preferible sufrir por hacer el bien que por hacer el mal.

Sin duda, el proceso de crecimiento espiritual es largo y a menudo doloroso. En ruta a la madurez, todos cometemos errores, decimos cosas que no deberíamos, y no nos comportamos de acuerdo con nuestra edad. A veces tenemos rabietas como niños de dos años, o nos enfurruñamos como en el jardín de infantes, o discutimos y nos quejamos como adolescentes. Pero deberíamos conducirnos como creyentes maduros, siendo ejemplo para los más jóvenes en la fe. Tal vez tengamos el conocimiento, pero no tenemos voluntad para hacer lo correcto. Incluso los espiritualmente maduros tienen días cuando emprenden el regreso a aquellos terribles actitudes de los niños de «dos años».

Los padres humanos se regocijan conforme sus hijos pasan de la infancia a la niñez, luego a la adolescencia y a la edad adulta. De la misma manera, nuestro Padre celestial quiere que todos sus hijos crezcan en la fe. Es muy triste pero demasiados creyentes pasan años sin de veras crecer. Hay una diferencia. Muchos pueden decir: «Yo he sido hijo de Dios por treinta años». A veces quiero decir: «¡Entonces deje de actuar como un creyente de tres años!»

En 3:8-12 el apóstol Pedro resume lo que ve como la clase de estilo de vida que caracteriza la madurez cristiana. Como tales, estas virtudes dan a los creyentes un tipo de vara para medir su crecimiento espiritual. Como un conjunto tangible y objetivo de puntos de verificación, podemos usarlos para medir el nivel de nuestra propia madurez en diferentes aspectos de la vida. En solo cinco versículos él resume sus comentarios en forma de nueve marcas de madurez.

Recuerde que el propósito de Pedro en esta sección de la carta es describir con precisión la *vida peregrina* que vivimos en relación al mundo. Esta lista de virtudes cristianas ciertamente va en contra de las normas culturales prevalecientes, y pone a los creyentes aparte como pueblo santo de Dios en un mundo impío. Vez tras vez, sin embargo, Pedro relaciona este estilo de santidad con la vida de esperanza; coherente espera de la recompensa que habrá cuando aparezca el Señor Jesucristo. La vida madura, santa, puede venir solo conforme abrazamos a Cristo como nuestra esperanza en tiempos de aflicción.

— 3:8-12 —

Pedro empieza esta lista de verificación de la madurez con la frase «En fin». Esta frase griega *to telos* significa literalmente «el fin», o sea, «en conclusión» (la RVR1960 lo traduce «finalmente»). Pedro no está concluyendo la carta, sino resumiendo el propósito de su enseñanza previa respecto a las actitudes y acciones.[7] El contexto precedente instruyó a los creyentes a vivir como «extranjeros y peregrinos» en el conflicto personal contra los deseos carnales (2:11-12). Este conflicto se desarrolla en los campos de batalla del tratamiento injusto de parte del gobierno humano (2:13-17), la conducta injusta de los patrones (2:18-25), y los conflictos en la vida matrimonial (3:1-7). Cuando Pedro resume las virtudes del «extranjero residente» ideal que vive en este mundo, toca varias cosas que ya ha cubierto y da una noción de varios temas que considerará en el resto de la carta.

Los puntos de verificación de la madurez incluyen unidad, interés mutuo, amistad, afecto, compasión, humildad, perdón, una lengua controlada, una vida pura y una disposición pacífica.

Una unidad del mismo sentir: «en armonía» (3:8a). La palabra griega es *jomofrón*, «teniendo el mismo sentir».[8] Esto implica unidad de corazón, similitud de propósito y acuerdo en puntos principales de doctrina. Unidad no es lo mismo que *uniformidad*, en donde todos se ven iguales y actúan exactamente iguales. Tampoco es lo mismo que *unanimidad*, en donde todos concuerdan ciento por ciento en todo. Pedro no está llamándonos a cantar juntos al *unísono*, sino en *armonía*. Esto quiere decir que todos contribuimos con singulares notas en un coro hermoso que sobrepasa una sola nota.

Un interés mutuo: «compartan» (3:8b). La palabra original griega *simpatzes* es una raíz que quiere decir, literalmente, «sentir o solidarizarse con» alguien. Cuando tenemos amistad íntima con otros creyentes como Pedro tiene en mente, naturalmente nos afectamos unos a otros en lo emocional. Nos regocijamos cuando otros se regocijan, y lloramos cuando otros lloran. Nos interesamos los unos por los otros.

Un verdadero compañerismo: «amor fraternal» (3:8c). La misma palabra griega, *filadelfos*, es la forma adjetivada de la misma que Pedro usa en 1:22. Se refiere a la amistad afectuosa o al amor de un hermano. Este compañerismo afectuoso es mucho más hondo que las actividades a menudo superficiales que pasan por «compañerismo» en muchas iglesias. *Filadelfos* indica un sentido de lealtad casi tan fuerte como las relaciones personales en la familia natural de uno.

Una compasión de corazón: «compasivos» (3:8d). Pablo usa este término en Efesios 4:32: «Más bien, sean bondadosos y compasivos unos con otros, y perdónense mutuamente, así como Dios los perdonó a ustedes en Cristo». Esta compasión de corazón, estrechamente asociada con el perdón, pone énfasis en las acciones que se realizan para alcanzar a los que sufren.

Un espíritu de humildad: «humildes» (3:8e). Da la idea de considerarse bajo y agachado mentalmente. Puede ser fácil aparecer humilde, actuar con falsa modestia. Pero Pedro tiene en mente una humildad profunda en donde nadie puede ver, en nuestra vida de pensamiento. En nuestro mundo de «yo primero» es difícil tragar el principio de que «los últimos serán primeros». Personas bendecidas con talentos y destrezas excepcionales luchan con la gran tentación de promoverse a sí mismas y codician los reflectores. Un verdadero espíritu de humildad aplaca desde adentro el apetito insaciable del ego.

Las primeras cinco virtudes de un creyente maduro se han relacionado con cómo pensamos (de un mismo sentir y humildes en espíritu) y cómo sentimos (con solidaridad, amor fraternal, compasión). Las últimas cuatro características se relacionan con lo que hacemos y decimos, las acciones externas que afectan directamente a las personas. Ninguna de estas, por supuesto, son exclusivas. Una persona no puede sentir compasión, afecto y solidaridad si es orgullosa y contenciosa. El creyente no manifestará palabras y obras virtuosas si sus pensamientos y emociones son las de un nuevo creyente. Más bien, mente, emoción y voluntad deben crecer juntas en una persona bien equilibrada y balanceada. Esto conducirá al estilo de vida apropiado para el creyente y atractivo a los que no son creyentes.

Una naturaleza perdonadora: «No devuelvan mal por mal» (3:9). No vengarse cuando se nos ha hecho daño de alguna manera es una cosa. Responder con una bendición, bien sea en palabra o en obra, es algo muy diferente. Pero debido a que hemos sido llamados a heredar una bendición y debido a que Cristo ha conseguido esta esperanza, podemos aguantar el mal y los insultos con paciencia y gracia.

Una lengua bajo sujeción: «el que quiera amar la vida... que refrene su lengua de hablar el mal» (3:10). Pedro cita el Salmo 34:12-13, cimentando firmemente el llamado para una lengua controlada en el Antiguo Testamento. Esta cita viene de seguido a la advertencia en contra de desatar la venganza (3:9); así que el pensamiento es que con toda probabilidad nuestras palabras escapan cuando nos sentimos tentados a cobrárnoslas. El creyente maduro domina su lengua, evitando el chisme, la difamación, el lenguaje soez, el engaño, la exageración y toda clase de perversidad e insensatez. Esto me recuerda otro Salmo: «Señor, ponme en la boca un centinela; un guardia a la puerta de mis labios» (Sal 141:3). Vale la pena utilizar estas líneas cómo oración cada mañana antes de que la primera palabra descarriada salga de nuestras lenguas.

Una vida de pureza: «que se aparte del mal y haga el bien» (3:11). Continuando su cita del Salmo 34:14, Pedro vuelve a su exhortación repetida a una vida santa. Pureza de la maldad quiere decir alejarnos de las inclinaciones perversas, las tentaciones e incluso los pecados que en un tiempo nos acosaban. Más bien, debemos reemplazar estos malos pensamientos y hábitos con ideas puras y positivas.

Una disposición pacífica: «que busque la paz y la siga» (3:12). Nos encanta discutir y pelear. Nos ponemos de pie de un salto cuando se nos hace algún daño, enterramos nuestros talones cuando enfrentamos un reto, y apretamos los puños cuando alguien nos ofende. Sea que se trate de una pequeña diferencia doctrinal o el color de la alfombra, los cristianos rápidamente pueden robarse la paz unos a otros. En vez de buscar y esforzarse por la paz, más a menudo buscamos la controversia o nos dedicamos al conflicto abierto. Más bien, ¿no deberían los siervos del Príncipe de Paz (Is 9:6) reflejar algo de esa paz, tanto en sus iglesias como en el mundo?

Detrás de la lista que Pedro da de las virtudes cristianas está una presuposición importante: los creyentes *pueden* crecer en madurez espiritual al punto en que andan consistentemente a la luz de la palabra de Dios. Note que no dije que andan *perfectamente* sin tropezar, sino consistentemente. Una vida consistente de unidad, interés mutuo, amistad, afecto, compasión, humildad, perdón, dominio propio, pureza y paz no quiere decir que jamás fallaremos. Quiere decir que cuando fallamos, lo reconocemos y permitimos que la gracia de Dios nos restaure y fortalezca.

En tanto que estas nueve virtudes de madurez espiritual son generales lo suficiente como para abarcar todo aspecto de nuestra vida, también son específicas lo suficiente como para darnos dónde duele. Cuando se entienden con propiedad, las flechas de Pedro disparadas en rápida sucesión señalan los puntos débiles en nuestra armadura espiritual, y nos convencen de que todavía somos soldados en entrenamiento. Al examinar las abolladuras en nuestra armadura, sin embargo, con facilidad podemos perder de vista la perspectiva más grande de Pedro. Él tiene en mente un propósito mayor para la santidad y esperanza que debemos tener en un mundo secular y sin esperanza.

— 3:13-17 —

Pedro afirma con claridad que los hombres y mujeres maduros espiritualmente descritos en 3:8-12 recibirán respuestas del mundo que los rodea. Pero ¡no se sorprendan cuando estas respuestas no siempre sean positivas! Muchas personas viven estilos de vida de conflicto en vez de paz, de pecado en vez de pureza, de orgullo en vez de humildad, y de odio en vez de compasión. Algunos ven a los creyentes como túmulos que reducen la velocidad en sus supercarreteras de gratificación propia. Otros solo se preguntan qué podría motivar a alguien a vivir una vida tan extraña de santidad y esperanza.

Así que Pedro les pide a sus lectores que consideren una pregunta importante: «Y a ustedes, ¿quién les va a hacer daño si se esfuerzan por hacer el bien?» (3:13). Ya ha definido cómo es eso de esforzarse por hacer el «bien» con las nueve virtudes que mencionó en 3:8-12. En su mayor parte, vivir de esta manera, aunque extraño a los ojos del mundo, suele mantener a los creyentes libres de problemas. ¿Por qué? Porque «los ojos del Señor están sobre los justos, y sus oídos, atentos a sus oraciones» (3:12). Mire usted. Si paga sus deudas, normalmente tendrá una situación sólida en las finanzas. Cuando se mantiene puro en la sexualidad, por lo general evitará el desencanto y los celos. Si se comporta con humildad y paz, no se hará de enemigos. Y cuando mantiene relaciones estrechas con otros creyentes, siempre tendrá personas que lo ayuden en los tiempos difíciles. Así que, en general, el consejo de Pedro para la vida sabia resultará en recibir el bien, y no el daño de otros.

Aunque el principio puede ser cierto por lo general, la mayor parte del tiempo y en la mayoría de las situaciones, Pedro sabe que existen las excepciones. De hecho, en ciertos tiempos en la historia y en ciertos lugares del mundo, las brasas al rescoldo de la oposición podría encenderse en persecución abierta. Y el estilo de vida que mantiene seguros a los creyentes ¡en realidad puede ponerlos en peligro! Pedro dice que podemos sufrir «por causa de la justicia» (3:14).[9] En la consideración que Pedro hace de la posibilidad de tratamiento injusto, encuentro cinco consejos sobre cómo responder como creyentes que han centrado su esperanza en Jesucristo.

Primero, *considérese bendecido por Dios* (3:14a) cuando recibe tratamiento injusto. Esta no es la respuesta que pudiéramos esperar. Cuando nos dan un tratamiento injusto, podemos pensar: *¿Qué mal hice?* o *¿Acaso Dios no ha visto mis buenas obras? ¿Por qué permite esto?* Más bien, Pedro toma un enfoque similar a Santiago 1:2: «Hermanos míos, considérense muy dichosos cuando tengan que enfrentarse con diversas pruebas».

¿Cómo pueden los creyentes considerarse bendecidos por Dios a la luz del tratamiento injusto? Primero, son bendecidos porque Dios usa este tipo de tratamiento injusto como parte de su plan para fortalecernos y hacernos más semejantes a Cristo (ver 2:21—3:9). En lugar de marcarnos como estando fuera de la voluntad de Dios, el tratamiento injusto por causa de la justicia indica que estamos dentro de la voluntad y plan de Dios. Segundo, somos bendecidos porque podemos mirar hacia adelante a una recompensa futura por soportar tales pruebas. Jesús dijo: «Dichosos los perseguidos por causa de la justicia, porque el reino de los cielos les pertenece» (Mt 5:10). Pedro con toda probabilidad tenía en mente estas palabras del Señor al escribir esta carta.

La segunda respuesta al mal tratamiento por vivir una vida justa es *evitar el pánico y el afán* (3:14b). Esto dirige la atención hacia los perpetradores; no hay razón para temer sus métodos de intimidación o angustiarse. «Temer» en griego es *fobeo*, del cual obtenemos nuestra palabra «fobia». Implica huir o evadir algo.[10] La palabra griega que la NVI aquí traduce como «dejarse asustar» se refiere a agitar, intranquilizar o intimidar a alguien.[11] Jesús la usa en Juan 14:1, cuando dice a los discípulos: «No se angustien. Confíen en Dios, y confíen también en mí». El trasfondo del llamado de Pedro para evitar el pánico y el afán está en Isaías 8:12-13, en donde el Señor llama a su pueblo, Israel, a que deje el temor y el terror de las naciones paganas que amenazan con destruirlos. En lugar de temer y temblar ante las naciones, deben apoyarse en las promesas de Dios y temblar solo ante él.

Es más, el llamado de Isaías a considerar al Señor como santo nos lleva a la tercera respuesta de Pedro respecto al maltrato: *reconocer a Cristo como Señor* (3:15a). La frase «honren en su corazón a Cristo como Señor» está en contraste con temer la intimidación de los perseguidores. El lenguaje y la ilustración sigue de cerca la exhortación de Isaías en Isaías 8:13-14, según se ve en la comparación que sigue. Pedro usa términos griegos similares a los de la versión griega de Isaías hallada en los días del apóstol.

No debemos pasar a la rápida sobre esta alusión a Isaías 8:13 sin notar que el texto hebreo del Antiguo Testamento al que Pedro se refiere usa el nombre personal de Dios, Jehová, para «Señor». Por consiguiente, Pedro está haciendo una afirmación clara y directa de la deidad de Jesús, igualándole con el Señor Dios del Antiguo Testamento y declarando que debemos «santificar» o «considerar santo» a Jesucristo como Señor sobre nuestras vidas. Cuando Cristo es Señor y Dios de todos los aspectos de nuestra vida, no tenemos por qué temer la oposición de los enemigos.

La cuarta respuesta al tratamiento injusto es *estar listos para presentar defensa* (3:15b). El término «defensa» es la palabra griega *apología*, que quiere decir «dar cuenta» o presentar testimonio legal. La palabra en español «apologética» se deriva de este término. Pedro dice a sus lectores que deben estar listos para presentar razón de la esperanza que tienen en Cristo. Nótese que esta explicación de su esperanza viene

Isaías 8:12–13	1 Pedro 3:14–15
¹²*No teman* lo que ellos temen, ni se dejen *asustar*.	¹⁴*No teman* lo que ellos temen, ni se dejen *asustar*.
¹³Solo al Señor Todopoderoso *tendrán* ustedes *por santo*.	¹⁵Más bien, honren en su corazón a Cristo **como Señor**.

solo cuando se consideran bendecidos, se niegan a entrar en pánico y en afán, y reconocen a Cristo como Señor sobre su tratamiento injusto. Cuando eso sucede, la gente de afuera verá su conducta y se preguntará: «¿Cómo puedes aguantar semejante tratamiento? ¡Yo ya me hubiera rendido!» El tema mayor aquí de Cristo como la fuente de la esperanza en tiempos de aflicción sale de nuevo al frente. Solo Jesús provee una base sólida para la esperanza en medio del sufrimiento.

Finalmente, Pedro insta a los creyentes a responder al tratamiento injusto de parte del mundo *manteniendo una conciencia limpia* (3:16). No solo tenemos a Cristo como Señor sobre todo episodio de nuestras vidas, sino que debemos mantener una conciencia limpia. Pedro empezó esta sección catalogando las virtudes cristianas que nos caracterizan como pueblo santo y esperanzado en Dios (3:8-12). Luego destacó que aunque el vivir de esta manera por lo general produce bien, a veces puede atraer la ira de los perversos (3:13). Pero cuando esto sucede, escribe Pedro, debemos aguantar el tratamiento injusto con una integridad inquebrantable. Este mantenimiento de una conciencia limpia incluso en medio de la persecución atraerá la atención de la multitud pagana y silenciará incluso a los calumniadores. En otras palabras, Pedro dice que una vida de integridad coherente es una defensa serena de la vida cristiana, y abre la oportunidad para el testimonio respecto al señorío de Jesucristo.

Pedro concluye esta sección haciendo eco de un principio que ya mencionó anteriormente en 2:20. Aunque podemos sufrir tratamiento injusto por vivir una vida cristiana virtuosa, debemos tener cuidado de no incurrir en castigo merecido por hacer el mal. Solo cuando sufrimos injustamente por causa de Cristo y como testimonio a otros, podemos en verdad afirmar que andamos según el modelo de nuestro Señor, quien sufrió y murió por nosotros (3:18).

Aplicación

Apologética, primer curso

En mis días en el seminario aprendí de los grandes «apologistas» de la fe cristiana, aquellas mentes que proveyeron una defensa bien razonada de la fe cristiana en respuesta a las objeciones filosóficas e irracionales y acusaciones infundadas de iniquidad. En los pasados dos mil años de la historia del cristianismo, toda generación tuvo sus eruditos creyentes que defendieron firmemente la fe, a veces en contra de oposición abrumadora. Incluso hoy, el campo de la apologética bíblica está lleno de individuos con doctorados que pueden debatir con los ateos e incrédulos y callarles la boca. Doy gracias a Dios por tales hombres y mujeres preparados tanto en las filosofías del mundo como en la verdadera sabiduría de la Palabra de Dios.

Pero a veces el resto de nosotros podemos pensar que quedamos libres porque no podemos explicar los argumentos sobre la existencia de Dios, ni podemos disparar tres respuestas a la teoría de la evolución, ¡ni podemos explicar en dónde halló Caín a su esposa! Dejamos esas preguntas a los estudiosos calificados y nos decimos que no estamos destinados a meternos en apologética.

Pero la verdad es, según Pedro, que *todo creyente está llamado a ser un apologista*. Siempre debemos estar listos para presentar defensa de la esperanza que tenemos en Cristo. Sin embargo, presuponiendo esta explicación, Pedro describe una clase particular de estilo de vida consistente en virtud que atrae la atención de los que no son creyentes. Así que el primer curso de apologética, empieza no con tener las respuestas correctas a los retos escépticos de otros, ¡sino con tener el estilo de vida correcto para plantear las preguntas apropiadas!

Para ser fieles a la exhortación de Pedro, entonces, necesitamos examinarnos para ver si llegamos a la altura de sus estándares de madurez espiritual, descritos en 3:8-12. No sería malo asignarse usted mismo el nivel de madurez en cada aspecto. Si es de veras valiente, ¡pida que algún amigo íntimo (o su cónyuge) lo califique también! Una vez que haya descubierto las áreas de su vida que parecen más susceptibles a ser denunciadas inmaduras, puede ver en dónde su propia apologética por su estilo de vida necesita que se le fortalezca. Use la tabla que sigue para calificar su nivel de madurez como infante, niño, adolescente, joven o adulto. Tal vez necesite volver al texto para revisar la descripción de cada uno de estos aspectos.

Ahora seleccione un aspecto en el que necesita crecer más. Póngalo en su lista de oración. Concéntrese en someter ese aspecto al señorío de Cristo según se describe en 3:15, con el objetivo de mante-

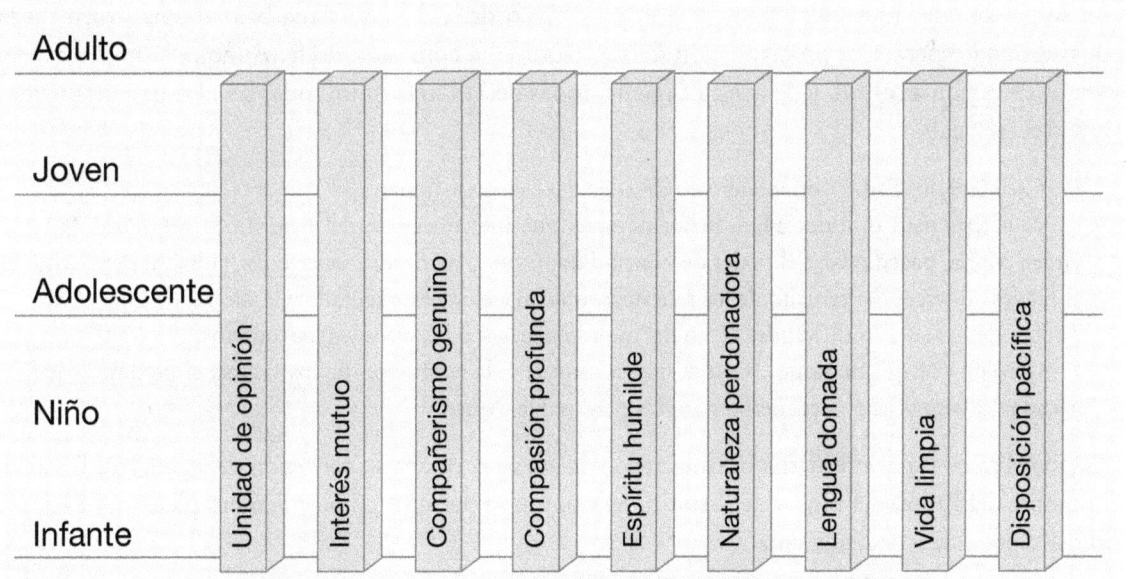

ner «una conciencia limpia» delante de Dios (3:16). Debido a que somos llamados a crecer juntos en el cuerpo de Cristo, considere contarle su deseo de crecer en este aspecto a algún amigo íntimo, pastor o maestro que pueda exigirle cuentas y orar por su crecimiento (ver Ef. 4:15-16). También, haga de este aspecto de crecimiento el punto central en su lectura bíblica, su estudio y su vida emocional, creciendo desde la infancia, alimentándose de «la leche pura de la palabra» (1 P 2:2).

Concentrémonos plenamente en Jesucristo (1 Pedro 3:18-22)

[18]Porque Cristo murió por los pecados una vez por todas, el justo por los injustos, a fin de llevarlos a ustedes a Dios. Él sufrió la muerte en su cuerpo, pero el Espíritu hizo que volviera a la vida. [19]Por medio del Espíritu fue y predicó a los espíritus encarcelados, [20]que en los tiempos antiguos, en los días de Noé, desobedecieron, cuando Dios esperaba con paciencia mientras se construía el arca. En ella solo pocas personas, ocho en total, se salvaron mediante el agua, [21]la cual simboliza el bautismo que ahora los salva también a ustedes. El bautismo no consiste en la limpieza del cuerpo, sino en el compromiso de tener una buena conciencia delante de Dios. Esta salvación es posible por la resurrección de Jesucristo, [22]quien subió al cielo y tomó su lugar a la derecha de Dios, y a quien están sometidos los ángeles, las autoridades y los poderes.

Corría el año 200 d.C. El lugar es Roma. Después de ayunar por varios días y preparar su corazón para un rito de iniciación y dedicación al Dios trino, el momento finalmente había llegado. Con toda la emoción y expectativa de una celebración de bodas, el pequeño grupo de creyentes se reunió con su pastor, ancianos y diáconos, y el joven convertido a la fe cristiana bajó al agua mientras la congregación esperaba la proclamación de sus «votos»: la confesión de fe. Aunque la forma exacta variaba de región a región, y de iglesia a iglesia, todas decían lo mismo; todas señalaban a las mismas verdades esenciales:

Creo en Dios Padre Todopoderoso, Creador del cielo y de la tierra;

y en Jesucristo su único Hijo, Señor nuestro; que fue concebido del Espíritu Santo, nació de la virgen María, pacedió bajo el poder de Poncio Pilato; fue crucificado, muerto y sepultado; descendió al Hades; al tercer día resucitó de los muertos; subió al cielo, y está sentado a la diestra de Dios Padre Todopoderoso; desde allí vendrá al fin del mundo a juzgar a los vivos y a los muertos.

Creo en el Espíritu Santo, la santa iglesia universal, la comunión de los santos, el perdón de los pecados, la resurrección del cuerpo y la vida perdurable. Amén.[12]

Cuando el nuevo creyente afirmaba este credo y la iglesia aceptaba su confesión de fe, era bautizado en el nombre del Padre, del Hijo y del Espíritu Santo, y salía del agua como miembro pleno de la iglesia, validado por el rito del bautismo.

Adelante la cinta varios siglos. En mi niñez, mi familia y yo asistíamos a una iglesia en donde la congregación repetía el Credo de los Apóstoles todos los domingos. En pocos meses lo había aprendido de memoria. Repetirlo no es lo mismo que comprenderlo, y el pastor de aquella iglesia jamás se preocupó por explicarlo. Yo no tuve el lujo del período de tres años de capacitación que los creyentes del segundo siglo tuvieron a fin de aclarar la rica teología del credo. Así que cuando llegábamos a la parte que decía: «descendió al Hades», yo no estaba seguro de lo que quería decir. Algunas formas del credo incluso traducían la frase: «descendió a los infiernos». Recuerdo haber sacado eso de mi mente, y no volví a recordarlo sino años más tarde cuando estaba sentado en una clase en el seminario y estudiamos el texto griego de 1 Pedro. Finalmente, algo de luz brotó en los rincones nebulosos de ese credo: la actividad de Jesús durante las horas entre su muerte y su resurrección milagrosa y corporal.

Si bien 3:18-22 puede haber explicado uno de los aspectos del Credo de los Apóstoles, despertó otras varias preguntas y controversias nuevas. De hecho, 3:20-21 son algunas de las líneas más difíciles, no solo de traducir, sino también de interpretar. Demos un vistazo más de cerca a este pasaje, concentrándonos con atención en su contexto para ayudarnos a captar mejor el contenido.

— 3:18 —

Esta sección empieza en la mitad de un párrafo, que es una sección más grande del pensamiento y argumentación de Pedro. En la sección previa, Pedro se refirió a la respuesta apropiada del creyente al sufrimiento injusto (3:13-17). Los creyentes que llevan una vida virtuosa (3:8-12) *a veces* reciben tratamiento injusto como resultado (3:14). Pedro aclara lo que está diciendo en el versículo 17: «Si es la voluntad de Dios, es preferible sufrir por hacer el bien que por hacer el mal». En este punto en el párrafo, Pedro dirige nuestra atención a Cristo, ejemplo de castigo injusto. Ahora, en los versículos 18-22 solo Cristo es el enfoque de nuestra atención.

Pedro bosqueja en forma sumaria las principales acciones de Cristo, desde su sufrimiento y muerte por nosotros (3:18) hasta su resurrección y exaltación a la diestra de Dios (3:21-22). Insertados entre el relato familiar de la muerte y resurrección de Cristo, hallamos unos pocos enunciados breves en cuanto a lo que Cristo hizo al descender (3:19-20) y cómo nosotros, como creyentes, públicamente nos asociamos con la muerte y resurrección de Cristo mediante nuestra conversión y bautismo (3:21).

Pero antes de que sigamos el último descenso de Cristo, que se menciona en los versículos 19-20, miremos de cerca cómo se describen sus sufrimientos. Aquí tenemos un enunciado claro y conciso del evangelio.

- Cristo murió por los pecados.
- Cristo murió una vez por todas.
- Cristo murió por los pecadores, «el justo por los injustos».
- Cristo murió para llevarnos a Dios.

Aquí tenemos la necesidad (nuestros pecados), el pago completo (la muerte de Cristo por nosotros), la total suficiencia de ese pago (una vez por todas), y el resultado (nuestro acceso a Dios). Más claro que el agua. Estos son los hechos del evangelio: el mensaje de buenas nuevas para pecadores

perdidos. Pedro ya ha mencionado esta salvación en el capítulo 1 cuando anotó que la misericordia de Dios «nos ha hecho nacer de nuevo mediante la resurrección de Jesucristo, para que tengamos una esperanza viva» (1:3). Por fe somos salvados por el poder de Dios (1:5). Esos versículos ponen énfasis en la obra divina de la salvación: *la provisión de Dios*. En 3:18 y 21 vemos la obra de la cruz y la resurrección que logró nuestra salvación: *el pago que Cristo efectuó*. Y en 3:21 Pedro enfoca las respuestas internas y externas del creyente al evangelio: *nuestra profesión*.

Así que, el tema central del pasaje es el sufrimiento injusto (¡pero salvador!), la muerte, la resurrección y la ascensión de Cristo. Esta obra de Cristo en forma de una de V tiene el propósito de darnos esperanza. Vivimos y sufrimos como seguidores de Cristo y como peregrinos en una tierra extraña. También hemos sido unidos espiritualmente a la muerte y resurrección de Cristo por nosotros, y físicamente nos identificamos mediante el bautismo con esa realidad espiritual. Como tales, podemos mirar hacia adelante con absoluta esperanza de que, como Cristo, seremos resucitados y glorificados cuando esta vida termine.

La mayoría de las veces que el Nuevo Testamento habla estas buenas noticias de la muerte y resurrección de Cristo, el enfoque sigue siendo el Viernes Santo y el Domingo de Resurrección. Pedro podía haber seguido esa costumbre y su explicación hubiera tenido sentido perfecto. En lugar de eso, el Espíritu Santo lo impulsó a considerar con brevedad la obra de Jesús el sábado entre su muerte y su resurrección.

Pedro dice que Cristo «sufrió la muerte en su cuerpo, pero el Espíritu hizo que volviera a la vida» (3:18). En el griego las expresiones «en la carne» (*sarkí*) y «en espíritu» (*pneumati*) pueden significar un sinnúmero de cosas. Puede significar que después de que Cristo murió en la cruz, el Espíritu Santo lo hizo vivir en la resurrección. Pero esto no explicaría por qué Pedro habla de los espíritus «encarcelados» en 3:19. Algo en su pensamiento en cuanto a que Cristo fue revivificado «en espíritu» le trajo a la mente la condición de los espíritus perversos en prisión espiritual. Parece mejor, pues, considerar la explicación de Pedro de lo que el espíritu humano de Cristo hizo el sábado entre la muerte en su carne en la cruz y la resurrección en su carne el domingo. A mi modo de ver, «en la carne» se refiere a la muerte física de Cristo y su muerte en este mundo físico, terrenal, y «en espíritu» se refiere a su existencia continuada como espíritu incorpóreo estando vivo en el mundo espiritual.[13]

— 3:19-20 —

¿Qué, entonces, hizo Jesús el sábado entre su muerte y su resurrección? Pedro nos dice que cuando Jesús fue revivificado en espíritu en el campo espiritual, «fue y predicó a los espíritus encarcelados» (3:19). ¿Quiénes son los «espíritus» que menciona? Pedro dice que eran espíritus de aquellos que fueron desobedientes en los días de Noé (3:20). De hecho, el vocabulario y narración de Pedro refleja una noción común entre los judíos y primeros cristianos, basados en una lectura normal de Génesis 6:1-4. Según esa narración, antes del diluvio del tiempo de Noé, los ángeles caídos

1 Pedro 3:19-20	Por medio del Espíritu fue y predicó a los espíritus encarcelados, que en los tiempos antiguos, en los días de Noé, desobedecieron, cuando Dios esperaba con paciencia mientras se construía el arca.
2 Pedro 2:4	Dios no perdonó a los ángeles cuando pecaron, sino que los arrojó al abismo, metiéndolos en tenebrosas cavernas y reservándolos para el juicio.
Judas 6	Y a los ángeles que no mantuvieron su posición de autoridad, sino que abandonaron su propia morada, los tiene perpetuamente encarcelados en oscuridad para el juicio del gran Día.
1 Enoc 10:4; 12:4	«Ata a Azazel [uno de los ángeles perversos] de manos y pies [y] arrójalo a la oscuridad… para que pueda ser enviado al fuego en el gran día del juicio… [Los ángeles] han abandonado el alto cielo, el santo lugar eterno».

¿INMORTALES INMORALES?

Por siglos, incluso milenios, los que estudian las Escrituras han luchado con varias interpretaciones de «los hijos de Dios» y su pecado descritos en Génesis 6:1-4. Algunos dicen que esto se refiere al linaje justo de Set («hijos de Dios») que se alejaron de Dios y se casaron con las hijas de los perversos descendientes de Caín («hijas de los hombres»). Otros dicen que los «hijos de Dios» eran gobernantes humanos poderosos, poseídos por demonios, que convirtieron el mundo en arena de poligamia, inmoralidad y derramamiento de sangre. En estas interpretaciones, el pecado del mundo alcanzó tal altura de severidad que Dios castigó a la tierra con un diluvio.

La interpretación más antigua de Génesis 6:1-5, sin embargo, toma los «hijos de Dios» en su sentido normal como referencia a seres angélicos (ver Job 1:6; 2:1; 38:7).[15] Según esta interpretación, estos seres angélicos produjeron descendencia inhumana (llamada nefilim o «gigantes» en Gn 6:4). Estos demonios al parecer intentaron corromper a toda la raza humana a fin de estorbar la promesa de Dios de enviar a un Salvador que sería descendencia de Eva (Gn 3:15).

Pero, ¿es posible que los seres angélicos procreen con los seres humanos? Muchos señalan Mateo 22:30 como texto que descarta tal posibilidad: «En la resurrección, las personas no se casarán ni serán dadas en casamiento, sino que serán como los ángeles que están en el cielo». Este texto, sin embargo, limita los seres angélicos no casados a los «que están en el cielo», no necesariamente a los que dejaron su morada celestial y cayeron en el pecado. También, no sabemos cómo los seres demoníacos pudieran haber producido descendencia en mujeres humanas; pudiera haber sido un caso de algún tipo de manipulación genética sobrenatural antes que reproducción natural. De veras, no sabemos cómo pudo suceder tal cosa, y es sabio dejar de especular sobre el punto.

Con todo, por estrambótico y desagradable que pudiera sonar, parece que la interpretación más probable de Génesis 6:1-4 es que los «hijos de Dios» son demonios que de alguna manera dejaron encinta a mujeres humanas (demonios) pecaron gravemente al cohabitar con mujeres humanas. Aunque no es parte de los escritos bíblicos inspirados, el antiguo libro de *1 Enoc* parafrasea los eventos de Génesis 6:1-4, y nos da un ejemplo claro de la noción que prevalecía en tiempos de Pedro:

Resultó que después de que los hijos de los hombres se multiplicaron en esos días, que les nacieron hijas, elegantes y hermosas. Y cuando los ángeles, los hijos del cielo, las vieron, se enamoraron de ellas, diciéndose unos a otros: Vengan, seleccionemos esposas para nosotros de la progenie de los hombres, y engendremos hijos (*1 Enoc 6*).

Pero, ¿hay alguna manera en que podamos estar seguro de que Pedro tenía en mente esta interpretación histórica común de Génesis 6 cuando escribió 1 Pedro 3:19-20? Cuando comparamos los pasajes paralelos de Judas y 2 Pedro con el lenguaje de la comprensión tradicional de *1 Enoc*, vemos que esto está, en verdad, tanto en la mente de Pedro como en la de Judas. Nótese las similitudes en el vocabulario e imágenes al comparar estos pasajes.

Así que Pedro se refiere a una tradición general, probablemente trasmitida de los profetas del Antiguo Testamento, de que debido a la naturaleza de su rebelión, estos demonios han sido guardados en un lugar especial de prisión en el campo espiritual, incluso hasta este día. Allí esperan el juicio futuro cuando serán arrojados al lago de fuego, el lugar originalmente creado para el diablo y sus ángeles (Mt 25:41).

Si esta expresión se refiere a estos ángeles caídos, ¿qué clase de «proclamación» hizo Jesús cuando entró a ese campo espiritual? El verbo griego *keruso* se refiere a un pronunciamiento oficial de un edicto.[14] Es más probable que se refiera a la proclamación de la victoria sobre la muerte, el pecado y el poder de Satanás. Aunque los ángeles encarcelados una vez trataron de eliminar a la raza humana mediante contaminación genética, la Descendencia Prometida, la «Simiente de la mujer», se hizo presente (Gn 3:15). Y aunque Satanás y sus espíritus perversos trataron de destruir, mediante la crucifixión, la Descendencia que destrozaría la cabeza de la serpiente, la proclamación de Cristo ese sábado reveló sus esfuerzos como vanos y esa *victoria*, no derrota, se logró mediante esa crucifixión (ver 1 Co 2:8; Col 2:13-14). En 1 Pedro 3:22, Pedro incluso menciona esta sujeción del campo espiritual a la victoria de Cristo «...a quien están sometidos los ángeles, las autoridades y los poderes».

Con su pensamiento en la era anterior al diluvio cuando los espíritus de maldad cometieron su pecado abominable, Pedro sigue adelante y enfoca el contraste con el faro de justicia de esa edad: Noé. Como los lectores de Pedro, Noé y su familia vivieron en un mundo extraño y hostil lleno de espíritus perversos y hombres perversos que los perseguían debido a su justicia. Sin embargo, fueron Noé y su familia quienes se salvaron cuando el castigo arrasó el mundo en forma de diluvio. Todos los perseguidores injustos, junto con su propio mundo de pecado desenfrenado, quedaron eliminados, lo que limpió la tierra y abrió campo para un nuevo mundo.

Pedro entonces presenta una ingeniosa analogía entre el agua limpiadora en los días de Noé y el agua que se usaba en el bautismo en los días de Pedro. Las mismas aguas que sumergieron a la tierra en castigo y muerte también elevaron a ocho seres humanos (y animales) a lugar seguro. Por eso la iglesia primitiva a menudo veía el arca de Noé como símbolo o cuadro de la salvación. La asociación con Noé en el arca se podía comparar con la membresía en el cuerpo universal y su unión con el Cristo victorioso.

Para completar la analogía, Pedro dirige a sus lectores a su propio acto de asociación con Cristo: el bautismo en agua.

— 3:21-22 —

Pedro empieza su enunciado compacto respecto al bautismo cristiano ligándolo directamente a la analogía de la familia de Noé llevada a la seguridad «mediante el agua» (v. 20). Dice que el bautismo «corresponde» al diluvio de Noé, usando el término griego *antitupos*, un «antitipo». En este punto es importante entender el concepto bíblico de «tipo» y «antitipo». Después que Cristo vino y reveló el plan de Dios oculto en edades pasadas (Ef 3:9), los apóstoles empezaron a ver patrones proféticos en el Antiguo Testamento que ilustraban vívidamente verdades del Nuevo Testamento. La imagen del Antiguo Testamento se llama el «tipo», en tanto que lo correspondiente en el Nuevo Testamento se llama el «antitipo». Por ejemplo, Pablo dice que lo del Antiguo Testamento «sucedió para servirnos de ejemplo [tipo]» (1 Co 10:6), y específicamente Adán sirve como un «tipo» de Cristo; el tipo (Adán) fue la fuente y cabeza de toda la vieja humanidad que cayó en pecado, en tanto que el antitipo (Cristo) es la fuente y cabeza de la humanidad nueva y redimida (Ro 5:14).

¿Cómo, entonces, corresponde el agua del diluvio en los días de Noé a la manera en que el bautismo «salva» a los creyentes en el Nuevo Testamento? Las aguas del diluvio fueron el medio de castigo para una raza humana pecadora, y permitieron que Noé y su familia escaparan de ese mundo perverso para empezar una nueva vida después de que bajaran las aguas del diluvio. De la misma manera, el agua del bautismo representa una ruptura del estilo de vida viejo, de pecado, y un nuevo comienzo como creyente en Cristo. En la Biblia, el bautismo en agua es un cuadro vivido de nuestra respuesta al evangelio y la salvación que nos da esa decisión. El agua del bautismo, como las aguas del diluvio, ilustra la muerte, el castigo del pecado. Es una impresionante lección objetiva, un sermón sin palabras. El descenso del creyente al agua representa la muerte y sepultura con Cristo. El ascenso del creyente del agua ilustra la resurrección a una nueva forma de vida (ver Ro 6:1-4).

La explicación parentética del bautismo en el versículo 21 es muy difícil de traducir. Sabemos que la primera parte procura eliminar el enfoque de la acción física de limpieza. Es decir, el bautismo no es solo bañar un cuerpo sucio; «no consiste en la limpieza del cuerpo». Pero la explicación de Pedro de cómo el agua del bautismo funciona es algo más difícil de traducir. Considérese unos pocos ejemplos de la diversidad de interpretaciones:

RVR1960	… sino como la aspiración de una buena conciencia hacia Dios.
NVI	… sino en el compromiso de tener una buena conciencia delante de Dios.
PDT	… sino en el compromiso para con Dios de tener una conciencia limpia.
DHH	… sino en pedirle a Dios una conciencia limpia.
LAT	… sino que pidieron a Dios una renovación interior.

La explicación de esta frase que tiene más sentido a la luz de toda la enseñanza de la Biblia en cuanto a la función del bautismo parece ser «la promesa a Dios desde una buena conciencia». Es decir, Pedro ve el bautismo como una ceremonia externa, muy parecida a una ceremonia de bodas, que incluye una confesión pública y un compromiso a vivir la nueva vida redimida del pecado. El agua del bautismo no hace que la persona tenga una nueva vida o una buena conciencia, sino que es la respuesta a Dios basada en una conciencia que ya ha sido purificada por el Espíritu Santo por fe. Esta «buena conciencia» viene con la nueva vida debido a la resurrección de Jesucristo de los muertos (3:21).

Así que, como Jesucristo proclamó su triunfo sobre el pecado y la muerte mediante su sufrimiento y muerte en la cruz, los creyentes proclaman mediante el bautismo en agua su triunfo sobre el pecado y la muerte. El agua del bautismo en sí no salva a la persona ni limpia la conciencia. Eso es obra del Espíritu Santo, que bautiza y salva al que cree por fe aparte del bautismo en agua, distinción muy bien confirmada en Hechos 10:44-48. Pedro mismo estaba presente y vio con sus propios ojos que el bautismo en agua no se consideraba el medio de salvación de la persona:

> Mientras Pedro estaba todavía hablando, el Espíritu Santo descendió sobre todos los que escuchaban el mensaje. Los defensores de la circuncisión que habían llegado con Pedro se quedaron asombrados de que el don del Espíritu Santo se hubiera derramado también sobre los gentiles. [...] Entonces Pedro respondió:
> —¿Acaso puede alguien negar el agua para que sean bautizados éstos que han recibido el Espíritu Santo lo mismo que nosotros?
> Y mandó que fueran bautizados en el nombre de Jesucristo (Hch 10: 44-48).

Cuando los pecadores creen en el evangelio de la persona y obra de Cristo, expresan su fe mediante el bautismo como testimonio de su asociación con Cristo. La muerte y resurrección se ilustran vívidamente en ese rito antiguo. Y cuando salimos del agua, estamos comprometidos a seguir, no la filosofía o enseñanzas de un sabio muerto o maestro legendario, sino a nuestro Salvador que ascendió al cielo y está sentado a la mano derecha de Dios (1 P 3:22). Ese Señor vivo, que tiene autoridad sobre todos los poderes del cielo, la tierra, y el Hades, provee para sus seguidores una esperanza viva en tiempos de aflicción.

Aplicación

Como darle vida al bautismo

Las palabras de Pedro en 1 Pedro 3:21 hacen eco de la práctica de la iglesia primitiva que asociaba estrechamente la conversión de la persona en Cristo por fe en la muerte del Señor como pago por sus pecados, con la práctica del bautismo como una profesión externa de esa fe interna. Tan estrechamente estaba asociado el bautismo con la conversión genuina de la persona, que Pedro podía decir incluso que «el bautismo que ahora los salva» a los creyentes de sus vidas anteriores de pecado, tal como las aguas del diluvio en los días de Noé salvaron al pueblo de Dios del mundo de maldad en que vivían.

Aunque el bautismo en agua en sí mismo no salva, algunos creyentes han ido al extremo de descuidar o retrasar el bautismo en agua por años o incluso décadas. Sin embargo, a la luz de la importancia asociada con el bautismo como el medio señalado de confesión pública de fe, sería una desviación de las Escrituras que los creyentes abandonaran o descuidaran innecesariamente el bautismo. Para usar una analogía moderna, convertirse en creyentes sin someterse al bautismo en agua ¡sería como casarse sin una boda! Sí, sé que hoy un hombre y una mujer pueden fugarse o empezar a vivir juntos. Pero cuando lo hacen, privan a sus familiares y amigos de la participación de una ceremonia pública importante; y evaden una oportunidad significativa de expresar su pacto mutuo. Por el resto de sus vidas, las parejas casadas miran hacia atrás al día de su boda como la marca oficial del inicio de su vida juntos.

De la misma manera, el bautismo puede servir como un recordatorio de que hemos muerto a la vida vieja que vivíamos antes de la fe en nuestro Señor Jesucristo. Pablo escribió:

> Nosotros, que hemos muerto al pecado, ¿cómo podemos seguir viviendo en él? ¿Acaso no saben ustedes que todos los que fuimos bautizados para unirnos con Cristo Jesús, en realidad fuimos bautizados para participar en su muerte? Por tanto, mediante el bautismo fuimos sepultados con él en su muerte, a fin de que, así como Cristo resucitó por el poder del Padre, también nosotros llevemos una vida nueva (Ro 6:2-4).

El bautismo en agua nos recuerda que el Espíritu Santo nos ha hecho vivir con Cristo, al unirnos a él y librarnos del poder del pecado. Por eso, Pablo puede instarnos: «También ustedes considérense muertos al pecado, pero vivos para Dios en Cristo Jesús» (Ro 6:11). El esposo que lucha por ser fiel en su matrimonio puede mirar hacia sus votos matrimoniales para renovar su compromiso. De la misma manera, los creyentes pueden mirar hacia atrás a su bautismo como la marca visible de muerte espiritual a su vida vieja y su resurrección a una nueva vida flamante.

Si usted es un creyente en Jesucristo y todavía no se ha sometido al bautismo en agua, ¿por qué espera? En la mayoría de las culturas del tercer mundo, es el bautismo público de la persona lo que anuncia a todos: «¡Soy un seguidor devoto de Jesucristo!» Y es en ese punto que empieza la persecución contra ese creyente.

Que esa celebración antigua y significativa de su nueva vida marque un firme compromiso para seguir a Cristo. Si usted es un creyente ya bautizado, recuerde la confesión y compromiso a una nueva vida ejemplificado en esa celebración significativa. No permita que el pecado que en un tiempo llenaba su vida antigua comprometa su vida nueva. Testifique públicamente de su fe en Cristo. Vuelva a diario a la realidad de lo que ese bautismo representa: el poder limpiador del Espíritu Santo, que también es la fuente de la vida victoriosa.

Admito que su conversión a Cristo es asunto privado entre usted y el Señor Jesucristo. Pero una vez que usted se ha acercado solo por fe solo a Cristo, no oculte su devoción a él. El bautismo en agua es su manera de decirle al mundo: «¡Soy un devoto seguidor de Jesucristo!» Determinará una diferencia asombrosa en su testimonio público y en su jornada personal hacia la madurez.

Cómo aturdir a la multitud pagana (1 Pedro 4:1-6)

¹Por tanto, ya que Cristo sufrió en el cuerpo, asuman también ustedes la misma actitud; porque el que ha sufrido en el cuerpo ha roto con el pecado, ²para vivir el resto de su vida terrenal no satisfaciendo sus pasiones humanas sino cumpliendo la voluntad de Dios. ³Pues ya basta con el tiempo que han desperdiciado haciendo lo que agrada a los incrédulos, entregados al desenfreno, a las pasiones, a las borracheras, a las orgías, a las parrandas y a las idolatrías abominables. ⁴A ellos les parece extraño que ustedes ya no corran con ellos en ese mismo desbordamiento de inmoralidad, y por eso los insultan. ⁵Pero ellos tendrán que rendirle cuentas a aquel que está preparado para juzgar a los vivos y a los muertos. ⁶Por

esto también se les predicó el evangelio aun a los muertos, para que, a pesar de haber sido juzgados según criterios humanos en lo que atañe al cuerpo, vivan conforme a Dios en lo que atañe al espíritu.

Por todo el Nuevo Testamento leemos de la vida cambiada que sigue a la conversión genuina. Cuando Dios por gracia plenamente perdona los pecados de nuestra vida anterior, cuando se nos acredita a nuestra cuenta la justicia de Cristo y el Espíritu de Dios viene a residir en nuestros corazones, las cosas viejas pasan y todo es hecho nuevo (2 Co 5:17). Empieza el proceso de transformación que dura toda una vida. Esta serie radical de cambios resulta en una alteración en nuestras actitudes, motivos internos, hábitos y esfuerzos, tanto como en nuestra selección de amigos íntimos.

Ya en el primer siglo, Pedro escribió de todo esto. Aunque nos separan casi dos mil años de la audiencia original de Pedro, muchos creyentes hoy pueden identificarse con las palabras del apóstol. Aunque escritas para un tiempo en particular, sus palabras son eternas. Hablan hoy con increíble pertinencia, especialmente sus comentarios respecto a la reacción de los que no conocen al Señor.

En esta sección Pedro nos recuerda que debido a que nuestra ciudadanía está en el cielo, el mundo en el que moramos no es nuestro verdadero hogar. Somos representantes de un Reino diferente. Y como turistas extranjeros de una tierra exótica visitando otro país, podemos ser el único modo en que la gente capte un cuadro de cómo es el Reino de Dios. Como resultado, los que no son creyentes hoy serán atraídos o repelidos por nuestro hogar celestial.

— 4:1-3 —

Con la conjunción lógica «por tanto», Pedro está diciendo en forma abreviada: «Ahora bien, a la luz de todo lo que acabo de escribir en cuanto a Cristo, voy a presentarles algunas conclusiones prácticas». En la sección previa Pedro ha hablado del sufrimiento y muerte de Cristo para pagar por nuestro pecado y su resurrección para darnos vida nueva. Pero lo que escribió Pedro también incluyó la realidad de que los que responden a este mensaje por fe han hecho morir la vida vieja y han empezado de nuevo... a una transformación privada marcada por el bautismo público.

A la luz de nuestra relación con la obra salvadora de Cristo, Pedro nos insta: «Asuman también ustedes la misma actitud» de morir a lo viejo y de vivir para lo nuevo. Utiliza la palabra griega *joplizo* («armaos», como traduce RVR1960), que es un término militar que se refiere a un soldado tomando las armas en preparación para la batalla. Pablo usa el sustantivo relacionado, *joplon*, para referirse a la «armadura» de luz (Ro 13:12), «armas» de justicia (2 Co 6:7), y «armas» de guerra espiritual (2 Co 10:4). La imagen verbal del creyente como soldado es común en el Nuevo Testamento, y refuerza la verdad de que somos soldados en una batalla espiritual.[16] El comentarista Kenneth Wuest escribe: «El sustantivo de la misma raíz se usaba para referirse a un soldado de infantería fuertemente armado que llevaba una lanza y un escudo grande [...] El creyente necesita la armadura más pesada que pueda conseguir, para resistir los ataques del enemigo de su alma».[17]

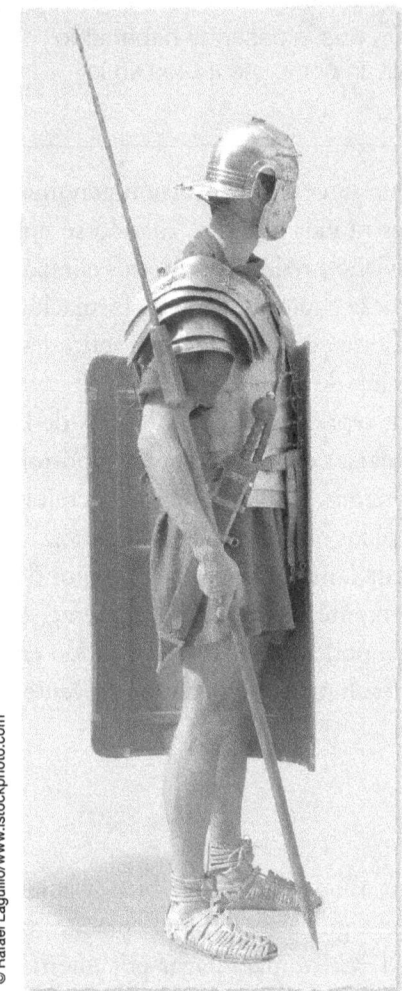

Soldado romano armado para la batalla.

El punto de Pedro es claro. Cristo no nos ha enviado al mundo de vacaciones en una gira autodirigida por un patio de recreo, sino como soldados destacados a un campo de batalla. No somos llamados a apoltronarnos, relajarnos, disfrutar del paisaje y esperar que nuestro Guía nos lleve a la patria. Más bien, estamos enzarzados en un feroz conflicto en terreno extranjero. Necesitamos armarnos con la armadura espiritual para resistir las tentaciones de este mundo (cf. Ef 6:10-18). Pedro dice que si hemos sido conformados a la muerte y resurrección de Cristo, el poder del pecado ha quedado roto (1 P 4:1). Debido a que la persona antigua que usted solía ser ha muerto con Cristo, por así decirlo, usted ahora está libre para vivir con él.

Permítame destacar en los versículos 1-3 cuatro recordatorios de nuestra nueva condición que nos ayudarán a armarnos con la justicia necesaria para luchar bien contra la tentación y el pecado durante nuestro destacamento en este mundo hostil.

- Ya no servimos al pecado como nuestro amo (4:1).
- Ya no pasamos nuestros días agobiados por los deseos (4:2a).
- Hemos abierto la puerta a la voluntad de Dios (4:2b).
- Hemos cerrado la puerta a la vida impía (4:31).

No soslaye el fuerte contraste entre la «voluntad de Dios» (v. 2) y «lo que agrada a los incrédulos» (v. 3). Pedro dice: «Ya basta con el tiempo que han desperdiciado haciendo lo que agrada a los incrédulos». En cierto sentido, todos los creyentes tienen en la vida un tiempo a.C. y otro d.C., antes de Cristo y después de Cristo. Pedro vio «el año uno» como el momento de la conversión, marcado oficialmente por el bautismo (3:21).

Antes de este nacimiento espiritual, el viejo hombre vivía en el curso viejo de la vida: «entregados al desenfreno, a las pasiones, a las borracheras, a las orgías, a las parrandas y a las idolatrías abominables» (4:3). La lista de Pedro no es exhaustiva, pero pinta un cuadro horrible de los años «a.C.» de muchos creyentes. Cuando consideramos que la mayoría de las personas del mundo todavía viven en este período «a.C.», no debe sorprendernos que ellos esperan que todos hablen sus palabrotas, sigan su mentalidad y costumbres distorsionadas y defiendan sus valores culturales corruptos. Cuando no nos conformamos, lo notan. Cuando permitimos que nuestra transformación se muestre en forma práctica en el escenario de la vida, nos destacamos del resto de la multitud por el hecho de que no participamos en sus aventuras de indulgencia propia.

4:4-5

Tal vez usted haya oído alguna de estas reacciones a su nueva y diferente manera de vida en Cristo.

- «¿Cómo que no haces eso?»
- «¡Vamos! ¿Quieres decir que Dios no quiere que nos divirtamos?»
- «¿Te crees santo?»
- «¿Te crees mejor que nosotros?»
- «¡¿Qué tornillo se te ha aflojado?!»

Cuando cerramos el libro en el capítulo viejo de nuestra vida y abrimos el nuevo, nuestros anteriores amigos y colegas actuales suelen responder con sorpresa, a veces incluso con aturdimiento. A menudo, su asombro ante nuestra nueva vida resulta en que nos abandonan o ignoran. Pronto uno descubre que ya no lo invitan a sus reuniones, no lo invitan a cenar, o incluso uno puede perder su compañía.

En muchos casos, el mundo responde con menosprecio. Pedro dice que «los insultan». La palabra griega es *blasfemeo*, de la cual recibimos nuestra palabra «blasfemia». Se refiere a un estallido verbal grosero, blasfemo, contra las cosas sagradas. En este contexto, la cosa sagrada que desprecian es el creyente, la persona apartada para vida santa en un mundo impío (3:15). Al blasfemar contra los embajadores, sin embargo, también están blasfemando contra el Reino y su Rey, el gran Señor y Juez. La misma presencia de uno en el mundo, al tomar una posición por lo que es verdadero y bueno, se vuelve un estándar de justicia contra el cual aquel que no es creyente se queda corto. Se les recuerda que Dios tiene una norma justa y que un día serán llamados a dar cuenta de sus vidas (4:5). Ese tipo de recordatorio hará que cualquier pagano de vida alegre menosprecie a los creyentes como «molestias» en la vida.

4:6

Me encantaría decir que en cada caso aquellos a quienes la nueva vida de los creyentes les molesta al final se rinden al Señor. Pedro mismo presenta esto como una posibilidad e incluso como meta para sostener un testimonio cristiano en medio de la persecución (2:15; 3:1, 15-16). Sin embargo, corriendo paralelo a esa hebra de esperanza está la amenaza de represalias (2:18-19; 3:14, 17). La historia de la iglesia cristiana provee numerosos ejemplos de creyentes cuya nueva vida en Cristo los condujo a tratamiento cruel, amenazas, persecución, encarcelamiento y a veces muerte.

El versículo 6 aborda la realidad de esos creyentes, conocidos de los lectores de Pedro, que habían dado la vida por el evangelio. Recuerde que esta segunda sección principal de la carta de Pedro responde a la pregunta de cómo los creyentes deben vivir como extranjeros en un mundo hostil, donde pueden esperar que se les trate injustamente por su fe en Cristo. Pedro se refiere a los que oyeron el evangelio de Cristo pero fueron juzgados (literalmente) «según criterios humanos» en la carne; es decir, declarados «culpables» por estándares humanos y enviados a la muerte. De modo similar, Cristo había sido enviado a la muerte «en su cuerpo» según criterio humano (3:18; 4:1). Sin embargo, fue vivificado «en espíritu» y resucitado a vida nueva (3:21-22). De la misma manera, los creyentes que sufren la expresión máxima de rechazo, persecución y juicio en esta vida «vivan conforme a Dios en lo que atañe al espíritu» (4:6) y, como su Señor, un día resucitarán a vida eterna.

La mayoría de los creyentes en la historia nunca han tenido que morir como mártires, aunque todos han sido objeto de varios niveles de ridículo y rechazo (Jn 15:18-20; 1 Jn 3:13). Al enfrentar la cólera de amigos y familia, nunca debemos olvidar que aunque somos juzgados «según los hombres» en la carne, Dios nos ha juzgado «no culpables» por su gracia. Así que ahora podemos vivir en el Espíritu sin que importe lo que la gente pueda hacernos.

CÓMO ENFRENTAR LA FURIA CON ESPERANZA Y SIN TEMOR

Todos los creyentes se beneficiarán al leer relatos históricos y modernos de creyentes que han sufrido por su fe. *El libro de los mártires* de Foxe, por ejemplo, rastrea el martirio de creyentes a través de los siglos y demuestra cuán negro puede actuar el mundo para extinguir la luz del carácter semejante al de Cristo. Vemos un relato famoso en el martirio, en el siglo dos, de Policarpo, pastor de la iglesia de Esmirna, que había conocido y aprendido del mismo apóstol Juan. Policarpo enfrentó la furia del procónsul de Esmirna con esperanza sin temor.

Por consiguiente, cuando lo llevaron ante él, el procónsul le preguntó si era Policarpo. Y cuando confesó que lo era, el procónsul trató de persuadirlo a que se retractara, diciendo: «Ten respeto a tus canas», y otras cosas parecidas como era costumbre decir: «Jura por el genio de César; arrepiéntete; di: "¡Mueran los ateos!"» Así que Policarpo solemnemente miró a toda la multitud de paganos impíos que estaban en el estadio, alzó la mano para pedir silencio, y luego (gimiendo como si mirara al cielo) dijo: «¡Mueran los ateos!». Pero cuando el magistrado persistió y dijo: «Jura, y serás puesto en libertad; renuncia a Cristo», Policarpo respondió: «Por ochenta y seis años le he servido y nunca me ha hecho mal. ¿Cómo podría blasfemar contra el Rey que me salvó?»

Pero cuando continuó diciendo: «Jura por el genio de César», contestó: «Si vanamente supones que voy a jurar por el genio de César, según lo pides, y pretender que no sé quién soy, escucha con atención: Soy cristiano...».

Así que el procónsul dijo: «Tengo bestias salvajes; te voy a arrojar a ellas, a menos que cambies de parecer». Pero él dijo: «¡Sácalas! Porque el arrepentimiento de lo mejor a lo peor es un cambio imposible para nosotros; pero es una cosa noble cambiar de lo que es malo a la justicia». Entonces él le dijo de nuevo: «Voy a consumirte por el fuego, puesto que menosprecias a las bestias salvajes, a menos que cambies de parecer». Pero Policarpo dijo: «Tú me amenazas con un fuego que arde solo brevemente y después de poco se extingue, porque ignoras el fuego del juicio venidero y el castigo eterno, que está reservado para los impíos. Pero, ¿por qué te demoras? Vamos, haz lo que quieras».

Mientras hablaba éstas y muchas otras palabras, fue inspirado con valentía y gozo, y su cara estaba llena de gracia, de modo que no solo no se colapsó por el terror de las cosas que le fueron dichas, sino que por el contrario el procónsul quedó estupefacto, y envió a su propio heraldo en medio del estadio para que proclame tres veces: «Policarpo ha confesado que es cristiano».[18]

Aplicación

Cómo destacarse entre la multitud

Todo en 1 Pedro 4:1-6, tanto las advertencias como las recompensas, presuponen que algo en el carácter de uno lo marca como creyente. No me refiero a llevar una cruz colgada al cuello, o pegar una etiqueta de forma de pescado en el automóvil, o a ir a la iglesia los domingos por la mañana. No; quiero decir algo que realmente hace que uno se destaque en la multitud. Es fácil dar la apariencia de creyente en ciertos momentos y en ciertos lugares. Pero vivir una vida de integridad en la que las actitudes internas de uno se ajustan a las acciones externas en todas partes y en todo momento... *eso* es diferente.

Esta es la clase de discipulado radical que se describe en la esencia de 1 Pedro. Recordará que Pedro mencionó «el tiempo ya pasado» en el cual los creyentes vivían en la carne antes de convertirse a Cristo (4:3). Da algunas ideas de cómo era esa vida vieja, en caso de que sus lectores se hubieran olvidado del escenario del que fueron salvados. Este es un momento ideal para reflexionar personalmente en aquello específico de lo cual fue librado. En el cuadro que sigue o en un papel aparte, anote algunas de las características internas y externas que le caracterizaron en sus días «a.C.» (negativos). Luego, anote bajo las letras «d.C.» los cambios observables en sus actitudes y acciones (positivos). Piense antes de escribir.

En lugar de pasar rápido por este ejercicio, vuelva a la primera parte («a.C.») y tome nota de los elementos del viejo estilo de vida que de alguna manera continúan saltando sobre la cruz y vuelven a su nueva vida. Encierre en un círculo estos hábitos persistentes de su viejo carácter. Márquelos como partes expuestas sobre las cuales la armadura de Dios necesita fortalecerse. Al aceptar la exhortación de Pedro a armarse, enfóquese en el poder transformador de Cristo sobre estos asuntos, y entrégueselos a él en oración. Pídale a Dios que su Espíritu Santo lo fortalezca en esos aspectos específicos. Luego, confiando

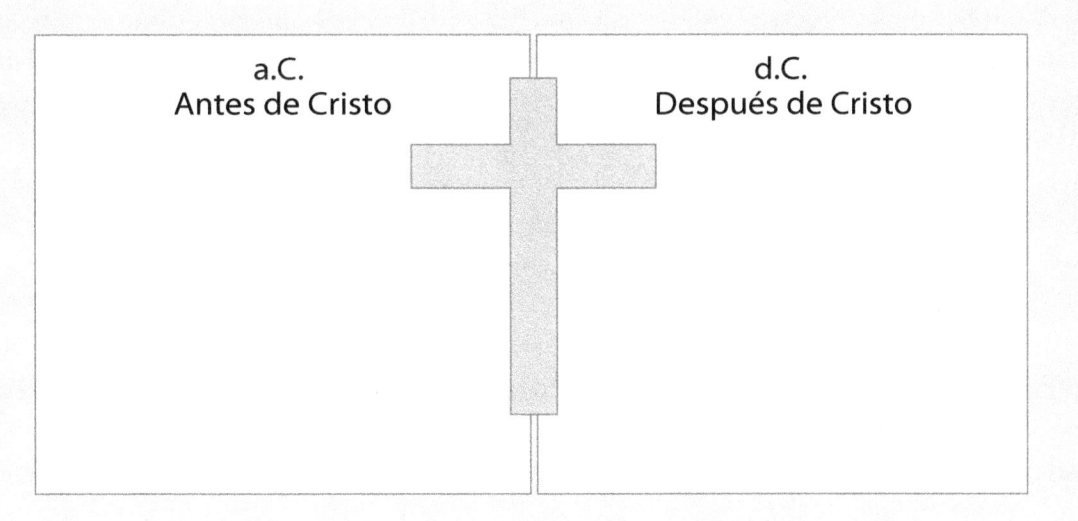

en que ese poder está obrando en usted y con usted, dé el primer paso para fortalecer esos puntos débiles en su vida. Tal vez no sea fácil. Le llevará tiempo. En algunos casos, puede exigir la ayuda de otros. Pero al final lo hará un soldado más fuerte de Cristo.

Como soldados valientes de la fe en toda la historia, ¿quiere usted destacarse como embajador del Reino de luz en medio de un imperio de tinieblas? ¡Por supuesto que lo quiere! No necesita armarse con fanatismo. Usted no va a querer cultivar una actitud criticona ni esgrimir un dedo condenador. Todo lo que tiene que hacer es adoptar un estilo de vida inmune a los ataques irrazonables. Muchos van a aplicarle la ley del hielo. Otros lo van a golpear con calumnias. Usted puede vivir en una zona de peligro en donde otros incluso pueden tratar de hacerle daño físicamente. Pero algunos verán el carácter noble reflejado en su vida cambiada y le preguntarán acerca de su Rey.

Órdenes de marcha para soldados de la cruz (1 Pedro 4:7-11)

> ⁷Ya se acerca el fin de todas las cosas. Así que, para orar bien, manténganse sobrios y con la mente despejada. ⁸Sobre todo, ámense los unos a los otros profundamente, porque el amor cubre multitud de pecados. ⁹Practiquen la hospitalidad entre ustedes sin quejarse. ¹⁰Cada uno ponga al servicio de los demás el don que haya recibido, administrando fielmente la gracia de Dios en sus diversas formas. ¹¹El que habla, hágalo como quien expresa las palabras mismas de Dios; el que presta algún servicio, hágalo como quien tiene el poder de Dios. Así Dios será en todo alabado por medio de Jesucristo, a quien sea la gloria y el poder por los siglos de los siglos. Amén.

El nombre «Pedro» y «práctico» van de mano. Estar casado ayuda. Así que hizo su carrera como pescador. Antes de seguir a Cristo, la vida de Pedro consistía de cosas tangibles, prácticas. Barcos, redes, pescados, sudor, trabajo duro, familia; el teje y maneje de la vida real. No debe sorprendernos, entonces, que su curtida personalidad y su prosa al grano fluyan en su escrito.

No siendo ni académico ni sofisticado, Pedro tiene poco interés en debates teóricos. La verdad es para vivirla, y no solo para hablar de ella y luego ignorarla. Si hay una causa por la que vale la pena pelear, ¡pelea, no filosofes! Si la urgencia requería acción, el hombre se remangaba y se lanzaba. Cuando Pedro tomó su pluma para escribir una carta a los santos sufrientes, no se fue por las ramas. Se abrió paso por entre la espuma y fue directamente a lo básico. La urgencia condujo a la sencillez.

En medio de su consideración sobre cómo enfrentar el sufrimiento con esperanza en Cristo, Pedro no pudo evitar los efectos prácticos de vivir a la luz del retorno de Cristo. No se atascó especulando en cuanto al cómo, cuándo ni dónde del fin de los tiempos, sino que más bien enfocó la pregunta: «Así que, ¿qué?» Respondió a esta pregunta básica en 4:7-11. En cinco breves versículos veremos cuatro mandamientos urgentes para obedecer, seguidos de una meta sencilla que recordar.

4:7

Cuando sabemos que el tiempo es corto, dos principios de operación hasta entonces soslayados de repente intervienen: urgencia y sencillez. Cuando las personas descubren que no les queda mucho tiempo de vida, por ejemplo, sus relaciones personales con sus seres queridos toman el escenario central y sus calendarios se simplifican. O, piense en lo que sucede cuando se oye que un huracán o un tornado son inminentes. La gente no se prepara para un juego de fútbol ni empieza a arreglar el patio. Más bien, agarran lo esencial y buscan refugio, ¡al instante! Cuando el tiempo es corto se necesita urgencia y sencillez.

Las Escrituras tratan los tiempos del fin de la misma manera. Vez tras vez nos recuerdan que el tiempo es corto porque el fin está cerca.[19] Empezando en el versículo 7, Pedro cambia a este modo de urgencia y sencillez de tiempos del fin en este pasaje con una frase de alguna manera enigmática: «Ya se acerca el fin de todas las cosas». Digo, «enigmática» porque casi dos mil años después el fin de todo, hasta donde puedo decir, todavía no ha tenido lugar. ¿Se equivocó Pedro? ¡No! La clave para entender la fraseología de Pedro viene de una comprensión de la doctrina bíblica de la inminencia.

La frase griega que se traduce «se acerca» es el verbo *engizo*. La línea de apertura literalmente dice: «La meta de todas las cosas está cerca». Pedro pinta a Cristo en el cielo a la diestra de Dios en espera de una palabra del trono: «¡Ve!». Así que, cuando la Biblia dice que el fin está «cerca» o «viene pronto», se refiere a lo súbito e inesperado que será el retorno de Cristo. Es decir, Cristo puede venir en cualquier momento.

A la luz de esta noción del retorno de Cristo «en cualquier momento» y el desarrollo de los juicios del fin de los tiempos, Pedro dice que debemos responder con ciertas acciones específicas. El primer mandato se halla en el versículo 7, siguiendo a un importante «así que». A la luz del inminente retorno de Cristo, *usen buen juicio y mantengan calma con espíritu de oración*. Tener sano juicio y espíritu sobrio quiere decir que uno no se entrega al pánico cuando tiene lugar un desastre natural, ni cuando se elige a algún funcionario que no es de nuestro agrado, o si las noticias de la noche parecen cada vez más repletas de malas noticias. ¡No se preocupe! ¡No se arroje de un rascacielos! Esto también quiere decir que usted no va a dejar su trabajo porque Jesús tal vez pudiera volver hoy. Más bien, usted mantiene su mano sobre la rueca y continúa su trabajo con un sentido continuo de propósito y urgencia. Vive como si Cristo pudiera volver hoy, pero planea para la posibilidad de que pudiera venir mucho después de que usted haya fallecido. Eso es un enfoque razonable, balanceado, a la vida a la luz de la hora desconocida de la venida de Cristo. El lema de los soldados de la guerra revolucionaria de los Estados Unidos de América viene a la mente: «Confía en Dios, ¡pero mantén seca la pólvora!»

El secreto de mantener este tipo de balance y calma es la oración. Cuando algo nos alarma, oramos. Cuando los sucesos actuales nos confunden, uno ora. Si el mundo parece estar fuera de control, uno ora. La adoración agudiza nuestra conciencia de modo que somos más capaces de discernir mejor. Nos da esperanza genuina y confianza en Cristo en medio de la confusión. Cuando uno se da al pánico, no ora. Cuando uno está reaccionando, no está confiando en el Dios soberano.

De mi diario

Comience la oración

Sucedió en 1968, en un avión que se dirigía a Nueva York, un vuelo de rutina y normalmente aburrido. Pero esta vez resultó diferente. Cuando el aeroplano empezó su rutina de aterrizaje, el piloto se dio cuenta de que el tren de aterrizaje no se abrió como es debido. Intentó operar los controles, tratando vez tras vez de lograr que el tren de aterrizaje quedara trabado en su lugar… sin lograrlo. Entonces pidió instrucciones a la torre de control. Entre tanto que el aeroplano volaba en círculos sobre el aeropuerto, la cuadrilla de emergencia recubrió la pista con espuma, mientras que el camión de bomberos y otros vehículos de emergencia se colocaban en posición.

Mientras tanto, a los pasajeros se les comunicaba cada maniobra con esa voz calmada y flemática para la que son tan buenos los pilotos. Las auxiliares de vuelo andaban por la cabina con un aire de fría reserva. A los pasajeros se les dijo que pusieran la cabeza entre las rodillas y se sujetaran los tobillos justo antes del impacto. Hubo lágrimas y unos pocos gemidos de desesperanza. Fue una de esas experiencias de «no puedo creer que esto me esté sucediendo a mí».

Luego, faltando pocos minutos para el aterrizaje, el piloto anunció por los intercomunicadores: «Hemos empezado nuestro descenso final. En ese momento, de acuerdo con los códigos internacionales de aviación establecidos en Ginebra, es mi obligación informarle que si cree en Dios debe comenzar a orar». Palabra de honor, ¡eso fue exactamente lo que dijo!

Me alegra informar que el impacto ocurrió sin problemas. Nadie salió lastimado, y aparte de algún daño extenso en el avión, la aerolínea casi ni recuerda el incidente. De hecho, un pariente de un pasajero llamó a la aerolínea al día siguiente y preguntó en cuanto a esa regla de oración que el piloto citó. La respuesta fue un frío y reservado «sin comentarios».

Asombroso. Lo único que sacó a colación una «regla secreta» muy enterrada fue la crisis. Empujada al borde, de espaldas contra la pared, justo hasta la bandera, con todas las rutas de escape cerradas, solo entonces nuestra sociedad abre una grieta de reconocimiento de que Dios pueda estar allí y, «si uno cree, debe comenzar a orar».

Esto me recuerda un diálogo que oí por televisión poco después de que el monte Santa Elena hiciera erupción en 1980. El individuo a quien entrevistaban era un reportero que «había salido vivo» del volcán con retratos y grabaciones de su propia pesadilla personal. Estaba cerca del cráter de esa montaña cuando erupcionó, y literalmente tuvo que correr para salvar su vida, con la cámara funcionando y el micrófono abierto. Las imágenes eran borrosas y oscuras, pero se grabó su voz.

Era espeluznante, casi demasiado personal para revelar. Respiraba agitadamente, gemía, jadeaba y le hablaba directamente a Dios. Nada de formalidades, ni frases de cajón… solo el clamor desesperado de una criatura en crisis.

Frases tales como: «Ay Dios, oh Dios mío… ¡Auxilio! ¡Socorro!» Más gemidos, más respiración agitada, escupir, atragantarse, toser, jadear. «Esto arde, está tan oscuro… ¡Ayúdame, Dios! Por favor, por favor, por favor, por favor…».

No hay nada como la crisis para dejar al descubierto la verdad que de otra manera estaría oculta en el alma. Cualquier alma.

Podemos enmascararla, ignorarla, soslayarla con sofisticación fría y negación intelectual; pero si se quita el cojín de comodidad, se quita el escudo de seguridad, se inyecta la amenaza de muerte sin la presencia de otros para quitarle el pánico al momento, es bastante cierto que la mayoría de las filas de la humanidad «comienzan la oración».

Las crisis destrozan, y al destrozar, también refinan y purifican. He estado junto a demasiados moribundos, y ministrado a demasiadas víctimas de calamidad, y escuchado a demasiados individuos quebrantados y lastimados para creer lo contrario.

Lamentablemente, por lo general se requieren los golpes brutales de la aflicción para ablandar y penetrar los corazones duros.[21]

— 4:8 —

El segundo mandamiento a seguir a la luz del inminente retorno de Cristo es *mantenerse ferviente en amor los unos por los otros*. La palabra «ferviente» viene de la palabra griega *ektenes*, que quiere decir «esforzado».[20] Habla de intensidad y determinación, como el atleta que se estira para alcanzar la línea de llegada al final de la última vuelta. Pedro estuvo sentado a los pies de Jesús y lo oyó describir el fin de los tiempos con la frase: «el amor de muchos se enfriará» (Mt 24:12). Y Pablo le recordó a Timoteo que en los últimos días la gente «estará llena de egoísmo» (2 Ti 3:2). Pedro completamente invierte este amor propio frígido; en agudo contraste, los creyentes deben tener un amor *ferviente* dirigido *de los unos hacia los otros*.

Esto tiene aplicación inmediata en nuestros días. En medio del tratamiento injusto, la persecución y confusión del mundo presente, nada ayuda a fortalecer y animar a los creyentes más que el amor mutuo y cuidado de unos por otros. Pedro cita una línea de Proverbios 10:12 para demostrar la manifestación práctica de este amor: «El odio es motivo de disensiones, pero el amor cubre todas las faltas». Nada aleja de Cristo más rápidamente a los que no son creyentes que ver a su iglesia peleando unos contra otros en lugar de amarse con sinceridad unos a otros.

— 4:9 —

El tercer mandamiento que Pedro da a la luz del inminente retorno de Cristo es que *seamos hospitalarios entre nosotros*. Pienso que la mayoría de nosotros concuerda con la idea de la hospitalidad, siempre y cuando definamos de qué se trata. Invitamos a nuestras casas a personas que nos caen bien y hacemos ajustes apropiados como anfitriones dispuestos, dentro de límites, por supuesto. Pero Pedro se refiere a «unos a otros» en el sentido más amplio de ese término. Lo utilizó en 4:8 con referencia a amar mucho incluso a quienes necesitan nuestro perdón; es decir, los que nos han hecho mal. Y usa «unos a otros» en 4:10 para referirse al cuerpo más amplio de Cristo, a quien debemos servir con nuestros dones espirituales. Así que, escoger y seleccionar a quién invita uno a la vida de uno no es lo que Pedro tiene en mente.

Pedro incluye otra frase que hace este mandamiento incluso más convincente: «sin quejarse». Ser verdaderamente hospitalario puede costar dinero. Definitivamente lleva tiempo. Puede ser molesto y a veces decepcionante. Pedro insta a los creyentes a tener una actitud positiva hacia la hospitalidad: que fluya del amor ferviente y la esperanza con oración que se describe en 4:7-8.

No obstante, los creyentes no deben aprovecharse de la hospitalidad. Tener discernimiento y amor no quiere decir que permitamos que otros se aprovechen de nosotros quedándose apoltronados y llenos de antojos ociosos y parásitos. Algunos creyentes en los días de Pedro vivían vidas desequilibradas en respuesta a la enseñanza del retorno inminente de Cristo. Pensaban: *Si Cristo viene pronto, ¿para qué trabajar? ¿Por qué no venderlo todo y vivir de los demás?* Pablo apunta a este problema en 2 Tesalonicenses 3:6-15 y Pedro indirectamente aborda el otro lado de la hospitalidad verdadera, de sacrificio propio, en los versículos 10-11; la contribución mutua de todos los creyentes en el cuerpo de Cristo.

— 4:10-11 —

El cuarto y último mandamiento que Pedro da en vista del inminente retorno de Cristo es que *sigan sirviéndose unos a otros*. Pedro deja en claro en unas pocas palabras que cada creyente tiene un don espiritual. Dice (lit.): «Así como cada uno ha recibido un don». Da por sentado que si uno es creyente, Dios le ha agraciado con un don. Pero esto no es un don para hacer que uno se sienta mejor en cuanto a uno mismo, apuntalar el ego o servir los intereses propios. Más bien, son inversiones que Dios hace en varios miembros del cuerpo de Cristo y espera rédito de esa inversión.

En otras palabras, debemos ser «buenos mayordomos» de la «multiforme gracia de Dios». El término «multiforme» es la palabra griega *poikilos*, que significa «de muchos colores» e implica una gran variedad de dones dentro de la comunidad cristiana. Aunque Pedro no hace una lista de estos dones, su colega apóstol, Pablo, nos da una buena idea de la diversidad de dones en varios lugares de sus escritos. (Véase la tabla comparativa en esta página).

Pedro anima a sus lectores a usar de manera responsable los dones singulares que Dios le ha dado a cada uno. Pedro da dos ejemplos específicos seleccionando dos dones representativos de una amplia variedad de dones: el don de hablar y el don de servir (4:11). Insiste que debemos tratar nuestros dones como una responsabilidad y honor únicos; dependiendo de la fuerza de Dios y nunca olvidando que el mensaje que proclamamos es el mensaje *de Dios*, y no el nuestro. Todavía más, el propósito no es servirnos a nosotros mismos, sino servirnos «los unos a los otros» (4:10).

Así que, en resumen, nuestra expectativa esperanzada del retorno del Señor debe motivarnos a *usar buen juicio y mantener la calma con un espíritu de oración* (4:7). Debemos *mantenernos fervientes en amor los unos por los otros* (4:8). Debemos recordar que debemos *ser hospitalarios entre nosotros* (4:9). Y nunca debemos dejar de *servirnos* mediante el uso de nuestros dones espiri-

DONES ESPIRITUALES MENCIONADOS EN LAS ESCRITURAS

Pedro menciona solo dos «dones espirituales» en 1 Pedro 4:11, pero el apóstol Pablo menciona varios más que suplementan los dones representativos de hablar y servir, indicados por Pedro.

Romanos 12:6-8	1 Corintios 12:4-11	Efesios 4:11	1 Pedro 4:10-11
Profecía	Palabra de conocimiento	Apóstoles	Hablar
Servicio	Fe		Servir
Enseñanza	Sanidad	Evangelistas	
Exhortación	Prodigios	Pastores	
Dar	Profecía	Maestros	
Dirigir	Discernimiento de espíritus		
Misericordia	Hablar en otras lenguas		
	Interpretación de lenguas		

tuales. Estos cuatro mandatos contestan la pregunta de Pedro: «¿Qué debemos estar haciendo a la luz de que Cristo puede regresar en cualquier momento?»

Sin embargo, Pedro no deja este tema con solo cuatro órdenes de marcha para soldados espirituales. Nos recuerda nuestra suprema misión: el propósito para el que hemos sido llamados, equipados y enviados. Todo general de ejército tiene un supremo objetivo militar, y Dios no es la excepción. Hallamos esto al final del versículo 11 en forma de «doxología»; un himno breve, animado, de alabanza a Dios. Debemos hacer todas estas cosas, vivir de esta manera como extraños en un mundo extraño, soportar el tratamiento injusto de parte de otros y morar unos con otros en unidad de amor. «Así Dios será en todo alabado por medio de Jesucristo, a quien sea la gloria y el poder por los siglos de los siglos. Amén».

Cuando mantenemos este supremo objetivo en primer plano en la mente, pocas cosas en la vida importan más. Todo cae en su lugar. ¡No dije que todo tendrá sentido! ¡No dije que todo será fácil! Pero podremos dar un paso atrás y confesar con confianza que solo Dios recibirá la gloria en cada uno de los sucesos y en toda circunstancia. Cuando le damos a él la gloria, le dejaremos a él los resultados de nuestros esfuerzos y también confiaremos en él para la fuerza que necesitamos. Buscar la gloria de Dios en todo es una asignación difícil en el campo de batalla espiritual de este mundo presente. Pero cuando miramos hacia adelante a la esperanza específica del retorno de Cristo, cuando se ganará decisivamente la batalla, abrazaremos una esperanza específica que nos ayuda a perseverar en tiempos de aflicción.

NOTAS:

1. Ver Robertson McQuilkin, *An Introduction to Biblical Ethics*, ed. rev. y act. Tyndale, Wheaton, I, 1995), 483–86.
2. Sam Tsang, *From Slaves to Sons: A New Rhetoric Analysis on Paul's Slave Metaphors in His Letter to the Galatians,* Peter Lang, Nueva York, 2005, 22.
3. Mark Hassall, "Romans and Non-Romans," en John Wacher, ed., *The Roman World,* John Wacher ed. Routledge, Londres, 2002, 2:685-700
4. Tsang, *From Slaves to Sons*, 39.
5. Ver Barclay M. Newman Jr., *A Concise Greek-English Dictionary of the New Testament*, German Bible Society, Stuttgart, 1993, 27; Walter Bauer et al., *A Greek-English Lexicon*, 115-16.
6. J. Ramsey Michaels, *1 Peter*, Word Biblical Commentary, vol. 49, ed. David A. Hubbard, Glenn W. Barker, y Ralph P. Martin, Word, Waco, Tex., 1988, 169.
7. Ibid., 175–76.
8. Bauer et al., *A Greek-English Lexicon*, 569.
9. En el griego, un escritor puede expresar cuatro tipos diferentes de frases «condicionales». Es decir, la construcción «si… entonces» puede implicar cuatro tipos diferentes de circunstancias, cada una con grados variados de probabilidad dependiendo de las palabras y formas gramaticales que se usan. Una primera clase de condición da por sentado que la parte «si» de la frase es verdad. Por ejemplo, Satanás le dijo a Jesús: «—Si eres el Hijo de Dios, ordena a estas piedras que se conviertan en pan» (Mt 4:3). Una segunda clase de condición da por sentado que el «si» no es verdad: «Si yo buscara agradar a otros, no sería siervo de Cristo» (Gá 1:10). La tercera clase de condición considera la afirmación de «si» como incierta, solo cuando la afirmación de «si» ocurre entonces el enunciado «entonces» resultará verdad. Esta es la forma que

se usa en 1 Pedro 3:13. Pedro está diciendo: «Y a ustedes, ¿quién les va a hacer daño si se esfuerzan por hacer el bien?» Está recalcando lo improbable de tratamiento duro en tanto y en cuanto vivamos como debemos. Pero luego, en el versículo 14, Pedro sigue la tercera clase de condición con una cuarta construcción de «si… entonces». La cuarta clase de condición describe un improbable «si» que resulta en un improbable «entonces». «Más también si alguna cosa padecen ustedes por causa de la justicia [lo que es común], entonces…».

10. Bauer et al., *A Greek-English Lexicon*, 863.
11. Ibid., 805.
12. «The Apostles' Creed» [«El Credo de los Apóstoles»], del himnario *Gracia y Devoción*, Lillenas Publishing Co., Kansas City, MO, 1962.
13. Pablo a veces usan los términos «carne» y «espíritu» para contrastar el cuerpo físico que muere y la parte espiritual de la persona que continúa (1 Co 5:5). Pedro usa el mismo contraste en 1 Pedro 4:6. También vale la pena notar que el apóstol Juan usa el término «en el espíritu» para referirse a un traslado al «campo espiritual», en donde puede percibir cosas invisibles en el mundo físico (Ap 4:2).
14. Para nociones alternas en cuanto a este pasaje, ver Allen P. Ross, «Genesis» [«Génesis»], en *The Bible Knowledge Commentary: Old Testament*, ed. John F. Walvoord y Roy B. Zuck, Victor Books, Wheaton, IL., 1985, 36-37.
15. Bauer et al., *A Greek-English Lexicon*, 431.
16. Ver Efesios 6:11-13; Filipenses 2:25; 2 Timoteo 2:3-4; Filemón 2.
17. Kenneth Wuest, *Wuest's Word Studies from the Greek New Testament for the English Reader*, Eerdmans, Grand Rapids, 1973, 2:110.
18. *Martyrdom of Polycarp* 9.1–10.1; 11.1–12.1. Traducción al inglés en Michael W. Holmes, *The Apostolic Fathers: Greek Texts and English Translations*, 2ª ed., Baker, Grand Rapids, 1999, 233-37.
19. Ver, por ej., Romanos 13:11; Santiago 5:3; 1 Juan 2:18; Apocalipsis 1:3.
20. Bauer et al., *A Greek-English Lexicon*, 622–23.
21. Adaptado de Charles R. Swindoll, «Commence Prayer» [«Comience la oración»], en *The Finishing Touch: Becoming God's Masterpiece*, Word, Dallas, 1994, 550-52.

NUESTRO FUEGO DE PRUEBA
(1 PEDRO 4:12—5:14)

Como la vida misma, el libro de 1 Pedro presenta constantes recordatorios de la realidad del sufrimiento. Como realista consumado, Pedro no ha hecho ningún esfuerzo por dorar la píldora de la amarga verdad de que los creyentes deberán enfrentar —no hay escape— varias pruebas en su jornada por la vida. Pero Pedro no es un cínico. En medio de su realista cuadro de los santos sufrientes, siempre nos dirige hacia la esperanza de que Dios realizará su plan redentor mediante períodos de dolor. Pedro nos recuerda lo que fácilmente podemos olvidar: *Cristo da esperanza en tiempos de aflicción*.

Como una sinfonía compuesta en una tonalidad menor y también en mayor, Pedro desarrolla su estimulante mensaje en tres movimientos. En este punto en su carta ya hemos experimentado los primeros dos. Primero, Pedro *informó* a sus lectores respecto a su esperanza viva (1:1—2:12). Nos hace saber que la gracia y la paz pueden ser nuestras conforme nos apropiamos de nuestra esperanza (1:3-12), andamos en santidad (1:13-25) y crecemos en Cristo (2:1-12). Pedro destacó la gracia para seguir adelante describiendo una *esperanza viva* por la resurrección de Cristo (1:3). En notas más alegres y exuberantes, el primer movimiento de la sinfonía de Pedro revela a Cristo como la *fuente* de esperanza en tiempos de aflicción.

En el segundo movimiento notamos un cambio de tonalidad. En tonos más profundos, sombríos e incluso más oscuros, Pedro *exhortó* a sus lectores a una esperanza viva a pesar de la realidad de su vida de sufrimiento como peregrinos (2:13—4:11). Pedro nos insta a someternos a las varias autoridades (2:13—3:7), a ser humildes en espíritu (3:8-22), a armarnos con perseverancia (4:1-6), y a glorificar a Dios en todo (4:7-11). Estos principios se vuelven la clave para vivir como cristianos en un mundo hostil. Pedro recalcó la *gracia* para estar firmes, y describió una *esperanza calmada* mediante la sumisión personal (3:6). En todo este segundo movimiento percibimos a Cristo como *ejemplo* de esperanza en tiempos de aflicción. Este segundo movimiento concluyó con una doxología de alabanza, recordándonos que todo lo que decimos, hacemos, pensamos o experimentamos debe ser para la gloria de Dios por Cristo Jesús.

Es tiempo de que pasemos al tercer y final movimiento. Aquí, Pedro vuelve a visitar los temas de esperanza y conflicto, dos puntos en competencia que funcionan juntos hacia un sobrecogedor clímax. En esta sección, Pedro confortará a sus lectores en medio de su prueba de fuego (4:12—5:14). Les recordará que no se sorprendan por sus circunstancias difíciles (4:12). Más bien, los exhorta a que sigan regocijándose (4:13), que entreguen sus vidas a Dios (4:19), y que pongan sobre él sus preocupaciones (5:7). Pero también nos animará a nosotros, sus lectores, a concentrarnos en la gracia de Dios; a regocijarnos, a dirigir nuestra atención a una esperanza *firme* por fe (4:19). Así que, en este grandioso final de la gran sinfonía de esperanza de Pedro, vemos a Cristo mismo como el Compositor y Conductor de nuestras vidas; nuestro *cimiento* firme de esperanza en tiempos de aflicción.

TÉRMINOS CLAVE

ποιμαίνω [*poimaino*] (4165) «pastorear, apacentar un rebaño»

Literalmente, «pastorear» significa apacentar ovejas o vigilar un rebaño. Está tan relacionado con el sustantivo «pastor» (*poimen*) como a la palabra «rebaño» (*poimne*). *Poimen* pronto llegó a ser un término común para el dirigente de una congregación de creyentes, traducido «pastor» (Ef 4:11). En Pedro el verbo «pastorear» es un mandato a los ancianos de una iglesia, cuya tarea es supervisar la vida espiritual y crecimiento personal de la congregación (1 P 5:2).

ταπεινόω [*tapeinoo*] (5013) «humillar, rebajar, hacer bajo»

Pedro usa esta palabra solo una vez en su carta, de una manera que hace parecer que estaba familiarizado con la exhortación similar de Santiago de «humíllense» (Stg 4:10; 1 P 5:6). El concepto de humildad está entretejido en toda la trama de la carta de Pedro, formando la base para temas tales como la obediencia, sumisión y perseverancia. En Pedro, como en Santiago, el resultado de humillarnos nosotros mismos ante Dios es una exaltación futura en el propio tiempo de Dios.

Un cimiento firme en el fuego de prueba (1 Pedro 4:12-19)

¹²Queridos hermanos, no se extrañen del fuego de la prueba que están soportando, como si fuera algo insólito. ¹³Al contrario, alégrense de tener parte en los sufrimientos de Cristo, para que también sea inmensa su alegría cuando se revele la gloria de Cristo. ¹⁴Dichosos ustedes si los insultan por causa del nombre de Cristo, porque el glorioso Espíritu de Dios reposa sobre ustedes. ¹⁵Que ninguno tenga que sufrir por asesino, ladrón o delincuente, ni siquiera por entrometido. ¹⁶Pero si alguien sufre por ser cristiano, que no se avergüence, sino que alabe a Dios por llevar el nombre de Cristo. ¹⁷Porque es tiempo de que el juicio comience por la familia de Dios; y si comienza por nosotros, ¡cuál no será el fin de los que se rebelan contra el evangelio de Dios! ¹⁸«Si el justo a duras penas se salva, ¿qué será del impío y del pecador?» ¹⁹Así pues, los que sufren según la voluntad de Dios, entréguense a su fiel Creador y sigan practicando el bien.

Haga un alto por un momento y vuelva a repetir estas palabras mentalmente. Tómese su tiempo. Medite en cada verso.

> La llama no puede dañarte jamás
> si en medio del fuego te ordeno pasar;
> el oro de tu alma más puro será,
> pues sólo la escoria se habrá de quemar.[1]

Estos versos eternos de un himno clásico se han cantado con intrepidez y confianza por generaciones. Pero rápidamente quedan en el olvido cuando las cosas que más queremos de repente se encienden en el incinerador de las pruebas terrenales. Cuando las llamas del horno empiezan a chamuscar nuestra vida y forma de vivir, esos versos trillados en el tiempo pueden parecer extrañamente remotos... incluso irreales.

En su libro clásico *El problema del dolor*, C. S. Lewis escribió esto en cuanto al impacto de las pruebas de fuego:

> Estoy progresando en la senda de la vida conforme a mi satisfecha, caída e impía condición, absorto en los alegres encuentros con mis amigos para el mañana. O en un poco de trabajo que halaga mi vanidad hoy, una fiesta o un nuevo libro, cuando —de pronto— siento una estocada de dolor abdominal que me amenaza con grave enfermedad, o un gran titular en los periódicos que nos amenaza a todos con destrucción, hace desmoronar todo el castillo de naipes. Al principio me siento abrumado y toda mi pequeña felicidad parece como un montón de juguetes rotos. Después, lenta y desganadamente, poquito a poquito, trato de ponerme a mí mismo dentro del marco mental en el cual debería haber estado en todo momento. Me hago recordar a mí mismo que todos esos juguetes nunca fueron hechos con el propósito de que se adueñasen de mi corazón, que mi verdadero bien reside en otro mundo y que mi único y verdadero tesoro está en Cristo. Y quizá, por la gracia de Dios, tengo éxito en ello; durante uno o dos días me convierto en una criatura que conscientemente depende de Dios y que obtiene su fortaleza de las fuentes correctas. Pero en el momento que aquella amenaza se desvanece, toda mi naturaleza salta nuevamente hacia los juguetes.[2]

Tal es la naturaleza humana. Tan fácilmente nos olvidamos de las promesas que acompañan las pruebas de la vida. Nos olvidamos de los himnos, las Escrituras, los sermones y las lecciones que nos enseñaron el propósito de la prueba y el resultado del sufrimiento. Y cuando las pruebas amainan, no pasa mucho antes de que volvamos a los patrones de pensamiento y vida que nos disponen para otro ataque sorpresivo cuando el fuego inevitable retorna. Una fecha ilustra esto perfectamente: el 11 de septiembre.

Pedro escribió su carta a cristianos que enfrentaban circunstancias desesperadas: sufrimiento inmerecido, tratamiento injusto, calamidades inesperadas. Pedro retorna a su tema principal de esperanza en tiempos de aflicción en su consejo de conclusión, y nos da conceptos prácticos para ayudarnos, no meramente a sobrevivir a las llamas, sino a prosperar en ellas.

— 4:12-13 —

La expresión que usa Pedro «el fuego de la prueba» es una sola palabra en griego, *pirosis*. Se refiere a la experiencia agonizante de arder con fuego (Ap 18:9, 18). El artículo definido, «el», indica que Pedro tiene en mente una circunstancia en particular por la que atraviesan sus lectores. Sabemos que esta prueba tenía que ver con el tratamiento injusto a manos de los que aborrecían al cristianismo en el primer siglo. Esa agonizante prueba fue suficientemente severa para que Pedro les escribiera una carta recordándoles la fuente de su esperanza en tales tiempos. No sabemos los detalles precisos de la prueba. Las pruebas ocasionalmente son ligeras y breves, y se olvidan con rapidez. Otras veces persisten y nos pesan con fuerza, y nos dejan agotados y desalentados. A veces incluso nos sacan de circulación por un período extenso de tiempo.

Pedro nos da dos respuestas apropiadas a estas pruebas agonizantes. Primero, no debemos «extrañarnos» (4:12). No debemos pensar que sea extraño que tales cosas nos sucedan. Pedro no empieza esta sección con «queridos» sin motivo; esto se dirige a creyentes fieles, no a santos desobedientes o impostores. También habla de «el fuego de la prueba» como teniendo lugar «entre ustedes», «sobre ustedes» y «a ustedes». Esto no es algo que les cayó encima por accidente, como víctimas inocentes atrapadas en una chusma en estampida al estar en el lugar errado en el momento equivocado. No se equivoque. El fuego de la prueba les vino debido a su fe en Cristo.

Lo interesante es que muchos creyentes piensan que están hechos a prueba de incendios. Su primera reacción es justo lo que Pedro rechaza. ¡Sorpresa! Demasiado a menudo oigo objeciones como: «¡No puedo creer que esto me esté sucediendo *a mí*!», o «¿Por qué Dios no me protege de estas cosas?», o «¿Por qué Dios permite que esto suceda ahora?» Pero Pedro responde a esta reacción normal de sorpresa con un recordatorio importante. El fuego de la prueba viene a los creyentes para probarlos. Como fuego refinador que purifica el oro, al separar al precioso metal de sus contaminantes e impurezas, el fuego de la prueba nos prueba y nos purifica por dentro.

Nos pudiera ayudar el ver nuestra vida presente como un aula con Dios como instructor. Nunca nos sorprendimos cuando nuestros maestros humanos nos sorprendían con pruebas y exámenes difíciles. Las pruebas son normales cuando participamos en la búsqueda de crecimiento intelectual y desarrollo de destrezas. ¿Por qué alarmarnos si el Maestro por excelencia nos prueba conforme seguimos sus instrucciones en el currículo de la semejanza a Cristo?

Esto debería conducirnos por lógica a la segunda reacción a nuestro fuego de prueba: el regocijo (4:13). Pedro no está solo en promover la paradoja del gozo en el sufrimiento. Santiago escribió: «Considérense muy dichosos cuando tengan que enfrentarse con diversas pruebas» (Stg 1:2). Pablo declara que las pruebas nos llevan a una comunión más íntima con Cristo (Fil 3:10). Sin embargo, Pedro toma el presente sufrimiento de los creyentes en este mundo y los dirige a retroceder a los sufrimientos de Cristo como fuente y entonces envía todo hacia adelante al retorno de Cristo como meta. Al sufrir injustamente, participamos en un grado limitado en la clase de sufrimientos que Cristo sufrió por nosotros. Si nuestro Maestro sufrió, también sufrirán sus discípulos. Al mismo tiempo se nos insta a regocijarnos, sabiendo que en el retorno de Cristo él traerá consigo alivio y recompensas para los que hayan sufrido fielmente en esta vida. Nuestra firme esperanza futura puede hoy reflejarse hacia atrás, permitiéndonos regocijarnos inclusive en medio del fuego de la prueba. Santiago 1:12 lo dice de esta manera: «Dichoso el que resiste la tentación porque, al salir aprobado, recibirá la corona de la vida que Dios ha prometido a quienes lo aman».

Eso, también, merece que hagamos un alto… y lo pensemos.

4:14-18

Tras instruir a los creyentes sobre cómo reaccionar durante el fuego de las pruebas, Pedro describe cinco verdades para recordar. Conforme las llamas se intensifican:

1. Las pruebas son una oportunidad para echar mano del poder divino (4:14).
2. A veces nuestro sufrimiento es merecido (4:15).
3. La mayoría de los sufrimientos no debe hacer que nos avergoncemos (4:16).
4. El sufrimiento por lo general es a tiempo y necesario (4:17a).
5. Lo que los creyentes sufren ahora no se puede comparar con lo que los impíos sufrirán más tarde (4:17b-18).

Primero, *las pruebas son una oportunidad para echar mano del poder divino* (4:14). Al enfrentar pruebas aterradoras, con facilidad podemos llegar al fin de nuestros recursos. En ese punto desesperado podemos con rapidez quedar confundidos, agotados emocionalmente, exhaustos en lo físico y extenuados espiritualmente. Desde una perspectiva solo humana, a veces pensamos que esa es la peor situación posible en que se puede estar. Pero desde una perspectiva divina, esa es la condición necesaria para acercar a los creyentes más a Dios. Nunca seremos más dependientes del poder del Espíritu Santo que cuando hemos llegado al absoluto fin de nosotros mismos. En tanto y en cuanto operemos bajo la ilusión de que podemos manejar las cosas nosotros, nos atascamos en la debilidad espiritual. Pero cuando reconocemos que aparte de Cristo no podemos hacer nada (Jn 15:5), estamos en condiciones de empezar a echar mano del poder divino. Cuando nos insultan por nuestra fe en Cristo, Dios promete darnos fuerza por su Espíritu. De esta manera somos «bendecidos», incluso en medio del tratamiento injusto.

Segundo, debemos tener presente que aunque a los que sufren por causa de Cristo se les da bendición espiritual y fuerza, *a veces el sufrimiento en realidad es merecido* (4:15). Pedro escoge varios ejemplos de cosas que los creyentes pudieran hacer en las que incurrirían en la ira e injuria de parte de las autoridades civiles y observadores no creyentes.

Las primeras dos ofensas —asesinato y robo— son extremas y son obvias infracciones que acarrean la ira de las autoridades. El castigo que reciban será justo y merecido. Es apropiado que los creyentes, y los que no lo son, por igual sean castigados por tales delitos. No deberían esperar bendición de Dios en el sufrimiento que resulte, sino más bien su castigo.

Los otros dos agravios —hacer el mal y entrometerse en lo ajeno— parecen no referirse a quebrantamiento de la ley, sino a agravios morales y sociales. Los creyentes a veces pueden conducirse con hipocresía y convertirse en instrumentos de maldad en lugar de ser canales de rectitud. Y también pueden innecesariamente alinearse con causas y actividades que fastidian e irritan a los que no son creyentes. El término «entrometidos» se refiere a alguien que interviene en cosas que no tienen nada que ver con su llamamiento. Es fácil que los creyentes se inmiscuyan en asuntos políticos o causas sociales que no tienen nada que ver con el evangelio de Jesucristo. Pedro nos aconseja que nos aseguremos de no entrometernos en actividades que no solo nos desviarían del blanco y acarrearían reproche al nombre de Cristo, sino que nos harían perdernos la bendición de Dios y perder nuestra recompensa cuando Cristo vuelva.

Tercero, si sufrimos como creyentes debido a nuestra justicia, tal sufrimiento *no debe hacer que nos avergoncemos* (4:16). Aunque usamos la palabra de manera común hoy, el título «cristiano» aparece solo tres veces en el Nuevo Testamento, y su significado original nos da una idea de la forma como Pedro usa ese sustantivo aquí. Hechos 11:26 dice que «fue en Antioquía donde a los discípulos se les llamó "cristianos" por primera vez». De hecho, el término «cristiano» originalmente puede haber sido un término peyorativo usado por los opositores del cristianismo para «rotular» a estos discípulos. Nombrándolos así distinguía a los seguidores de Cristo de todas las demás prácticas y creencias, y los hacía fácilmente identificables. Por eso, Pedro dice que si el creyente sufre debido a que lleva el nombre de «Cristo» en palabra u obra, no hay razón para avergonzarse. Es más, tal sufrimiento se debe ver como un honor.

Cuarto, Pedro nos recuerda que el sufrimiento *por lo general es a tiempo y necesario* (4:17a). Aunque siempre es difícil aguantar y a menudo imposible comprenderlo al momento, los creyentes necesitan tiempos de aflicción para ser purificados. Dios usa el sufrimiento como una herramienta para santificar, limpiar y refinar a los suyos. La «casa de Dios» no solo necesita que a diario se le desempolve y se le barra, sino también necesita una limpieza general periódica. Proverbios 3:12 ofrece un paralelo importante a los pensamientos de Pablo aquí: «El Señor disciplina a los que ama, como un padre corrige a su hijo querido».

La realidad es que soportamos la disciplina purificadora *porque* somos hijos de Dios, no a pesar de serlo. Como todo padre sabe, la disciplina puede ser lo mismo positiva que negativa: castigo para corregir mala conducta, pero también disciplina para promover buena conducta. Hebreos 12:11 describe la disciplina negativa, en tanto que 1 Timoteo 4:7 describe su contraparte positiva. El hecho de que Dios nos permita soportar el fuego de la prueba con propósito disciplinario no debería sorprendernos ni desilusionarnos. ¡Muy al contrario! Debería animarnos el saber que Dios se interesa tanto en sus hijos que nos reprende y disciplina a fin de llevarnos a la madurez en nuestro andar con él.

Por último, Pedro nos recuerda que aunque la iglesia sufre un poco de tiempo para beneficio suyo, y que le llegarán bendiciones y recompensas, los que nos afligen no se librarán. Esencialmente, debemos tener presente que *lo que los creyentes sufren ahora no se puede comparar con lo que los impíos sufrirán más tarde* (4:17b-18). Pedro razona que si los propios hijos de Dios, a quien ama y cuida, no pueden escapar de su disciplina, ¡ni siquiera podemos empezar a imaginarnos qué castigo está guardado para los incrédulos que levantan a Dios sus puños crispados! Pedro parafrasea la idea detrás de Proverbios 11:31: «Si los justos reciben su pago aquí en la tierra, ¡cuánto más los impíos y los pecadores!» Cuando Pedro se refiere a ser «salvado» con dificultad, se refiere a la vida de dificultad, adversidad y lucha que acompaña la salvación, y no a ganarse la salvación debido a nuestro sufrimiento.

La palabra «dificultad» se refiere a la calidad de la jornada espiritual. Lucas usa la palabra para relatar el difícil viaje que él y otros experimentaron mientras navegaban a Creta: «Durante muchos días la navegación fue lenta, y a duras penas llegamos frente a Gnido» (Hch 27:7). De modo similar, los creyentes encuentran muchas dificultades en su jornada espiritual, desde el lanzamiento inicial en la conversión hasta su destino final de gloria en el puerto celestial. La obra clásica de Juan Bunyan, *El progreso del peregrino*, ilustra esto con exquisita belleza.

— 4:19 —

Durante esta difícil jornada de la vida espiritual, en la cual el creyente sufre «según la voluntad de Dios» para crecer en santidad, no podríamos desalentarnos si tenemos la confianza absoluta en la bondad y en el poder de Dios. Debido a que Dios es todopoderoso, sabemos que ninguna prueba jamás puede estar tan fuera de control como para que los propósitos definitivos de Dios se trastornen. También podemos estar seguros de que Dios puede realizar su plan mediante circunstancias dolorosas. Y debido a que Dios es totalmente bueno, sabemos que esos propósitos son para madurarnos y no para destruirnos. Por eso Pedro nos recuerda que Dios es «fiel Creador»; ¡Todopoderoso y todo bueno! Al continuar haciendo lo bueno en medio de sufrimiento injusto, podemos entregarle nuestra vida con esperanza incluso en tiempos de aflicción.

Aplicación

Descanse en Dios

Las pruebas que soportamos como creyentes nunca se desperdician o son una equivocación. Dios nunca dice: «¡Vaya, me equivoqué! Eso se suponía que debía tocarle a Francisco; lo lamento, Roberto». Él no lanza indiscriminadamente pruebas en la vida de un centenar de creyentes, esperando afectar a unos pocos. Dios tiene un programa de estudios específico para cada uno, un curso de estudio diseñado en particular para extraer el carácter virtuoso de Cristo que está muy dentro de nosotros. Esas pruebas diseñadas singularmente y hechas a la medida proveen el estímulo necesario para empujarnos al Señor y producir crecimiento espiritual medible.

La respuesta común es resistir. Tales reacciones son solo humanas. A veces las pruebas son tan extenuantes que queremos abandonar por completo la escuela de capacitación de Dios. Pero todos necesitamos hacerle frente al hecho de que las pruebas que Dios ha hecho a la medida no son simples cursos *electivos* en la vida cristiana. Más bien, son *requisitos previos* para la semejanza a Cristo. Pero permítame darle un par de sugerencias, ambas ligadas a 1 Pedro 4:19, que me han ayudado a enfrentar pruebas sin dispararme a la salida más próxima.

Primero, cuando vienen las pruebas, recuerde que Dios es fiel. Contrario a lo que sus circunstancias pudieran decirle, Dios no lo ha abandonado. Olvídese de lo que los descreídos le digan. Dios no lo ha olvidado. Dios es fiel. Podemos confiar en que él está realizando sus propósitos para nuestro supremo bien (Ro 8:28). Cuando dude que Dios esté cumpliendo su promesa de nunca abandonarlo ni dejarlo (He 13:5), recuerde que él es el «fiel Creador» (1 P 4:19). Esto quiere decir que él nunca miente (He 6:18). Pero también quiere decir que todo lo que creó fue «muy bueno» (Gn 1:31)... todo lo que está haciendo es bueno en su momento (Ec 3:11)… y todo en última instancia será restaurado a la perfección (Ap 21:5).

Esta verdad en cuanto a la fidelidad de Dios conduce a una acción específica: *descanse en él*. La palabra clave en 1 Pedro 4:19 es *entréguense*. La palabra griega *paratitzemi* quiere decir poner algo al cuidado de otro, haciendo un depósito para salvaguardarlo.[3] Esta es la misma palabra usada en Lucas 23:46 cuando Jesús dice: «¡Padre, en tus manos encomiendo mi espíritu!» Debido a que Dios es fiel y poderoso, podemos confiarle toda nuestra vida.

Cuando la radiografía no indica nada bueno, recuerde que Dios es fiel. Descanse en él. Cuando lea una nota de su cónyuge que pensó que nunca recibiría, recuerde que Dios es fiel. Descanse en él. Cuando reciba noticias en cuanto a uno de sus hijos que ningún padre quiere creer, recuerde que Dios es fiel. Descanse en él. Cuando reciba esa fatídica notificación de despido de su empleo y se da cuenta de que el hacha le acaba de golpear, recuerde que Dios es fiel. Descanse en él.

¿Cómo recuerda que Dios es fiel? Por su palabra. He mencionado varios pasajes arriba. Pero usted tiene que leer apenas unas pocas páginas de la Biblia para ver la absoluta fidelidad de Dios demostrada en la vida de su pueblo a pesar de la rebelión sin fe de ellos contra él. Empiece recordándose usted mismo la fidelidad de Dios mediante su Palabra.

Pero, ¿cómo nos entregamos por completo a Dios? ¿Cómo descansamos finalmente en él? Mentalmente nos acogemos al cuidado seguro de Dios. ¡Qué depósito más sabio! Produce paz y gozo en esta vida, pero también dividendos eternos en la venidera. El concepto de entregarle nuestra alma a Dios en las pruebas incluye entregarle nuestra situación a Dios en oración. También quiere decir revelar nuestras luchas a los miembros del cuerpo de Cristo, la iglesia, que pueden ayudarnos cuando atravesamos nuestras pruebas. Quiere decir continuar haciendo esto, momento tras momento, mientras que el fuego de la prueba continúe ardiendo.

Cuando las pruebas vienen, y vendrán, tenga confianza en que Dios es fiel. Descanse en él.

Una descripción de trabajo para pastores (1 Pedro 5:1-4)

> [1]A los ancianos que están entre ustedes, yo, que soy anciano como ellos, testigo de los sufrimientos de Cristo y partícipe con ellos de la gloria que se ha de revelar, les ruego esto: [2]cuiden como pastores el rebaño de Dios que está a su cargo, no por obligación ni por ambición de dinero, sino con afán de servir, como Dios quiere. [3]No sean tiranos con los que están a su cuidado, sino sean ejemplos para el rebaño. [4]Así, cuando aparezca el Pastor supremo, ustedes recibirán la inmarcesible corona de gloria.

Charles Haddon Spurgeon (1834-1892) fue uno de los predicadores más conocidos de Inglaterra. A los veinte años fue llamado al pastorado de la Capilla New Park Street en Londres. Poco después de tomar el púlpito, sus sermones atraían multitudes que superaron la capacidad del local, e hicieron necesaria la construcción del famoso Tabernáculo Metropolitano seis años más tarde. Durante sus treinta y ocho años como pastor, Spurgeon dirigió una congregación que creció a más de catorce mil miembros en su lista.[4]

Aunque vivió hace más de un siglo, su pluma prolífica todavía fluye con pertinencia. Algo de la elocuencia de Spurgeon quedó preservada para nosotros en su volumen clásico, *Pláticas a mis estudiantes*. Su corazón de pastor late fuertemente en sus palabras.

> Todo obrero sabe la necesidad de mantener sus herramientas en buenas condiciones […] Si el obrero pierde esa ventaja […] sabe que habrá un mayor desgaste de sus energías, o el trabajo se hará mal.
>
> …Sería en vano que yo llenara mi biblioteca, u organizara sociedades, o proyectara planes, si descuido la cultura de mí mismo; porque libros, y agencias, y sistemas son solo remotamente los instrumentos de mi llamamiento santo; mi espíritu, alma y cuerpo son mi maquinaria más cercana para el servicio sagrado; mis facultades espirituales, y mi vida interior, son mi hacha de batalla y mis armas de guerra.[5]

Los penetrantes principios de Spurgeon son parte de una tradición de siglos de consejo pastoral sabio a ministros jóvenes. El pastoreo del corazón de los pastores se remonta al mismo Jesús, que pasó tres años preparando a sus discípulos para que continuaran su obra después de su partida. Pablo, probado y examinado, animó a los jóvenes ministros Timoteo y Tito a perseverar en la obra del ministerio después de que él ya no estuviera en escena.

En este punto de su carta, Pedro pasa de los lectores en general a los responsables por el liderazgo espiritual de las iglesias. Allí sintoniza con precisión sus palabras a los «pastores» o «ancianos» de esas iglesias, a fin de que no «descuiden la cultura» ni a sí mismos.

La consideración del liderazgo pastoral aparece en el contexto de cómo los creyentes pueden soportar el fuego de la prueba del tratamiento injusto, las pruebas y las tribulaciones en esta vida al mirar con esperanza a la vida venidera. Pedro argumenta que el liderazgo espiritual fuerte es esencial para prosperar en este mundo. Cuando los líderes modelan santidad y esperanza a las ovejas que están a su cargo, la iglesia entera podrá mirar al Pastor supremo, que provee esperanza en tiempos de aflicción.

— 5:1-2a —

En algunas versiones, como en La Biblia de las Américas, Pedro empieza su asunto con «por tanto». Pudiera parecer que el cambio súbito a un paso más lento a fin de arar en asuntos de liderazgo de la iglesia está fuera de lugar en su tratamiento a ritmo rápido de la vida cristiana práctica. Pero para Pedro, el cómo viven los creyentes en un mundo hostil e impío está estrechamente ligado a la función de los líderes que sirven como pastores para guiar sus rebaños.

Veo en estos primeros dos versículos dos principios efectivos para los llamados al liderazgo en el ministerio. El primero es que *el orgullo del cargo debe estar ausente*. Nótese cómo el apóstol se refiere a sí mismo. Aunque había sido testigo ocular del sufrimiento, muerte y resurrección de Cristo, se autotitula

De mi diario

Modere sus expectativas

Al mirar hacia atrás a toda una vida de ministerio pastoral, un par de conceptos personales vienen a mi mente en cuanto a expectativas, que pueden suceder en ambos lados del púlpito. Un ministro joven llega a una iglesia y tiene un camión cargado de expectativas irreales para el rebaño. Del otro lado, el rebaño llama a un hombre para que pastoree la iglesia, y tienen tal lista de expectativas, ¡que nadie jamás podría cumplir!

Así que, uno de los secretos para un pastorado duradero es realismo de pensamiento claro tanto para el pastor como para la congregación. No toda iglesia experimentará crecimiento fenomenal. La mayoría de los predicadores no serán elocuentes ni estarán en gran demanda. Estas son ilusiones al máximo. Tanto el pastor como la congregación necesitan expulsar de su mente toda expectativa de grandiosidad y popularidad.

Otro principio que me ha mantenido avanzando es la importancia de tolerancia en ambos sentidos. El pastor necesita ser tolerante de la gente a la que está sirviendo; y el rebaño tiene que ser tolerante del ministro que les sirve como pastor. Es preciso que tengamos actitudes de gracia, que proveamos abundante espacio para movernos. Dense unos a otros la libertad de probar y fallar, de ser imperfectos, de ser ustedes mismos. Gracia, misericordia, perdón, y amor indeclinable son ingredientes clave para la aceptación, paciencia y tolerancia necesarias para prosperar en el ministerio.

Debo añadir que la senda a un ministerio largo y efectivo nunca está exenta de vueltas que desilusionan y desvíos inesperados. He encontrado a miembros de iglesia que me han acusado de tener motivos errados, que han criticado mi candor, que han cuestionado mi sinceridad, y se enfadan y dejan de asistir. Yo también he tenido mis equivocaciones y cálculos errados, demasiados, al no vivir a la altura de las calificaciones establecidas en 1 Timoteo 3:1-7. Eso es el ministerio en crudo. Pastores imperfectos que dirigen ovejas imperfectas al servicio de un Dios perfecto que tiene un plan perfecto.

«anciano como ellos» (5:1). También es partícipe, o compañero, en la gloria venidera que será revelada cuando Cristo vuelva. Participará del destino de los lectores, y sirve junto con ellos en el mismo equipo de ministerio. En esto están juntos.

El ministerio puede conducir a una vida orgullosa por varias razones:

- Los ministros hablan y sirven a nombre de Dios.
- Regularmente hablan ante grupos numerosos de personas.
- Las personas toman decisiones importantes en la vida basadas en su enseñanza.
- La mayoría les tiene confianza y pocos les exigen cuentas.

Todas estas cosas pueden fácilmente conducir al orgullo, a la arrogancia y a una terrible caída. Esto es lo que hace tan significativa la humilde identificación de Pedro con otros de los líderes. Si Pedro, uno de los doce discípulos originales y primer portavoz de la iglesia, se identifica como un «anciano como ellos», todos nosotros en el ministerio debemos imitarlo con humildad en el cargo.

El segundo principio efectivo es que *el corazón de un pastor debe estar presente* (5:2a). El primer imperativo en este pasaje es «pastorear», o sea, «apacentar un rebaño». La palabra se usa figuradamente en la literatura antigua y en el Nuevo Testamento para todo tipo de función de liderazgo general o cargo especial.[6] Además del uso figurado de este término, muchas analogías en las Escrituras comparan la relación de Dios con su pueblo con la de un pastor con su rebaño.[7] El sustantivo de esta palabra es *poimén*, que se traduce como «pastor». Así se refiere a los pastores de la iglesia en Efesios 4:11.

El versículo 2 no les dice a los pastores o ancianos que «pastoreen su propio rebaño», sino que pastoreen «el rebaño de Dios». En todo este pasaje se ve al rebaño como las personas puestas al cuidado del pastor, no como seguidoras. El Pastor supremo es Dios. Pero los pastores y maestros deben servir fielmente como subalternos, y tienen al Pastor supremo como su inspiración y modelo. Pedro usa la imagen del «pastor» intencionalmente. El papel de un pastor, por cierto, incluye la enseñanza, pero no es ser solo maestro. Incluye administración, pero es más que ser organizador. Incluye tener un corazón por la evangelización, pero incluye más que predicar el evangelio. Pedro menciona en 5:2b-3 algunas de las actitudes y responsabilidades específicas exigidas a los pastores del rebaño de Dios.

Pedro también se refiere a la responsabilidad de «pastorear» en el sentido de «ejercer supervisión». La palabra griega aquí es *episkopeo*. El sustantivo, *epískopos* («supervisor» o, tradicionalmente, «obispo») se usa como sinónimo de «anciano» (*presbíteros*) en Filipenses 1:1 y en los requisitos del oficio de supervisor en 1 Timoteo 3:2 y Tito 1:7. Antes, cuando los apóstoles originales ejercían supervisión directa sobre las iglesias, el oficio de anciano, pastor o supervisor eran sinónimos. Después que los apóstoles fallecieron, el cargo de un anciano supervisor principal se desarrolló para ayudar a estabilizar la autoridad de la iglesia, y es en este cargo que siglos más tarde se desarrolló la idea del «episcopado» de un solo obispo sobre varias iglesias.

En el período del Nuevo Testamento, sin embargo, anciano, pastor y supervisor era un mismo llamamiento a la misma responsabilidad de pastorear el rebaño. Estos tres términos —«ancianos», «pastores» y «supervisores»— se usan juntos en Hechos 20:17, 28. Pablo pidió a los «ancianos» (*presbíteros*) de la iglesia de Éfeso que se reunieran con él en Mileto, y los instruyó: «Tengan cuidado de sí mismos y de todo el rebaño sobre el cual el Espíritu Santo los ha puesto como obispos [*episkopos*] para pastorear [*poimano*] la iglesia de Dios, que él adquirió con su propia sangre» (Hechos 20:28).

5:2b-3

Después de exhortar a los líderes de las iglesias, Pedro presenta tres actitudes prácticas con las cuales los pastores terrenales deben ejercer la supervisión. Estructura cada una de éstas de la misma forma, incluyendo una cualidad negativa y su actitud positiva correspondiente. Una tabla sencilla destaca los contrastes:

No	Sino
- por obligación	- voluntariamente (RVR1960)
- por ambición de dinero	- con afán de servir
- sean tiranos	- sean ejemplos al rebaño

La primera actitud es disposición: «no por fuerza, sino voluntariamente» (5:2b, RVR1960). Por fuerza implica hacer algo por obligación. Pedro sabe que puede ser difícil que los pastores se motiven a mantener los requisitos de alta energía del ministerio.

Permítame ilustrar el lado negativo de esta amonestación con un episodio divertido. Un joven se quedó dormido un domingo en la mañana cuando su madre entró de repente y le dijo:

—Despiértate, hijo. ¡Tienes que salir de la cama *en este instante*!

Con la cara enterrada en la almohada, el hijo respondió entre dientes:

—Dame tres buenas razones por las que debo saltar de la cama.

Enzarzada en un tira y afloja con las sábanas, la madre le dijo:

—Una, porque es domingo, y como cristianos siempre vamos a la iglesia los domingos.

El joven gruñó.

—Dos: ¡porque solo tienes cuarenta minutos hasta que empiece el culto y ni siquiera te has bañado.

El hombre trató de ignorar a su madre.

—Tres: ¡porque eres el pastor y tienes que estar allí!

¡Eso es ministerio por obligación! Aunque la mayoría de los pastores no necesitan que sus madres los hagan salir de la cama el domingo por la mañana, los predicadores que ocupan los púlpitos a menudo están al borde del agotamiento en el ministerio, y a duras penas pueden cumplir con lo mínimo. Tal vez asistieron a algún instituto bíblico o seminario y adquirieron un título y destrezas para el ministerio, pero su corazón ya no está en eso. Tal vez han estado en el ministerio por tanto tiempo que un cambio de carrera le significaría empezar la vida desde cero. Tal vez han estado acorralados

en un cargo en particular en el ministerio que no utiliza sus dones o educación, y no pueden hallar la manera de pasar a algo más apropiado. Sea cual sea el caso, el ministerio involuntario conduce a falta de entusiasmo, carencia de motivación, mediocridad e incluso depresión. Si ese es el caso, las palabras de Pedro implican que es preciso hacer un cambio: o arreglar el problema que lleva a la obligación o buscar una manera de dejarlo por un tiempo hasta que vuelva el gozo del ministerio.

La segunda actitud para los pastores es entusiasmo: «ni por ambición de dinero, sino con afán de servir» (5:2). Pedro contrasta el verdadero entusiasmo por el ministerio y la motivación financiera. El término «ambición de dinero» en griego dice «ganancia deshonesta» e implica una motivación de codicia. Significa concentrarse en lo que el rebaño puede hacer por el pastor antes que en lo que el pastor puede hacer por el rebaño. Tito 1:10-11 ilustra la misma idea como ejemplo concreto: «Y es que hay muchos rebeldes, charlatanes y engañadores, especialmente los partidarios de la circuncisión. A ésos hay que taparles la boca, ya que están arruinando familias enteras al enseñar lo que no se debe; y lo hacen para obtener ganancias mal habidas». Por eso uno de los requerimientos para ser anciano es estar libre de amor al dinero (1 Ti 3:3; 6:10).

Los pastores de Dios deben tener una actitud de celo al punto del sacrificio; no solo una disposición a servir, sino un entusiasmo auténtico que brota del corazón. Este principio va totalmente en contra del profesionalismo excesivo común del ministerio actual. Los títulos, los currículos, la popularidad y las referencias no califican a un individuo para el ministerio. Más bien, una buena disposición para servir, ocasionalmente a gran costo personal, es un ingrediente vital que se halla en el pastor cabal y en un ministerio bien cimentado.

La tercera actitud para el ministerio exitoso es la mansedumbre: «No sean tiranos con los que están a su cuidado, sino sean ejemplos para el rebaño» (5:3). Con la frase «no sean tiranos», Pedro hace eco de la propia advertencia de Jesús en contra de una actitud dominante del liderazgo:

> Como ustedes saben, los gobernantes de las naciones oprimen a los súbditos, y los altos oficiales abusan de su autoridad. Pero entre ustedes no debe ser así. Al contrario, el que quiera hacerse grande entre ustedes deberá ser su servidor, y el que quiera ser el primero deberá ser esclavo de los demás; así como el Hijo del hombre no vino para que le sirvan, sino para servir y para dar su vida en rescate por muchos (Mt 20:25-28).

La idea de «liderazgo de siervo» halla su base en la advertencia contra un «liderazgo tiránico». Es verdad que «liderazgo de siervo» es hoy una expresión trillada que a menudo se entiende mal. Con todo, sin embargo, resume la enseñanza de Jesús de la importancia de resistir el enfoque pastoral autoritario. Jesús no exhibió semejante actitud, ni tampoco debemos hacerlo nosotros. Debemos ser *líderes de equipo*, compañeros aprendices, participantes y socios en la misma obra. Podemos ser «ejemplos del rebaño» solo cuando intervenimos en el mismo tipo de servicio que esperamos de otros que sirven junto a nosotros. Los pastores que dirigen como Cristo ejemplifican el servicio.

5:4

Respecto al papel de los líderes de la iglesia, Pedro ha señalado dos principios efectivos: *el orgullo por el cargo debe estar ausente* (5:1), y *el corazón de un pastor debe estar presente* (5:2a). Luego ilustra el corazón del pastor con tres actitudes esenciales: *disposición* (5:2b), *entusiasmo* (5:2c) y *mansedumbre* (5:3). Claro, ¡pastorear el rebaño de Dios por lo general es trabajo arduo! Por eso Pedro termina su discurso a los ancianos y pastores de la iglesia con un recordatorio de su recompensa eterna. Si los pastores de Cristo cumplen fielmente sus obligaciones con las actitudes apropiadas, recibirán de Cristo «la inmarcesible corona de gloria» cuando este vuelva. Como el «Pastor supremo» Jesús sirve como modelo de cómo sus pastores terrenales deben servir. Como tal, Cristo mismo es el modelo perfecto de ministerio.

Como hace en toda esta carta, Pedro resume su consideración sobre el liderazgo señalando a Cristo como la fuente de la verdadera esperanza en tiempos de aflicción. Cuando las cosas se ponen difíciles en el ministerio, y llegan ocasiones cuando es casi *insoportable*, podemos hallar la motivación para seguir. Cristo mismo continuó en su ministerio a pesar de horrendos obstáculos y reacciones hostiles, pero el resultado de su servicio sacrificial fue imponente. Nosotros, también, podemos tener la certeza de nuestra recompensa futura por el servicio fiel cuando estemos ante el tribunal de Cristo (1 Co 3:10-14).

Aplicación

Un consejo para pastores

Como Pedro lo hizo hace casi dos mil años, me gustaría dirigirme a los que están dedicados al ministerio evangélico vocacional: pastor a pastor, anciano a anciano.

Primero, si usted enseña, siga siendo un buen estudiante. Manténgase enseñable. Lea, escuche, aprenda, observe. Reconocer cuando se ha equivocado es casi tan importante como mantenerse firme cuando tiene la razón. Comparta con las personas a quienes enseña lo que aprende. Ninguno de los que estamos en el ministerio es sabelotodo, así que no dé la impresión de serlo. ¡Pocas cosas son peores que un maestro arrogante de la Biblia!

Segundo, si usted dirige, siga bien. Piense en lo que sería escucharse a usted mismo. Exagerar su función de liderazgo es tan peligroso como subestimar sus dones y servicio. Dirigir bien incluye delegar bien. No, otros no harán las cosas exactamente como usted las haría. No, no siempre resultará en la calidad de trabajo que usted espera de usted mismo. Pero aprenda a dejar las cosas pasar. Si no, usted modela una forma horrible de «liderazgo tiránico» con su ejemplo, y esto resultará en la clase de liderazgo que los esposos llevarán a casa consigo, los jefes lo implementarán en sus oficinas, y otros pastores lo reflejarán en su propio ministerio.

Tercero, no se tome a sí mismo demasiado en serio. Ríase a menudo, especialmente ríase de usted mismo. Hágase el blanco de su propio humor. Destaque sus propias trastadas y tonterías. Recuérdeles a otros y a usted mismo que es solo humano, y que el Dios Todopoderoso, por medio del Pastor supremo, Jesucristo, está realizando su plan perfecto por medio de personas imperfectas fortalecidas por el Espíritu Santo.

Por último, descanse. Dé un paso atrás. Relájese. Recargue sus baterías. Refresque su vida personal. Absténgase de correr a toda velocidad día tras día. Cuando estábamos en el seminario, muchos pensábamos que matarnos nosotros mismos en el ministerio era el equivalente moderno del martirio. Repetíamos declaraciones insensatas tales como «¡Prefiero quemarme que oxidarme!» Y nuestros calendarios repletos y vida insípida de familia lo reflejaban. Mirando hacia atrás, me doy cuenta de cuán insensata en realidad era semejante declaración. De cualquier manera, uno queda *terminado*. No haga eso.

Finalmente, tómese su día libre; y quiero decir, un día *realmente* libre; un día a la semana. Y *tómese sus vacaciones*. Un pastor agotado, extenuado, exhausto, deprimido y sin motivación no es un pastor saludable.

Una fórmula que da alivio (1 Pedro 5:5-7)

> ⁵Así mismo, jóvenes, sométanse a los ancianos. Revístanse todos de humildad en su trato mutuo, porque «Dios se opone a los orgullosos, pero da gracia a los humildes». ⁶Humíllense, pues, bajo la poderosa mano de Dios, para que él los exalte a su debido tiempo. ⁷Depositen en él toda ansiedad, porque él cuida de ustedes.

Nuestra sociedad se ha entregado con gula a la búsqueda del éxito. Movilidad hacia arriba, salir avante, atrapar esa promoción, solo una dirección vale: *¡hacia arriba... hacia arriba... HACIA ARRIBA!* Nos hemos empachado con maquinaciones para ganar dinero, y nos hemos atiborrado con libros y seminarios que nos enseñan cómo hacernos grandes. Por cierto, no hace mucho nuestra glotonería por el éxito financiero infló la economía hasta que explotó. Pero, ¡no se preocupe! Recoja los fragmentos y empiece todo de nuevo.

El mundo nos dice que para estar satisfechos necesitamos *fortuna*: ganar *montones* de dinero, ¡camionadas de dinero! La sociedad nos persuade que para ser importantes necesitamos *fama*: ser bien conocidos y tener buenas conexiones. La cultura trata de convencernos de que para tener verdadero éxito necesitamos *influencia*: esgrimir poder, tener el control, y no recibir órdenes; ¡*darlas!* Y si estas «tres grandes» del éxito no lo logran, el verdadero secreto está en la *indulgencia*: satisfaga sus antojos, deseos y placeres. Los métodos del mundo para lograr esas cosas no son difíciles. *Trabaje duro*, o por lo menos más duro que los demás. *Avance*, aunque eso signifique pisotear a otros. *Elimine todos los obstáculos*, tales como amigos, familia y fe. Y, *promuévase usted mismo*, ¡aunque eso quiera decir exagerar un poco y denigrar a todos los demás!

La gran ironía de todo esto es que cuánto más éxito logramos, más queremos. La historia, la experiencia, la religión, la psicología y la sociología nos han enseñado que tales esfuerzos sin propósito jamás pueden saciar en última instancia nuestra sed de verdadero significado, ni aliviar nuestra hambre de verdadera felicidad. En lugar de satisfacción, lo que experimentamos es la náusea hinchada de la desilusión. Al final de cuentas, el estilo de vida de «come todo lo que quieras» nos deja doblegados en espíritu, con náusea por el afán, y desilusionados de la vida.

En una edad como la nuestra, el mensaje contra cultural de humildad no es ni popular ni se aprecia. En un tiempo en que verse bien se considera más importante que ser bueno, y la impresión superficial reluce más que la integridad sólida, ¿quién tiene tiempo para cosas tales como la sumisión, la dependencia y la confianza? En nuestro estilo de vida donde impera la ley del más fuerte, y el colarse al frente de la cola, el ser amable con los demás parece necio y suena ridículo.

En contraste al plan narcisista del mundo para el éxito, Pedro bosqueja en 5:5-7 los ingredientes esenciales para el *alivio*.

5:5

En 5:1-4, Pedro se dirigió a los ancianos o pastores en autoridad como supervisores del rebaño. Les han sido dadas responsabilidades especiales necesarias para el ministerio efectivo. Esos principios de liderazgo van en contra de la tendencia humana típica de «enseñorearse» de quienes están bajo la autoridad de uno. Por eso, cuando Pedro se refiere a los jóvenes, que están bajo la autoridad de esos santos mayores, podemos esperar que de nuevo confunda nuestras expectativas culturales.

De hecho, en el griego él empieza con el adverbio «asimismo». Así como los líderes mayores deben conducirse de manera semejante a Cristo, contra la cultura, los más jóvenes deben hacerlo también. Aunque los cargos pueden diferir, nuestro llamado a vivir en conformidad a Cristo nunca cambia.

¿A quién se dirige Pedro en el versículo 5? El término *neoteros* («jóvenes») puede significar varias cosas. Su uso más común en el Nuevo Testamento es el significado general de algo nuevo, a diferencia de algo viejo.[8] También puede referirse a una persona de edad físicamente más joven en contraste a alguien más maduro.[9] Se usa una vez en referencia a la «nueva» identidad que tenemos en Cristo después de la salvación (Col 3:10). También puede referirse en general a los que están bajo la autoridad de los líderes, es decir, siervos, discípulos o ayudantes (Hch 5:6).

¿Cómo usa Pedro el término *neoteros* en 5:5? Pienso que una clave para comprender este uso viene de las propias palabras de Jesús, que sin duda Pedro recordó en este contexto. En la sección previa sobre los líderes, vimos los ecos de la advertencia de Jesús en cuanto al método de liderazgo de los gentiles: «Los reyes de las naciones oprimen a sus súbditos [...] No sea así entre ustedes» (Lc 22:25-26a). Esto corresponde al llamado de Pedro a los líderes a que rechacen el «liderazgo tiránico» y en lugar de eso que pongan ejemplo de servicio sumiso (1 P 5:3). De modo similar, Jesús continuó: «Al contrario, el mayor debe comportarse como el menor, y el que manda como el que sirve» (Lc 22:26). Así, de acuerdo con Jesús, el «mayor» en rango contrasta con el «menor» de la misma manera que un líder contrasta con el siervo. Pedro probablemente toma este contraste. Tras haber llamado a los líderes a servir en 1 Pedro 5:1-4, da direcciones a los que están bajo su liderazgo, los creyentes «más nuevos», en los versículos 5-7.

Esto nos lleva a la exhortación de Pedro a los que están bajo la autoridad de los ancianos. Diciéndolo de manera sencilla, deben someterse a la autoridad de los ancianos. ¡Qué idea más novedosa en esta era que promueve el espíritu empresarial, independiente, necesario para el éxito personal! Pero Pedro no se detiene allí. Con otra posible alusión a las palabras y obra de Jesús antes de su crucifixión, instruye a los creyentes a «vestirse» de humildad (5:5). Bien puede ser que Pedro estaba recordando la última cena en el aposento alto, en donde Jesús, el líder más grande de todos, se ciñó una toalla y les lavó los pies a los discípulos (Juan 13:4-17). El Maestro sirvió a los siervos. El mayor espiritualmente se agachó y les lavó los pies a los espiritualmente más jóvenes.

La palabra «revestirse» quiere decir «ponerse o atarse algo».[10] Wuest anota que esta palabra «habla de la acción de atarse o sujetarse los vestidos sueltos externos... alrededor de la cintura enrollándolos, o sujetándolos, o fajándolos... La palabra en su forma de sustantivo se refería al delantal del esclavo debajo del cual se sujetaban los amplios vestidos sueltos externos».[11] Jesús incluso se veía como si fuera criado de ellos. ¡Qué humildad!

La exhortación principal de Pedro en el versículo 5 es someterse a los sabios. Llama a los creyentes más jóvenes bajo la autoridad de los ancianos a escuchar el consejo de ellos; estar abierto a sus reprensiones; observar sus vidas y seguir sus buenos ejemplos; aceptar sus decisiones sin cuestionar motivos ni oponérseles; respetar sus años de experiencia y honrar sus vidas de experiencia. Todo esto va incluido en el llamado a los creyentes más jóvenes a que «se sometan» a los ancianos.

Para respaldar su llamado a la humildad y sumisión, Pedro parafrasea un dicho favorito que se halla en varias formas por todo el Antiguo y Nuevo Testamentos.

Salmo 138:6	El Señor es excelso, pero toma en cuenta a los humildes y mira de lejos a los orgullosos.
Proverbios 3:34	El Señor se burla de los burlones, pero muestra su favor a los humildes.
Mateo 23:12	Porque el que a sí mismo se enaltece será humillado, y el que se humilla será enaltecido.
Santiago 4:6	Dios se opone a los orgullosos, pero da gracia a los humildes.
1 Peter 5:5	Dios se opone a los orgullosos, pero da gracia a los humildes.

Dios ha demostrado su capacidad para humillar a los orgullosos, pero también tiene su forma de promover a los humildes. Vemos esto claramente en la vida de José y Daniel, dos hombres que sufrieron injustamente a manos de familiares y amigos. Pero Dios usó su condición humilde para elevarlos y realizar sus propósitos. De igual manera, Dios también reduce a nada a los líderes del mundo inflados de orgullo (Is 14:4-21; Ez 28:1-10; Dn 4:28-37). Este tema prominente está entretejido en toda la trama del Antiguo y el Nuevo Testamento.

Por tanto, la primera palabra fuerte de consejo para los que quieren hallar satisfacción genuina y verdadero éxito viene de todo un desfile de pasajes de las Sagradas Escrituras: sométanse a los sabios en lugar de hacer desplante de su autoridad. A aquellos que genuinamente se someten con humildad, Dios les dotará de una medida mayor de gracia.

— 5:6 —

El segundo en esta serie de tres mandatos que da Pedro tiene que ver con nuestra actitud. Para tener verdadero éxito en la vida, debemos *humillarnos bajo la poderosa mano de Dios* (5:6). La «mano» de Dios en el Antiguo Testamento representaba dos cosas: disciplina (ver Ex 3:20; Job 30:21; Sal 32:4) y liberación (Dt 9:26; Ez 20:34). Por tanto, humillarnos quiere decir aceptar lo que sea que venga de Dios. Seguimos a nuestro soberano Señor en los caminos sin complicaciones tanto como en los senderos difíciles. No manipulamos ni los sucesos ni a las personas. No apresuramos las cosas para que se ajusten a nuestro calendario. Más bien, permitimos que Dios orqueste las cosas a su propio ritmo. Solo de esta manera se cumplirá en nosotros la promesa de 1 Pedro 5:6: «para que él los exalte a su debido tiempo».

Permítame ilustrarlo. Digamos que usted compone música y tiene buen talento. Pero usted es un joven novato y desconocido, excepto en su pequeña iglesia y su círculo de amigos creyentes. Pero usted ama al Señor y quiere servirle con los talentos que le ha dado. Así que se halla en un aprieto. ¿Se esfuerza mucho para que lo descubran? ¿Cuánto? Después de todo, los dones de uno sirven solo si uno los usa, ¿verdad? ¿Qué quiere decir eso de humillarse uno mismo bajo la poderosa mano de Dios en esta situación? No nos quedamos sin respuesta.

El rey David sirve como buen ejemplo bíblico. Allá en 1 Samuel 16 hallamos a un joven músico que se crió con su familia y que cuidaba las ovejas de su padre. Nunca había oído el aplauso del público. Su mundo estaba limitado a ovejas que balaban. Pero seguía tocando su música y componiendo sus cantos, sin ni siquiera imaginarse que un día sus composiciones originales formarían parte del libro de los Salmos. David no buscó fortuna ni gloria con su música. Ni siquiera alquiló un carruaje para que llevara sus cantos por el camino. Con todo, más que cualquier otra colección de «hits», los salmos inspiradores de David han dado gloria a Dios. Cuando lo creyó oportuno, Dios halló al joven David. La actitud de humildad de David lo exaltó a él y su obra a un lugar que jamás podía haber alcanzado por cuenta propia. De hecho, mire a lo que el Salmo 78 dice de David:

> Escogió a su siervo David,
> al que sacó de los apriscos de las ovejas,
> y lo quitó de andar arreando los rebaños
> para que fuera el pastor de Jacob, su pueblo;
> el pastor de Israel, su herencia.
> Y David los pastoreó con corazón sincero;
> con mano experta los dirigió (Sal 78:70-72).

Cuando David se humilló bajo la poderosa mano de Dios, Dios lo exaltó a su debido tiempo.

5:7

Nunca he tenido la oportunidad de saltar en paracaídas ni saltar de puentes sujeto a una larga cuerda elástica. Pero supongo que la sensación de caída que uno experimenta es similar a lo que sentimos cuando nos sometemos por completo a la autoridad de otros y nos humillamos delante de Dios. El sentimiento de rendición absoluta e impotencia puede hacer que cunda en nosotros el pánico. Pero cuando nos damos cuenta de que nuestra vida no depende del paracaídas ni de la cuerda elástica, *sino del Dios viviente*, nos damos cuenta de que hemos canjeado la inseguridad por la seguridad verdadera. Descubrimos que hemos estado dependiendo de artificios hechos por el hombre en lugar de confiar en la fuerza sobrenatural de Dios.

Esto nos lleva a la tercera estrategia de Pedro para el verdadero éxito: *entréguese a la misericordia y cuidado de Dios* (5:7). El significado original del término que NVI traduce «depositen» es «echar sobre», como la RVR1960 lo traduce.[12] Representa una acción decisiva de nuestra parte, ni pasiva ni parcial. Cuando Pedro nos dice que echemos toda nuestra ansiedad sobre Dios, esto es el medio por el cual nos humillamos bajo su mano poderosa, según el versículo 6. Le entregamos todas nuestras ansiedades, preguntas y preocupaciones. El Salmo 55:22 refleja el mismo pensamiento: «Encomienda al Señor tus afanes, y él te sostendrá; no permitirá que el justo caiga y quede abatido para siempre». De modo similar, Pedro acompaña su exhortación de entrega radical con un recordatorio del carácter de Dios. Lo echamos todo sobre él, porque él cuida de nosotros.

¿Quiere usted una fórmula sencilla que le permita no solo enfrentar lo que sea de éxito que Dios ponga en su camino, sino que también le ofrezca el alivio que necesita? Pedro nos da precisamente esa fórmula en 5:5-7. No es popular, y por cierto no se conforma al consejo del mundo. Debo advertirle que cuando usted trata de ponerla en práctica, su instinto natural será resistirla. Pero es el material en bruto de una vida que se vive en esperanza:

Sumisión a otros + *Humildad* delante de Dios − *Ansiedad* del mundo = *Alivio genuino*

Aplicación
Verdadero éxito

A fin de captar lo que es el verdadero éxito y cómo obtenerlo, necesitamos descartar los mensajes seductores del mundo y sintonizar los mensajes instructivos de la Palabra de Dios. Tenemos que mirar a Cristo como el modelo de humildad y alejarnos de Satanás como ejemplo de orgullo desmedido. Según lo veo, nuestra mayor necesidad de esta reorientación incluye tres dimensiones: dirección, disciplina y discernimiento.

Primero, necesitamos *dirección* a fin de que podamos saber a quién debemos someternos. No somos llamados a someternos a todos indiscriminadamente; pero tampoco tenemos que seguir nuestros propios caminos según nuestra propia sabiduría. Pedro identifica a quiénes debemos someternos: a nuestros «ancianos». Pero, ¿cómo sabe uno que ellos son dignos de confianza? Una manera es asegurarnos de que están apuntando hacia Cristo, y no hacia sí mismos. Pablo escribió: «Imítenme a mí, como yo imito a Cristo» (1 Co 11:1). Debemos también seguir a los que nos guían según la luz de la Palabra de Dios, y no siguiendo sus propias sugerencias y opiniones. El Salmo 119:105 describe a la Palabra como «una lámpara a mis pies; es una luz en mi sendero». Finalmente, debemos seguir a aquellos a quienes Dios pone en autoridad sobre nosotros en el liderazgo oficial en nuestras iglesias. Hebreos 13:17 dice: «Obedezcan a sus dirigentes y sométanse a ellos, pues cuidan de ustedes como quienes tienen que rendir cuentas».

Segundo, necesitamos *disciplina* para contener nuestro orgullo infernal. El orgullo continúa metiendo su horrible cabeza. Mientras más éxito tiene uno, más tentación tendrá de descartar el plan de Dios y seguir el del mundo. Uno empezará a travesear con los caminos del mundo, pero antes de que se dé cuenta, se hallará en el sendero errado y dirigiéndose en la dirección errada. Primera a Timoteo 4:7-8 ofrece una buena perspectiva aquí: «Rechaza las leyendas profanas y otros mitos semejantes. Más bien, ejercítate en la piedad, pues aunque el ejercicio físico trae algún provecho, la piedad es útil para todo, ya que incluye una promesa no solo para la vida presente sino también para la venidera». Pablo establece un contraste entre «leyendas profanas» y el «ejercicio físico» por un lado, y la santidad y una esperanza orientada al futuro por el otro. Nuestro orgullo nunca se quedará sentado o quieto. Es preciso ejercer fuerte disciplina para mantenerlo a raya.

Tercero, necesitamos *discernimiento* para poder detectar el comienzo de la ansiedad. Si no atacamos nuestros temores en el momento en que empiezan a introducírsenos sigilosamente, pronto se harán sentir en nuestro corazón y en nuestra mente, y asfixiará en nosotros el gozo y la paz. ¿Alguna vez una pequeña preocupación ha empezado a hostigarlo? No puede sacársela de la cabeza. Como veneno, empieza a carcomerle por dentro y pronto usted queda paralizado por el temor. Requiere discernimiento distinguir ese tipo de ansiedad antes de que se desboque.

¿Se halla atrapado en el síndrome del éxito, corriendo desesperadamente sobre la máquina de trotar del descontento? ¿Está todavía convencido de que el sendero del mundo al éxito es lo mejor? ¿Se halla manipulando a las personas y moviendo palancas para avanzar? ¡Deténgase! Ese tipo de éxito jamás satisface. Solo la fórmula de Dios para el éxito da alivio real. Mediante la sumisión a creyentes maduros, humildad hacia Dios y entregándole a Dios nuestras ansiedades, podemos hallar alivio duradero. La orientación, la disciplina y el discernimiento son componentes esenciales para tener esperanza duradera en tiempos de aflicción.

Enfrentemos al adversario (1 Pedro 5:8-14)

> ⁸Practiquen el dominio propio y manténganse alerta. Su enemigo el diablo ronda como león rugiente, buscando a quién devorar. ⁹Resístanlo, manteniéndose firmes en la fe, sabiendo que sus hermanos en todo el mundo están soportando la misma clase de sufrimientos. ¹⁰Y después de que ustedes hayan sufrido un poco de tiempo, Dios mismo, el Dios

de toda gracia que los llamó a su gloria eterna en Cristo, los restaurará y los hará fuertes, firmes y estables. ¹¹A él sea el poder por los siglos de los siglos. Amén.

¹²Con la ayuda de Silvano, a quien considero un hermano fiel, les he escrito brevemente, para animarlos y confirmarles que ésta es la verdadera gracia de Dios. Manténganse firmes en ella.

¹³Saludos de parte de la que está en Babilonia, escogida como ustedes, y también de mi hijo Marcos. ¹⁴Salúdense los unos a los otros con un beso de amor fraternal.

Paz a todos ustedes que están en Cristo.

Con esta sección llegamos al final del poderoso mensaje de Pedro de esperanza en tiempos de aflicción. El clímax dramático de su carta parece como el de un general arengando a sus tropas antes de conducirlas a la batalla. Pedro empieza recordándoles a sus lectores el fuego de la prueba que probará y fortalecerá su fe (4:12-19). Luego pasa a los comandantes designados, los ancianos de las iglesias, y los exhorta a dirigir sus batallones como ejemplos nobles de liderazgo semejante a Cristo (5:1-4). Pedro entonces se dirige a los que son más jóvenes en la fe, y los insta a someterse a la autoridad y liderazgo de sus comandantes. Deben seguir su ejemplo con humildad, entregándose al gran Comandante en Jefe a cuyo servicio la batalla jamás se puede perder (5:5-7).

Finalmente, en esta última sección, Pedro toca la clarinada para la batalla. Lo hace atrayendo la atención del ejército a su opositor espiritual que planea su perversa estrategia detrás del fuego de la prueba (5:8). Pedro informa a los soldados de Cristo cómo derrotar al adversario (5:9). Nos recuerda que el conflicto feroz pronto pasará y que un día saldremos victoriosos (5:10). Concluye señalando a Cristo, quien triunfará y tendrá dominio sobre todos (5:11).

— 5:8 —

Quienquiera que viva bajo la impresión de que Satanás no existe, vive en un mundo de ilusión. En términos claros, inequívocos, Pedro identifica y describe al diablo en el versículo 8.

En la Biblia se menciona a Satanás por varios nombres. Se usa el término *diábolos*, «diablo». Este título se refiere a su calumnia contra el pueblo de Dios.[13] La palabra «Satanás» viene de una palabra hebrea que significa «adversario».[14] En Apocalipsis 9:11 se le llama *Abadón* y *Apolión*, que significa «destructor», nombres que hacen referencia a su capacidad para destruir.[15] Estas y otras etiquetas para el adversario lo describen como un engañador peligroso, destructor, que nos difama y acusa en toda oportunidad. Apocalipsis 12:9-10 describe el futuro y la caída final de Satanás desde los cielos en términos vividos que revelan su naturaleza y su actividad:

> Así fue expulsado el gran dragón, aquella serpiente antigua que se llama Diablo y Satanás, y que engaña al mundo entero. Junto con sus ángeles, fue arrojado a la tierra. Luego oí en el cielo un gran clamor: «Han llegado ya la salvación y el poder y el reino de nuestro Dios; ha llegado ya la autoridad de su Cristo. Porque ha sido expulsado el acusador de nuestros hermanos, el que los acusaba día y noche delante de nuestro Dios».

Yo tomo a Satanás muy en serio. No, no me dejo intimidar por él. No le tengo miedo. Pero no subestimo su capacidad de infligir daño a las personas mediante la tentación, el engaño y la destrucción. Satanás es la fuente de todo tipo de dolor y sufrimiento en el mundo, incluso en la vida de los creyentes. Sus actividades pueden aparecer en forma sutiles de tentación y desaliento; o también puede desatar su furia, tragedia y destrucción. No podemos soslayar el daño potencial que puede hacer a nuestra vida física y espiritual. Seremos sabios al recordar que Jesús dijo de Satanás «Desde el principio éste ha sido un asesino» (Jn 8:44).

Sin embargo, no hay razón para exagerar el poder de Satanás. Demasiados cristianos lo hacen. Piensan que cualquier cosa mala que les sucede procede directamente del diablo y sus demonios. Pero esto es tanta equivocación como subestimar su poder. Satanás no es la causa inmediata de todo sufrimiento y pecado. Los seres humanos caídos, depravados, pueden hacerse suficiente daño a sí mismos y a otros sin que el diablo los empuje. Es más, el sistema del mundo ofrece sus propias seducciones perversas que pueden cobrar un precio cruel en el andar del creyente.

Cualquiera de estos dos extremos, el de atribuir demasiado poder o muy escaso poder a Satanás, conduce a una reacción exagerada o a una falta de preparación. Así que es preciso que los creyentes se percaten de las tácticas de Satanás. Un escritor anota:

> Ningún comandante militar podría esperar ganar la victoria en la batalla a menos que entienda al enemigo. Prepararse para un ataque por tierra e ignorar la posibilidad de que el enemigo pudiera

¿DIOS VERSUS SATANÁS?

Las personas a menudo piensan que Satanás es lo opuesto de Dios, que es el enemigo mortal de Dios y que las fuerzas del bien y del mal han batallado entre sí por eones. Pero este cuadro no es acertado, según el concepto bíblico de Dios y de Satanás.

El antiguo zoroastrismo tenía un concepto dualista de la divinidad: que dos dioses igualmente poderosos, uno bueno y uno malo, estaban en oposición el uno al otro. Al igual que el concepto oriental de yin y yang, luz y tinieblas, positivo y negativo, estos dos dioses están enzarzados en combate inmortal por la obediencia de los seres humanos.[17]

Esta antigua imagen dualista del ámbito espiritual ha influido a muchas religiones paganas e inclusive se ha abierto paso al arte y la cultura popular. Varias herejías antiguas promovieron una noción dualista del mundo que dividía a la divinidad en fuerzas equilibradas del bien y del mal. Numerosos cristianos supersticiosos del período medieval veían a Dios como la influencia buena y a Satanás como la influencia perversa en el mundo. Incluso las películas actuales han popularizado la idea de una «fuerza» con un lado de luz y otro lado oscuro.[18]

Pero la Biblia enseña que Satanás es una criatura angélica de Dios (Ez 28:12-16) que no puede hacer nada sin el control o permiso de Dios (Job 1:1-12; Lc 22:31). No es contraparte «igual pero opuesta» de Dios, sino más bien del arcángel Miguel (Jud 9; Ap 12:7). Sin embargo, también es el enemigo y acusador de los seres humanos (Zac 3:1-2; 1 P 5:8). Si bien no negamos que Satanás tiene poder para atacar y ponernos trampa (Ef 4:27; 6:11; 1 Ti 3:7), también debemos guardarnos de no atribuir a Satanás más poder del que de veras tiene.

acercarse por aire o por mar, abriría el camino a la derrota. O si se prepara para un ataque por tierra y mar, e ignora la posibilidad de un ataque por el aire, ciertamente pondría en peligro la campaña.

Ningún individuo puede ser victorioso contra el adversario de nuestras almas a menos que entienda a ese adversario; a menos que entienda su filosofía, métodos de operación y de tentación.[16]

Pedro llama a Satanás nuestro «adversario, el diablo» (5:8). Y debido a que está rondando como león en busca de presa, debemos ser «sobrios en espíritu»; debemos estar «alerta». En cada una de las tres secciones principales de 1 Pedro, se nos exhorta a ser «sobrios» en espíritu:

El primer llamado a la sobriedad espiritual viene como respuesta a la convicción de nuestra fe y la esperanza que tenemos en Cristo: «Por eso, dispónganse para actuar con inteligencia; *tengan dominio propio*; pongan su esperanza completamente en la gracia que se les dará cuando se revele Jesucristo» (1:13, cursivas mías).

El segundo llamado a ser sobrios se halla en el contexto del inminente retorno de Cristo y la necesidad de diligencia con oración: «Ya se acerca el fin de todas las cosas. Así que, para orar bien, *manténganse sobrios* y con la mente despejada» (4:7, cursivas mías).

Este tercer y final llamado para mantenernos sobrios y alertas combina la necesidad de firmeza de fe y perseverancia paciente frente al ataque satánico conforme miramos hacia adelante a nuestra recompensa eterna con Cristo (5:8-10).

Como peregrinos en las sabanas salvajes de África, siempre debemos estar conscientes de que alguien nos está cazando. El león se agazapa callado entre la hierba alta, observando todos nuestros pasos, esperando el momento de sorprendernos con la guardia baja. Si nos alejamos del grupo, dejamos nuestras armas y nos echamos a dormitar bajo el sol, nos atacará. Satanás conoce nuestros puntos débiles y nuestros puntos fuertes. Ha tenido miles de años para observar a la humanidad y se ha vuelto un experto en cuanto a la naturaleza humana. Es más, Satanás conoce las profundidades de la depravación suya mucho mejor que usted mismo. Nunca debemos olvidar que somos su presa y que este león rugiente está hambriento.

Satanás asecha y salta cuando menos lo esperamos, y eso explica nuestra necesidad de mantenernos alerta y sobrios. Su único propósito es destruir: nuestro testimonio, nuestra esperanza, nuestra santidad y, si es posible, nuestra vida. Por consiguiente, debemos estar conscientes de sus tácticas y respetar su poder. De la misma manera como un isleño del Pacífico respeta el poder del volcán o un marinero tiene que respetar el poder devastador de un huracán en el mar, nunca debemos permitirnos subestimar la capacidad del adversario para ganarnos, engañarnos y atacarnos.

—5:9—

¿Qué debemos hacer cuando estamos cara a cara con el adversario? ¿Llenarnos de pánico? ¿Salir corriendo? ¿Rendirnos? ¡No! Pedro dice: «Resístanlo, manteniéndose firmes en la fe» (5:9). La palabra «resistir» quiere decir «enfrentársele, oponerse». Pero este mandato va con una cualidad vital. No resistimos a Satanás confiados en nuestro poder o capacidad. En cualquier momento que hacemos eso, estamos en desventaja. Resistimos firmes en nuestra fe. Pero por cierto no está hablando de fe en uno mismo, en otros seres humanos, ni en algún tipo de método, mantra o truco. Más bien, nos levantamos con una fe indeclinable en nuestro Dios todopoderoso, apoyándonos en su defensa para resistir las perversas obras del diablo.

Santiago afirma la necesidad de resistir con confianza a Satanás a la sombra de la poderosa presencia de Dios: «Así que sométanse a Dios. Resistan al diablo, y él huirá de ustedes. Acérquense a Dios, y él se acercará a ustedes» (Stg 4:7-8). Y en su carta a los Efesios, el apóstol Pablo expresa el mismo consejo sabio: «Por último, fortalézcanse con el gran poder del Señor. Pónganse toda la armadura de Dios para que puedan hacer frente a las artimañas del diablo» (Ef 6:10-11). Pedro, Santiago y Pablo sabían que los creyentes pueden ganar una victoria decisiva sobre Satanás. Sabían, sin embargo, que tenemos fuerza insuficiente en nosotros mismos; pero cuando acudimos a nuestro Señor y por fe echamos mano de su poder ilimitado, podemos resistir al adversario.

Pedro añade otra fuente de fortaleza: la confianza que viene al saber que no estamos peleando solos (5:9). Un gran ejército de santos, que se extiende por toda la historia hasta los creyentes del día presente, se une en esta batalla implacable. Nuestra esperanza adquiere fuerza cuando recordamos que los creyentes están hombro a hombro unos con otros por todo el mundo en la misma batalla espiritual, soportando los mismos tipos de sufrimiento, enfrentando los mismos obstáculos, y experimentando el mismo tipo de victoria. La fuerza que venga de la comunidad de Dios atenta y que ora no se puede apreciar lo suficiente. Grupos de respaldo y cadenas de oración son populares por una razón: ¡resultan! Dios ha diseñado que el cuerpo de Cristo funcione de esta manera. Recuerde que no somos Llaneros Solitarios librando combate mano a mano con un enemigo superior. Más bien, somos un pelotón de soldados vigilantes cuidándonos las espaldas unos a otros, y con la victoria asegurada por el poder de Dios.

— 5:10-11 —

Aunque la victoria es cierta, Pedro nos recuerda que el sufrimiento y el dolor acompañarán la batalla. Nadie que soporta el ataque del enemigo queda sin alguna medida de dolor. La batalla nos estremecerá, nos aporreará, y a menudo dejará cicatrices horribles. Pero, ¿qué sucede cuando el polvo se asienta? Pedro menciona los beneficios que vienen con la celestial versión de Dios de la «Medalla de Corazón Púrpura»:

- Dios nos perfeccionará.
- Dios nos confirmará.
- Dios nos fortalecerá.
- Dios nos establecerá.

Pedro pinta el cuadro de un guerrero bien fundado, experimentado, que sale de la batalla con una madurez y estabilidad que no podía haber cultivado de ninguna otra manera. Pero al atravesar el fuego necesario de la prueba que Dios permite que nos refine, fortalezca y haga crecer, podemos continuar teniendo esperanza debido a cuatro verdades inolvidables. Todo creyente debería inscribir estas verdades en la mente. El sufrimiento es solo por «un poco de tiempo» (5:10a). Va acompañado de la gracia y llamamiento de Dios (5:10b). Tiene un propósito santo que invierte y contrarresta los esfuerzos de Satanás (5:10c); y en todo eso, felizmente, Dios sigue teniendo las riendas (5:11).

A la luz de estas verdades, no confundamos la confianza en Cristo con el engreimiento en la carne. Jamás intente ponerse firme con sus propias fuerzas, es decir, librar la guerra contra la carne, el mundo y el diablo por sus propios recursos y con sus propios métodos. Como Proverbios 21:31 dice: «Se alista al caballo para el día de la batalla, pero la victoria depende del Señor». Siempre recuerde que el sufrimiento es temporal, pero que las recompensas de Dios son eternas. Pablo expresa nuestra esperanza con elocuencia: «De hecho, considero que en nada se comparan los sufrimientos actuales con la gloria que habrá de revelarse en nosotros» (Ro 8:18).

—5:12-14—

Si usted hubiera sido uno de los destinatarios originales de esta carta y hablara griego, habría notado un cambio súbito en 1 Pedro 5:12. El estilo del escrito cambia de repente de la escritura elegante, fluida, de un compositor educado, a la letra manuscrita grande, deliberada, de un pescador con menos educación. La gramática, sintaxis y vocabulario cambian de inmediato. En este punto se vuelve obvio que el secretario de Pedro, Silas, le entregó la pluma al anciano apóstol, quien personalmente concluye su carta con su propia mano encallecida.

Pedro reafirma la exhortación general de su carta. Debido a que nos aferramos a la fe verdadera en un Dios digno de confianza, debemos estar firmes en la gracia de Dios. En medio de toda la opresión, maltrato, tentación o pruebas, podemos resistir con esperanza debido al poder sustentador de Dios (5:12). En breve, por Cristo podemos tener esperanza indeclinable.

Las últimas pocas líneas terminan con afirmaciones enigmáticas que continúan dejando perplejos a los intérpretes: la señora, la ciudad y el hijo. Lo primero incluye el saludo personal que Pedro pasa de una mujer cuyo nombre no se menciona, y que se describe como «escogida como ustedes» (5:13). Algunos dicen que Pedro se refiere figuradamente a la iglesia de Roma como «la esposa de Cristo». Otros toman esto literalmente, y dicen que tal vez se refiere a su propia esposa (ver Mr 1:30; 1 Co 9:5).[19] Desdichadamente, no tenemos suficiente información para identificarla. Cualquier interpretación es posible. Pero una cosa es clara: los creyentes en la iglesia primitiva tenían un gran sentido de identificación con otros creyentes e iglesias por todo el mundo. Este tipo de interés en otras iglesias cristianas, además de la propia, es una lección importante que recordar hoy.

El segundo misterio tiene que ver con la mención de Pedro de «Babilonia», en donde mora la mujer. ¿Es esta la Babilonia del Antiguo Testamento, ubicada en el Irak moderno, o es una figura de expresión para referirse simbólicamente a otra ciudad? ¿Significa acaso el sistema estilo Babilonia del mundo? De acuerdo a nuestras fuentes cristianas más tempranas fuera del Nuevo Testamento, el ministerio de Pedro nunca se extendió a la ciudad de Babilonia en Mesopotamia. Su ministerio posterior se centró en Roma. Además, Babilonia se había reducido en tamaño e importancia en el primer siglo, de modo que tenía una comunidad judía muy pequeña para cuando se escribe 1 Pedro. El apóstol no habría tenido un ministerio próspero en la antigua ciudad de Babilonia, especialmente con Silas a su lado.

Lo más probable, entonces, es que «Babilonia» en 5:13 se refiere a la ciudad de Roma. Este nombre era un término en código que se aplicaba a Roma en círculos judíos y cristianos en los siglos I y II d.C. El uso de nombres simbólicos de ciudades con connotaciones negativas y positivas también se usa en otras partes en el Nuevo Testamento (ver Gá 4:24-26; Ap 11:8).[20]

Por último, ¿quién es el «Marcos» mencionado al final del versículo 13? Pedro lo llama su «hijo», aunque esto no necesariamente se puede tomar literalmente, puesto que el término a menudo se usaba con referencia a un ayudante íntimo o incluso a un convertido a la fe (1 Ti 1:2; Tit. 1:4). No podemos, sin embargo, descartar la posibilidad de que Pedro se refiera a un hijo carnal suyo llamado Marcos. Pero lo más probable es que este hombre es el mismo «Juan Marcos» (Hch 12:12, 25; 15:37). ¿Lo recuerda? En el libro de Hechos, Marcos fue una figura de discordia entre Bernabé y Pablo. Bernabé quería llevar a Juan Marcos con ellos en su segundo viaje misionero; Pablo se opuso a la idea (15:37-38). Como resultado, Bernabé llevó a Marcos consigo, a Chipre, en tanto que Pablo tomó a Silas para que viajara con él (15:39-40).

Es interesante ver que Silas y Marcos se hallan juntos, trabajando cerca de Pedro, unos quince años más tarde. Esto ilustra la unidad esencial del ministerio de los apóstoles, a pesar de fuertes desacuerdos en el camino. La historia cristiana

---

UN RESUMEN FINAL

Cuando damos un paso atrás y miramos a la Carta de Pedro como un todo, vemos estos temas finales de amor, unidad, paz, fe, gracia y esperanza en todo el texto. Por cierto, nos lleva en una jornada aleccionadora, pero alentadora. Primero visitamos el tema de la *esperanza viva* en 1:1—2:12. Todos podemos apropiarnos de esta esperanza enfocando al Señor y confiando en su Palabra.

Pedro entonces exploró los altibajos de nuestra *vida peregrina* como extranjeros viviendo en un mundo que no es nuestra patria definitiva (2:13—4:11). Vivimos como peregrinos mediante la sumisión a las autoridades incluso en medio de tratamiento injusto, manteniendo nuestro testimonio de santidad fuerte en medio de un mundo impío.

Finalmente, Pedro nos llevó a la meta mediante nuestro *fuego de prueba* para que aterricemos con seguridad en los brazos del Salvador por quien somos llamados a sufrir y servir (4:12—5:14). Soportamos estas pruebas no en forma aislada, sino como un rebaño cuidado por pastores fieles frente a un enemigo aterrador, pero derrotado. Mediante el amor mutuo, la disposición y la confianza absoluta en el poder de Dios, los fuegos que envían nuestros enemigos para consumirnos servirán solo para purificarnos y fortalecernos.

En breve, la magnífica Carta de Pedro logra el propósito vital de ofrecernos esperanza esencial en tiempos de aflicción.

primitiva nos dice que este mismo Marcos es quien escribió el Evangelio que lleva su nombre. Este Evangelio siempre ha sido considerado como el registro que Marcos hizo del relato, de primera mano, del apóstol Pedro. Lo más probable es que Marcos lo escribió mientras estaba con Pedro en Roma, en fecha próxima a la escritura de 1 Pedro.

Pedro termina esta impresionante carta de esperanza volviendo a enfatizar el amor y la paz. Los creyentes deben saludarse unos a otros con un «beso de amor» (5:14). Este beso formal era una señal de paz entre los primeros creyentes, demostrando su afecto fraternal, compromiso y unidad (1 Co 16:20). El beso externo reflejaba la paz interna entre creyentes. Por eso puede escribir: «Paz a todos ustedes que están en Cristo».

NOTAS:

1. «Cuán firme cimiento», en *Cántico Nuevo*, Methopress, Buenos Aires, Argentina, 1962, no. 286. Traducción de Vicente Mendoza.
2. C. S. Lewis, *The Problem of Pain*, [El problema del dolor], Miami, Caribe, 1977, 104-105.
3. Walter Bauer et al., *A Greek-English Lexicon*, 622-23.
4. Ver J. E. Johnson, «Spurgeon, Charles Haddon», en *The Concise Evangelical Dictionary of Theology*, ed. Walter A. Elwell, Baker, Grand Rapids, 1991, 488.
5. Charles Haddon Spurgeon *Lectures to My Students*, Zondervan, Grand Rapids, 1954, 7-8. Hay traducción al español.
6. Bauer et al., *A Greek-English Lexicon*, 683.
7. Ver Génesis 48:15; Salmo 23; 100:3; Isaías 53:6-7; Lucas 15:3-7; Juan 10:1-16.
8. Ver Mateo 9:17; Marcos 2:22; Lucas 5:37-39; 1 Corintios 5:7; Hebreos 12:24.
9. Ver Lucas 15:12-13; Juan 21:18; 1 Timoteo 5:1-2, 11, 14; Tito 2:4, 6.
10. Bauer et al., *A Greek-English Lexicon*, 216.
11. Wuest, *Wuest's Word Studies*, 2:127.
12. Bauer et al., *A Greek-English Lexicon*, 298.
13. Ibid., 182.
14. Ibid., 744–45.
15. Ibid., 1.
16. J. Dwight Pentecost, *Your Adversary, the Devil* (Grand Rapids: Zondervan, 1969), introducción.
17. Ver Edwin M. Yamauchi, «Religions of the Biblical World: Persia» [«Religiones del mundo bíblico: Persia»], en *The International Standard Bible Encyclopedia*, ed. Geoffrey W. Bromiley y otros. Eerdmans, Grand Rapids, 1988, 4:123-129.
18. Ver Robert P. Lightner, «Angels, Satan, and Demons: Invisible Beings that Inhabit the Spiritual World» [«Ángeles, Satanás y los demonios: Seres invisibles que habitan el mundo espiritual»], en *Understanding Christian Theology*, ed. Charles R. Swindoll y Roy B. Zuck, Nelson, Nashville, 2003, 572-73.
19. Ver Roger M. Raymer, «1 Peter» [«1 Pedro»], en *The Bible Knowledge Commentary, New Testament Edition*, ed. John F. Walvoord y Roy B. Zuck, Victor Books, Wheaton, IL., 1983, 857.
20. Para consideraciones sobre la identificación de «Babilonia» en 1 Peter 5:13, ver Edwin A. Blum, «1 Peter» [«1 Pedro»], en The Expositor's Bible Commentary, ed. Frank E. Gaebelein, Zondervan, Grand Rapids, 1981, 12:253-54; Loenhard Goppelt, *A Commentary on 1 Peter*, ed. Ferdinand Hahn, trad. al inglés y aumentada por John E. Alsup, Eerdmans, Grand Rapids, 1993, 373-75; y R. C. H. Lenski, *The Interpretation of the Epistles of St. Peter, St. John, and St. Jude*, Augsburg, Minneapolis, 1966, 231-32.

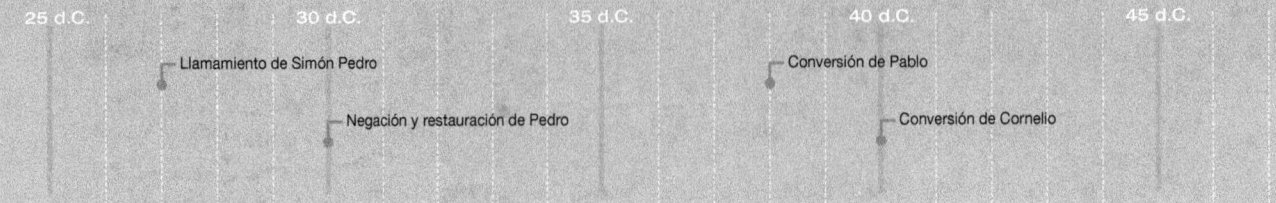

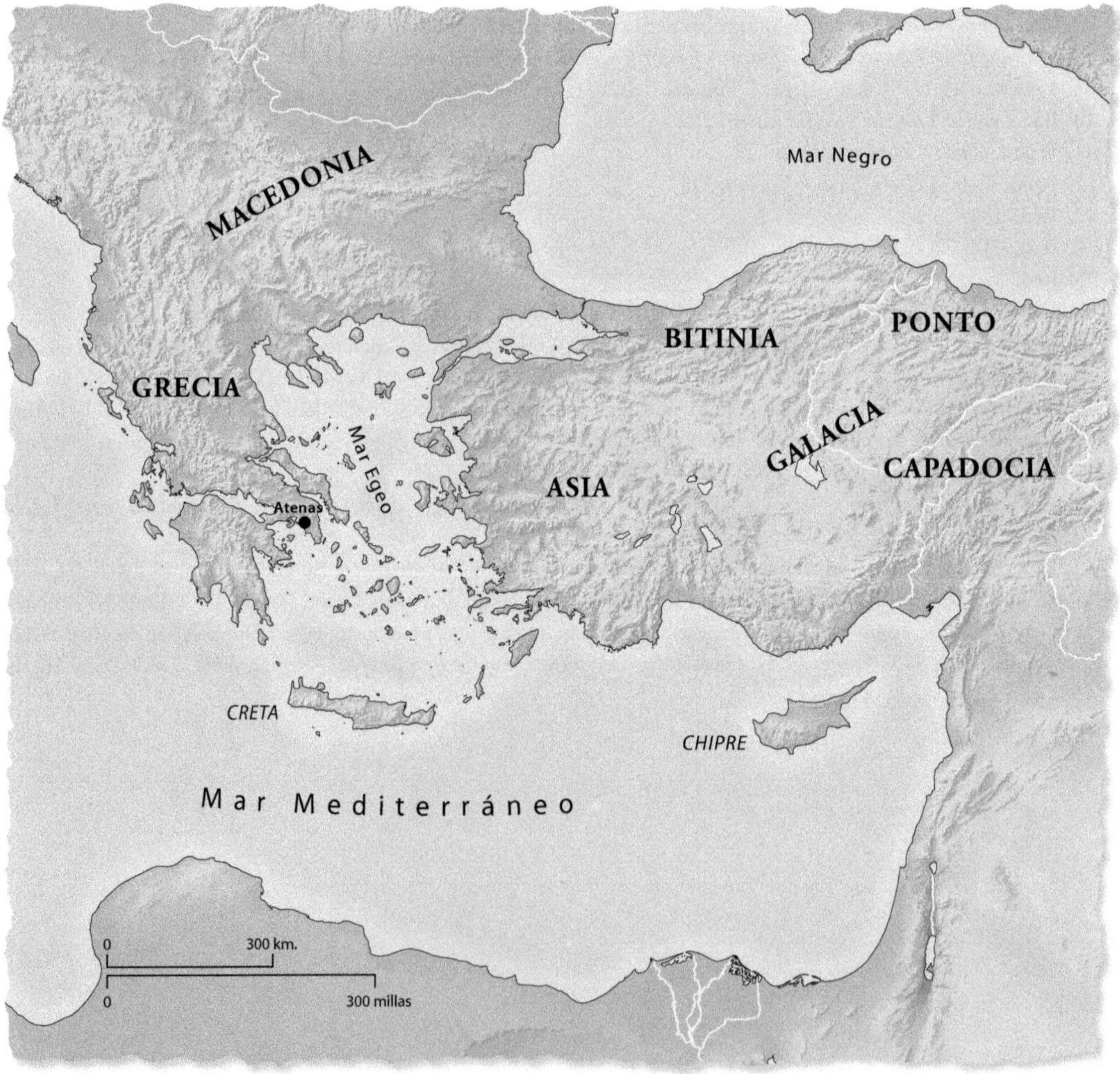

Destinatarios de 1 y 2 Pedro en Asia Menor

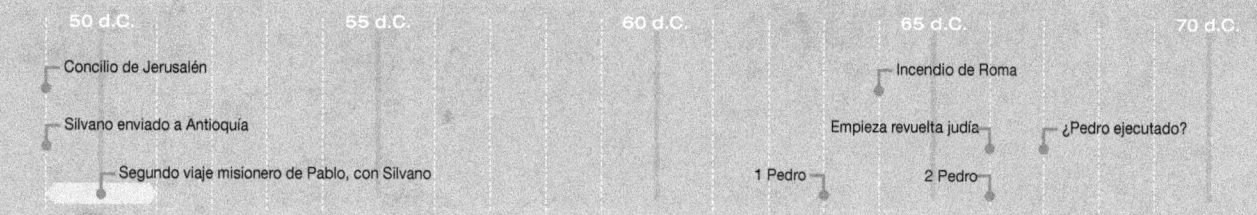

2 PEDRO

Introducción

Aunque entonamos cantos como «Pon tus ojos en Cristo» y «Abre mis ojos, Señor, quiero ver a Jesús», estos son oraciones pidiendo iluminación espiritual, y no por encuentros físicos con el Cristo resucitado. Es más, incluso en el primer siglo, la mayoría de los cristianos nunca conocieron personalmente a Jesucristo. Lo conocieron de la misma manera que nosotros: por la predicación de testigos apostólicos como Pedro, Santiago, Juan, Andrés, Tomás y los demás.

La historia del cristianismo empieza con el nacimiento y la vida, muerte y resurrección de Jesucristo, sucesos que presenciaron muchos testigos (1 Jn 1:1-3). Pero esa historia continúa con la ascensión de Cristo al cielo, su exaltación a la diestra del Padre y el envío del Espíritu Santo sobre el pequeño grupo de creyentes en Pentecostés, así como también los que presenciaron la resurrección, tal vez unos quinientos hombres y mujeres en total.

Es por esta continua saga de la obra explosiva de Dios de redención en el mundo que el médico Lucas escribió una secuela de su Evangelio, conocida hoy como Hechos de los Apóstoles. Este relato repleto de acción relata la obra del Espíritu Santo que va esparciendo las buenas noticias de Jesucristo de Jerusalén, a Judea, Samaria, y más allá de eso hasta los extremos de la tierra (Hch 1:8). Los principales en esa aventura, sin duda alguna, fueron los apóstoles Pedro y Pablo.

EL MINISTERIO DE PEDRO

Por cierto, el libro de Hechos se puede dividir de manera general de acuerdo a su enfoque en los dis-

Esquema del libro de 2 Pedro

Sección	Exhortación a la madurez espiritual	Denuncia de falsos maestros	Expectativa del retorno de Cristo
Temas	**Corrupción moral** PREGUNTA: ¿Cómo podemos crecer en gracia y escapar de la contaminación? Advertencia: ¡Sean puros! (1:2-4) Recordatorio: (1:12-14) Promesa: Nunca tropezarán (1:10) Perspectiva: Una mirada hacia adentro	**Acomodos doctrinales** PREGUNTA: ¿Qué tipo de personas ¿Qué debemos esperar de los maestros falsos? Advertencia: ¡Tengan cuidado! (2:1-3) Recordatorio: (2:21-22) Promesa: El Señor los rescatará (2:9) Perspectiva: Una mirada hacia atrás	**Preguntas proféticas** PREGUNTA: ¿Qué tipo de personas debemos ser a la luz de la venida de Cristo? Advertencia: ¡Sean diligentes! (3:14) Recordatorio: (3:1-2) Promesa: Esperen un nuevo cielo y una nueva tierra (3:13) Perspectiva: Mirando hacia adelante
	Conocimiento . . . Diligencia . . . Recuerdo . . . Corrupción		
Términos clave	Fe Palabra profética	Herejía Juicio Destrucción	Perseverar Día del Señor Promesa
Pasaje	1:1–21	2:1–22	3:1–18

TÉRMINOS CLAVE

ἐπίγνωσις [*epígnosis*] (1922) «conocimiento, noción, reconocimiento»

Similar al término más general de conocimiento, *gnosis*, este término se refiere a conocimiento «verdadero» o «preciso» (2 P 1:3, 8). Este conocimiento más profundo no se refiere a una simple consciencia intelectual o conocimiento teórico, sino «conocimiento de corazón». Los creyentes no solo conocen algo *acerca de* Dios, sino que tienen un conocimiento íntimo, personal *de* Dios, conocimiento que puede profundizarse mediante el crecimiento espiritual (1:2; cf. 3:18).

σπουδάζω [*spoudazo*] (4704) «dar diligencia, apresurarse, esforzarse»

El cristianismo no tiene el propósito de ser una fe pasiva. Exige participación activa. Pedro usa una palabra griega que implica trabajo arduo que resulta en cambio observable, demostrando la autenticidad de nuestro llamamiento (2 P 1:10; 3:14). Al cimiento básico de la fe, por consiguiente, los creyentes deben añadir virtud cristiana, «poniendo toda diligencia» (1:5, RVR1960).

ὑπομιμνήσκω [*jupomimnesko*] (5279) «hacer recordar, traer a colación»

Este término se refiere a revisar algo ya aprendido. El Nuevo Testamento usa la palabra varias veces para describir el fortalecimiento de aspectos del conocimiento cristiano vital que han quedado en el olvido o se han descuidado (2 Ti 2:14; Tito 3:1). Para Pedro, hacer recordar verdades importantes es un propósito principal de su carta (2 P 1:12). Es más, él llama a su carta un «recordatorio» de cosas que sus lectores ya saben (1:13; 3:1).

φθορά [*ftzora*] (5356) «destrucción, corrupción, decadencia, ruina»

Esta palabra, a menudo traducida «corrupción», puede tener o no tener un sentido moral. En un sentido neutral, no moral, se refiere a la decadencia de cosas perecederas (1 Co 15:50). En un sentido moral, «corrupción» quiere decir intervenir en actividades no naturales o inmundas que redundan en disciplina o castigo (2 P 1:4; 2:19). También puede referirse a la destrucción que vendrá en el juicio futuro (2:12), así que los que practican la corrupción recibirán corrupción como resultado de sus acciones.

---

tintos ministerios de esos dos apóstoles. Al principio del ministerio de los discípulos, que proclamaban la resurrección de Jesucristo, Pedro a menudo se destaca como el principal portavoz.[1] Luego encontramos la conversión dramática del hostil y apasionado opositor al cristianismo, Saulo de Tarso. La impresionante transformación del apóstol Pablo marca un repentino momento decisivo para la iglesia del Nuevo Testamento (Hch 9), especialmente respecto a la predicación del evangelio a los gentiles. Pero es en realidad el apóstol Pedro, y no Pablo, quien interviene en la primera conversión de un gentil a Cristo: la salvación de Cornelio, el centurión romano (Hch 10).

Los siguientes dos capítulos de Hechos continúan relatando el ministerio de Pedro, pero en Hechos 13 el punto de vista cambia al primer viaje misionero del apóstol Pablo, a quien Dios llama para que lleve el evangelio a los gentiles. Es más, el nombre de Pedro aparece solo una vez después del capítulo 13; y el ministerio de Pablo domina el relato de Lucas desde el capítulo 13 hasta el 28. (Véase en la tabla abajo una comparación del tratamiento que cada apóstol recibe en el libro de Hechos).

El hecho de que Pedro desaparece por completo de la narración del libro de Hechos pudiera llevarnos a pensar que el ministerio de Pedro se vuelve irrelevante o, por lo menos, no tan significativo, comparado a las intrépidas hazañas de Pablo. Pero esto estaría muy lejos de la verdad. Aunque no tenemos un relato detalle por detalle del ministerio de Pedro entre las proximidades del año 45 d.C. hasta el fin de su vida, alrededor del año 67 d.C., no debemos interpretar esto como queriendo significar que Pedro se jubiló del ministerio, volvió a su negocio de pesca, o se alejó a alguna isla remota lejos de los reflectores. Pedro continuó viajando, ministrando tanto a creyentes judíos como gentiles. Lo que sabemos de los últimos veinte años de su vida nos viene de indicios en el Nuevo Testamento tanto como de relatos de los primeros historiadores de la iglesia cristiana.

Pedro viajó desde Jerusalén por todo el norte del Mediterráneo, probablemente enseñando y predicando en Antioquía (Gá 2:11), Corinto (1 Co 1:12) y Roma (1 P 5:13). Su esposa creyente le acompañó en sus viajes (1 Co 9:5). Aunque Pedro y Pablo tuvieron un conflicto menor sobre cuestiones prácticas relativas a la aplicación de la verdad del evangelio en un contexto cultural diferente (Gá 2), cada uno de ellos consideró el ministerio del otro como complementario y unificado, y no en conflicto o dividido (Gá 2:9; 2 P 3:15). De hecho, sus ministerios se superpusieron, aunque Pedro se concentró en la evangelización a los judíos, en tanto que Pablo hizo énfasis en su misión a los gentiles (Gá 2:7-8).

Hacia el fin de su vida, Pedro se estableció en Roma, en donde ministró con Silvano (también conocido como «Silas»), anterior compañero de Pablo. Silvano ayudó a Pedro a escribir su primera carta a las iglesias de Asia Menor (1 P 1:1; 5:12). Juan Marcos también estaba con él (5:13), y una

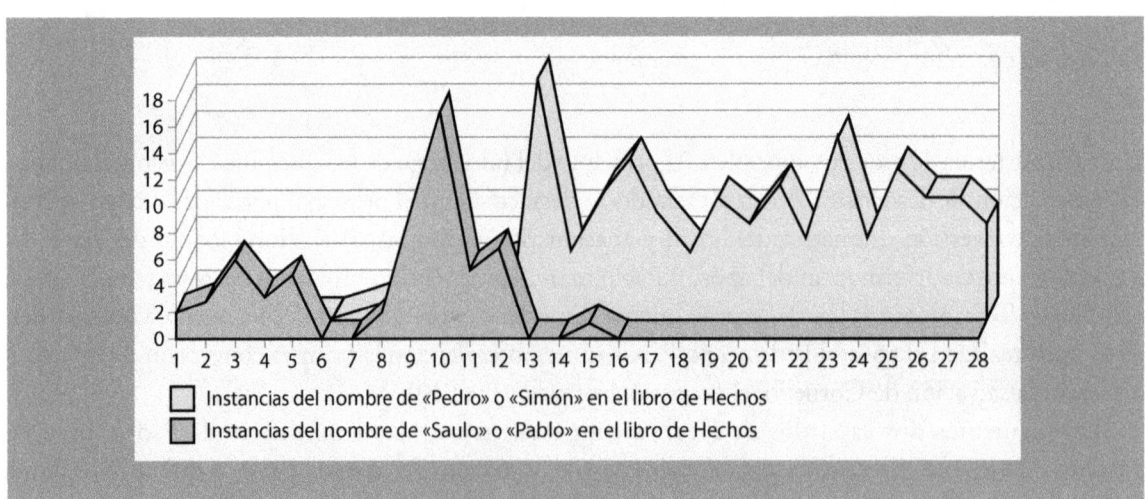

Introducción

La plaza actual frente a la Basílica de San Pedro en la Ciudad del Vaticano. La flecha marca el lugar aproximado en donde Pedro habría sido crucificado, en tanto que sus restos mortales probablemente han sido sepultados muy hondo debajo del altar, bajo del domo.

tradición cristiana temprana nos informa que Marcos escribió su Evangelio utilizando a Pedro como su primera fuente de testigo ocular.[2]

La primera mención de Pedro después de su muerte nos viene de Clemente, pastor de la iglesia de Roma alrededor del año 98 d.C., que pudiera haber sido el mismo Clemente que Pablo menciona en Filipenses 4:3. Clemente escribió en una carta a la iglesia de Corinto: «Pedro, debido a envidia injusta, atravesó no uno ni dos, sino numerosas dificultades, y cuando al fin sufrió el martirio, partió al lugar de gloria que se merecía» (*1 Clemente* 5.4). Así que sabemos que Pedro se hizo famoso por su sufrimiento, pruebas y muerte. De hecho, alrededor del 200 d.C. Tertuliano de Cartago recordaba que Pedro había sido crucificado como Cristo en Roma,[3] y que los relatos más tempranos de los detalles de su muerte sugieren que los romanos lo crucificaron cabeza abajo, porque él no quería sufrir de la misma manera que su Señor.

Pedro sufrió esa suerte bajo el reinado de Nerón. La ubicación más probable de su crucifixión fue el «Circo» de Nerón, una arena en donde se torturó y dio muerte a numerosos cristianos en el siglo primero y segundo. A poco de la muerte de Pedro, se levantó una capilla para marcar su tumba. Los siglos que siguieron vieron una serie de iglesias levantarse sobre el sitio, y hoy vemos la gran Basílica de San Pedro (en el Vaticano), en el lugar en donde Pedro con probabilidad fue martirizado y sepultado. Por cierto, en excavaciones realizadas bajo la Basílica de San Pedro en Roma, en la década de 1950, se desenterraron los restos de un varón de 60 a 70 años, del primer siglo, cerca del lugar tradicional de la sepultura de Pedro, y bien podrían ser los huesos del apóstol Pedro.

Pedro escribió su segunda carta alrededor del año 66 d.C., aproximadamente un año antes de la ejecución del anciano apóstol. Pedro sabía que su tiempo en la tierra se acercaba a su fin, y que moriría antes de que el Señor volviera (2 P 1:14). Breve pero potente, 2 Pedro vino a ser las últimas palabras de Pedro escritas a las iglesias y un testamento permanente de sus enseñanzas prácticas.

Después de que el apóstol Pedro escribió la carta, las iglesias esparcidas por cinco provincias romanas en Asia Menor recibieron su segunda carta. A diferencia de la primera, que apuntaba a Cristo como la fuente de esperanza en tiempos de aflicción, Pedro escribe su segunda carta para sonar la alarma. Sabe que su tiempo en la tierra se acerca. Pedro quiere dejar un registro escrito de su enseñanza, además de los ecos de su predicación oral que se desvanecían y que pronto quedarían en el olvido. Claro, Pedro selecciona con sabiduría sus batallas. No tiene tiempo ni paciencia para cuestiones incidentales. Más bien, trata de temas esenciales que importan no solo a sus lectores de entonces, sino también a nosotros.

DOS OBSERVACIONES INICIALES

Permítame hacer dos observaciones introductorias en cuanto a las últimas palabras de Pedro a la iglesia antes de pasar al estudio de la carta.

Primero, la segunda carta de Pedro es más difícil de interpretar que la primera. Sus pocos capítulos breves son densos y a veces difíciles de entender. Será importante que volvamos a cada rato al propósito general de la carta, que es advertirnos en contra de las falsas doctrinas y los acomodos morales de los últimos días.

Segundo, la preocupación que aborda esta segunda carta difiere a la de la primera. Esta enfocaba fuentes externas de adversidad, tales como la persecución de parte de las autoridades civiles, tratamiento injusto de parte de propietarios de esclavos, y una sociedad pagana cada vez más hostil. En contraste, 2 Pedro habla del problema de los falsos maestros, individuos que aducen ser creyentes pero que no lo son. Sin rodeos Pedro señala el propósito de esta Segunda Carta: «Queridos hermanos, ésta es ya la segunda carta que les escribo. En las dos he procurado refrescarles la memoria para que, con una mente íntegra, recuerden las palabras que los santos profetas pronunciaron en el pasado, y el mandamiento que dio nuestro Señor y Salvador por medio de los apóstoles» (3:1-2).

Para combatir el problema de la herejía, Pedro reafirma el cimiento de las Santas Escrituras, tanto del Antiguo Testamento como de los primeros escritos de los apóstoles y profetas, que con el tiempo serían compilados para formar el Nuevo Testamento. Pedro escribe: «Por eso siempre les recordaré estas cosas, por más que las sepan y estén afianzados en la verdad que ahora tienen. Además, considero que tengo la obligación de refrescarles la memoria mientras viva en esta habitación pasajera que es mi cuerpo» (1:12-13). Debido a su fallecimiento inevitable y la inminente amenaza de maestros falsos, Pedro quiere refrescarles los recuerdos de su enseñanza sólida, estimularlos a la diligencia en la fe y fortalecer los cimientos bíblicos de sus creencias y prácticas.

VISTAZO A LA SEGUNDA CARTA DE PEDRO

Como las plumas, la caña y la punta de una flecha, Pedro desarrolla tres temas que guían su carta a un punto en particular. Pudiéramos denominar a las tres plumas *advertencias*: «Cuídense, presten atención»; *recordatorios*: «Recuerden, no se olviden»; y *promesas*: «Sucederá, pueden estar seguros».

¿QUIÉN ESCRIBIÓ SEGUNDA DE PEDRO?

Aun cuando las primeras dos palabras de la carta dicen «Simón Pedro» (2 P 1:1), muchos eruditos de ideología liberal dudan que el apóstol la haya escrito. Piensan que alguien lo hizo mucho después de la muerte de Pedro. La teoría sugiere que creyentes de segunda generación querían abordar sus problemas con la misma autoridad de Pedro. Las quejas críticas de estos eruditos contra la carta incluyen tres aspectos principales: (1) la drástica diferencia en estilo entre 1 Pedro y 2 Pedro; (2) el uso limitado de la carta en la iglesia primitiva; y (3) su interés en cuestiones tales como los escritos de Pablo y la demora del retorno de Cristo que hubieran preocupado solo a generaciones posteriores.

Primero, todos reconocen que las dos cartas tienen diferentes estilo, vocabulario y uso de la gramática griega. Una de las explicaciones principales que se da a esto es que la primera carta la escribió «por conducto de Silvano» (1 P 5:12, RVR1960). Es probable que esto quiera decir que Silvano ayudó a escribir la carta, sirviendo, tal vez, como traductor o secretario de Pedro. El vocabulario de 1 Pedro es notoriamente más pulido y preciso.[4] No tenemos ninguna indicación de que Pedro haya tenido el mismo nivel de ayuda al escribir su segunda carta. El nombre de Pedro se menciona como el único autor (2 P 1:1), aunque pudiera haber usado algún ayudante diferente, cuyo nombre no se menciona.[5]

Segundo, es verdad que 2 Pedro no tuvo una popularidad tan amplia como 1 Pedro. No la citan tan a menudo otros creyentes en sus escritos y no aparece en las listas más tempranas de los libros del Nuevo Testamento. Pero el proceso de copiar y compilar los escritos inspirados de los apóstoles y profetas del Nuevo Testamento llevó tiempo, y la situación histórica en la cual se escribió la carta pudo haber limitado la capacidad de las comunidades de Asia Menor para hacerla circular a otras iglesias. Es más, conforme los cristianos por todo el imperio romano tuvieron en sus manos 2 Pedro, pronto la identificaron como escrito inspirado del apóstol.[6]

Tercero, con el surgimiento de falsos maestros en la década de los 60 y el arresto y martirio de muchos de los discípulos originales, eran de esperarse preguntas respecto al uso de los escritos de Pablo y la demora del retorno de Cristo. Conforme los apóstoles y profetas autoritativos morían, ¿a dónde acudirían las iglesias en busca de enseñanza con autoridad? Pedro responde señalando no solo al Antiguo Testamento (1:19-21), sino también a las enseñanzas de Jesús y de todos los apóstoles (1:16-18; 3:1, 15-16). Entretanto los apóstoles originales pasaban de escena, muchos se rascaban la cabeza y se preguntaban por qué Cristo no había vuelto durante esa primera generación. Pedro también atiende este asunto, y confirma que la demora del fin abre más oportunidades para el arrepentimiento, pero que el retorno de Cristo vendría de repente.

En breve, no existe ninguna razón contundente para dudar de que el apóstol Pedro escribiera 2 Pedro hacia el mismo fin de su vida para considerar asuntos que sabía —por la sabiduría del Espíritu Santo— que preocuparían a los cristianos mucho después de su partida.

Pedro no usa estas plumas para cosquillear las orejas de sus lectores. Más bien, sirven para guiar la aplicación diligente de estas verdades; por eso, la etiqueta en la caña de nuestra flecha imaginaria que dispara en el capítulo 1 es *diligencia*: diligencia para promover dentro de uno mismo conducta moral cristiana. La pregunta básica que Pedro enfrenta es: «¿Cómo podemos crecer en la gracia y escapar de la contaminación del mundo?» Si los lectores de Pedro prestan diligente atención a sus advertencias, consideran sus recordatorios y abrazan las promesas, la flecha llegará al blanco propuesto: *esperanza*.

El capítulo 2 cambia de un contexto de corrupción moral al segundo asunto principal: concesiones doctrinales. Pedro considera la pregunta crítica: «¿Qué debo esperar de los falsos profetas?». Al disparar su segunda flecha, da la *advertencia* de que los falsos maestros vienen (2:1-3). Luego provee un *recordatorio* de que las falsas enseñanzas acarrean castigo (2:21-22). Y luego da una *promesa*: Dios rescatará de la ira al justo (2:9). Esta segunda flecha pide *diligencia* para evitar a los falsos maestros y sus enseñanzas apóstatas (2:1-3). También apunta a una *esperanza* que viene de la promesa de Dios de preservar a su pueblo (2:9).

Finalmente, el capítulo 3 presenta las inquietudes proféticas de Pedro. Plantea la pregunta: «¿Cómo terminará todo?» Es decir, considera asuntos relativos a la segunda venida de Cristo y los tiempos del fin. Esta tercera flecha sirve como una *advertencia* final: Eviten la corrupción del mundo y los falsos maestros (3:11, 17-18). También es un último *recordatorio* de que el testimonio bíblico es confiable (3:1-2). Y aquí Pedro proclama una *promesa* gloriosa: viene una nueva creación en la cual mora la justicia (3:13). Esta flecha final pide *diligencia* para ser hallados inmaculados (3:14). Y halla su blanco en una *esperanza* inquebrantable, ahora y siempre (3:12, 18).

¡Cuidado! ¡Estén listos! Esos dos mandatos pudieran resumir el tema de la segunda carta de Pedro. Pedro considera la corrupción moral (cap. 1), el acomodo doctrinal (cap. 2), y las inquietudes proféticas (cap. 3). Habiendo madurado propinen la fe y habiendo llegado al final de su vida, Pedro quiere dejar un legado escrito en cuanto a algunas de las inquietudes más apremiantes que enfrentaba la joven iglesia. Como la última voluntad y testamento para creyentes de toda esa generación, Pedro escribe este recordatorio con disparos rápidos, urgentes, para advertir contra la falsa doctrina y el acomodo moral de los últimos días. Y debido a que el Espíritu Santo inspiró su escrito, sus palabras finales permanecen tan pertinentes para nosotros como lo fueron para los creyentes en el primer siglo.

Aplicación

Esperanza viva en Segunda de Pedro

Como aplicación práctica de lo que hemos estudiado en esta introducción, permítame darle cuatro consejos importantes sobre cómo podemos mantener el espíritu diligente, alerta, que Pedro insta a los creyentes de toda generación a procurar.

Presten atención a lo que ya saben (1:12-13; 3:1-2). Muchos hemos aprendido suficiente verdad en la vida para mantenernos fuertes y fieles. Para la mayoría de nosotros, el problema no es que nos falte conocimiento bíblico, sino que nos lo apliquemos. Podemos dejarnos atrapar en aprender más verdades bíblicas que nos olvidamos de prestar atención a la verdad que ya sabemos. Debido a que con tanta facilidad olvidamos lo básico, a menudo debemos volver al cimiento de nuestras creencias y prácticas bíblicas. Si usted cae en la rutina de adquirir conocimiento bíblico, teológico e histórico sin un estilo de vida que lo refleje, dé un paso hacia atrás y preste atención a las disciplinas básicas de la fe: oración, confesión, comunión y adoración. Preste atención a lo que ya sabe.

Abran sus ojos y oídos (2:1-3; 3:17). El discernimiento es una destreza que se cultiva. Los nuevos creyentes a veces se empapan de ideas y hábitos que no tienen nada que ver con la creencia y práctica bíblica auténtica. Parte del proceso de crecimiento incluye el cultivo de una mejor capacidad para filtrar estas cosas mediante un cedazo más maduro. Preste atención a sus fuentes de conocimiento. Ponga más atención no solo a lo que dicen los maestros, sino también a lo que no dicen. Estudie la vida de los predicadores que afirman que enseñan la Palabra de Dios. ¿La aplican a su vida? ¿Afirman la autoridad de las Escrituras, o imponen su propia autoridad, o la de algún otro individuo, por encima de la Biblia? Los recursos para ayudarnos a interpretar y aplicar las Escrituras son una cosa, pero reemplazar las Escrituras con una fuente competidora de verdad y motivación es otra. Abra ojos y oídos, y manténgalos abiertos.

Procuren un estilo de vida santo (1:5-8; 3:11, 14). Por todo el Nuevo Testamento, dondequiera que aflore el tema del retorno de Cristo y los tiempos del fin, casi sin excepción las Escrituras ponen énfasis en vivir una vida pura. La Biblia no desperdicia palabras en teoría sin práctica, ni promueve ideas sin acción. Así que cuando nos acercamos a 2 Pedro, debemos anhelar aplicar las palabras en acción. Debemos fervientemente buscar un estilo de vida santo.

Esperen el retorno de Cristo (3:12). Viva a la luz del fin. Empiece el día con un constante recordatorio de que Cristo pudiera volver hoy. No se una a las filas de los burladores y escépticos que arrojan dudas sobre las obras pasadas y presentes de Cristo porque todavía no ha cumplido su promesa. Más bien, abrace la verdad de que él vendrá cuando menos lo esperemos. Eso determinará una diferencia seria. Afectará sus prioridades, propósitos y empresas. Cambiará sus actitudes y acciones. Transformará su perspectiva y cosmovisión. Espere el retorno de Cristo. Viva de puntillas.

NOTAS:

1. Ver Hechos 1:15–22; 2:14–40; 3:1–26; 4:8–12; 5:1–11.
2. Papías de Hierápolis, *Fragments of Papias* 6.1.
3. Tertuliano, *Prescription against the Heretics* 36.
4. Ver en la introducción a 1 Pedro una consideración de la participación de Silvano en la redacción de la carta.
5. Ver Kenneth O. Gangel, «2 Peter», en *The Bible Knowledge Commentary*, New Testament edition, ed. John F. Walvoord y Roy B. Zuck, Victor Books, Wheaton, IL., 1983, 860.
6. Ver Edwin A. Blum, «2 Peter» [«2 Pedro»], en *The Expositor's Bible Commentary*, vol. 12, ed. Frank E. Gaebelein, Zondervan, Grand Rapids, 1981, 257-61.

EXHORTACIÓN A LA MADUREZ ESPIRITUAL (2 PEDRO 1:1-21)

Contemplando por la ventana del segundo piso de su vivienda secreta en Roma, el ya canoso Simón Pedro miraba al otro lado del río Tíber hacia la colina distante del monte Vaticano. Afinó la vista a fin de poder trazar el contorno de la arena de Calígula, donde Nerón había estado divirtiéndose masacrando cristianos, torturándolos, quemándolos vivos, ahorcándolos, crucificándolos e incluso arrojándolos a las fieras. Hasta aquí el Señor había impedido la captura de Pedro, pero él sabía que solo era cuestión de tiempo. Aunque todavía no estaba seguro cuándo, dónde o cómo sucedería, el Señor ya le había revelado que pronto partiría de esta vida. En cualquier momento oiría la puerta de calle abriéndose violentamente, el traqueteo metálico de las armaduras romanas, palabrotas y maldiciones en latín, y espadas siendo sacadas de sus fundas. Atado como si fuera criminal peligroso, lo llevarían casi a rastras a una parodia de juicio, y lo sentenciarían a una tortura exagerada para sus supuestos «delitos».

Cerró los ojos y recordó las palabras tranquilas pero sombrías de su Señor: «De veras te aseguro que cuando eras más joven te vestías tú mismo e ibas adonde querías; pero cuando seas viejo, extenderás las manos y otro te vestirá y te llevará adonde no quieras ir» (Jn 21:18). El Señor, por supuesto, tenía razón. Aunque Pedro había envejecido, no quería partir; no debido a que no quisiera ver a su Señor ni reunirse de nuevo en gloria con los que ya habían muerto por su fe. ¡Eso lo quería! Pero al mirar a su alrededor veía que todavía quedaba mucho por hacer.

Con la persecución bajo el ya enloquecido Nerón que se incrementaba en frecuencia y severidad, muchos creyentes habían decidido guardar silencio o incluso habían retrocedido. Otros, abrumados por la preocupación y el temor, se habían estancado en su progreso espiritual, como un barco de pesca encallado en aguas poco profundas. Necesitaban un empujón a aguas más hondas que desprendieran sus vidas y una ráfaga fresca del aliento del Espíritu para empujarlos a su curso original. La pregunta que acosaba a Pedro: *¿Quién dará ese empujón cuando yo ya sea historia?*

También, en años recientes algunos maestros falsos habían logrado infiltrarse en la comunidad cristiana. Algunos eran fáciles de distinguir, como aquel pícaro de Samaria, Simón el mago, que ahora afirmaba ser un dios. De hecho, había seducido a tantos seguidores por sus artes mágicas inspiradas por el diablo que algunos romanos habían erigido una estatua en su honor en el Tíber que decía: «SIMONI DEO SANCTO»: «a Simón, el dios santo».[1] Pedro sabía que el tipo de «conocimiento» de Simón era apenas el primer indicio del aluvión de herejías a punto de brotar del abismo. De nuevo, la pregunta: *¿Quién protegerá de tales lobos al rebaño cuando yo haya desparecido?*

Pedro lanzó un suspiro al sacar su rollo y pluma. Años atrás, el Señor resucitado le había instruido: «Simón, apacienta mis corderos. Pastorea mis ovejas» (cf. Jn 21:15-17). Con su partida ya cerca y los lobos hambrientos y leones rugientes al acecho, Pedro sabía que el naciente rebaño correría peligro

TÉRMINOS CLAVE

πίστις [*pistis*] (4102) «fe, confianza, la fe [cristiana o bíblica]»

Aunque «fe» en el Nuevo Testamento más a menudo se refiere a asentimiento, creencia y confianza en Cristo como medio de salvación, a veces se refiere a todo el *contenido* de la creencia cristiana: «la fe cristiana». Esto es probablemente el significado en 2 Pedro 1:1. También es el cimiento sobre el cual se levantan todas las demás virtudes de la vida cristiana (1:5).

προφητικὸς λόγος [*profétikos logos*] (4397 + 3056) «palabra profética, mensaje de los profetas»

La frase clave «palabra profética» aparece solamente una vez en el Nuevo Testamento (2 P 1:19), en donde es paralela a «profecía de las Escrituras» (1:20). Por consiguiente, la frase «la palabra profética» se refiere a la palabra escrita de Dios: la Biblia. La palabra «profecía» no necesariamente quiere decir predicción del futuro. Más a menudo se refiere a la revelación divina que llevaban los profetas (Ro 12:6; 1 Co 13:2). Así que la «palabra profética» es el mensaje de revelación preciso y confiable de los profetas según está registrado en las Escrituras.

---

con el engaño después de su partida. Con la pluma en la mano, empezó a escribir sus últimas palabras a las ovejas: «Simón Pedro, siervo y apóstol de Jesucristo, a los que por la justicia de nuestro Dios y Salvador Jesucristo han recibido una fe tan preciosa como la nuestra».

En la primera sección principal de 2 Pedro, el anciano autor considera la corrupción moral venidera de los últimos días (1:4-21), condición que ya percibe desde su punto de vista en la perseguida iglesia en Roma. Responde a la urgente pregunta que de seguro harían sus lectores: «¿Cómo puedo evitar la contaminación?» Les advierte que eviten la corrupción del mundo (1:4). Luego les recuerda la provisión de poder que está a disposición de ellos, así como también su necesidad de participación activa, que resulta en utilidad y fruto en la vida cristiana (1:5-13). Pedro además extiende la promesa de que la vida santa da estabilidad, y capacidad para resistir la tentación y la falsa enseñanza mediante el poder de Dios (1:10). Con estos temas que le guían la pluma, Pedro empieza a exhortar a los rebaños esparcidos a que soporten con diligencia y perseveren con esperanza (1:19). Pronto él les sería quitado… pero Pedro ora que sus palabras permanezcan mucho tiempo después de que su cuerpo yaciera frío en el suelo.

Una fe fructífera (2 Pedro 1:1-11)

¹Simón Pedro, siervo y apóstol de Jesucristo,
a los que por la justicia de nuestro Dios y Salvador Jesucristo han recibido una fe tan preciosa como la nuestra.
²Que abunden en ustedes la gracia y la paz por medio del conocimiento que tienen de

Dios y de Jesús nuestro Señor.

³Su divino poder, al darnos el conocimiento de aquel que nos llamó por su propia gloria y potencia, nos ha concedido todas las cosas que necesitamos para vivir como Dios manda. ⁴Así Dios nos ha entregado sus preciosas y magníficas promesas para que ustedes, luego de escapar de la corrupción que hay en el mundo debido a los malos deseos, lleguen a tener parte en la naturaleza divina. ⁵Precisamente por eso, esfuércense por añadir a su fe, virtud; a su virtud, entendimiento; ⁶al entendimiento, dominio propio; al dominio propio, constancia; a la constancia, devoción a Dios; ⁷a la devoción a Dios, afecto fraternal; y al afecto fraternal, amor. ⁸Porque estas cualidades, si abundan en ustedes, les harán crecer en el conocimiento de nuestro Señor Jesucristo, y evitarán que sean inútiles e improductivos. ⁹En cambio, el que no las tiene es tan corto de vista que ya ni ve, y se olvida de que ha sido limpiado de sus antiguos pecados. ¹⁰Por lo tanto, hermanos, esfuércense más todavía por asegurarse del llamado de Dios, que fue quien los eligió. Si hacen estas cosas, no caerán jamás, ¹¹y se les abrirán de par en par las puertas del reino eterno de nuestro Señor y Salvador Jesucristo.

Casi toda persona que conozco quiere las mismas dos cosas en la vida: que su vida *les importe a otros*, y que su vida *contribuya algo*. Para decirlo de otra manera, toda persona siente la necesidad de ser significativa, de tener alguna especie de propósito singular que cumplir en esta vida antes que solo ocupar espacio con una existencia sin propósito. También quieren dejar detrás algún legado para cuando se hayan marchado, dejar resultados significativos de sus esfuerzos a generaciones futuras. De cuando en cuando tropiezo con unas pocas excepciones a este principio general. Algunos, por alguna razón, son incesantemente perversos o están muy deprimidos y han extraviado el rumbo por completo. Pero, como regla general, la mayoría de personas quieren ser *útiles y fructíferas*.

Como hambre acuciante o sed persistente, los seres humanos anhelan propósito y significado. Es posible suplir las necesidades físicas y descuidar por completo las necesidades espirituales. Los resultados desastrosos producen caos en la condición mental y emocional de la persona. Tal vez es por esto que las enfermedades crónicas son tan difíciles de soportar. Estar confinado a la cama conduce a sentimientos de inutilidad conforme nuestros cuerpos se atrofian y nuestros espíritus se desvanecen. O bien, tómese a los ancianos «confinados al hogar» que rara vez, si acaso, salen de la casa. Después de muy poco tiempo de sentirse improductivos, suelen sentirse como prisioneros de su propia inactividad, lo que puede conducir a remordimientos, tristeza y amargura.

El poeta alemán Johann Goethe dijo una vez: «Una vida inútil es solo una muerte anticipada»; pero esta clase de muerte en vida no está limitada a los que son físicamente incapaces de hacer una contribución a la vida de otros. El estudiante aburrido, el gerente en jefe extenuado, y la madre cansada hasta la médula pueden caer en sentimientos de inutilidad e infructuosidad. Les sucede a los que no son creyentes que han abrazado las filosofías vacías del sistema del mundo, pero también puede sucederles a creyentes que han perdido la pista de su diligencia en la búsqueda del significado y propósito de Dios con sus vidas.

La primera sección de la carta de Pedro ofrece consejo claro sobre cómo evitar esos sentimientos

SI JESÚS ES «DIOS», ¿QUIÉN ES EL PADRE?

No se pierda el hecho de que Pedro se refiere a Jesús como «nuestro Dios y Salvador» (1:1). Este es uno de los pocos lugares en el Nuevo Testamento en donde a Jesús se le menciona explícitamente como «Dios». Pero para evitar el error de pensar que pudiera estar reemplazando con Jesús al Dios del Antiguo Testamento, Pedro hace una distinción entre «Dios» y «Jesucristo» en su bendición de apertura, en donde se refiere a la gracia y paz que vienen del conocimiento «de Dios y de Jesús nuestro Señor» (1:2).

El apóstol Juan hace la misma distinción cuando dice que Jesús (el «Verbo») estaba «con Dios» y «era Dios» (Jn 1:1), y que nadie ha visto jamás a Dios, pero que «el Hijo unigénito» lo ha revelado (1:18). Pablo, también, describe al Señor como «nuestro gran Dios» y «Salvador Jesucristo» (Tit 2:13), pero también hace la distinción entre «Dios el Padre» y «Cristo Jesús nuestro Salvador» (1:4). El autor de Hebreos aplica el nombre del Antiguo Testamento, Jehová («Señor»), a Jesús cuando cita el Salmo 102:25: «En el principio, oh Señor, tú afirmaste la tierra» (He 1:10), pero se ocupa expresamente de aclarar que el Hijo divino de Dios es aquel «por medio» de quien Dios hizo el mundo (1:1-2).

La solución a esta línea de lo que parece ser doble sentido está en la esencia de la doctrina bíblica de la Trinidad. El Hijo de Dios, que tomó verdadera humanidad en la encarnación, es plenamente Dios, igual a Dios Padre, como lo es Dios el Espíritu Santo. Pero esto no quiere decir que el Padre, el Hijo y el Espíritu Santo sean la misma persona con tres nombres diferentes. Más bien, Padre, Hijo y Espíritu Santo son tres personas distintas divinas (no separadas) que han existido eternamente en unión una con las otras. Por consiguiente, a las tres Personas divinas es correcto llamarlas «Dios», «Señor», «Salvador» y «Creador», aunque Dios Padre, Dios Hijo, y Dios Espíritu Santo son distintos en sus funciones y actividades en la historia de la creación y salvación.

de inutilidad e infructuosidad. Escrita para personas como usted y yo, esta carta empieza enfocando el tipo de estilo de vida que nos impedirá caer en la irrelevancia. Preste atención cuidadosa a las palabras de Pedro. Nadie quiere mirar hacia atrás a sus años con remordimiento y concluir que ha vivido una vida inútil y sin fruto.

— 1:1-3 —

Pedro empieza su carta con una identificación sencilla: «Simón Pedro, siervo y apóstol de Jesucristo» (1:1). Pedro no solo pone énfasis en su apostolado en esta segunda carta, sino que también se identifica con sus semejantes creyentes, siervos por igual de Cristo. Es interesante que combina su nombre de nacimiento, Simón, con el nombre de Pedro que Cristo le dio después de que confesara a Jesús como el Mesías (Mt 16:16-18). Detrás de esta simple declaración, el antiguo pescador convertido en apóstol demuestra que no titubea en señalar la nueva identidad y significado que tiene por Cristo, aunque esta identidad va acompañada de un llamamiento humilde.

En línea con su sencilla introducción, Pedro se cuenta entre los lectores que tienen «una fe tan preciosa» como la suya. Es decir, Pedro como creyente judío y también sus lectores como creyentes judíos y gentiles han sido igualmente llamados, salvados y equipados para vivir la vida cristiana debido a la justicia de Cristo. Juntos son «coherederos», «miembros los unos de los otros» y «participantes los unos y los otros» de la misma gracia y paz que los une en Jesucristo (ver Ef 3:1-6).

Los creyentes experimentan una gracia y paz siempre creciente «en conocimiento» de Dios y Cristo (1:2). La palabra «conocimiento» aquí (*epignosis*) no solo se refiere a un concepto intelectual, o conocimiento teórico, sino a «conocimiento de corazón». Pedro y sus semejantes creyentes no solo saben *de* Dios y Jesús, sino que tienen una relación personal íntima con su Dios: *conocen* a Dios a través de Jesucristo. El asunto es que cuando el «conocimiento de corazón» íntimo de Dios a través de Cristo aumenta, nuestra gracia y paz aumentan al llegar a ser más semejantes a Cristo.

Pedro continúa con su concepto de crecer en gracia, paz y conocimiento de Dios, en el versículo 3, al recalcar que el poder divino de Dios —no nuestro propio esfuerzo por reformarnos— nos da todo lo que necesitamos para «la vida y la piedad» (lit.). Cuando nuestra vida está inmersa en este poder que da Dios, suceden dos cosas: nuestra relación con los demás se vuelve más útil y fructífera, y nuestra relación con Dios abunda en piedad. ¡Eso llega a ser «todo lo que necesitamos»!

Pero note que Dios no da solo una semilla espiritual que nosotros mismos tenemos que regar y cultivar con esfuerzo propio a fin de desarrollarla en una vida cristiana fructífera. No, Dios suple *todas las cosas* que necesitamos, desde la semilla hasta la luz del sol, desde el azadón hasta las herramientas de cosecha. Mediante la persona del Espíritu Santo que mora en todos los creyentes, los creyentes quedamos equipados con el poder de Dios cuando creemos (ver Ef 3:16). ¡Maravilloso concepto!

Esta magnífica verdad no da una excusa para la pasividad, sino una invitación a la participación. Aunque Dios nos da todas las cosas que necesitamos, tenemos que actuar. El hecho de que debamos usar el poder que Dios nos ha dado de ninguna manera niega el hecho de que Dios está completamente a cargo de la causa y los efectos. Pablo ilustra este punto importante en cuanto a nuestro crecimiento espiritual cuando escribe: «Yo sembré, Apolos regó, pero Dios ha dado el crecimiento. Así que no cuenta ni el que siembra ni el que riega, sino solo Dios, quien es el que hace crecer» (1 Co 3:6-7). ¿Lo captó? Pablo y Apolos eran activos, no pasivos. Estaban haciendo trabajo real, y si no hubieran participado en la obra del ministerio, el crecimiento no hubiera tenido lugar. Sin embargo, al mismo tiempo, Pablo reconoció que en todo el proceso Dios es quien da el crecimiento.

Además de nuestra salvación, Dios nos ha equipado, por medio del Espíritu Santo que mora en nosotros, con un paquete introductorio que incluye todas las cosas que necesitamos. Tenemos acceso a recursos que, cuando se los utiliza, resultarán en utilidad y fruto tanto horizontal (nuestras relaciones personales con otros) como vertical (nuestra relación personal con Dios). Pero tener el equipo apropiado no es garantía de que nos beneficiaremos del mismo. Tenemos que usar ese equipo con propiedad. Esto conduce directamente a los pensamientos que Pedro desarrolla en los versículos 4 al 9.

— 1:4-9 —

A la luz de la provisión poderosa de Dios (1:3) y sus preciosas promesas (1:4), Pedro nos llama a dar un paso al frente en participación diligente (1:5-9). Dios nos ha dado, en el momento de la conversión, «preciosas y magníficas promesas» (1:4). Estas promesas llegan a ser nuestras cuando somos unidos en espíritu con Cristo por la obra invisible y sin embargo dinámica del Espíritu Santo. Al ser participantes de Cristo, heredamos todas las promesas que van junto a nuestra unión con él. Pablo escribió: «Todas las promesas que ha hecho Dios son «sí» en Cristo. Así que por medio de Cristo respondemos «amén» para la gloria de Dios. Dios es el que nos mantiene firmes en Cristo, tanto a nosotros como a ustedes. Él nos ungió, nos selló como propiedad suya y puso su Espíritu en nuestro corazón, como garantía de sus promesas» (2 Co 1:20-22). ¿Cuales son algunas de estas promesas?

- Perdón de todos nuestros pecados: pasados, presentes y futuros.
- Adopción espiritual por Dios Padre.
- Fuerza espiritual por el Espíritu Santo.
- Consuelo en el sufrimiento y adversidad.
- Provisión para nuestras necesidades.
- Esperanza del cielo cuando muramos.
- Resurrección corporal cuando él vuelva.
- Reinar con él en su reino.

La lista de promesas podría seguir y nunca acabar; pero esta muestra nos da un puñado de ejemplos para ayudarnos a entender cómo Pedro puede decir que «por ellas» podemos lograr dos cosas: (1) «tener parte en la naturaleza divina», y (2) «escapar de la corrupción que hay en el mundo debido a los malos deseos». Estos dos son los aspectos positivos y negativos de poner en uso la provisión que Dios nos ha dado, apoyándonos en las promesas que acompañan a la salvación. Es decir, conforme descartamos los deseos malos que causan corrupción, participamos más de la naturaleza divina. Llegamos muy literalmente a ser más y más como Cristo en nuestro ser interior y en nuestras acciones externas. Lo que fue declarado de una vez por todas por fe —nuestra justicia delante de Dios— se manifiesta cada vez más en nuestras vidas, en una conducta justa delante de Dios y de los demás. Lo primero se llama «justificación» (cuando somos declarados justos); lo otro se llama «santificación» (cuando somos hechos cada vez más justos).

¿De qué modo la justicia se vuelve parte de nuestras vidas? Pedro responde a esta pregunta en el versículo 5. Debido a que Dios nos ha dado poder y promesas, nuestra participación toma la forma de «poner toda diligencia» (1:5, lit.; ver RVR1960). La frase es un modismo que quiere decir «aplicar todo esfuerzo» a alguna tarea. Implica prisa, anhelo y determinación. Quiere decir que nos aplicamos y esforzamos al máximo.[2]

Con esta clase de diligencia, Pedro exhorta a sus lectores a que «añadan» un número de cosas «a su fe». Nótese que la fe ya está presente. La fe es el cimiento, la raíz básica de la vida cristiana. Quiere decir descansar en lo que Pedro ha descrito como provisión y promesas para el crecimiento espiritual. Quiere decir abandonarnos a nuestro Dios, a su voluntad, a su fuerza y a su sabiduría. Sobre este cimiento de fe, enfocado en Cristo y establecido por el Espíritu Santo, debemos edificar. Así que «añadir» a este cimiento quiere decir aumentarlo, avanzarlo hacia un objetivo. Pedro entonces hace una lista de siete cualidades que hay que añadir a este cimiento de fe.

Excelencia moral (1:5). Sinónimo de «virtud», implica fortaleza moral, valentía, capacidad (basada en motivadores internos) de hacer lo correcto y mantenernos solos, si fuera necesario. Aquí hace énfasis en la disposición interna de corrección moral más que en actividades específicas observables, que vienen más adelante.

Conocimiento (1:5). Esto se refiere a conocimiento práctico, adquirido por observación aguda y experiencia. Pedro usa la misma palabra, *gnosis*, en 1 Pedro 3:7, donde anima al esposo a vivir con su esposa (lit.) «de acuerdo a *conocimiento*», o sea conociéndola personal e íntimamente. Es la misma palabra que se usa con referencia al conocimiento personal de Jesucristo mediante una relación personal íntima (Fil 3:8).

Dominio propio (1:6). Conforme los creyentes edificamos sobre la fe con excelencia moral y conocimiento, nunca debemos permitir que nada ni nadie nos controle excepto el Maestro. El dinero, el impulso sexual, el poder, la comida, las bebidas, las drogas, los hábitos, ni trabajo o las metas personales deben controlarnos. Dominio propio quiere decir mantener una vida balanceada, incluso cuando el mundo promueve la indulgencia. Significa decir «no» a una segunda porción de comida, o a clavar la mirada por segunda vez.

Perseverancia (1:6). Los creyentes debemos mantenernos en la senda estrecha incluso cuando todo a nuestro alrededor trata de sacarnos de ella. Debemos permanecer firmes, estables, con la cabeza en su puesto en medio de la angustia o el desastre. Perseverar es «soportar» lo que llegue. Requiere tener pie firme sobre el cimiento de la fe, un enfoque claro en la búsqueda de la esperanza, y paciencia sin paralelo.

Piedad (1:6). Se trata de la palabra griega *eusebeia* que quiere decir piedad auténtica, y va en dos direcciones. Primero, se refiere al que tiene la perspectiva y actitud hacia Dios apropiadas, y muestra la reverencia apropiada y la adoración debida al Todopoderoso. Segundo, se refleja en una perspectiva correcta hacia los demás, en un genuino corazón de siervo que da a otros el honor y respeto apropiados.

Afecto fraternal (1:7). La palabra *filadelfia* se refiere a tratar a otros como si fueran miembros de nuestra familia. Incluye vivir en relaciones personales tan estrechas con otros que nos llevamos las cargas los unos de los otros, y sentimos las alegrías y los dolores de los demás. Damos espacio a las opiniones de los demás, a sus sentimientos, ideas y sugerencias. El amor fraternal es la clave para vivir en una comunidad verdadera y armoniosa.

Amor (1:7). Toda la escalera de siete escalones desde el cimiento de la «fe» conduce al amor *ágape*. Esta clase de amor busca el mayor bien de otros, poniendo las necesidades de ellos por sobre las de uno mismo; significa devoción incondicional. Dios demostró este tipo de amor al enviar a Jesucristo (Ro 5:8). Pablo, como Pedro, caracteriza este tipo de amor como la virtud cristiana más alta (1 Co 13:13).

¡Qué lista! Si Pedro no hubiera prologado estos pasos de fe al amor con un recordatorio de la provisión divina de poder (1:3), estos siete escalones edificados sobre el cimiento de la fe pudieran parecer tan insuperables como el monte Everest. Pero acompañados de las promesas de Dios y su presencia por el Espíritu Santo, podemos tomar en serio la instrucción de Pedro y empezar a aplicar diligencia, teniendo la firme esperanza de que Dios ha de obrar en nosotros y con nosotros conforme crecemos en semejanza a Cristo.

Pedro entonces revela el propósito de cultivar estas virtudes. No nos dedicamos a estas cosas para ganar la salvación; ¡eso ya es nuestro por gracia por la fe más nada! Ni siquiera tendríamos el poder necesario disponible para nosotros si no fuéramos salvos ya. Más bien, Pedro dice que si esas cosas están presentes en nuestra vida y aumentan mediante la diligencia, seremos *útiles* y *fructíferos* en nuestra vida cristiana (1:8).

Pedro reconoce que no toda persona mantendrá la diligencia que conduce a la madurez. Algunos creyentes ciegos no miran hacia atrás a su conversión cuando Dios los purificó de sus pecados. Los creyentes de vista corta no pueden ver suficiente lejos hacia adelante para ver la venida de Cristo y su recompensa a los fieles. Así que los que se concentran en la vida presente y viven solo para sí mismos carecen de estas cualidades y desperdician la provisión del poder que Dios les ha dado (1:9).

— 1:10-11 —

Pedro corona su exhortación a la madurez espiritual con otro llamado a la diligencia. Les dice: «Esfuércense más todavía por asegurarse del llamado de Dios, que fue quien los eligió» (1:10). Esto no quiere decir que debemos hacer esas cosas para conseguir nuestra salvación ni para garantizar nuestro lugar en el cielo. Es más bien un llamado urgente y apasionado a poner en práctica nuestro llamado, a demostrar la realidad de nuestra salvación. Todo el contexto respalda el hecho de que Pedro ya considera a sus lectores como «hermanos» que han sido llamados y a quienes se les ha provisto de todo lo necesario para una vida santa. Los llama a poner en práctica de manera subjetiva el llamado objetivo mediante el crecimiento espiritual. Un comentarista escribe: «La conducta piadosa es un certificado de garantía para uno mismo de que Jesucristo lo ha limpiado de sus pecados pasados y por consiguiente, en efecto, ha sido llamado y elegido por Dios».[3] El resultado de la diligencia no es salvación sino estabilidad, utilidad y fruto. Con estas cosas viene la recompensa eterna en el retorno de Cristo.

Es más, el versículo 11 habla de que Dios nos provee con abundancia una entrada grandiosa en el reino de Jesucristo. Este blanco de esperanza en el retorno de Cristo debe animarnos a seguir avanzando, sin vacilar en la diligencia. Si lo hacemos, recibiremos la recompensa. Pero si no crecemos en nuestra fe, perderemos nuestra recompensa en el tribunal de Cristo, conforme Pablo advierte con seguridad: «Si lo que alguien ha construido permanece, recibirá su recompensa, pero si su obra es consumida por las llamas, él sufrirá pérdida. Será salvo, pero como quien pasa por el fuego» (1 Co 3:14-15).

No queremos comparecer ante el Señor Jesucristo avergonzados de haber desperdiciado inútil e infructuosamente la poderosa provisión y promesas preciosas que nos concedió en nuestra salvación. Más bien, debemos prestar atención a las advertencias, recordatorios y promesas que menciona Pedro, y por medio de diligencia en el crecimiento espiritual apuntar al blanco de la esperanza en el retorno de Cristo.

Aplicación

Una inversión segura

En el mundo de las inversiones financieras, nada está garantizado. Incluso las estrategias de inversiones de riesgo más bajo pueden potencialmente resultar en pérdida; o en una ganancia tan pequeña que casi ni amerita el esfuerzo. Esto puede ser también cierto al buscar educación. Aunque la mayoría de las veces el trabajo arduo para conseguir una educación superior tiene éxito, a veces los graduados en todo nivel tienen dificultades para hallar un empleo que justifique los largos años pasados en las aulas. Nuestras carreras también pueden jugarnos trucos. Podemos aplicar largas horas, dar el ciento por ciento, y hacer todo en el libro de ejercicios para salir adelante, pero con todo es posible que no veamos una recompensa a la inversión de nuestro tiempo y energía mientras continuamos dándonos de cabezazos contra el techo de cristal de la oportunidad.

En contraste, nada de esto es cierto en cuanto a invertir nuestro tiempo, energías y recursos en el crecimiento espiritual. Dios nos ha dado promesas irrevocables de que lo que invirtamos en nuestra vida espiritual será debidamente recompensado. Nunca tenemos que preocuparnos ni afanarnos en cuanto a si nuestra piedad, perseverancia y amor valen la pena. Primera Timoteo 4:8 nos recuerda que «la piedad es útil para todo, ya que incluye una promesa no solo para la vida presente sino también para la venidera». De igual manera, Hebreos 6:10-12 describe esto hermosamente:

> Dios no es injusto como para olvidarse de las obras y del amor que, para su gloria, ustedes han mostrado sirviendo a los santos, como lo siguen haciendo. Deseamos, sin embargo, que cada uno de ustedes siga mostrando ese mismo empeño hasta la realización final y completa de su esperanza. No sean perezosos; más bien, imiten a quienes por su fe y paciencia heredan las promesas.

¿Cómo debemos responder a esta grandiosa promesa de una recompensa garantizada a nuestra inversión de diligencia? Con claridad Pedro nos anima a edificar una pirámide de virtudes bíblicas sobre el cimiento de la fe. Dedique un momento a revisar la lista de virtudes que nos da Pedro, y marque las que usted piensa que están más desarrolladas en su vida. Luego encierre en un círculo cualquiera que piense que necesite cultivo.

Cada uno de nosotros es único. La forma en que cultivamos estas cualidades variará según nuestro trasfondo, temperamento, personalidad y experiencias. Pero dedique tiempo para reflexionar sobre cómo fortalecer las que le faltan. Para toda persona esto debe empezar con oración, en especial una oración de agradecimiento a Dios por habernos dado todas las cosas que necesitamos para vivir de una manera que le agrade. Luego pídale que ese poder se haga evidente en su vida, basado en las promesas de Dios. Finalmente, ¡participe! Dé pasos específicos para abandonar la conducta que no edifica desde la fe hacia el amor.

¿Llevará tiempo? ¡Claro! ¿Exigirá energía? ¡Por supuesto! Pero usted puede tener la certeza de que su inversión estará eternamente segura… ¡y la recompensa a su inversión será increíblemente gratificante!

Asegúrese de su fuente (2 Pedro 1:12-21)

¹²Por eso siempre les recordaré estas cosas, por más que las sepan y estén afianzados en la verdad que ahora tienen. ¹³Además, considero que tengo la obligación de refrescarles la memoria mientras viva en esta habitación pasajera que es mi cuerpo; ¹⁴porque sé que dentro de poco tendré que abandonarlo, según me lo ha manifestado nuestro Señor Jesucristo. ¹⁵También me esforzaré con empeño para que aun después de mi partida ustedes puedan recordar estas cosas en todo tiempo.

¹⁶Cuando les dimos a conocer la venida de nuestro Señor Jesucristo en todo su poder, no estábamos siguiendo sutiles cuentos supersticiosos sino dando testimonio de su grandeza, que vimos con nuestros propios ojos. ¹⁷Él recibió honor y gloria de parte de Dios el Padre, cuando desde la majestuosa gloria se le dirigió aquella voz que dijo: «Éste es mi Hijo amado; estoy muy complacido con él». ¹⁸Nosotros mismos oímos esa voz que vino del cielo cuando estábamos con él en el monte santo. ¹⁹Esto ha venido a confirmarnos la palabra de los profetas, a la cual ustedes hacen bien en prestar atención, como a una lámpara que brilla en un lugar oscuro, hasta que despunte el día y salga el lucero de la mañana en sus corazones. ²⁰Ante todo, tengan muy presente que ninguna profecía de la Escritura surge de la interpretación particular de nadie. ²¹Porque la profecía no ha tenido su origen en la voluntad humana, sino que los profetas hablaron de parte de Dios, impulsados por el Espíritu Santo.

Lo oigo a menudo. Hay creyentes que con ligereza arrojan a un lado y a otras frases tales como «Dios me dijo», o «El Señor me habló». A quienes dan tal testimonio no les gusta que uno los examine en cuanto a cómo exactamente Dios les habló. ¿Por qué? Porque cuando uno ve las fuentes de sus mensajes del Señor, con franqueza, por lo general carecen de justificación bíblica. Es más, ¡a veces contradicen de plano la palabra escrita de Dios!

Ahora bien, no estoy hablando de personas que perciben la dirección de Dios mediante la planificación de oración, meditación en la Palabra de Dios, circunstancias que guían y consejo santo. A menudo cuando las personas dicen «Dios me guió» o «Dios me mostró», eso es lo que quieren decir. Pero a veces cuando aducen que Dios les habló o les reveló algo, están haciendo afirmaciones mucho más audaces. Piensan que han recibido un mensaje *bona fide* directamente del Todopoderoso. Algunas veces les pregunto si la voz de Dios fue de barítono o bajo… (A la gente no le gusta esa pregunta).

En mi vida he visto toda clase de métodos surgir y desaparecer, y todos afirmaban ser fuentes de revelación de Dios… o por lo menos del mundo sobrenatural. El caleidoscopio de afirmaciones es enloquecedor: zodíaco, cristales, naipes, cuentas, sueños, visiones, voces de los muertos, señales y símbolos, sentimientos internos, extraterrestres, seres angélicos, formaciones de nubes, ¡y conversaciones personales con el Espíritu Santo mismo! No solo que estas fuentes de «verdad» se contradicen entre sí, sino que más a menudo de lo que se piensa contradicen lo que las Escrituras declaran.

Pero, ¿cómo sabemos que se puede confiar en la Biblia? ¿Por qué la Palabra de Dios está aparte de toda otra afirmación de revelación divina? ¿Por qué se levanta por sobre todos los demás estándares de verdad divina? En 1:12-21 Pedro nos recuerda la única fuente confiable de verdad: las Sagradas

Escrituras, y nos dice por qué se puede, y *se debe*, confiar en la Palabra sagrada de Dios como la norma segura para nuestras creencias y acciones.

Este es un tema vital en una carta escrita para atizar los recuerdos de los creyentes respecto a la enseñanza sólida, para estimularlos a ser diligentes en la fe y para reforzar los cimientos bíblicos de sus creencias y prácticas. En los versículos 12-18, Pedro nos recuerda *lo que es* y *lo que no es* la verdad. Luego, en los versículos 19-21, nos da una rara descripción del proceso por el cual Dios comunicó su Palabra por medio de autores humanos en las Sagradas Escrituras y por qué podemos estar seguros de nuestra fuente.

— 1:12-14 —

A la luz de los beneficios presentes y las recompensas futuras, Pedro ha exhortado a sus lectores a cultivar con diligencia las virtudes cristianas en la jornada ascendente desde la fe fundamental hasta el amor incondicional (1:1-11). Pedro entonces dice que continuará recordándoles estas cosas mientras permanezca en su morada terrenal; es decir, mientras esté físicamente vivo (1:12-13). El hecho de que les «recuerde» quiere decir que Pedro no está escribiendo nuevas revelaciones ni principios radicales que ellos nunca hubieran oído. Más bien, les indica que ellos ya saben estas cosas y que han sido «afianzados en la verdad» (1:12). Tan importantes son estas cosas que Pedro se asegura de reforzarlas una vez más, sabiendo por revelación especial del Señor (la comunicación divina no era rara entre los apóstoles) que pronto sufriría la muerte como mártir (1:14).

Así que, la verdad cristiana básica es algo en la cual el pueblo de Dios debe ser «afianzado» y algo que hay que recordarles (1:12). La verdad no es un juego de adivinanza cósmico con el que nos tropezamos si tenemos suerte, ni tampoco es un acertijo misterioso en espera de que alguna gente astuta lo resuelva. No es vago, ni incierto, ni indefinido; no cambia con los vientos de la cultura ni los caprichos de la experiencia. El hecho de que Pedro les recuerde la verdad en la cual *previamente* han sido afianzados subraya que esa verdad no cambia.

Pedro también dice que la verdad es objetiva. Se puede expresar en palabras que se pueden traer a colación (1:15). La verdad establece a los creyentes en la fe, considera la propia persona y voluntad de Dios, y revela la realidad de la vida humana: pasada, presente y futura.

— 1:16-18 —

Habiendo tocado lo que *es* la verdad (1:12-15), Pedro describe lo que *no es* la verdad (1:16-18). Derivando de su propia experiencia como apóstol escogido de Jesucristo, responde a las dudas de algunos que tal vez no vean las afirmaciones cristianas como reflejando verdad confiable.

La verdad no es un mito. La palabra que usa Pedro, «cuentos», viene de *mytos* en el griego. Los mitos son relatos supersticiosos, especulaciones, fábulas, o ficciones que ha inventado la gente para ilustrar la vida, comparar analogías a las verdades espirituales, o entretener a las personas con un relato conmovedor. Pedro estaba rodeado de las religiones antiguas de los romanos, griegos, persas y egipcios, que se inventaban todo tipo de mitos respecto a las hazañas de sus dioses.

Las películas y novelas de ficción serían el equivalente moderno a los mitos. *La guerra de las galaxias* puede entretener, deleitar, conmover y entusiasmarnos, pero nadie en sus cabales creería que esos personajes realmente existen en alguna parte en alguna galaxia muy, pero muy distante. Y aunque algunos relatos épicos como *El señor de los anillos* de J. R. R. Tolkein, o *Las crónicas de Narnia* de C. S. Lewis contienen paralelos intencionales a las verdades bíblicas, nadie cree en la existencia de una Tierra Media ni que existe un universo paralelo en algún ropero cerrado. Tales relatos fantásticos fácilmente se disciernen como ficciones mitológicas.

Pedro deja muy claro que las afirmaciones bíblicas fundamentales en cuanto a la venida de Cristo, su muerte y su resurrección *no* caen en la categoría de «mitos». ¿Cómo puede Pedro afirmar esto con toda certeza? ¡Porque fue testigo ocular! Él y otros discípulos habían visto la majestad de Cristo con sus propios ojos (1:16). Y Pedro declara que comunicó la verdad a sus lectores sin mezcla de leyenda, mito o ficción. Edwin A. Blum escribe:

GLORIA EN EL MONTE

Hacia el fin de su ministerio terrenal, Jesús empezó a enseñarles a sus perplejos discípulos que él iba a Jerusalén a sufrir, morir y resucitar (Mt 16:21). Pedro llevó a Jesús aparte y le reprendió por incluso sugerir tales cosas, incompatibles con el Mesías (16:22). Seis días después de revelarles su plan oculto, Cristo llevó consigo a tres de los discípulos a una «montaña alta» (17:1). Pedro simplemente lo llama el «monte santo» (2 P 1:18), y ninguna otra identificación se hace en las Escrituras.

Aunque la tradición de la iglesia cristiana lo identifica como el monte Tabor, al oeste del Mar de Galilea en dirección a Nazaret, muchos eruditos piensan que en verdad fue el monte Hermón, al norte de Galilea, en dirección a Cesarea de Filipo. Esto tiene sentido, puesto que Jesús ya estaba en el extremo norte cuando Pedro pronunció su confesión que le dio el Espíritu Santo de Jesús como «el Cristo, el Hijo del Dios viviente» (Mt 16:16). El monte Hermón está solo como a 22 km de Cesarea de Filipos, en tanto que el monte Tabor está a distancia de unos 80 km.

El monte Hermón, lugar probable de la transfiguración de Cristo

> El [Nuevo Testamento] siempre utiliza el término mito en un sentido negativo y en contraste con la verdad del evangelio (1 Ti 4:4; 4:7; 2 Ti 4:4) [...] ¡Es probable que los falsos maestros afirmaran que lo que los apóstoles decían de la encarnación, resurrección y reino venidero no eran más que cuentos![4]

Mientras que las religiones falsas y los maestros falsos de los días de Pedro apoyaban sus creencias y prácticas en relatos inventados presentados como verdad histórica, lo que Pedro enseñaba respecto a Cristo surgía de experiencia auténtica y personal. Pedro selecciona uno de los sucesos que él, Jacobo y Juan presenciaron: la transfiguración en una «montaña alta», como el monte Hermón, en el extremo norte de Galilea. Podemos leer lo que sucedió en los evangelios en Mateo 17:1-8; Marcos 9:2-8 y Lucas 9:28-36.

Pedro escoge este relato sobre todo porque oyó la voz de Dios testificando en cuanto a Jesús desde la nube de gloria, y declarando: «Éste es mi Hijo amado; estoy muy complacido con él» (2 P 1:17). Pedro con legitimidad puede decir que Dios mismo ha validado las palabras y obras de Jesús como algo más que puramente humanas (1:18). Y además de oír estas palabras divinas con sus propios oídos, Pedro vio con sus propios ojos el resplandor brillante de Jesús durante un breve momento de transformación. Así que, con sus propios ojos y oídos, Pedro vio y oyó una confirmación de la verdad de la persona y obra de Jesús.

Pedro insiste que así como Dios habló en forma escrita en el monte Sinaí al darle a Moisés los Diez Mandamientos, en el monte Hermón habló audiblemente y señaló a Jesús, el Verbo hecho carne (Jn 1:14). Y cuando Moisés y Elías aparecieron (Mt 17:3), representantes del Antiguo Testamento de la ley y los profetas, Pedro entiende que en Jesús el Antiguo Testamento halla su cumplimiento (Lc 24:44; Jn 1:45). Con una validación tan contundente del ministerio de Jesús, nadie podría dudar que en él veamos la verdad misma personificada.

Por supuesto, no todos tienen el privilegio de haber estado en el monte Hermón para ver los espíritus de santos fallecidos y oír a Dios mismo confirmar la verdad del mensaje cristiano. Por eso Pedro hace la transición de la confiabilidad del mensaje de los apóstoles a la confiabilidad de la duradera Palabra de Dios escrita: las Sagradas Escrituras.

— 1:19–21 —

Pedro empieza su consideración de las Escrituras diciendo que a través de su experiencia al ser testigo de la gloria de Cristo y oír la voz de Dios, tenemos confirmación de «la palabra de los profetas» (1:19a). La *palabra de los profetas* aquí se refiere a todas las Escrituras, y no solo a los libros de profecía. Pedro mismo aclara esta definición en el versículo 20, cuando se refiere a la «profecía de la Escrituras». En las Escrituras tenemos la verdad de Dios puesta en forma escrita, que se puede leer, estudiar, meditar y aplicar por la guía y poder del Espíritu Santo. Su verdad nunca cambia. Nunca pasa de moda. Aunque los santos del Antiguo Testamento se apoyaban en sus Escrituras como testigo infalible, la confiabilidad de ellas se hizo incluso más segura cuando Pedro vio cumplirse las profecías escritas respecto del Mesías. Es a este cimiento firme de verdad que Pedro dirige a sus lectores.

Pedro dice que haremos bien en prestar atención a esta palabra profética de las Sagradas Escrituras (1:19b). «Prestar atención» quiere decir enfocar nuestro interés, cuidado y dedicación a algo (ver Heb 2:1). Es decir, debemos cultivar más que conocimiento de los personajes del Antiguo Testamento o una comprensión superficial de sus relatos. En términos prácticos, quiere decir que debemos estudiar y no solo leer el texto. Meditar y no solo pasear los ojos sobre el mismo. Aprendamos de memoria pasajes bíblicos, y no los repitamos solo entre dientes. Debemos aplicarlos a nuestra vida, y no contentarnos con enmarcarlos y colgar esas palabras en las paredes.

De esta manera nos relacionaremos con la segura y autoritativa Palabra escrita de Dios como era su propósito que lo hiciéramos: como «una lámpara que brilla en un lugar oscuro» (1:19). Aquí «oscuro» quiere decir literalmente «turbio». Pedro describe el mundo en que vivimos como un lugar desértico, nebuloso, mal iluminado. Puede ser que tenía en mente una tumba o una mazmorra de la que había poca esperanza de escapar. Aunque los creyentes vivimos en esta condición, en donde incluso nuestra sabiduría y comprensión humanas son guías poco confiables, debemos descansar en la guía segura de la Palabra de Dios para iluminar nuestro sendero. El salmista dijo en el Salmo 119:105: «Tu palabra es una lámpara a mis pies; es una luz en mi sendero». Si no seguimos la luz penetrante de la Palabra de Dios, es fácil descarriarnos y hundirnos hasta el cuello en el fango del pantano del mundo.

Siguiendo con su esquema, Pedro inyecta un brillante rayo de esperanza en medio de esta situación desesperada. Les recuerda a sus lectores que viene el día cuando la gloria de Dios brillará a través de Cristo, y reemplazará la oscuridad de este mundo con la luz de una nueva aurora. Jesucristo, el Lucero de la mañana y la Luz del mundo, volverá y nos resucitará para que participemos de su gloria (Jn 8:12; Ap 22:16). Hasta entonces, debemos ajustar nuestros ojos a la fuente segura de luz en las tinieblas.

Cuando Pedro empieza el versículo 20 con la frase «Ante todo, tengan muy presente» debemos parar las orejas y dar nuestra plena atención a la declaración que sigue; lo que está a punto de decir es de máxima importancia. La verdad que quiere que todos sepamos es ésta: ninguna profecía de las Escrituras «surge de la interpretación particular de nadie». La palabra «interpretación» aquí es traducción del término griego *epilusis*. Las palabras griegas normales para interpretar el significado de un texto bíblico son *dianoigo* (Lc 24:32) y *diermeneuo* (Lc 24:27). Por tanto, «interpretación particular» no quiere decir que un creyente no pueda interpretar las Escrituras mediante dependencia humilde del Espíritu Santo y estudio diligente del texto bíblico.[5]

Entonces, ¿qué quiere decir Pedro con «interpretación particular de nadie»? Tal vez Pedro está declarando que ningún pasaje de las Escrituras tiene el propósito de afirmarse por cuenta propia; es decir, que ningún profeta habla o escribe una palabra contraria a lo que ya ha sido revelado. La implicación es doble: (1) un pasaje de las Escrituras jamás contradice a otro pasaje, aun cuando haya sido escrito por un autor diferente; y (2) todo pasaje individual se debe entender a la luz de todas las Escrituras y a la luz de pasajes paralelos o relacionados.

Un tercer criterio, que encaja mejor con el versículo que sigue, afirma que todas las profecías de las Escrituras vienen en definitiva de Dios que es la fuente de las Escrituras. No reflejan solo la interpretación personal del profeta o una explicación humana de la revelación de Dios. Pedro explica el proceso en el versículo 21: «La profecía no ha tenido su origen en la voluntad humana, sino que los profetas hablaron de parte de Dios, impulsados por el Espíritu Santo». Si permitimos que este versículo interprete lo que Pedro quiere decir con «la interpretación particular de nadie», este tercer concepto tiene mejor sentido. Las Escrituras no son un registro de ideas e interpretaciones humanas y falibles de la revelación de Dios. Es la Palabra real de Dios, sin ningún error y con autoridad, escrita por autores humanos a quienes la obra providencial del Espíritu Santo libró de errores al escribir sus documentos originales. De paso, si este tercer concepto es correcto, el segundo, que las Escrituras no se contradicen y que se les debe ver como un todo, también es verdad, porque un Autor divino respalda el Antiguo y el Nuevo Testamentos.

El versículo 21 es uno de los versículos más significativos de la Biblia relativos a la inspiración e inerrancia de las Escrituras. Pedro dice muy claro que las Escrituras no son en última instancia el resultado de ideas humanas o voluntad humana. Sí, claro, los seres humanos intervienen en el proceso, pero el producto, la Sagrada Escritura, tiene un carácter y calidad que sobrepasa lo que un simple ser humano pudiera componer. A diferencia de aquellos «sutiles cuentos supersticiosos» de los mitos humanos, la Palabra de Dios nos viene por participación directa de Dios.

Pedro describe esta verdad usando una vívida imagen verbal. Los autores humanos fueron «impulsados por el Espíritu Santo». En el griego la palabra «Espíritu» es *pneuma*, que también significa «viento». Y el término «impulsados» es *fero*, que quiere decir «llevar» o «levantar y llevar», aparte de la capacidad o poder de uno. Lucas usó el término en sentido náutico en Hechos 27:15,17 cuando el barco era azotado por la tempestad y «nos dejamos llevar». De la misma manera, Dios exhaló la Escritura porque en el proceso de escribir, los autores permanecieron bajo el singular control del Espíritu Santo. Eso quiere decir que conscientemente intervinieron en el proceso.

La inspiración de las Escrituras no quiere decir que Dios dictó en forma audible las palabras que los autores humanos escribieron, ni tampoco quiere decir que estos entraron en alguna especie de trance hipnótico. Lo más probable es que ellos no sabían que el Espíritu Santo los estaba impulsando a componer y anotar las palabras inspiradas de Dios, sin error. Con todo, el resultado del proceso es el texto de las Escrituras inspirado y sin errores.

Cuando los escritores del Nuevo Testamento se refieren a la «Escritura», tienen en mente primordialmente los escritos del Antiguo Testamento, que los judíos y los primeros cristianos aceptaban como la Palabra inspirada de Dios. Veremos, sin embargo, que Pedro ya sabía que los escritos de los apóstoles y profetas del Nuevo Testamento tenían la misma calidad que los del Antiguo Testamento y se les debía tratar con el mismo tipo de respeto y obediencia (3:16).

¿De qué manera la descripción técnica de Pedro de la inspiración de las Escrituras encaja con su propósito general al escribir esta carta? Pedro escribió para atizar el recuerdo de sus lectores respecto a la enseñanza sana, animarlos a la diligencia en la fe y a fortalecer los cimientos bíblicos de sus creencias y prácticas. En todos estos aspectos, es esencial una buena comprensión de la autoridad de las Escrituras. Cuando los apóstoles partieron de esta vida, como Pedro pronto partiría, las

De mi diario

El pastor y el erudito

A poco del comienzo de mi ministerio, acepté un pastorado en Waltham, Massachusetts. Me tocó seguir a un hombre que había servido como pastor interino por varios meses. Se trataba del Dr. Bruce Waltke, renombrado erudito y maestro bíblico. Con el correr de los años llegamos a ser buenos amigos.

Cuando el Dr. Waltke me llevó al sótano de la casa en donde vivía, parecía una biblioteca que había estallado. Antiguas Biblias en hebreo, griego, arameo y latín estaban abiertas por todas partes, varias ediciones y versiones de la Biblia cubrían largas mesas, y había páginas de notas por todos lados.

«Dr. Waltke, ¿qué es todo esto?» le pregunté, tratando de figurarme qué tipo de trabajo estaba haciendo. Si esto representaba su preparación de sermones, ¡probablemente me habría causado un complejo de inferioridad vitalicio!

«Pues bien», dijo, «estoy ayudando a compilar las referencias cruzadas de una Biblia nueva que se va a publicar. Se le conocerá como la New American Standard Bible».

Miré de nuevo a todos aquellos libros. Recuerde que esto fue antes de programas de estudio bíblico electrónico o sistemas de búsqueda en Internet. Si uno quería hallar referencias cruzadas, tenía que hacer el trabajo a mano: trabajo agonizante, tedioso, meticuloso. Solo alguien como Bruce Waltke podía hacer esa clase de cosas… y disfrutarlo. Pero las palabras que salieron de su boca de seguido ejercieron en mí un profundo impacto, lo que me demostró que la común división entre el pastor y el catedrático se puede superar.

«Ah, Chuck», me dijo con una sonrisa, «esto ha producido en mi vida un cambio absoluto. He leído cada versículo de la Biblia por lo menos cinco veces».

¡Eso sí que es pasión por la Palabra de Dios! En mis años de ministerio me he cruzado con estudiantes y catedráticos de la Biblia que tratan las Escrituras como un libro de texto; y eso es todo. La leen por conocimiento cerebral sin permitir que su verdad les penetre. Algunos la hojean solo en busca de un pasaje para algún sermón. Rara vez he visto personas como Bruce Waltke. No puedo imaginarme nada más agotador (¡y potencialmente aburridor!) que compilar referencias cruzadas para cada versículo de la Biblia. Pero en medio de esa erudición detallada, profunda, el Dr. Waltke nunca se olvidó de que Dios nos dio sus palabras inspiradas por una razón: señalarnos a Cristo y cambiar vidas por el poder del Espíritu Santo. ¡Qué modelo de erudición cuidadosa y dedicada es él!

Escrituras serían la guía para la iglesia en enseñanza sana. Sus lectores debían acudir a las Escrituras para reafirmar sus cimientos bíblicos, no solo para lo que creían, sino también para cómo vivían. Solo al centrar su fe en la Palabra de Dios podrían ellos sacar a la luz la falsa doctrina y derrotar las afirmaciones engañosas de los herejes. Pablo describe la importancia de las Escrituras de esta manera: «Toda la Escritura es inspirada por Dios y útil para enseñar, para reprender, para corregir y para instruir en la justicia, a fin de que el siervo de Dios esté enteramente capacitado para toda buena obra» (2 Ti 3:16-17).

El mensaje de Pedro a los creyentes del primer siglo es igual de pertinente para nosotros. Sus palabras tienen el propósito de dirigir nuestra mente a dos verdades importantes. Primera, recordar que cuando uno acude a la Palabra de Dios, está consultando la más confiable de todas las fuentes. El mundo está lleno de afirmaciones de verdad, fuentes alternas de revelación y filosofías en competencia. Solo la Biblia contiene la Palabra escrita de Dios, estándar objetivo e inmutable de verdad.

Segunda, hay que recordar que cuando uno hace uso de otras fuentes —experiencias, sueños, sentimientos, emociones, fenómenos sobrenaturales u opiniones— como si fueran iguales o más confiables que las Escrituras, cae en el error. Nada puede exaltarse por encima de la Palabra de Dios, como el Salmo 138:2 dice: «Has exaltado tu nombre y tu palabra por sobre todas las cosas». Pedro sabía esto muy bien. Él llena toda su carta con advertencias en contra de los que han puesto una fuente diferente de conocimiento por sobre la Palabra de Dios. Como veremos más adelante en esta carta, los resultados son desastrosos.

NOTAS:

1. Ver Justino Mártir, *1 Apology* 26.
2. Johannes E. Louw y Eugene A. Nida, eds., *Greek-English Lexicon of the New Testament Based on Semantic Domains*, vol. 1, *Introduction and Domains*, 2ª ed., United Bible Societies, Nueva York, 1988, § 68.64.
3. Gangel, "2 Peter [«2 Pedro»]," 867.
4. Blum, "2 Peter [«2 Pedro»]," 273.
5. Ver ejemplos en donde hay individuos que estudian e interpretan las Escrituras en Deuteronomio 17:19; Daniel 9:2; Lucas 10:26. Esto no quiere decir, sin embargo, que los creyentes deben evitar el estudio de las Escrituras con maestros capacitados y talentosos, o en comunidad, práctica también prevaleciente en la Biblia (Neh 8:8; Hch 17:10-12; 1 Ts 5:27).

DENUNCIA DE LOS FALSOS MAESTROS (2 PEDRO 2:1-22)

Lo más probable es que algún embaucador nos haya hecho víctimas a todos en algún momento. ¡Tal vez más de una vez! Tal vez fue hace años... o tal vez ayer. Puede ser algo tan pequeño como perder algunas monedas en algún juego tramposo en algún festival; o puede ser tan desastroso como perder la pensión de jubilación en una patraña de inversiones. Es posible que el engaño casi le costara su cordura, como le ocurrió a Christopher Edwards. En el prefacio de su libro Crazy for God [Loco por Dios] describe su pesadilla de engaño.

> Mi experiencia empezó cuando por inocente me dejé convencer a que fuera a un «fin de semana divertido» en junio de 1975 en una granja de propiedad de un grupo pantalla de la Iglesia de Unificación de Sun Myung Moon....
>
> Fui transformado de un ser humano inteligente, independiente, en un discípulo completamente servil de mi nuevo Mesías: aterrado de preguntar, dependiendo de mis líderes para todo movimiento, y estando dispuesto a morir e incluso a matar para restaurar el mundo bajo el gobierno absoluto del reverendo Moon.[1]

De todos los embustes de los que podemos caer víctimas en este mundo, el más destructivo es el engaño de los impostores religiosos. Embaucadores de este tipo trafican con verdad falsificada, una imitación destinada a engañar a los incautos. Los pregoneros de falsedad todos los días reciben la aprobación y venia de la televisión, en librerías y en la pantalla grande... y, sí, también detrás de púlpitos. La verdad falsificada es gran negocio. Hoy día, ministerios enteros se han formado para contrarrestar a los farsantes y presentar un reto a los charlatanes. Los libros que catalogan y refutan a las sectas falsas por lo general son voluminosos y pueden tratar sus enseñanzas falsas solo de una manera resumida.

En 2 Pedro 2, aquel curtido apóstol con franqueza describe a los falsos maestros que trafican con cosas religiosas pero carecen de autenticidad. Pareciendo ser diestros y reales, son vacíos y engañosos. Dicen ofrecer respuestas y esperanza, pero traen mentiras y desesperanza. Al afirmar que lo que dice es confiable, usan las mismas palabras de los creyentes, pero tienen un diccionario diferente. Y aunque actúan como los que han abrazado la libertad cristiana, son esclavos de la corrupción y buscan esclavizar a otros. Puede parecer que estuvieran triunfando e incluso que los logros de los herejes superan con mucho a las de los santos. Pero en realidad solo está acumulando castigo para sí mismos en el día venidero de la ira.

En su mensaje previo a la iglesia, Pedro exhortó a los creyentes: «¡Tengan cuidado! ¡Estén listos!» Escribió esta carta para recordar a los creyentes la sana enseñanza, animar la diligencia en la fe, y fortalecer los cimientos bíblicos de creencias y prácticas. Ahora, en el capítulo 2, explora la clase de personas que se olvidan de la doctrina sana, se alejan de la fe y se desvían de la creencia y práctica

TÉRMINOS CLAVE

αἵρεσις [*jairesis*] (139) «opción, opinión diferente, doctrina falsa»

Esta palabra originalmente era un término neutral que describía varias ramas o «escuelas» de filosofía o teología; una «alternativa» entre varias «sectas» (Hch 5:17; 15:5). Los escritores del Nuevo Testamento, sin embargo, usaron el término «herejía» para referirse a opciones incorrectas o sectas que han salido fuera de los límites de las enseñanzas apostólicas (1 Co 11:19). Pedro es el primero que usa el término en un sentido más técnico de «enseñanza cristiana falsa» (2 P 2:1), significado que se volvería común en el siglo segundo.

κρίσις [*krisis*] (2920) «decisión, juicio, condenación»

Como término legal referente al veredicto en una corte judicial, su uso secular podía ser positivo o negativo, inocente o culpable, bueno o malo (2 Co 5:10). En Pedro, la palabra *krisis* lleva un sentido casi técnico al referirse a la sentencia final en los tiempos del fin que se dictará contra los malos, incluyendo condenación y destrucción (2 P 2:4, 9).

ἀπώλεια [*apoleia*] (684) «perecer, ruina, pérdida, destrucción»

Estrechamente asociado con *krisis*, «juicio», este término enfatiza la sentencia: destrucción, a diferencia del veredicto. Pedro usa el término en referencia al castigo de los herejes (2:1, 3), que vendrá en forma de fuego (3:7). De modo similar, el libro de Apocalipsis describe la suerte última de la Bestia en el lago de fuego como «destrucción» (Ap 17:8, 17). No necesariamente quiere decir aniquilación total, sino ruina absoluta.

bíblica. Como tal, esta sección a veces lóbrega pero siempre verdadera y pertinente es una advertencia para todos nosotros.

Una denuncia contra los comunicadores falsos (2 Pedro 2:1-3)

¹En el pueblo judío hubo falsos profetas, y también entre ustedes habrá falsos maestros que encubiertamente introducirán herejías destructivas, al extremo de negar al mismo Señor que los rescató. Esto les traerá una pronta destrucción. ²Muchos los seguirán en sus prácticas vergonzosas, y por causa de ellos se difamará el camino de la verdad. ³Llevados por la avaricia, estos maestros los explotarán a ustedes con palabras engañosas. Desde hace mucho tiempo su condenación está preparada y su destrucción los acecha.

En 2 Corintios 11:3 Pablo escribe acerca del primer embaucador del mundo: «Pero me temo que, así como la serpiente con su astucia engañó a Eva, los pensamientos de ustedes sean desviados de un compromiso puro y sincero con Cristo». Un poco más adelante Pablo describe a los discípulos del engañador: «Tales individuos son falsos apóstoles, obreros estafadores, que se disfrazan de apóstoles de Cristo. Y no es de extrañar, ya que Satanás mismo se disfraza de ángel de luz» (11:13-14). No se pierda la descripción de los métodos de Satanás en estos versículos. Él engaña, hace descarriar la mente, enturbia la sencillez de la devoción cristiana, se disfraza como bueno y glorioso, y matricula a otros en su engaño masivo.

Los falsos maestros a menudo parecen doctrinalmente sólidos, atractivos personalmente, sinceros y su lógica es convincente. Pero son engañadores, tuercen el entendimiento, tergiversan la verdad. Segunda de Pedro 2:1-3 nos dice que nos percatemos de sus maquinaciones perversas.

— 2:1 —

En el párrafo anterior Pedro señaló las Santas Escrituras y el testimonio de los apóstoles y profetas santos como la fuente fidedigna de verdad. Podemos creer en las Escrituras porque profetas verdaderos, movidos por el Espíritu Santo, hablaron de Dios (2 P 1:21). Pero ha habido falsos profetas entre los profetas verdaderos que han pregonado sus imitaciones baratas de la verdad. Pedro dice que de la misma manera, sus compañeros creyentes debían esperar falsos profetas entre los predicadores de la verdad de su propio día. Tal como Dios envió verdaderos apóstoles y profetas de Jesucristo por el poder del Espíritu Santo, Satanás enviará apóstoles y profetas falsos. Implícita en la frase «pero hubo también falsos profetas» hay un contraste en blanco y negro entre las palabras de los verdaderos profetas y las de los falsos profetas.

A la luz de este contraste, Pedro presenta en 2:1-3 por lo menos cuatro características de los falsos maestros:

- Con engaños introducen herejías (2:1a).
- Abiertamente niega la verdad (2:1b).

Profetas verdaderos	Falsos profetas
Sus palabras son fieles, relatos de primera mano.	Sus palabras son mitos sutilmente inventados.
Hay que prestar atención a sus palabras.	Hay que rechazar sus palabras.
Sus palabras son luz que brilla en la oscuridad.	Sus palabras son tinieblas que hay que disipar.
Sus palabras son inspiradas por el Espíritu Santo.	Sus palabras son inspiradas por el espíritu humano o espíritus perversos.

- Desvergonzadamente modelan sensualidad (2:2).
- Egoístamente representan la codicia (2:3).

Primero, los falsos profetas «encubiertamente introducirán herejías destructivas» (2:1a) entre los creyentes. La palabra «herejía» en griego conlleva la idea de «tomar una decisión».[2] Con astucia e ingenio, los «herejes» ofrecen alternativas seductoras a la verdad. A menudo hacen esto rechazando aspectos de la verdad que parecen difíciles de aceptar intelectual o emocionalmente. Producen algo mucho más atractivo y seductor, y urgen a otros a «tomar una decisión» en vista de una manera alterna de pensar. Esto no siempre es una afrenta ofensiva u obvia contra la verdad. Más bien, «encubiertamente introducen» sus doctrinas, camuflándolas en algo que se parece a la verdad en forma pero que en sustancia la niega. Warren Wiersbe lo dice muy bien: «Los falsos maestros usan nuestro vocabulario, pero no nuestro diccionario».[3]

Los falsos maestros hablan de «pecado», «salvación», «inspiración», «Dios», «Jesucristo» y «resurrección», pero no tienen en mente lo que la Biblia quiere decir con esos términos. El *pecado* puede ser solo la falta de actualización de nuestro potencial humano. La *salvación* puede querer decir la actualización propia o bienestar psicológico. Para los maestros actuales, las Escrituras son *inspiradas* de la misma manera que la gran poesía o literatura es «inspirada». A menudo se ve a *Dios* como nuestro alto poder, una proyección de nuestra necesidad de una creencia en una realidad trascendente más allá de nosotros mismos. A *Jesucristo* se le ve como un gran maestro moral con un alto grado de consciencia de Dios; o como un símbolo cósmico de lo más alto del potencial humano. Y *resurrección* se puede tomar como una metáfora del hecho de mantener a «Jesús» vivo observando sus enseñanzas y siguiendo su ética. Los falsos maestros repiensan y redefinen los términos al animarnos a cuestionar doctrinas largamente sostenidas. Detestan la forma «conservadora» del cristianismo, y prefirieren una forma «progresiva» que constantemente actualiza y modifica las verdades fundamentales.

La segunda característica de los falsos maestros es que *niegan abiertamente la verdad* (2:1b). Serán conocidos por lo que niegan de la persona y obra de Jesucristo incluso más que por lo que abrazan. Esto se debe a que intencionalmente se ponen en contra de los verdaderos profetas, las Escrituras y la iglesia. Rechazan muchas, si acaso no todas, las verdades ortodoxas del cristianismo histórico establecidas en la Biblia y reafirmadas vez tras vez en toda la historia del cristianismo. Los cristianos desde los primeros días de la historia del cristianismo hasta los tiempos presentes han sostenido ciertas doctrinas bíblicas de fe como características centrales, definidora de ortodoxia. A quienes se han desviado de este centro se los ha considerado fuera de la verdadera fe cristiana. Algunas de esas verdades básicas incluyen:

- La inspiración e inerrancia de las Escrituras
- Un Dios eterno, trino, en tres personas: Padre, Hijo y Espíritu Santo
- La nada disminuida deidad y verdadera humanidad de Jesucristo
- El nacimiento virginal de Cristo, su vida sin pecado, su muerte sustitutiva por el pecado, su resurrección corporal milagrosa y su retorno futuro en sentido literal

- La creación especial de la humanidad y su caída
- Salvación por gracia a través de la fe
- La vida eterna de los creyentes y la condenación de los incrédulos

¿Son salvos los maestros falsos? De acuerdo con lo que Pedro escribe en este capítulo, podemos concluir que los culpables de enseñar doctrinas en extremo ajenas a la ortodoxia clásica no son en verdad creyentes regenerados por el Espíritu Santo. Pedro dice que han negado al Maestro que los compró; han rechazado el pago que hizo Jesucristo por sus pecados. Cristo pagó un precio por los pecados del mundo al morir en lugar de la humanidad perversa, tomando sobre sí el castigo que ellos se merecían, como su sustituto inmerecido. Aunque la muerte de Cristo es pago suficiente por los pecados de todos (1 Jn 2:1-2), solo los que creen en él reciben el beneficio de esta salvación (Jn 3:16-18). Los falsos maestros están en un predicamento particularmente agudo, porque aunque han oído

HEREJÍAS HISTÓRICAS

Jesús y los apóstoles predijeron la venida de falsos profetas y maestros que tratarían de engañar a los creyentes y arrebatar la verdad de los que no son creyentes (Mt 24:11; 2 P 2:1). Aunque difieren unos de otros de muchas maneras, todos rechazan las verdades centrales de la fe cristiana. Los siguientes son algunos de los falsos maestros cuyas doctrinas tal vez hayan estado circulando en tiempos de Pedro o en los años que siguieron.

Simón el samaritano. Hechos 8:9-24 menciona que este hombre tenía una fe falsa que se mereció la reprimenda de Pedro. La historia cristiana temprana nos dice que empezó a afirmar que era el gran Dios que había descendido del cielo y que su prostituta acompañante, Elena, fue su primera creación.[4] Simón samaritano vivió en Roma durante el reinado de Claudio César, el emperador que precedió a Nerón. La gran infamia de Simón puede explicar por qué Lucas escogió incluir su falsa conversión cuando escribió el libro de Hechos en la década del 60 d.C. Pedro tal vez tenía conocimiento de las falsas enseñanzas de Simón, y puede haberlo tenido en mente a él y a sus seguidores cuando escribió en contra de los falsos comunicadores en 2 Pedro.

Cerinto. Hacia el fin del primer siglo en Asia Menor, Cerinto negó la verdadera encarnación de Cristo, al enseñar que Cristo fue un ser espiritual celestial que descendió y tomó el cuerpo de un hombre puramente humano, Jesús.[5] El apóstol Juan tal vez haya escrito el cuarto Evangelio en parte para refutar la herejía de Cerinto. Juan deja en claro que el Hijo divino de Dios no solo adoptó o tomó posesión de un cuerpo humano, sino que «el Verbo se hizo hombre y habitó entre nosotros» (Jn 1:14).

Gnósticos. Las sectas diversas comúnmente rotuladas «gnósticos» hallan sus raíces en las enseñanzas sincretistas y esotéricas de los seguidores de Simón el mago, como Menandro y Saturnino, a fines del primer siglo. Los gnósticos por lo general enseñaban que Cristo fue solo uno de los muchos seres espirituales que brotaron del Dios desconocido para traer salvación mediante el conocimiento (gnosis) especial a la elite espiritual, en virtud de la iniciación e iluminación. Muchos de estos escribieron sus falsas Escrituras para reemplazar a las Sagradas Escrituras, o reinterpretaron las Escrituras en un sentido altamente alegórico y espiritual para respaldar sus extrañas teologías.[6]

la predicación de la salvación en Cristo, la rechazan, y la reemplazan con enseñanzas falsas en cuanto al Maestro. Debido a este rechazo, están perdidos.

Pedro también dice que los comunicadores falsos enfrentan una «pronta destrucción» (2:1). La palabra «pronta» (*taquinos*) se refiere a lo repentino de la destrucción. Es decir, para los falsos maestros, el castigo viene cuando menos lo esperan. Aunque creen y viven como si no fuera a haber consecuencias, la destrucción interrumpirá sus vidas como una ruda intrusión.

¿Qué clase de destrucción tiene Pedro en mente? En el resto del Nuevo Testamento, el término destrucción (*apoleia*), a menudo se refiere al juicio y condenación de los que no son salvos (Mt 7:13; Fil 1:28; Heb 10:39). Más importante todavía, Pedro mismo usa el término solo para el castigo de los que no son salvos (2 P 2:3; 3:7, 16). Los verdaderos creyentes, los que han alcanzado la salvación por fe en Jesucristo y están para siempre sellados por el Espíritu Santo, pueden dudar, dejarse engañar y pecar, pero nunca pueden caer por completo y perder la salvación. ¡Nunca! Dios, en su gracia poderosa, los mantiene para siempre en su mano (Jn 10:29; Ro 8:38-39; Jud 24).

Debemos, por consiguiente, concluir que los que nos parecen que han «caído» de la fe, negando las verdades esenciales del cristianismo, en verdad nunca fueron salvos, como el apóstol Juan dice respecto a los comunicadores falsos de su día: «Aunque salieron de entre nosotros, *en realidad no eran de los nuestros*; si lo hubieran sido, se habrían quedado con nosotros. Su salida sirvió para comprobar que ninguno de ellos era de los nuestros» (1 Jn 2:19, cursivas mías).

— 2:2 —

La tercera característica de muchos falsos maestros es que *desvergonzadamente modelan sensualidad*. El comentarista William Barclay dice que «describe la actitud de un hombre que ha perdido la vergüenza; está más allá de la etapa de desear esconder su pecado o avergonzarse del mismo».[7] Aquí Pedro nos habla de la motivación subyacente para tergiversar la verdad. A fin de estar libre para dar rienda suelta a sus apetitos carnales sin freno, deben redefinir las normas de rectitud.

Seamos sinceros. Las religiones que dicen: «haz lo que te plazca», son mucho más atractivas para nuestros deseos de pecado que la que enseña: «No hagas esto o aquello». Por consiguiente, muchos siguen el señuelo de la sensualidad, la libertad de la moral sin freno y la conducta licenciosa enmascarada por una doctrina tergiversada de «gracia». «Gracia» para estos engañadores quiere decir libertad para hacer lo que se les antoja cuándo, dónde y con quién quieran. En contraste, la gracia bíblica para el creyente es libertad del castigo del pecado y el poder que Dios da para amar y servir libremente a Cristo aparte de obligaciones y restricciones legalistas.

Si usted quiere conseguir muchos seguidores, simplemente invéntese una religión que elimine las restricciones a la conducta de pecado de las personas y a sus instintos más bajos: placer, codicia, egoísmo. Resultará popularidad instantánea, pero al mismo tiempo, esos maestros y seguidores acarrearán reproche al nombre de Cristo. Debido a que tales maestros se niegan a abandonar el título «cristiano», sus comportamientos desviados y tergiversados se asocian con el cristianismo. La causa de Cristo sufre daño y la Gran Comisión se ve estorbada.

— 2:3 —

Finalmente, los comunicadores falsificados *egoístamente representan la codicia*. La palabra «explotar» es un término de mercadeo que quiere decir traficar o comerciar. Cuán verdadero es que más a menudo estos falsos maestros están motivados por codicia desenfrenada por el dinero. A fin de llenar sus bolsillos, se vuelven maestros de lo que Pedro llama «palabras engañosas». La palabra «engañosas» viene de la palabra griega *plastos*, de donde obtenemos nuestra palabra moderna *plástico*.[8] Al reemplazar la verdad con una imitación barata, pero convincente, los falsos maestros facilitan que sus seguidores adopten la falsedad en lugar de la verdad.

Nuestros medidores de herejía deberían repicar fuertemente cuando vemos un énfasis abrumador en el dinero. Cuando toda la teología del predicador presenta maneras milagrosas de adquirir bendiciones financieras, las alarmas deberían encenderse en nuestra mente. Si la aplicación de virtualmente todo mensaje es sembrar una semilla financiera o segar una cosecha material, *huya a toda velocidad*. Si los pasajes principales que tales maestros citan tienen que ver con satisfacer los deseos egoístas, *salga de allí a toda mecha*.

Un verdadero ministro del evangelio predica todo el consejo de Dios; incluso las partes incómodas, no apreciadas e impopulares. Puede ganarse la vida predicando el evangelio (1 Co 9:14), pero no debe forrarse los bolsillos. Sirve a los demás, y no a sí mismo. Vive en una casa, no en un parque de diversiones. Conduce un auto, no una limusina. Es responsable y no está exento de rendir cuentas. Es transparente con sus finanzas, no lisonjea ni se vende, rehúsa masajear a los ricos y no exhibe los atributos de la codicia desenfrenada. Su vida privada es un libro abierto, y no una serie de secretos.

Pedro concluye su descripción de los falsos maestros con un recordatorio de lo que les espera. En caso de que alguien se sienta tentado a canjear la verdad por la inmoralidad desenfrenada y codicia ilimitada, Pedro nos recuerda que el castigo de los falsos maestros es inminente (2:3). Pudiera parecer por el momento que los falsos maestros están saliéndose con la suya con sus engaños perversos, pero el castigo de Dios ha estado al rescoldo por siglos. No está ocioso, sino esperando. No está dormido, sino preparado para saltar en el momento apropiado. Sus castigos muelen lentamente, pero extremadamente fino.

Pedro ha escrito esta carta para recordarles a los creyentes la sana doctrina, animar a la diligencia en la fe, y fortalecer los cimientos bíblicos de las creencias y las prácticas. En los días de Pedro, los falsos maestros representaban un peligro claro y presente que amenazaba deshacer la ortodoxia, debilitar la fe y engañar a la gente alejándola de la vida santa. El mismo peligro oscuro amenaza hoy a la iglesia. ¡Esté prevenido!

Aplicación

Cómo distinguir lo espurio

No se trata de reducir la importancia de la amenaza de los falsos maestros de los días de Pedro, pero con la llegada de la radio, la televisión y la Internet, los tempranos brotes de embustes del primer siglo se han convertido en un huracán de herejía en el siglo veintiuno. ¿Cómo podemos evitar ser arrastrados por los ventarrones y lluvias torrenciales del engaño satánico? Permítame expresar tres consejos prácticos que pueden protegernos de la lluvia ácida del engaño: *deténgase, mire y escuche*.

¡Deténgase! Rehúse sumergirse en la enseñanza de un cierto individuo simplemente porque parece inofensivo en la superficie. Usted podría hallarse en un profundo abismo de engaño. No importa que otros se hallen entretenidos, persuadidos, inspirados o bendecidos por una persona, iglesia o ministerio encantadores. Aplique los frenos lo suficiente como para comparar los conceptos que se están enseñando con la clara enseñanza de las Sagradas Escrituras y las doctrinas centrales de la fe ortodoxa. No tenga miedo de girar sobre sus talones y salir corriendo si las cosas no le parecen bien dentro de su espíritu.

¡Mire! Observe la vida de los principales portavoces de cualquier ministerio o movimiento en particular. ¿Modelan ellos valores y virtudes semejantes a las de Cristo? ¿Señalan a Cristo o a sí mismos? ¿Ve usted que rinden cuentas a otros y hay transparencia? ¿Exhiben verdadera humildad, autenticidad y amor? ¿Se someten a la autoridad de la Palabra de Dios? ¿Cómo se ven sus seguidores? Nunca se deje seducir por lo que parece ser sinceridad, inteligencia o carisma de alguien.

¡Escuche! Preste atención cuidadosa a las palabras que usan los maestros. Escuche no solo *lo que* dicen, sino *cómo* lo dicen. También note lo que no dicen. No caiga en la trampa de juzgar algo como verdadero solo porque lo hace sentirse bien. A menudo la verdad real hará que se siente como una bofetada o un puñetazo en el estómago. La verdad casi siempre trae convicción y una obligación a cambiar. Pero las mentiras a menudo están preparadas para proveer falsa seguridad, libertad para pecar y entusiasmo emocional. Escuche con atención. Piense de manera crítica.

Todos necesitamos estar más conscientes de las falsas enseñanzas que prevalecen en nuestro mundo. Necesitamos identificar los errores, motivos y peligros. Por qué no empezar aguzando su discernimiento y manteniendo los ojos abiertos en los próximos días para tratar de distinguir varias formas de falsedad. Deténgase, mire y escuche; luego trate de determinar en qué se han descarriado estos falsos maestros. Al aguzar sus destrezas para distinguir el engaño en su propio potrero, estará mejor preparado cuando los engañadores salten desde rincones inesperados.

El Dios de ira y rescate (2 Pedro 2:4-11)

⁴Dios no perdonó a los ángeles cuando pecaron, sino que los arrojó al abismo, metiéndolos en tenebrosas cavernas y reservándolos para el juicio. ⁵Tampoco perdonó al mundo antiguo cuando mandó un diluvio sobre los impíos, aunque protegió a ocho personas,

incluyendo a Noé, predicador de la justicia. ⁶Además, condenó a las ciudades de Sodoma y Gomorra, y las redujo a cenizas, poniéndolas como escarmiento para los impíos. ⁷Por otra parte, libró al justo Lot, que se hallaba abrumado por la vida desenfrenada de esos perversos, ⁸pues este justo, que convivía con ellos y amaba el bien, día tras día sentía que se le despedazaba el alma por las obras inicuas que veía y oía. ⁹Todo esto demuestra que el Señor sabe librar de la prueba a los que viven como Dios quiere, y reservar a los impíos para castigarlos en el día del juicio. ¹⁰Esto les espera sobre todo a los que siguen los corrompidos deseos de la naturaleza humana y desprecian la autoridad del Señor.

¡Atrevidos y arrogantes que son! No tienen reparo en insultar a los seres celestiales, ¹¹mientras que los ángeles, a pesar de superarlos en fuerza y en poder, no pronuncian contra tales seres ninguna acusación insultante en la presencia del Señor.

Puesto que todavía estamos en el tema de los herejes, permítame presentarle a uno de los mayores. Marción llegó a Roma como ochenta años después de que Pedro escribiera sus palabras de advertencia respecto de la venida de falsos maestros. Marción había viajado desde su Ponto nativo en el norte de Asia Menor junto al Mar Negro. La tradición nos dice que era hijo del obispo de Ponto, así que probablemente conocía bien las doctrinas cristianas y las Escrituras. Sin ninguna duda podía citar pasajes bíblicos de memoria. Leyó la Biblia con todo cuidado, muy atentamente. En el curso de su estudio decidió que el Dios estricto, legislador, de ira y de juicio del Antiguo Testamento no se parecía en nada al Dios de amor, compasivo y de gracia que envió a Jesucristo para salvarnos. También concluyó que este universo físico estaba tan lleno de imperfección y corrupción que el Dios bueno, santo y espiritual jamás podía haber concebido un lugar así. Así que Marción razonó que el Dios del Antiguo Testamento, Jehová, era un Dios diferente del Dios del Nuevo Testamento, el Padre de Jesús.

Pero, ¿qué tal en cuanto a las claras conexiones del Nuevo Testamento entre el Dios de Israel y el Padre de Jesucristo? Para resolver este problema, Marción simplemente rechazó las Escrituras del Antiguo Testamento, y luego seleccionó y editó su propio Nuevo Testamento para acomodar su teología. Rechazó todos los Evangelios excepto una versión reducida de Lucas. También editó un puñado de las Cartas de Pablo y volvió a escribirlas para enfatizar la separación entre la ley y la gracia. ¿El resultado? El Dios del Antiguo Testamento de justicia y juicio era un Dios totalmente diferente del Dios del Nuevo Testamento de gracia y salvación.

Aunque la iglesia primitiva reaccionó rápida y decisivamente contra la locura de Marción en el siglo segundo, el «problema» de los dos lados del carácter de Dios todavía deja perplejos a los creyentes. Las Escrituras en efecto parecen presentar dos lados del mismo Dios; los atributos de justicia, juicio e ira por un lado, y los atributos de misericordia, salvación y bendición por el otro. Estos dos «lados» de Dios se reflejan bien en Éxodo 34:6-7.

La primera parte de esta descripción es el tipo de cuadro que todos queremos enmarcar y colgar sobre la chimenea: el Padre amante que envía bondad, que perdona nuestros pecados, que desborda bendiciones. Pero la segunda parte de este versículo nos recuerda la sombría realidad de que Dios

Éxodo 34:6–7a	El Señor, el Señor, Dios clemente y compasivo, lento para la ira y grande en amor y fidelidad, que mantiene su amor hasta mil generaciones después, y que perdona la iniquidad, la rebelión y el pecado…
Éxodo 34:7b	… pero que no deja sin castigo al culpable, sino que castiga la maldad de los padres en los hijos y en los nietos, hasta la tercera y la cuarta generación.

rehúsa hacerse de la vista gorda ante el pecado. Es más, su juicio a veces es tan severo ¡que su marejada afecta a tres o cuatro generaciones por delante!

La verdad es que el que Dios aparezca como un Padre bondadoso y amoroso, o como un Juez vengativo y colérico, depende de nuestra relación personal con él. Pablo dijo: «Por tanto, considera la bondad y la severidad de Dios: severidad hacia los que cayeron y bondad hacia ti» (Ro 11:22). De hecho, Pablo dice que el mensaje del evangelio en sí mismo puede parecer dulce o agrio, según si la persona cree o no cree: «Porque para Dios nosotros somos el aroma de Cristo entre los que se salvan y entre los que se pierden. Para éstos somos olor de muerte que los lleva a la muerte; para aquellos, olor de vida que los lleva a la vida» (2 Co 2:15-16).

Estos dos lados de Dios: su compasión y su juicio, se unen en 2 Pedro 2:4-11. Para los falsos maestros, el castigo se avecina; pero para los salvados, Dios proveerá rescate de la ira. En este pasaje Pedro da una advertencia, una promesa y una esperanza; llamando a los creyentes a perseverar en la doctrina sana.

De paso, 2 Pedro 2:4-10 es una larga oración gramatical en el griego. Estructuralmente, sin embargo, es muy sencilla. Sigue el patrón básico de «si… entonces» en el cual Pedro dice: «*Si* Dios históricamente ha establecido un patrón de reservar juicio de los malos para su tiempo apropiado en tanto que rescata a sus justos, *entonces* podemos tener la confianza de que hará lo mismo en el futuro; nos rescatará de la ira venidera y dejará a los maestros perversos y falsos para el castigo».

Reconociendo el argumento básico, veamos cómo Pedro desarrolla su caso en los versículos 4-10.

—2:4-8—

Podemos dividir el lado del «si» del enunciado «si… entonces» de Pedro en los versículos 2:4-10 en dos episodios históricos: el castigo del mundo en los días de Noé, y el castigo de Sodoma y Gomorra en los días de Lot. El primer episodio no incluyó solo el castigo de los ángeles malos (2:4), sino también el castigo de los hombres y mujeres malos (2:5).

¿Quiénes son los ángeles que pecaron (2:4)? Tenemos tres opciones. Primero, algunos han sostenido que Pedro se refiere a la caída original de los seres angélicos que coincidió con la caída de Satanás

(Ez 28:11-19). En nuestro pasaje en 2 Pedro, sin embargo, leemos que todos estos ángeles que pecaron fueron arrojados al abismo de oscuridad y reservados para el juicio. Sin embargo, Satanás y sus ángeles están libres y activos en el mundo (Mt 12:27-28; 1 P 5:8).

Como una segunda opción, algunos han considerado esto como una segunda caída de los ángeles buenos que tuvo lugar en algún momento después de la primera caída de Satanás y sus demonios. Pero no tenemos ningún registro de tal segunda caída, y parece probable que los ángeles que no cayeron con Satanás luego fueron sellados en su estado de justicia. Pablo se refiere a los «ángeles escogidos» (1 Ti 5:21), y esto a menudo se ha entendido como una referencia a los ángeles que pasaron la prueba de la caída de Satanás y fueron sellados en su estado de perfección probada, y que nunca pueden caer.

La opción más probable, entonces, parece ser que los ángeles malos que se anotan en 2 Pedro 2:4 fueron una parte del grupo original que cayó con Satanás, pero que luego cometieron algún pecado subsiguiente, un pecado tan vil que necesitó un castigo más severo del que ya les había caído encima. Pedro no nos dice qué pecado cometieron los ángeles malos. Parece que sus lectores ya sabían a qué suceso se refiere Pedro. De hecho, Pedro ayuda a aclarar este significado en este pasaje cuando habla en cuanto a su castigo.

Pedro dice que Dios «los arrojó al abismo, metiéndolos en tenebrosas cavernas», reservándolos para el juicio futuro (2:4). Usa una palabra para «infierno» que es diferente del término *hades*, típico del Nuevo Testamento (Mt 11:23) o *gehena* (Mt 5:22). Pedro dice que Dios arrojó a los ángeles que pecaron al *tártaros*. En el mundo griego, esto se consideraba un lugar de tormento y castigo más allá de Hades. Podríamos llamarlo el «agujero infernal del infierno». No solo que Pedro echa mano a la imagen griega para reforzar la severidad de este castigo, sino que también se refiere a un libro popular entre los judíos y creyentes del primer siglo llamado *1 Enoc*. Los escritores de este libro creativamente reformularon el relato bíblico del diluvio (Gn 6), y describieron los pecados de los seres angélicos que cohabitaron con mujeres humanas. Por este crimen vil y contra naturaleza, fueron arrojados al lugar de más profundas tinieblas y reservados para el día del juicio. En ese día futuro, los espíritus de los perversos serán arrojados al fuego (1 Enoc 10.6-9).[9]

Bajo esta luz, parece que lo que Pedro llama «tártaros» es lo mismo que el «abismo» mencionado varias veces en el Nuevo Testamento. Los demonios le rogaban a Jesús, durante su ministerio terrenal, que no los enviara al «abismo» (Lc 8:31). Satanás mismo será arrojado al «abismo» por mil años después del retorno de Cristo (Ap 20:3) antes de que sea finalmente consignado al «lago de fuego» (20:10). Esto parece ser un lugar profundo, oscuro, de retención para los espíritus malos que les impide tener cualquier contacto o influencia en el mundo. Como un cruce entre el confinamiento solitario y el pabellón de la muerte, el *tártaros* es un lugar en donde los espíritus más perversos esperan el castigo. Esta interpretación encaja mejor en el argumento de Pedro.

En el versículo 5 Pedro conecta el tiempo de este pecado de los ángeles caídos con el período de tiempo que condujo al diluvio (Gn 6—8). Toda la humanidad había alcanzado tal grado de perversidad que «todos sus pensamientos tendían siempre hacia el mal» (Gn 6:5). Debido a lo profundo del mal, Dios no perdonó al mundo antiguo sino que envió un diluvio sobre la tierra para destruir a los impíos (2 P 2:5).

Sin embargo, en medio de este castigo, Dios preservó a ocho personas: Noé, «predicador de la justicia», su esposa, sus tres hijos y sus esposas. Pedro utiliza como ejemplo esta salvación de los justos en medio del castigo de los ángeles y seres humanos impíos. En el castigo venidero Dios preservará a los creyentes que predican justicia en su propio día y que condenan a los maestros falsos y perversos.

El segundo episodio histórico que Pedro escoge usar como ilustración es el castigo de Sodoma y Gomorra (Gn 19). Dios no perdonó la perversidad de los habitantes de estas ciudades. Más bien, se convirtieron en ejemplo de cuán serio considera Dios el castigo del pecado. Estas ciudades no habían recibido la ley, pero Dios con todo las consideró responsables por su extrema perversidad y violencia. Génesis 13:13 dice: «Los habitantes de Sodoma eran malvados y cometían muy graves pecados contra el Señor», y en Génesis 18:20 Dios le dijo Abraham: «El clamor contra Sodoma y Gomorra resulta ya insoportable, y su pecado es gravísimo». Debido a esto, Dios las condenó a la destrucción.

Sin embargo Abraham inquirió: «¿De veras vas a exterminar al justo junto con el malvado?» (18:23). La respuesta de Dios nos da un cuadro importante de su misericordia en medio de castigo e ira. Dios no destruirá a los habitantes justos de la ciudad junto con los malos (18:25). Es más, Dios prometió que si se encontraran por lo menos diez justos en la ciudad, detendría su mano de castigo (18:32). Debido a que Dios es justo, no derramará su ira sobre los justos y envió a dos ángeles a Sodoma para que sacaran a Lot y a su esposa antes de que cayera el castigo.

Este es el aspecto de la ilustración que Pedro recalca. Dios «libró al justo Lot» (2 P 2:7) al sacarlo a él y a su familia de la presencia de los perversos a fin de derramar su castigo sobre estos. De muchas maneras los lectores originales de Pedro podían identificarse con la descripción que Pedro da de Lot, que vivió entre hombres perversos de Sodoma; su conducta sensual lo oprimía y su alma sentía constante angustia por las obras impías de ellos (2:7-8).

Pedro usa esta ilustración de salvación de los justos en medio del castigo de los malos como ejemplo de la esperanza cristiana. En el castigo venidero Dios preservará a los creyentes que viven vidas justas en medio de la inmoralidad e iniquidad diaria del mundo pagano; y condenará la perversidad de los paganos sin principios en los juicios que preceden la venida de Cristo.

— 2:9 —

Habiendo ilustrado el lado de «si» de su argumentación de «si… entonces» con dos ejemplos bien conocidos del patrón de Dios de rescatar a los justos antes de enviar el castigo, Pedro presenta el lado importante del «entonces» de su declaración: «el Señor sabe librar de la prueba a los que viven como Dios quiere, y reservar a los impíos para castigarlos en el día del juicio» (2:9). Pedro insiste que el juicio venidero de Dios no se llevará a los justos junto con los impíos. Debido a que Dios es justo, librará a los creyentes justos del juicio venidero; pero los impíos están condenados, y los espera la ira que vendrá.

La palabra que se traduce «prueba», *peirasmos*, se puede referir a pruebas que son un reto a la integridad de la fe de uno (como en 1 P 1:6), o a «tentaciones», cosas que apelan a nuestras tendencias de pecado y son un reto a nuestra integridad moral (Lc 4:13; ver comentarios sobre este término en la consideración de Santiago 1:1-4). Se refiere específicamente al período de tribulación venidera en el tiempo del fin descrito en Apocalipsis 3:10. En ese pasaje Jesús, como Pedro, promete que los creyentes serán librados del juicio venidero: «Yo por mi parte te guardaré de la hora de tentación, que vendrá sobre el mundo entero para poner a prueba [*peirasmos*] a los que viven en la tierra». Pablo se refiere a la misma clase de rescate del juicio venidero de los tiempos del fin cuando dice que los creyentes esperan el retorno de Jesús que los «libra del castigo venidero» (1 Ts 1:10). Y en el contexto del rapto, cuando los creyentes serán transformados y arrebatados con Cristo en las nubes (1 Ts 4:17), Pablo reitera esta promesa: «Dios no nos destinó a sufrir el castigo sino a recibir la salvación por medio de nuestro Señor Jesucristo» (5:9).

Basados en el argumento de Pedro, podemos concluir con confianza que los creyentes del Nuevo Testamento, como Noé y Lot en el Antiguo Testamento, no van a sufrir la ira del juicio venidero del tiempo del fin. Ese juicio está destinado para los maestros falsos e impíos. En vez de eso, los creyentes pueden esperar que Dios rescate a los justos. Aunque Pedro no dice con claridad cómo tendrá lugar este rescate, sus referencias a Noé y a Lot sugieren que los creyentes serán sacados antes de que caiga el castigo. En verdad, la enseñanza de Pablo respecto al rescate de los creyentes de la ira venidera en 1 Tesalonicenses 5:9 y la promesa de Cristo a los creyentes en Apocalipsis 1:10 señalan al rapto de la iglesia como el medio que Dios utilizará para rescatar a los creyentes antes del día del Señor.

— 2:10-11 —

Pedro termina esta sección con una descripción adicional de la naturaleza de esos falsos maestros. Ya ha pintado un cuadro perturbador en los primeros versículos de este capítulo. Lo siguiente puede decirse de los falsos maestros:

- Engañosamente introducen herejías
- Niegan al Maestro que los compró
- Se acarrean destrucción
- Se dan licencia para la sensualidad
- Hacen que se blasfeme la verdad
- Codiciosamente explotan a los creyentes

A su lista de descripciones ya desalentadoras, Pedro añade una serie de otros atributos horribles. Estos falsos maestros están bajo condenación porque se dedican con indulgencia a la carne en deseos corruptos y menosprecian la autoridad. Lo primero resume la clase de pecado ilustrado por la inmoralidad sexual en los días de Noé y en los tiempos de Lot. Lo segundo se relaciona con la disposición general de los falsos maestros hacia los que han sido colocados en cargos de autoridad.

La palabra griega *kuriotes* suele referirse a autoridades angélicas (Ef 1:21; Col 1:16), pero en este contexto parece referirse a autoridades lo mismo humanas que angélicas. Pedro los describe como «atrevidos y arrogantes», disposiciones opuestas al espíritu humilde y sumiso que Pedro en otras partes desea que los creyentes exhiban. En su primera carta Pedro exhortó a sus lectores a someterse a «toda autoridad humana» (1 P 2:13). Y sin embargo, los falsos maestros descritos en 2 Pedro 2 no vacilan en proferir injurias contra los seres angélicos (2 P 2:10).

Tenemos un cuadro de líderes arrogantes, atrevidos, indulgentes y fuera de control, dispuestos a decir o hacer cualquier cosa para alimentar su apetito de lujuria y codicia. Tales personas no están entre el pueblo de Dios. Y tales personas, dice Pedro, pueden esperar ira, no misericordia, del Dios de justicia cuando Cristo vuelva para rescatar a su pueblo y juzgar al mundo.

Aplicación

Rescatados de la ira

¿Es Dios un Juez aterrador, o un Padre bueno y bondadoso? ¿Es fuente de ira y destrucción, o fuente de bendición eterna? La respuesta a esta pregunta depende no de quién es Dios, sino de quién es usted. Dios no cambia. Debido a que es santo, está en contra de la maldad; y debido a que es justo, juzgará con justicia a los pecadores. Sin embargo, Dios también es misericordioso y bondadoso, y perdona y bendice a los que han puesto su fe en Cristo, cuya muerte y resurrección dan perdón y nueva vida. Dios con justicia condena el pecado y con justicia perdona sobre la base de la muerte de Cristo. Esto me lleva a dos asuntos importantes.

Primero, la compasión de Dios resultará en el rescate de todos los creyentes. Debido a que es justo y fiel, nunca se olvidará de ninguno de sus hijos. Esta promesa se aplica a todos sus hijos: el terco y el sumiso, el débil y el fuerte, el maduro y el adolescente. Si usted es un hijo o hija de Dios porque ha puesto su fe solo en Cristo para salvarle de sus pecados, pasados, presentes y futuros, la gracia de Dios le cubre. Y si ese es usted, entonces la promesa de Dios de rescatarle de la ira venidera se aplica a usted. No será pasado por alto. Él no lo barrerá accidentalmente con los malvados ni los condenará.

Segundo, el juicio de Dios resultará en el castigo de todos los que no son creyentes. Así como Dios es fiel en su compasión hacia los creyentes que han sido declarados «justos» por su gracia, será fiel en su castigo de los que no son creyentes cuya culpa permanece en ellos debido a que lo rechazaron a él y su dádiva de vida eterna. Los que miran con desdén la bondadosa oferta divina del perdón no evadirán las consecuencias. Los que le dan la espalda a la muerte y resurrección de Cristo recibirán la ira de Dios.

¿Cómo debemos responder a estas dos verdades? Si usted es creyente, debe responder con alabanza y con oración. ¡Alabe a Dios por su gran misericordia! Aunque todos merecemos el mismo justo castigo por nuestro pecado, Dios ha puesto nuestros pecados en Cristo, quien sufrió el castigo por nosotros. Y nos ha revestido de la justicia de Cristo, por lo que podemos participar de su vida y bendición. Nada de esto tiene que ver con una acertada percepción nuestra, ni con nuestra santidad ni con ningún mérito que tengamos. Todo se debe a la gracia inconmensurable de Dios. Por la gracia de Dios hemos sido redimidos y podemos estar con confianza humilde ante él como nuestro amante Padre celestial. ¡Qué día tan glorioso será!

Pero también debe orar. Ore por los que todavía no conocen a Cristo. Pedro ha descrito con vividez su destino: juicio y castigo. Ore por sus amigos, seres queridos, compañeros de trabajo, personas que usted conoce que un día estarán ante Dios como juez justo. Pídale a Dios que intervenga en sus vidas, que produzcas las circunstancias necesarias para ablandar la dureza de sus corazones, romper la cadena de pecados que los atan, y encender una luz de esperanza en las tinieblas del engaño. Luego piense en maneras en que usted puede llegar a ser la respuesta a esa oración. Pida que Dios le revele maneras en que usted puede ayudar a llevarlos más cerca de la cruz y las buenas noticias de la salvación.

La desobediencia empeora (2 Pedro 2:12-22)

¹²Pero aquéllos blasfeman en asuntos que no entienden. Como animales irracionales, se guían únicamente por el instinto, y nacieron para ser atrapados y degollados. Lo mismo que esos animales, perecerán también en su corrupción ¹³y recibirán el justo pago por sus injusticias. Su concepto de placer es entregarse a las pasiones desenfrenadas en pleno día. Son manchas y suciedad, que gozan de sus placeres mientras los acompañan a ustedes en sus comidas. ¹⁴Tienen los ojos llenos de adulterio y son insaciables en el pecar; seducen a las personas inconstantes; son expertos en la avaricia, ¡hijos de maldición! ¹⁵Han abandonado el camino recto, y se han extraviado para seguir la senda de Balán, hijo de Bosor, a quien le encantaba el salario de la injusticia. ¹⁶Pero fue reprendido por su maldad: su burra —una muda bestia de carga— habló con voz humana y refrenó la locura del profeta.

¹⁷Estos individuos son fuentes sin agua, niebla empujada por la tormenta, para quienes está reservada la más densa oscuridad. ¹⁸Pronunciando discursos arrogantes y sin sentido, seducen con los instintos naturales desenfrenados a quienes apenas comienzan a apartarse de los que viven en el error. ¹⁹Les prometen libertad, cuando ellos mismos son esclavos de la corrupción, ya que cada uno es esclavo de aquello que lo ha dominado. ²⁰Si habiendo escapado de la contaminación del mundo por haber conocido a nuestro Señor y Salvador Jesucristo, vuelven a enredarse en ella y son vencidos, terminan en peores condiciones que al principio. ²¹Más les hubiera valido no conocer el camino de la justicia, que abandonarlo después de haber conocido el santo mandamiento que se les dio. ²²En su caso ha sucedido lo que acertadamente afirman estos proverbios: «El perro vuelve a su vómito», y «la puerca lavada, a revolcarse en el lodo».

Piense por un momento en la clase de pasajes bíblicos que la gente cuelga en sus paredes:

Salmo 23: «El Señor es mi pastor, nada me falta…»
Mateo 6: «Padre nuestro que estás en el cielo…»
Números 6: «El Señor te bendiga y te guarde…»

Romanos 8: «En todo esto somos más que vencedores...»

Estas y otras incontables escenas bíblicas son encantadoras más allá de toda descripción. Las enmarcamos en molduras doradas y las ponemos contra un trasfondo de jardines pacíficos o paisajes naturales, colores brillantes, onduladas colinas, nubes de algodón que se suman a las palabras mismas para nuestro propio disfrute. Tales banquetes visuales nos nutren de paz y esperanza.

Pero hay otros pasajes bíblicos que no son para enmarcar. Son igualmente inspirados y plenos de verdad. Sin embargo, las pinturas que encajarían en estos pasajes no serían bien recibidas en ninguna habitación. Si fueran una partitura musical, todas estarían en tonalidad menor. Esos retratos verbales nos hacen fruncir el ceño, perturban nuestra paz y arrojan sombras oscuras de represión a nuestras vidas. Vívidamente expresan lo horrible de la incredulidad y los horrorosos resultados del pecado desvergonzado.

Me encanta el hecho de que Dios no finge, engaña, ni adula. No es un ser que no habla para no ofender. Cuando su Espíritu impulsó a varios profetas y apóstoles a tomar la pluma y escribir las palabras que un día leeríamos como inspiradas, Dios nunca dijo: «Ahora bien, tómalo con calma. No ofendas a nadie. Mantén las cosas suaves». ¡Nunca! Dios dispara sin rodeos. Cuando pinta el cuadro de la vida de una persona, incluye las verrugas, las cicatrices y las abolladuras. Desde la borrachera de Noé, al adulterio de David, desde las maquinaciones de Jacob hasta la hipocresía de Pedro, la Palabra de Dios presenta a la gente tal cual es, no como los fabricantes de mitos posteriores desearían que hubieran sido.

Estos no son relatos de la Biblia que llenan las páginas de los libros de cuentos bíblicos de nuestros hijos, ¿verdad? El arca de Noé, David y Goliat, la escalera de Jacob hasta el cielo y Pedro andando sobre el agua: estos sí hallan un lugar en nuestra narración diplomática de cuentos bíblicos. Pero la Palabra de Dios no se amilana por la historia bíblica mala o fea.

Así que cuando Dios describe la condición del corazón humano, no nos deja con una presentación de un solo lado del potencial que nos da para la creatividad, bondad y amor. Más bien, Dios nos dice: «Nada hay tan engañoso como el corazón. No tiene remedio» (Jer 17:9). El apóstol Pablo contundentemente describe los pecadores y depravados que son los seres humanos:

> No hay un solo justo, ni siquiera uno;
> no hay nadie que entienda,
> nadie que busque a Dios.
> Todos se han descarriado,
> a una se han corrompido.
> No hay nadie que haga lo bueno;
> ¡no hay uno solo!» (Ro 3:10-12)

Como uno de mis mentores solía decir: «Si la depravación fuera azul, estaríamos azules de pies a cabeza». Las palabras de Romanos 3 son «bien azules». No son palabras del tipo que uno destacaría en un marco y lo colgaría en la oficina, ¿cierto? Sin embargo, la verdad que proclaman es vital para una teología balanceada como «Tanto amó Dios al mundo, que dio a su Hijo unigénito, para que todo el que cree en él no se pierda, sino que tenga vida eterna» (Jn 3:16).

Por ásperos que parezcan estos episodios personales, y por rigurosos que pudieran parecer estos pasajes, los detalles horribles respecto a los falsos maestros en 2 Pedro 2:12-19 parecen incluso menos moderados. Si bien las biografías de la Biblia presentan instantáneas del pecado humano y las palabras de Pablo pintan la depravación con brochazos amplios, el apóstol Pedro proyecta un cuadro detallado y dramático de la corrupción humana. La escena no es ni agradable ni alentadora. Más bien, es tétrica y lúgubre. El tono más parece a un recorrido por sombríos callejones de un ghetto pestilente, donde las condiciones desvergonzadas de las alcantarillas hieren nuestros sentidos morales como el agua podrida de un desagüe.

¿Por qué Pedro se detiene tan hondo en estas profundidades de la depravación? Recuerde que Pedro estaba escribiendo esta carta para recordar a los creyentes la fuente de la enseñanza sana, estimular diligencia en la fe y fortalecer los cimientos bíblicos de las creencias y prácticas. Para animar lo positivo, Pedro lo presenta contra el telón negro de lo negativo. En el capítulo 1 describe en matices brillantes la imagen útil y fructífera del creyente que crece y señaló a la esperanza que tiene al tomar la Palabra de Dios como norma de verdad infalible. En el capítulo 2 describe al que no cree como inútil y sin fruto en colores fúnebres, deslustrados, apuntando a su juicio futuro por rechazar la Palabra de Dios y a su Hijo, y por hacer descarriar a otros.

— 2:12-14 —

Estos primeros tres versículos presentan un retrato desesperado de apetitos animales apoderándose de los seres humanos. Cuando estos impulsos subhumanos toman las riendas, el resultado es condenación y destrucción propia.

Cuando Dios creó a Adán y Eva y los puso en el huerto del Edén, les dio autoridad sobre todos los animales (Gn 1:26-27). Este dominio sobre la fauna es parte de lo que quiere decir que los seres humanos fueron creados a imagen de Dios. Satanás tomó la forma de una serpiente a fin de engañar a la raza humana, pero en lugar de ejercer su dominio sobre ese animal, la pareja humana se sometió al mismo, escuchó sus palabras engañosas y abdicó de su posición (Gn 3). Desde aquella trágica caída, los seres humanos han continuado abandonando su lugar de dignidad sobre la creación a cambio de conductas que los pone a la par con las mismas bestias que Dios propuso que dominaran.

Aunque divinamente dotados de razón superior, tales personas se vuelven, como Pedro dice, «como animales irracionales». En lugar de ejercer dominio, actúan como animales que «nacieron para ser atrapados y degollados». En lugar de someterse al poder divino para elevarse a un lugar de dignidad y gloria, se burlan y se mofan de cosas que no entienden. Con mentalidad de animal, siguen una moralidad corrupta. Tales personas están siempre en busca de fornicación o adulterio. Aprovechan toda situación y oportunidad para pecar. Con codicia muerden todo anzuelo con carnada, sin preocuparse por las consecuencias desastrosas.

Como depredadores carnívoros, andan a la caza de víctimas ingenuas, débiles o inestables que devorar. De hecho, Pedro dice que tienen «el corazón habituado a la codicia»; son expertos para embaucar, extorsionar, robar y chantajear. Saben cómo agitar las cuerdas del corazón y suenan sinceros. Jesús describió bien a tales monstruos humanos: «Cuídense de los falsos profetas. Vienen a ustedes disfrazados de ovejas, pero por dentro son lobos feroces» (Mt 7:15). Con razón Pedro llama a estos falsos maestros «¡hijos de maldición!» (2 P 2:14).

— 2:15-17 —

Los falsos maestros, habiendo conocido el camino recto de Dios, se han desviado para abrir sus propias sendas por el desierto de la perversidad. En lugar de seguir a Cristo, el verdadero Profeta, siguen las pisadas de Balán, un profeta falso por antonomasia. Pedro alude a este personaje del Antiguo Testamento para ilustrar a un profeta asalariado que lucraba con su don (Nm 22—24; 31:1-16). Aquel hombre amaba el dinero, y debido a su codicia, condujo a Israel a pecar. Usó su elocuencia para saciar sus deseos en lugar de representar fielmente la verdad. De manera similar, los falsos maestros de los días de Pedro hacían descarriar a la gente en busca de lucro personal mediante persuasiva profecía falsa.

Los falsos profetas actuales no son diferentes. En verdad, todo Balán de los días modernos tiene su precio. Pueden dar la apariencia externa de hacerlo por ministerio, pero no requiere mucho darse cuenta de que se dedican a eso por el dinero. Y cuando el precio es apropiado, no se equivoque, cambian el principio por el lucro.

Esto me recuerda el episodio de un funcionario pillo de un banco que se acercó a un cajero subalterno y le dijo al oído una tarde:

—Oye, si te doy $25.000, ¿me ayudarías a, digamos, "maquillar" los libros de cuentas? O sea, hacer algunos ajustes lucrativos.

—Sí, lo haría por $25.000 —respondió el cajero.

—¿Lo harías por $100? —le preguntó el jefe inclinándose más.

Insultado, el empleado respondió:

—¡Qué va! ¿Piensa que soy un ratero común?

—Eso ya lo definimos —respondió el funcionario—. Ahora estamos negociando el precio.

Lo que esto quiere decir es que todo impostor tiene un precio. Los que carecen de integridad harán cualquier cosa por alimentar la codicia. Pedro llama a esto «salario de la injusticia» (2:15). Pero demasiado a menudo estos falsos profetas se olvidan que aunque sus hazañas pudieran parecer lucrativas a corto plazo, la maldad al final recibe la paga del pecado: la muerte (Ro 6:23). Dios mismo con un milagro reprendió a Balán mediante su burra, señal de la profundidad de la locura animalista del profeta. Y Josué 13:22 incluye una breve nota en su descripción de la conquista de la Tierra Prometida que ilustra el fin último de los falsos profetas que se hallan en el lado errado cuando el castigo finalmente cae: «Los israelitas pasaron a filo de espada a muchos hombres en el campo de batalla, incluso al adivino Balán hijo de Beor». La paga del pecado fue la muerte.

Pedro entonces usa tres vividas imágenes verbales para describir a tales apóstatas. Primero, como «fuentes sin agua», parecen tener algo refrescante que ofrecer, pero cuando uno se acerca, se da cuenta de que no es sino un espejismo espiritual. Segundo, son «niebla empujada por la tormenta». Por lo general las tormentas empujan las nubes de lluvia repletas de agua para nutrir las siembras y evitar la sequía. Pero los apóstatas engañan a las personas con afirmaciones atronadoras y apelaciones relampagueantes, trayendo consigo no doctrina espiritualmente nutritiva, sino llovizna inútil. Tercero, afirman dirigir a las personas a la luz mediante sus enseñanzas «iluminadas», pero ellos y los que los siguen acaban en el mismo lugar de «densa oscuridad».

—2:18-19—

Ireneo de Lyon creció en la iglesia de Policarpo en Esmirna antes que lo enviaran a Roma, y después a Lyon, en lo que hoy es Francia. En toda su vida encontró numerosos falsos maestros y escribió cinco libros de refutación de sus enseñanzas. Respecto a la naturaleza engañosa del convincente hilado de los falsos maestros, Ireneo escribió: «El error, en verdad, nunca se presenta en su deformidad desnuda, a fin de que, siendo expuesto de esa manera, se le detecte al instante. Se le disfraza astutamente en un vestido atractivo, de modo que, por su forma externa, le parezca al inexperto (por ridícula que pueda parecer la expresión) más verdadero que la verdad misma».[10] En verdad, los falsos maestros seducen a otros con palabras arrogantes, hinchadas, que dejan en las víctimas desprevenidas una impresión poderosa. Tienen una respuesta para todo. Expresan críticas audaces contra la verdad «sencilla», citan fuentes ocultas u olvidadas, proveen argumentaciones astutas, y tergiversan la razón. Los ingenuos se lo tragan todo.

Pedro martillea el hecho de que las palabras impresionantes de los falsos maestros no nos apuntan a la verdad; más bien, nos apuntan al maestro. Somos sabios al sospechar de quienes parecen demasiado elocuentes, demasiado pulidos, demasiado atractivos. Esas señales evidentes a menudo indican que tales maestros prometen más de lo que pueden dar. Debemos especialmente sospechar de los predicadores o maestros que siempre denigran a otros ministros del evangelio y tratan de hacer que se les vea como la mejor, o incluso la única fuente de verdad.

Aunque prometen libertad, los estilos de vida de estos falsos maestros arrastran a otros a la esclavitud de la corrupción (2:19). Les encanta hacer alarde de su libertad. Para ellos, eso significa libertad para pecar todo lo que quieran, sin ninguna cortapisa de la verdad, y sin temor de repercusiones en esta vida o en la venidera. Por favor, no me malentienda. Yo soy un predicador de la gracia. Creo que Cristo nos ha libertado de la ley y nos ha libertado del legalismo hecho por el hombre. Pero los creyentes no informados y no espirituales a menudo no se dan cuenta de que hemos sido liberados de la ley *para vivir como hijos de Dios, llenos de amor, en lugar de como esclavos aporreados de un amo tirano.*

Dios nunca tuvo el propósito de que su gracia y misericordia nos provean licencia para pecar.

De mi diario

Una dosis de discernimiento

Mi profesora de oratoria en la secundaria nos hizo aprender de memoria un proverbio persa. Decía algo así:

> El que no sabe, y no sabe que no sabe, es un necio; evítalo.
> El que no sabe, y sabe que no sabe, es un niño; enséñale.
> El que sabe, y no sabe que sabe, está dormido; despiértalo.
> El que sabe, y sabe que sabe, es un sabio; síguelo.

Desde la secundaria aprendí el verdadero significado de estos versos. Descubrí que los cuatro «tipos» se pueden hallar en todo plantel educativo, en toda empresa, en todos los barrios y en toda iglesia. No llevan etiquetas que dicen «necio», «niño», «dormido» o «sabio». Y uno nunca conoce a alguien que se acerca a uno, le estrecha la mano y le dice: «Hola, me llamo Roberto. Soy necio». Lo más probable es que lo último que dicha persona quiere que uno descubra es la verdad profunda de que «no sabe que no sabe».

Entonces, ¿de qué forma peregrina vamos a saber a quién evitar, a quién enseñar, a quién despertar o a quién seguir? La respuesta, en una palabra, es discernimiento: la habilidad y precisión para leer el carácter y la capacidad para detectar e identificar la verdad, para ver por debajo de la superficie, para leer entre líneas, y para percibir por intuición que algo no anda bien. Hebreos 5:14 llama al discernimiento una marca de madurez. Da a la persona el marco apropiado de referencia, una línea definida para separar el bien y el mal. Actúa como árbitro en la vida y hace sonar el silbato en cuanto a lo espurio. Es tan particular como un patólogo frente a un microscopio.

El discernimiento no se deja seducir por los impostores, ni flirtea con los farsantes, ni baila con los engañadores, ni les da el beso de las buenas noches a los falsos. Es más, el discernimiento preferiría descansar sólo por la noche con el Buen Libro que pasar tiempo con la pandilla ingenua. ¿La razón? Porque es de ese Libro que el discernimiento aprende a distinguir entre los necios y los niños... y entre los dormidos y los sabios.

Antes de que usted empiece con la perogrullada de: «Pero ¡eso no es amor!», es mejor que eche un buen vistazo al consejo del apóstol Juan. ¿Recuerda a Juan? Es el hombre famoso por su tierno amor por Jesús. Pues bien, Juan escribió: «Queridos hermanos, no crean a cualquiera que pretenda estar inspirado por el Espíritu, sino sométanlo a prueba para ver si es de Dios, porque han salido por el mundo muchos falsos profetas» (1 Jn 4:1). En palabras modernas: «¡No crea todo lo que oye! Deje de ser tan ingenuo. Sea selectivo. ¡Piense!» La falta de discernimiento se extiende e invita más herejía que cualquiera de nosotros está listo para recibir. Una de las técnicas de supervivencia al enfrentar «las flechas encendidas del maligno» (Ef 6:16) es asegurarnos de que estamos sosteniendo firmemente el escudo de la fe.

Un creyente sin discernimiento es como un submarino avanzando a toda velocidad sin radar o periscopio. O como un 747 cargado tratando de aterrizar en niebla densa sin instrumentos o radio: abundante ruido, mucho poder, buenas intenciones... hasta que... No tengo ningún otro proverbio persa para describir el resultado, pero, ¿quién lo necesita? Sucede día tras día, con regularidad desastrosa.

Segunda de Pedro nos recuerda con palabras vívidas que los falsos maestros andan rondando. El momento en que hallan una apertura en la armadura del creyente desprevenido, clavan por allí su puñal oculto de herejía. Para mantener alto su discernimiento, acuda a sus rodillas; Santiago 1:5 promete sabiduría a los que la piden. Acuda a la palabra de Dios: Salmo 119:98-100 ofrece perspectiva más allá de cualquier fuente terrenal. Y acuda a los sabios; el discernimiento se lo capta mejor que se lo enseña. Manténgase cerca de aquellos santos experimentados, es decir, hombres y mujeres experimentados que desbordan sabiduría.[11]

Como Pablo dice en Romanos 6:1-2: «¿Qué concluiremos? ¿Vamos a persistir en el pecado, para que la gracia abunde? ¡De ninguna manera! Nosotros, que hemos muerto al pecado, ¿cómo podemos seguir viviendo en él?». Los falsos maestros, sacando la doctrina de la gracia de su mayor contexto de verdad, convierten la fe cristiana en una monstruosidad irreconocible. En las palabras de Dietrich Bonhoeffer, ofrecen «gracia barata».[12]

— 2:20-22 —

En toda su descripción de los falsos maestros, Pedro da indicios del castigo futuro que cosecharán (2:1, 3, 9, 12, 13, 17, 19). En los últimos versículos de este capítulo, Pedro se concentra en la suerte de los que, habiendo conocido el camino de la justicia por Cristo, se han apartado y han seguido su propio camino.

Los falsos maestros que Pedro tiene en mente no son solo creyentes confundidos, dudosos como Tomas ni fieles descarriados. Son maestros falsos, individuos que parecen auténticos por un tiempo pero que, en verdad, son como billetes falsificados en un bolsillo lleno de dinero de verdad. Pueden pasar por verdaderos creyentes por un tiempo, pero a la larga sus palabras y obras los delatan.

Estos falsos maestros, dice Pedro, han «conocido a nuestro Señor y Salvador Jesucristo» (2:20). Por su fruto, no obstante, podemos discernir que no tienen un conocimiento verdadero y salvador de Cristo que hubiera transformado de veras sus vidas. Pedro describe el conocimiento fructífero y salvador de Cristo en otras partes de su carta:

- Que abunden en ustedes la gracia y la paz por medio del *conocimiento* que tienen de Dios y de Jesús nuestro Señor (1:2).
- Su divino poder, al darnos el *conocimiento* de aquel que nos llamó por su propia gloria y potencia, nos ha concedido todas las cosas que necesitamos para vivir como Dios manda (1:3).
- Porque estas cualidades, si abundan en ustedes, les harán crecer en el *conocimiento* de nuestro Señor Jesucristo, y evitarán que sean inútiles e improductivos (1:8, cursivas mías).

En estos pasajes vemos el resultado del conocimiento de Cristo verdadero, salvador: multiplicación de la gracia y la paz, la vida y la santidad, fruto creciente y virtudes útiles. Esto no quiere decir que todos los días, todas las semanas, cada mes de la vida del creyente habrá una cosecha abundante de fruto espiritual de calidad. Pero sí quiere decir que el reconocer a Jesucristo como Señor y Salvador resultará en fruto en la vida entera del creyente. Es útil recordar que llevar fruto es cuestión de temporada. Pedro escribe a los creyentes dando por sentado que todo lo que necesitan es estímulo en su crecimiento espiritual para recuperarse y seguir siendo fructíferos y útiles (1:8).

Pedro tiene en mente a la clase de personas a quienes Jesús se refirió cuando dijo que Satanás siembra «mala hierba entre el trigo»; algo de apariencia engañosa que se vuelve evidente solo cuando el trigo genuino produce su grano (Mt 13:25-26). Este es también el calibre de los falsos maestros que

Juan describió como «anticristos» que «aunque salieron de entre nosotros, en realidad no eran de los nuestros; si lo hubieran sido, se habrían quedado con nosotros. Su salida sirvió para comprobar que ninguno de ellos era de los nuestros» (1 Jn 2:19). Esto no quiere decir que los verdaderos creyentes pueden perder su salvación. ¡No! Lo que dice es que los falsos cristianos nunca tuvieron la salvación. Lo demuestra el hecho de que no permanecieron fieles en el Camino de la verdad.

Estas personas estaban intelectualmente conscientes de la verdad pero nunca permitieron que transformara sus corazones. ¡Como resultado, están en peor condición de los que nunca han oído (2:20-21)! Sabían suficiente de la fe cristiana para conducirse de manera de tener apariencia de genuinos. Pero a la larga sus disfraces de engaño cayeron y sus intenciones malévolas se hicieron visibles para todos.

¿Cómo se hicieron visibles?

Volviendo a su anterior analogía de que los falsos maestros se conducen como «animales irracionales» (2:12), Pedro asemeja su conducta a la de los perros y los cerdos. En los días de Pedro, a los perros se les consideraba animales inmundos, salvajes y crueles que andaban en jaurías. No piense en las mascotas mimadas y acicaladas de nuestros días. Piense en bestias carroñeras no más atractivas que ratas gigantescas. Citando Proverbios 26:11, Pedro dice que estos falsos maestros que le dan la espalda a la verdad son como perros que vuelven a su vómito. También dice que son como una puerca recién bañada que no puede dejar escapar la oportunidad de volver al fango hediondo. Hay algo en la naturaleza de los animales no domesticados que los hace actuar como animales. No importa lo bien que uno los trate ni cuánto los adorne, al final sus instintos vencen y se revela su verdadera naturaleza de bestias.

De esta manera presenta Pedro el aturdidor argumento de que la ignorancia de la verdad es mejor que la apostasía de la misma. ¿Cómo puede decir eso? Puedo pensar en tres razones. Primero, a quien ignora la verdad se le puede ganar para el Señor, pero quien la ha rechazado rara vez está abierto a la corrección y al cambio. Piensan que «se la saben toda». No es imposible, pero es difícil eliminar el lastre, aclarar la confusión y ayudarles a desaprender lo que escogieron creer.

Segundo, los que ignoran la verdad no tienen la influencia sobre otros que tienen los «entendidos». Los que piensan que lo saben todo, enseñan como si lo supieran. Influyen en otros y los hacen descarriar. En mi experiencia, los más dañinos críticos del cristianismo son los que afirman haber sido creyentes pero que de repente recibieron «iluminación» de una religión diferente... o de ninguna religión. Los testimonios de los apóstatas pueden ser muy influyentes y en extremo persuasivos.

Tercero, en el juicio final la severidad del castigo será menor para los ignorantes que para los apóstatas. La Biblia dice que los que mueren sin tener un conocimiento de Cristo verdadero, salvador, serán condenados a la separación eterna de Dios. Pero de acuerdo a la parábola que Jesús citó en Lucas 12:41-48, los que nunca le conocieron sufrirán un grado menor de castigo que los que estuvieron expuestos a la verdad pero le dieron la espalda. Jesús dijo:

> El siervo que conoce la voluntad de su señor, y no se prepara para cumplirla, recibirá muchos golpes. En cambio, el que no la conoce y hace algo que merezca castigo, recibirá pocos golpes. A todo el

que se le ha dado mucho, se le exigirá mucho; y al que se le ha confiado mucho, se le pedirá aun más (Lc 12:47-48).

NOTAS:

1. Christopher Edwards, *Crazy for God*, Prentice-Hall, Englewood Cliffs, NJ, 1979, prefacio.
2. Walter Bauer et al., eds., *A Greek-English Lexicon of the New Testament and Other Early Christian Literature*, 2ª ed. rev., Univ. of Chicago Press, Chicago, 1979, 23-24.
3. Warren W. Wiersbe, *Be Alert* (Wheaton, IL: Victor, 1984), 38.
4. Ver Ireneo, *Against Heresies* 1.16; Tertullian, *On the Soul*, 34.
5. Ireneo, *Against Heresies* 1.26.1.
6. Ver Oskar Skarsaune, *In the Shadow of the Temple: Jewish Influences on Early Christianity*, InterVarsity Press, Downers Grove, IL, 2002, 246-53.
7. William Barclay, *The Letters of James and Peter*, 2nd ed., The Daily Study Bible Series, Westminster, Filadelfia, 1960, 377.
8. Bauer et al., *A Greek-English Lexicon*, 666.
9. Ver paralelos en Judas 6 así como también la consideración profunda de esta comprensión de Génesis 6, en mis comentarios sobre 1 Pedro 3:19-20, páginas 193-195.
10. Ireneo de Lyons, *Against Heresies* 1.1.2, in *The Ante-Nicene Fathers: Translations of the Writings of the Fathers down to AD 325*, ed. Alexander Roberts et al.; vol. 1, *The Apostolic Fathers, Justin Martyr, Irenaeus*, American reprint ed. (New York: Charles Scribner's Sons, 1899), 315.
11. Adaptado de Charles R. Swindoll, «Think with Discernment» [«Piense con discernimiento»], en *Come before Winter and Share My Hope*, Zondervan, Grand Rapids, 1985, 18-19.
12. Dietrich Bonhoeffer, *The Cost of Discipleship*, rev. ed. (New York: Simon & Schuster, 1995), 44-45.

LA ESPERA POR EL RETORNO DE CRISTO (2 PEDRO 3:1-18)

Conforme las nubes amenazadoras empiezan a abrirse, y amaina la atronadora tormenta de Pedro condenando a los falsos maestros, un rayo de luz penetra en la lobreguez. Este gran apóstol decide que ya es tiempo de inyectar un rayo de esperanza en su aterrador retrato del futuro. Aunque la amenaza de los falsos maestros es real e inminente, quiere que alcemos los ojos más allá del paisaje inmediato y veamos el horizonte brillante que todavía está por venir. Es importante recordar que entre el período escabroso de los falsos maestros y la restauración venidera de la creación, intervienen dos sucesos inolvidables: la gran tribulación, por la cual el mundo presente y toda su perversidad serán destruidos, y el retorno de Cristo, con el cual empezará una nueva era de justicia.

Antes de que sigamos a Pedro hacia estos temas importantes, echemos otro breve vistazo hacia atrás al punto a que nos ha conducido. El mensaje contundente que Pedro quiere dejarnos como su legado se puede resumir en dos mandatos: «¡Cuidado!» y «¡Alístense!» El primer capítulo de la carta ha considerado la cuestión de pureza moral en los últimos días. Nos insta a evitar la corrupción del mundo (1:4), y nos recuerda la vida cristiana fructífera que se espera de los equipados con todas las cosas necesarias para la piedad (1:5-13). Como firme cimiento de la fe, Pedro dirige a los creyentes a las Escrituras como la Palabra de Dios, inspirada por el Espíritu, y sin errores, y nos anima a estar firmes en la verdad (1:16-21). Tal exhortación a la diligencia doctrinal y moral fue necesaria al hacer Pedro la transición a una severa advertencia en cuanto a la presencia de falsos maestros.

El capítulo 2 cambia de una descripción de la piedad y confianza en la verdad, a la maldad y a los traficantes de la falsedad. Todo el capítulo describe los horrores morales y doctrinales de los herejes engañadores (2:1-3). Debido al astuto engaño de ellos serán enemigos formidables de la iglesia. Pero Pedro nos ha recordado que los apóstatas que flirtean con la verdad y luego le dan la espalda incurrirán en mayor castigo (2:21-22). Sin embargo, cuando este castigo venga sobre el mundo en el futuro, los verdaderos creyentes en Cristo serán rescatados de la ira (2:9), en tanto que los falsos profetas se hallarán atrapados en los fuegos del juicio. Detrás de esta reprimenda contra los falsos maestros hay una advertencia para todos nosotros. Evitar sus engaños usando el discernimiento y permaneciendo firmes en la verdad.

Esto nos lleva al final de Pedro en el capítulo 3. Este desarrolla más la cuestión de los tiempos del fin, que menciona varias veces en los primeros dos capítulos. En éstas, sus palabras finales escritas a las iglesias antes de morir como mártir, Pedro responde a la pregunta: «¿Cómo terminará todo esto»?» Nos da una *advertencia* final: eviten la corrupción del mundo y los falsos maestros (3:11, 17-18). Nos presenta un *recordatorio* final: el testimonio de Dios es fidedigno (3:1-2). Y proclama una *promesa* gloriosa: viene una nueva creación en la cual mora la justicia (3:13).

TÉRMINOS CLAVE

μακροθυμέω [makrotzumeo] (3114) «perseverar, ser paciente, tener aguante»

Esta palabra viene de dos palabras griegas: *makros*, que quiere decir «grande», y *tzumos*, que quiere decir «ira intensa, cólera ardiente, furia explosiva». Juntas estas palabras se refieren al acto de contener la cólera de uno. Pudiéramos decir que tal persona tiene una mecha larga (es decir, mucho aguante), y puede evitar arranques repentinos de ira. En 2 Pedro 3:9, junto con el sustantivo en 3:15, se refiere a la paciencia que Dios demuestra al contener su ira a fin de que más personas sean salvadas.

ἡμέρα κυρίου [jemera kuriou] (2250 + 2962) «Día del Señor»

Aunque sencilla de traducir, la frase bíblica «día del Señor» es complicada y algo difícil de dilucidar. Es un título general para cualquier tiempo de castigo seguido de bendición. Por lo general, no se refiere a un solo período de veinticuatro horas, sino a un ciclo definido de castigo. En el Antiguo Testamento se refería a cualquiera etapa cuando el Señor enviaba castigo sobre los impíos, así que ha habido muchos «días del Señor» históricos. En el uso de Pedro, sin embargo, tiene un significado más técnico relativo al castigo que está todavía por venir.

ἐπαγγελία [epangelia] (1860) «promesa, garantía»

Este término, a menudo usado en contextos de pacto (Ef 2:12; He 6:17; 11:9), generalmente se refiere a varias garantías que ha expresado Dios que los creyentes todavía no experimentan por completo, pero en las cuales esperan. Entre éstas se incluye el Espíritu Santo (Gá 3:14; Ef 1:13) y la vida eterna (2 Ti 1:1; 1 Jn 2:25). Pedro se concentra en sucesos específicos futuros: la promesa del retorno de Cristo en son de juicio (2 P 3:4, 9) así como también «un cielo nuevo y una tierra nueva» que siguen (3:13). Podemos tener la confianza de que Dios no faltará a sus promesas. Su historial en cuanto a cumplirlas es impecable.

Una advertencia a escépticos y pecadores (2 Pedro 3:1-7)

¹Queridos hermanos, ésta es ya la segunda carta que les escribo. En las dos he procurado refrescarles la memoria para que, con una mente íntegra, ²recuerden las palabras que los santos profetas pronunciaron en el pasado, y el mandamiento que dio nuestro Señor y Salvador por medio de los apóstoles. ³Ante todo, deben saber que en los últimos días vendrá gente burlona que, siguiendo sus malos deseos, se mofará: ⁴«¿Qué hubo de esa promesa de su venida? Nuestros padres murieron, y nada ha cambiado desde el principio de la creación.» ⁵Pero intencionalmente olvidan que desde tiempos antiguos, por la palabra de Dios, existía el cielo y también la tierra, que surgió del agua y mediante el agua. ⁶Por la palabra y el agua, el mundo de aquel entonces pereció inundado. ⁷Y ahora, por esa misma palabra, el cielo y la tierra están guardados para el fuego, reservados para el día del juicio y de la destrucción de los impíos.

Después de escribir un sermón en contra de las doctrinas y prácticas despreciables de los falsos maestros en el capítulo 2, puedo imaginarme a Pedro tomándose un descanso para calmar su furia galilea. Dando un paso atrás, y respirando hondo, cierra los ojos y revisa lo que escribió en su primera carta, y considera el terreno ya cubierto en esta segunda. Luego, con resolución intrépida, se dirige a sus lectores con un término de cariño: «Queridos». Esta palabra no ha aparecido en su carta desde 1:17, pero la repetirá cuatro veces más antes de terminar sus finales palabras escritas a las iglesias (3:8, 14, 15, 17).

Pedro expresa con claridad su propósito para escribir esta segunda carta: estimular nuestra «mente íntegra» recordándonos las cosas que ya sabemos. Nótese que escribe a los que ya se caracterizan por pensamiento íntegro, libres de engaño y corrupción. Son «inocentes» en pensamiento y obra. Pero inocentes no quiere decir impenetrables. Estos creyentes necesitan estar alertas.

Esto me recuerda el talante en los Estados Unidos de América en los meses que siguieron a los horribles sucesos del 11 de septiembre del 2001. Usted lo recordará. Aviones militares patrullaban los cielos. La policía estaba en alerta constante. Nadie se atrevía a ignorar una actividad sospechosa. La seguridad en las líneas aéreas alcanzó un punto cumbre. Toda persona sabía que la amenaza de un ataque inesperado era real y extendida. Podía ocurrir en cualquier momento, en cualquier sitio, de parte de cualquiera. Pero conforme los meses y los años han separado a los estadounidenses de aquellos sucesos devastadores, la vigilancia original se enfrió, y finalmente se congeló.

Pocos sabían qué nivel de amenaza había fijado el Departamento de Seguridad Interna, y más tarde, a la mayoría ni le importaba. Muchos se hastiaron de oír de células terroristas, y muchos se han hastiado de acciones militares contra los refugios del terrorismo por todo el mundo. Aunque nadie quiere que su país sufra un nuevo ataque, pocos mantienen el estado de alerta necesario para prevenirlo. La vigilancia se ha desvanecido. Hemos vuelto a las cosas como de costumbre.

Eso mismo estaba sucediendo en los días de Pedro respecto a los falsos maestros. En su intelecto, los creyentes sabían de los peligros, los riesgos y las amenazas. Se habían mantenido puros y sin contaminación. Pero necesitaban un recordatorio, un llamado a despertar, algo que los estimulara y que hiciera sonar de nuevo la alarma. Pedro sabía que las primeras oleadas de engaño habían venido y que sus lectores habían mantenido su sinceridad. Pero una marejada de tergiversadores de la verdad estaba a punto de llegar, y los creyentes necesitaban prepararse para el golpe devastador.

— 3:1-2 —

Pedro menciona exactamente lo que quiere que sus lectores mantengan en mente frente a la luz de la persistente amenaza de los falsos maestros. Primero, debemos recordar *las palabras que los santos profetas pronunciaron en el pasado* (3:2). Esto incluye todos los escritos del Antiguo Testamento. Con esta declaración Pedro vuelve al tema que presentó en 1:19-21. Allí instó a sus lectores a «prestar atención» a la palabra profética «como a una lámpara que brilla en un lugar oscuro» (1:19). Esa lámpara brillante había sido iluminada por el Espíritu Santo, que impulsó a los autores de las Escrituras a poner por escrito, sin error, la Palabra de Dios inspirada. Se nos dice que estos escritos proféticos miraban hacia la venida de Cristo. Es más, Cristo mismo dijo: «Ustedes estudian con diligencia las Escrituras porque piensan que en ellas hallan la vida eterna. ¡Y son ellas las que dan testimonio en mi favor!» (Jn 5:39). Los escritos de Moisés, los profetas y los Salmos todos apuntan a Jesucristo (Lc 24:27, 44; Jn 1:45; Hch 28:23; Ro 1:1-4; 1 Co 15:3-4).

Segundo, debemos recordar *los mandamientos que dio el Salvador* (3:2). La mayoría de estas palabras nos vienen mediante los Evangelios de Mateo, Marcos, Lucas y Juan. Jesús llamó a sus oyentes primero y primordialmente a tener fe en él como igual al Padre: «Confíen en Dios, y confíen también en mí» (Juan 14:1). De hecho, debido a que Jesús es el camino, la verdad y la vida, nadie puede allegarse al Padre sino por él (14:6). A la luz de esta convicción fundamental en cuanto a la persona de Cristo, Jesús reiteró el mandamiento del Antiguo Testamento de amar a Dios de todo corazón, alma y mente (Mt 22:37). Sin embargo, junto con este mandato Jesús recalcó el amor horizontal hacia nuestros prójimos en general (22:39) y para los demás creyentes en particular (Jn 13:34).

Tercero, implícito en el recordatorio de Pedro hay un llamado a recordar *las enseñanzas de los apóstoles* (3:2). La doctrina apostólica formaba el cimiento de la iglesia, de la cual Cristo es la piedra angular (Ef 2:20). El ministerio no apuntaba a ellos mismos, sino otra vez a la persona, obra y palabras de Cristo. Al mismo tiempo, las palabras de Jesús apuntan hacia su segunda venida, cuando su obra quedará completa y su gloriosa persona será revelada universalmente.

La breve declaración de Pedro en 3:2 abarca todo el Antiguo y el Nuevo Testamento: los profetas, Jesús y los apóstoles. Ninguna otra fuente de verdad tiene el poder de darnos una estabilidad duradera y seguridad constante. Después de este fuerte recordatorio para que los justos estén firmes en las enseñanzas de las Escrituras como cimiento de su fe, Pedro ofrece una serie de aleccionadoras advertencias a los impíos. En los versículos 3-7 comunica tres dimensiones de pensamiento relativos al presente, pasado y futuro.

— 3:3-4 —

Primero, Pedro nos informa de *algo en cuanto al presente*. Escribe: «Deben saber que en los últimos días vendrá gente burlona» (3:3). Ahora bien, desde la perspectiva de Pedro, cerca del fin de su vida terrenal, esta declaración es profética. Sí, los falsos profetas ya habían empezado a cuestionar a los apóstoles y a ofrecer cristos falsificados. Sí, muchos creyentes ya habían abandonado la fe, al dejarse descarriar por la herejía, la codicia o la lujuria. Pero Pedro tiene en mente una clase diferente de contrarios: los que rechazarán la fe burlándose, mofándose y haciendo burla de sus afirmaciones. Los mencionados en el capítulo 2 eran falsos hermanos que aducían ser creyentes pero que no lo eran. Los descritos en el capítulo 3 son los burlones descreídos que hacen burla de la fe desde afuera. A veces estas categorías se superponen, pero la mayor parte del tiempo son dos fuerzas distintas que hay que enfrentar.

Aunque Pedro dice esta advertencia en cuanto a los burlones como profecía, en pocos años la pri-

De mi diario

Ante la burla

Como predicador a puertas abiertas, rara vez oigo con mis propios oídos la burla que sé que corre por allí. A la mayoría de los predicadores les pasa lo mismo. Yo sé que los «banquetes para comer predicadores» por lo general se celebran con regularidad los domingos por la tarde, pero la mayor parte del tiempo, estos hirientes comentarios no llegan a los oídos del pastor. Digo *la mayor parte* del tiempo, porque a veces llegan.

Nunca olvidaré la primera vez que presencié a un burlador *bona fide* hacer de las suyas durante un sermón (no fue la última). Yo no era el predicador, sino parte de la congregación, sentado en una banca en una iglesia pequeña. Detrás de mí estaba sentado un hombre que obviamente discrepaba con las palabras del predicador. Después de un rato el individuo ya no pudo aguantarse. En realidad se puso de pie, alzó un puño crispado y gritó: «¡Eso es ridículo!», y salió hecho una tromba. Debo decir para crédito del predicador, que ni siquiera pestañeó. ¡Siguió predicando!

La primera vez que enfrenté personalmente la burla pública respecto al evangelio de Cristo ocurrió a principios de la década de 1960, cuando yo estudiaba en el seminario. Un amigo mío y yo fuimos a Norman, Oklahoma, en donde me subí a una plataforma de libre expresión y hablé en voz alta sobre Jesucristo. La mayoría de la gente no mostró ningún interés en mi mensaje, pero algunos aprovecharon la oportunidad para hacer sus comentarios —en forma de burlas hirientes y comentarios sarcásticos dirigidos— no tanto contra mí, sino contra Jesucristo. De hecho, ¡algunos lanzaron objetos! (Hasta ese punto en mi vida pensaba que esas cosas sucedían sólo en las películas). Se deleitaron burlándose del Señor que murió por ellos.

Esos dos episodios ocurrieron hace décadas. Desde ese tiempo he visto que el paso y volumen de la burla se intensifica en los Estados Unidos de América. Por la televisión, las películas, en los programas de radio y por Internet, los burladores se han vuelto más insolentes conforme la cultura estadounidense en general se ha convertido en más secular. (Me veo tentado a decir «pagana»). El ateísmo, la ideología humanista, el materialismo y el antisobrenaturalismo son la norma entre los intelectuales. Y no parece amainar.

Por supuesto, Pedro tenía razón. Los burladores ya llegaron.

mera marejada de estos burladores empezó a llegar a la escena. De hecho, puede ser que la breve carta de Judas, escrita apenas pocos años más tarde, citó la profecía de Pedro como ya habiéndose sucedido:

> Ustedes, queridos hermanos, recuerden el mensaje anunciado anteriormente por los apóstoles de nuestro Señor Jesucristo. Ellos les decían: «En los últimos tiempos habrá burladores que vivirán según sus propias pasiones impías». Éstos son los que causan divisiones y se dejan llevar por sus propios instintos, pues no tienen el Espíritu. (Jud 17-19)

Empezando en el primer siglo y continuando hasta nuestros días, los descreídos han surgido y desaparecido. Su burla estremecedora y dedos acusadores señalando al cristianismo atraen mucha atención. La burla de su mofa es, parafraseando a Pedro: «¿Por qué peregrina razón puedes creer esto? ¿Piensas que Jesús va a volver? Él vivió, enseñó y murió. Se acabó. Todo lo demás sigue lo mismo. ¡Nada ha cambiado! Es más, la historia sigue su marcha, tal como lo ha hecho por miles de años».

Como ve, los burladores, observando los sucesos históricos y naturales del presente, dan por sentado que todo lo que ha sido continuará siéndolo. El término elegante para esto es «uniformitarianismo». Ahora bien, ¡eso es hablar palabras grandes! Es dar por sentado una continuidad ininterrumpida de causa y efecto en la historia y que esta cadena de eventos continuará ininterrumpida en el futuro. Junto a esta idea está el concepto del *materialismo*, que el universo físico es todo lo que existe. Y otra palabra más agigantada: *antisobrenaturalismo*, dar por sentado que ningún ser sobrenatural (y menos Dios) ha intervenido o intervendrá en el curso de la historia humana para hacer cambios, bien sea grandes o pequeños. A esto a menudo se le añade el *ateísmo*, la creencia de que un Dios activo así ni siquiera existe.

Hoy los burladores —ateos, materialistas, antisobrenaturalistas y uniformitarianistas— hablan con voces estrepitosas. Escriben libros populares y supuestamente académicos; viajan por todas partes dictando conferencias e influyen en la mente de las masas. Los detalles pueden ser nuevos, y por cierto, la cobertura favorable de los medios de comunicación aumenta. Pero el tono básico y sus intenciones son un reflejo de los burladores de los días de Pedro. Esta condición de burladores que cuestionan la afirmación de que un día de reconocimiento está cerca también describe nuestros días.

— 3:5-6 —

Después de decirnos algo que debemos saber en cuanto a nuestro presente —la llegada de burladores (3:3-4)—, Pedro considera *algo que se debe recordar en cuanto al pasado*. Pedro dice que cuando estos burladores sostienen que Jesús jamás volverá para trasformar este mundo mediante juicio de restauración, se olvidan de que ya antes Dios ha hecho exactamente cosas así.

Los burladores, por lo general, rechazan dos cimientos fundamentales del concepto cristiano de la historia: la creación de la nada y el diluvio universal. El versículo 5 provee un breve sumario que nos recuerda que Dios no solo creó la atmósfera de la tierra («cielos») separando el agua del agua, sino que también formó el mundo habitable hace siglos mediante un proceso de separar el agua y la tierra. Génesis 1 describe ambos actos:

> Y dijo Dios: «¡Que exista el firmamento en medio de las aguas, y que las separe!»
> Y así sucedió: Dios hizo el firmamento y separó las aguas que están abajo, de las aguas que están arriba. Al firmamento Dios lo llamó «cielo». Y vino la noche, y llegó la mañana: ese fue el segundo día.
> Y dijo Dios: «¡Que las aguas debajo del cielo se reúnan en un solo lugar, y que aparezca lo seco!» Y así sucedió. A lo seco Dios lo llamó «tierra», y al conjunto de aguas lo llamó «mar». Y Dios consideró que esto era bueno. (Gn 1:6-10)

Esa fue la primera creación del cielo y la tierra. Este es el tipo de acción especial creadora de Dios que los ateos, materialistas y otros escépticos rechazan del todo. De hecho, Pedro dice que ellos «intencionalmente olvidan» la verdad de la creación. Esa frase se traduce mejor como «deliberadamente se olvidan». No es solo cuestión de nunca haber oído que Dios lo ordenó todo. Más bien, se inventan todo tipo de teorías y razones para sacar de su mente el concepto de un Creador soberano. Relegan Génesis 1 a la categoría de mito o a una cosmovisión anticuada, y favorecen más bien un proceso de miles de millones de años de evolución astronómica y geológica.

Pedro hace énfasis en los actos de Dios de separar el agua al crear el cielo y la tierra, porque el juicio de la tierra que siguió en tiempo de Noé incluyó una reversión de esa separación, mediante un diluvio. El mundo en ese tiempo, es decir, el mundo del principio, creado en Génesis 1, fue destruido por esas mismas aguas. Este castigo por medio del diluvio se describe en Génesis 7:11-12:

> Cuando Noé tenía seiscientos años, precisamente en el día diecisiete del mes segundo, se reventaron las fuentes del mar profundo y se abrieron las compuertas del cielo. Cuarenta días y cuarenta noches llovió sobre la tierra.

Me parece interesante que los mismos que rechazan la evidencia de diseño y creación de Dios del mundo también rechazan la evidencia de un diluvio global. Observan la misma evidencia geológica y los mismos relatos del diluvio en casi toda cultura antigua del mundo, pero concluyen que todo es leyenda o mito o, en el mejor de los casos, un relato exagerado de una calamidad local como un tsunami o un huracán.

Pedro deja del todo claro que Dios destruyó el cielo y la tierra originales mediante el diluvio. El nuevo orden de cosas que surge después de que las aguas bajaran difiere dramáticamente del mundo anterior de maldad. Pedro quiere decir que así como Dios intervino con agua mediante un diluvio catastrófico hace miles de años, un día volverá a intervenir, pero con fuego.

— 3:7 —

Pedro nos ha dicho algo acerca de nuestro presente: que vendrán los burladores (3:3-4). Luego nos recuerda algo en cuanto a la historia antigua: que Dios castigó al mundo de burladores en los días de Noé (3:5-6). Ahora Pedro une estos dos hechos para señalar *algo con lo que se puede contar en el futuro*: el castigo del presente orden mundial (3:7).

Pedro dice que «el cielo y la tierra» presentes, el orden mundial en el cual los seres humanos han vivido desde el diluvio del tiempo de Noé, están siendo guardados para el fuego. Este fuego vendrá en el día del juicio, cuando Dios destruya al mundo y las obras de los impíos. Sin duda, esto incluirá a los falsos maestros del capítulo 2, así como también a los burladores del capítulo 3. Corresponde a las advertencias repetidas de Pedro del juicio venidero en el cual los impíos perecerán y los justos se salvarán (2 P 2:1, 3, 9).

¿Qué viene después del juicio por fuego? Pedro considerará este tema en el versículo 13: la venida de «un cielo nuevo y una tierra nueva», surgiendo de la conflagración del orden presente. Así como el mundo de Génesis 1 fue castigado y restaurado después del diluvio, el cielo y la tierra serán castigados con fuego y después restaurados. Podemos hacer una gráfica de la comprensión de Pedro de las varias fases del mundo en tres períodos distintos de «cielo y tierra»: antes del diluvio, después del diluvio y después del fuego.

DILUVIO DE PENSAMIENTO

La Biblia no es el único libro antiguo que describe un diluvio mundial. De Sudamérica a Asia, de África a Australia, pueblos antiguos cuentan de una inundación desastrosa en sus canciones, poemas, tradiciones y leyendas. Los eruditos han sabido por mucho tiempo de «relatos de diluvio» de culturas antiguas ampliamente extendidas. Son épicas de dioses que inundaron el mundo para destruir a los malos y fastidiar a la humanidad, con solo un puñado de seres humanos sobrevivientes.

El relato sumerio, por ejemplo, habla de un rey, Ziusudra, a quien el dios Enki le dice que los otros dioses planean destruir la humanidad con un diluvio. ¿La razón? Porque la gente hace demasiado ruido ¡y eso mantiene a los dioses despiertos día y noche!.[1] Ziusudra rápidamente construye un gran barco y embarca allí a su familia y animales para escapar de la destrucción.[2] Después de que la lluvia amaina, el rey se presenta ante los dioses, An y Elil, y besa la tierra para suplicarles por su vida.[3]

La épica de Babilonia de Gigalmesh menciona a un anciano llamado Utnapishtim, que escapó de un diluvio enviado por los dioses para destruir a la humanidad. Uno de los dioses, Ea, le había alertado del plan y lo animó a que construyera un arca. Cuando la lluvia cesó y el arca se posó sobre una montaña alta, Utnapishtim envió a un cuervo y a una paloma para asegurarse de que podía salir del barco. De inmediato sacrificó a los dioses para ganarse su favor.[4]

Más al Oriente, el mito hindú del diluvio sigue al personaje principal Manú, al cual un pez le informa que debe construir un barco para escapar del diluvio venidero que destruirá su región. Manú presta atención a la advertencia del pez que habla. Cuando la lluvia empieza a caer, Manú entra en el arca y el pez arrastró el barco hasta la cumbre de una montaña. El diluvio destruyó a todas las criaturas excepto a Manú.[5]

Estos pocos ejemplos de relatos del diluvio embellecidos sugieren que los eventos descritos en Génesis 6—9 y reiterados por Pedro en 2 Pedro 3 se apoyan en hechos históricos verídicos. Sí, las varias culturas modificaron la verdadera versión de los eventos que se anotan las Escrituras. Reemplazaron a Jehová con dioses (¡o con un pez!), y reemplazaron a Noé con personajes como Ziusudra, Manú o Utnapishtim. Pero el relato básico nos recuerda una verdad histórica que la humanidad a menudo olvida: que «el mundo de aquel entonces pereció inundado» (2 P 3:6).

Es interesante notar que el capítulo 2 —donde Pedro se refiere a ilustraciones bíblicas de que Dios rescató al justo y castigó a los malvados— usa los ejemplos del diluvio de Noé y el fuego de Sodoma y Gomorra. Esto corresponde a la referencia de Pedro al castigo pasado mediante el diluvio y el castigo venidero por llamas. Es más, Pedro incluso dice que Dios tomó al pueblo de Sodoma y Gomorra y los puso «como escarmiento para los impíos» (2:6).

Aplicación
Nueva consideración del retorno

Sí, los críticos lo niegan. Los descreídos se ríen. Los eruditos lo ignoran. Los teólogos de ideología liberal hallan razones para descartarlo (a lo que llaman «desmitologizar»), y los fanáticos lo han pervertido. «¿Qué hubo de esa promesa de su venida?» (2 P 3:4), gritan muchos todavía con sarcasmo. Se continuará atacando, aplicando mal y negando el retorno del Salvador. Pero allí se levanta, sólido como piedra, pronto a cumplirse, listo para ofrecernos esperanza y estímulo en medio de la desesperanza y la incredulidad.

«Bueno, bueno. Tremendo. Pero, ¿qué debemos hacer mientras tanto…?», oigo a una docena o más de pragmáticos preguntar al unísono. Está bien. Si la doctrina de la Segunda Venida de Cristo en realidad no afecta la forma en que vivimos, ¿importa que los burladores hagan mofa de ella? ¿No deberíamos barrer bajo la alfombra esa doctrinita bochornosa, irrelevante y concentrarnos en cosas más importantes? ¿Qué *debemos* hacer a la luz del retorno certero de Cristo?

Primero, tal vez sea mejor que entienda lo que uno no hace. Uno no se viste con ropa blanca para reunirse con otros fanáticos de sentir similar en una comuna o subirse a un techo. Uno no abandona el trabajo ni se va a la montaña más alta para ser el primero en recibir al Señor cuando descienda. Tampoco trata de fijar fechas de su retorno, basado en cálculos inventados o interpretaciones peregrinas de las «señales de los tiempos». En otras palabras, no se une a los sortílegos no bíblicos que han reaccionado con exageración y se han acarreado ridículo *merecido* de parte de burladores siempre listos con la fruta podrida en la mano.

Lo que uno *sí* hace es poner en orden sus acciones y mantenerlas así. Uno vive todos los días como si fuera el último, para la gloria de Dios. Uno trabaja diligentemente en su trabajo y en su hogar, como si Cristo no fuera a venir por otros diez años, por amor al nombre de Cristo. Uno esparce sal en toda oportunidad que se le presente; uno hace que su luz alumbre y se mantiene balanceado, alegre, bien presentado y estable, día tras día esperando el retorno de Cristo. Uno continúa proclamando las buenas noticias a los que lo necesitan. Aparte de eso, continúa mirando con esperanza y no da mayor importancia a los escépticos.

Ah, y una cosa más. Si usted no está absolutamente listo para irse cuando Cristo venga para arrebatar a los suyos en el aire (1 Ts. 4:17) será mejor que consiga su boleto. *Rápido*. Mientras estén disponibles, son gratis. Pero no espere. Casi en el momento en que usted tome su decisión, todo esto puede haber sucedido, y se quedará mirando hacia atrás en lugar de hacia arriba. Y en lugar de hacer un viaje de alta velocidad al cielo para pasar la eternidad con el Salvador, se quedará aquí, rodeado de escépticos «sabios» que de repente parecerán, pues bien, bastante insensatos.

El Día del Señor (2 Pedro 3:8-13)

> [8] Pero no olviden, queridos hermanos, que para el Señor un día es como mil años, y mil años como un día. [9] El Señor no tarda en cumplir su promesa, según entienden algunos la tardanza. Más bien, él tiene paciencia con ustedes, porque no quiere que nadie perezca sino que todos se arrepientan. [10] Pero el día del Señor vendrá como un ladrón. En aquel día los cielos desaparecerán con un estruendo espantoso, los elementos serán destruidos por el fuego, y la tierra, con todo lo que hay en ella, será quemada. [11] Ya que todo será destruido de esa manera, ¿no deberían vivir ustedes como Dios manda, siguiendo una conducta intachable [12] y esperando ansiosamente la venida del día de Dios? Ese día los cielos serán destruidos por el fuego, y los elementos se derretirán con el calor de las llamas. [13] Pero, según su promesa, esperamos un cielo nuevo y una tierra nueva, en los que habite la justicia.

En mi juventud, la profecía bíblica era el más candente de todos los temas. Si uno quería aumentar la asistencia a la iglesia local, programaba una conferencia de profecía o anunciaba que planeaba empezar una serie de sermones sobre el libro de Apocalipsis. ¡Docenas de libros sobre profecía aparecían cada año! Era difícil mantenerse a la par. El interés se ha enfriado con el correr de las décadas, pero todavía uno halla fervientes fanáticos de los maestros de los tiempos del fin.

A la luz de esta curiosidad por la profecía y la tendencia de algunos de exagerar la situación, permítame insertar unos pocos datos generales en cuanto al futuro. Quiero brevemente decirle unos pocos puntos importantes de consejo, sin cobrarle nada extra. Primero, en tanto que Dios ha revelado algunas cosas en cuanto al futuro, mucho todavía sigue siendo un misterio. Una característica de inmadurez en la vida cristiana es leer en el texto bíblico más de lo que en realidad está allí. Podemos estar seguros del cuadro en grande cuando se trata de la profecía bíblica, pero muchos detalles continúan velados en oscuridad.

Segundo, al buscar respuestas, continúe dejando espacio para las preguntas. Trate de no hacer del acuerdo sobre detalles particulares de sucesos futuros la base para la comunión con otros creyentes. Si concuerdan en las verdades fundamentales y salvadoras de la fe relativas al Dios trino, la persona y obra de Cristo en su encarnación, muerte, la resurrección y ascensión, concédanse espacio en cuanto a cómo el retorno de Cristo va a suceder. Sea tolerante con los que no ven las cosas con tanta claridad como usted las ve.

Tercero, aunque nadie sabe todos los detalles, no titubee en mantenerse firme en los detalles indicados con claridad en las Escrituras:

- Cristo volverá físicamente.
- Habrá un juicio final.
- El cielo y el infierno son reales.
- La resurrección de nuestros cuerpos es una certeza.

Estas cosas se indican con claridad en la Biblia y por consiguiente se cuenta con ellas. En años recientes el péndulo parece haber oscilado de la obsesión por los detalles a la ignorancia de incluso el cuadro en grande. Como siempre, aquí se necesita el equilibrio. El ultradogmatismo es dañino, pero la indecisión interminable sobre conceptos doctrinales es insensata. Si no tenemos por lo menos respuestas tentativas, los que buscan hallarán sectas falsas que se las darán.

Los eventos proféticos nunca dejan de rasgar las cuerdas de nuestra imaginación. Curiosos por el futuro, estamos por siempre buscando qué hay más allá del horizonte. Científicos, filósofos, historiadores, políticos, e incluso los que adivinan la suerte, hacen sus predicciones y tienen seguidores, pero ninguna fuente de información se compara con la Biblia. Cuando se trata de verdad digna de confianza, inspirada, con la cual podemos contar, la Biblia no solo se destaca, sino que se yergue absolutamente sola.

Pedro establece la autoridad de la Biblia como fuente de verdad en cuanto al pasado y al presente (1:19-21). Advierte del juicio venidero que tomará a los no creyentes por sorpresa (cap. 2) y pone a los burladores en su sitio (3:1-7). Pedro recuerda a los creyentes la enseñanza sólida para animar diligencia en la fe y fortalecer los cimientos bíblicos de nuestras creencias y prácticas. Mediante sus advertencias, recordatorios y promesas, Pedro insta a ser diligentes a la luz de la esperanza futura de la venida de Cristo y la gloria que vendrá cuando los malos sean juzgados y los justos recompensados. En 3:8-13, Pedro desarrolla más esta esperanza alentadora.

3:8-9

Los lectores originales de Pedro enfrentaban tiempos difíciles: perseguidos por emperadores y gobernantes, amenazados por enseñanza falsa, denigrados por los burladores, tentados a pecar, seducidos a dejar la fe. Esperando calmar sus espíritus, Pedro les asegura de nuevo que así como Dios detuvo la maldad del mundo en los días de Noé, lo hará de nuevo (3:3-4). Les recuerda que viene el día cuando el mal será corregido y cuando el bien regirá (3:4-7). El «cielo y tierra presente» están marcados para el castigo.

Al principio del versículo 8 Pedro nos insta a notar una cosa en respuesta a la burla de los escépticos que dudan que Dios los juzgará. Cuando Pedro dice que para Dios un día es como mil años y mil años como un día, no está dándonos una clave secreta para desentrañar la profecía en la cual interpretamos cada día como mil años y fijamos algún tipo de fecha para el fin del mundo. Más bien, alude al Salmo 90:4: «Mil años, para ti, son como el día de ayer, que ya pasó; son como unas cuantas horas de la noche». La idea es que en lo que tiene que ver con Dios, nuestra percepción finita del tiempo es irrelevante.

Lo que compone el tiempo y la tierra de ninguna manera impacta el plan maestro de Dios. Él es eterno; es decir, mora por encima y aparte del flujo de causa y efecto del tiempo según nosotros lo percibimos. Isaías escribió: «Porque mis pensamientos no son los de ustedes, ni sus caminos son los míos —afirma el Señor—. Mis caminos y mis pensamientos son más altos que los de ustedes; ¡más altos que los cielos sobre la tierra!» (Is 55:8-9).

¿Por qué Pedro menciona esta verdad teológica? Porque los burladores apoyan sus opiniones sobre la base del tiempo de la tierra, y sugieren que una larga demora en la venida de Cristo implica que no cumple sus promesas. Claro, desde la perspectiva de los seres humanos finitos, Dios a menudo parece que se toma su tiempo para intervenir. A menudo parece demorarse. A nosotros nos encantaría presionarlo para que cumpla sus promesas o apresure su plan. Pero Dios hace las cosas de acuerdo a su calendario misterioso. Esto no quiere decir que no se preocupa por rescatar y recompensar a los justos. ¡Es lo opuesto! Pedro dice que la «tardanza» de Dios para juzgar, en verdad, ¡da campo para su misericordia!

El versículo 9 se refiere al plan paciente de Dios. El Señor no es negligente en cuanto a sus promesas. Dios deliberadamente está demorando los sucesos de los tiempos del fin para dar a tantas personas como sea posible una oportunidad para acudir a Cristo y recibir la salvación. Visto desde esta perspectiva, el Señor no es lento, sino paciente. No se atrasa, sino que deliberadamente está demorando. No es indiferente, sino misericordioso. Su plan se desarrolla tal como lo tiene trazado. El apóstol Pablo escribió que Dios «quiere que todos sean salvos y lleguen a conocer la verdad» (1 Ti 2:4).

Para hacer esto personal, imagínese si Cristo hubiera vuelto dos semanas antes de que usted llegara a la fe. O dos días. ¡Usted se habría perdido la salvación antes de que cayeran los fuegos del castigo! Ahora, aplique este hecho a otros que conoce que todavía no conocen a Cristo. Ponga sus nombres en el versículo 9 en lugar de «nadie» y «todos»: «Más bien, [Dios] tiene paciencia con _____, porque no quiere que _____ perezca sino que _____ se arrepienta». Eso cambia la perspectiva, ¿verdad?

Pero la paciencia de Dios no beneficia solo a los que no son creyentes. Al demorar el castigo venidero, da a los creyentes descarriados la oportunidad de volver al sendero correcto. Nos da espacio para que nos arrepintamos, no de la condenación a la salvación, sino de una vida espiritual vacía a una vida de fruto espiritual. Dios está pacientemente esperando no solo que los que no son creyentes crean, sino también concediéndonos tiempo para proclamar las buenas nuevas de salvación a los perdidos (ver Ro 10:17).

—3:10-13—

Sin embargo, Dios no se demorará para siempre. Existe un límite no revelado a este presente período de paciencia. Es cierto que Dios, en su generosidad y misericordia, está demorando el castigo. Pero

Pedro nos asegura que esta misericordia llegará a un fin abrupto cuando «el día del Señor vendrá como un ladrón» (3:10).

«Día del Señor» es un título general que se refiere a cualquier tiempo de castigo. El término «día» se usa en sentido figurado; como cuando decimos: «En los días del abuelo, la gente no tenía computadoras». La frase «el Día del Señor» se refiere a cualquier período de tiempo cuando Dios envía castigos sobre los impíos. Esto quiere decir que ha habido muchos «Días del Señor» históricos, como el diluvio en tiempos de Noé y el castigo de Sodoma y Gomorra.

Pero todos esos días tienen rasgos en común. Las palabras de Isaías describen esto bien: «¡Miren! ¡Ya viene el día del Señor —día cruel, de furor y ardiente ira—; convertirá en desolación la tierra y exterminará de ella a los pecadores!» (Is 13:9).

Sin embargo, en medio del castigo, Dios promete que los justos serán salvos, como Pedro predicó en el día de Pentecostés, citando al profeta Joel: «El sol se convertirá en tinieblas y la luna en sangre antes que llegue el día del Señor, día grande y esplendoroso. Y todo el que invoque el nombre del Señor será salvo» (Hch 2:20-21).

Pedro nos responde a varias preguntas del panorama total en 3:10-12, pero no siempre con los detalles precisos que quisiéramos.

- ¿Cuándo va a venir el día del Señor?
- ¿Qué sucederá cuando venga el día del Señor?
- ¿Cómo vendrá el día del Señor?
- Así que, ¿qué debemos hacer al pensar en el venidero día del Señor?

Primero, *¿cuándo?* Pedro esquiva la pregunta de *cuándo* diciendo que el día del Señor vendrá sin aviso, «como un ladrón». Esta es una imagen verbal vívida usada por Cristo en Mateo 24:43 para describir su regreso a juzgar. Pablo también usa la analogía cuando dice: «Ya saben que el día del Señor llegará como ladrón en la noche» (1 Ts 5:2). Tal como el ladrón llega repentina e inesperadamente, sin anuncio o advertencia, el castigo de los tiempos del fin empezará cuando la gente menos lo espere.

Segundo, *¿qué?* Tres frases en el versículo 10 nos dicen lo que sucederá cuando venga este castigo. «Los cielos desaparecerán», «los elementos serán destruidos» y «la tierra, con todo lo que hay en ella, será quemada» (3:10). El versículo 12 da más detalles de este cuadro devastador, al describir a los cielos ardiendo y los elementos derritiéndose por el calor intenso. Ese no es un cuadro agradable. Tal como el mundo anterior en días de Noé quedó limpio por completo con inundación que lo consumió todo, el presente mundo sufrirá una gran purga por fuego mediante calor intenso.

Tercero, *¿cómo?* Pedro describe la destrucción venidera con tres términos en el versículo 10: «estruendo», «destrucción» y «fuego». Las imágenes se refieren a sonidos y sensaciones conocidos que vienen con un incendio desastroso. Cuando un incendio forestal que empieza con meros chasquidos crece a un océano incontrolable de llamas, suena como un ventarrón que ruge entre los árboles. Pero en lugar de arrancar las hojas y ramas o derribar varios árboles, los incendios forestales dejan detrás una tierra devastada, calcinada, vacía, desprovista de vida. Con esta analogía, Pedro pinta la devastación del mundo presente. Es más, Pedro describe la destrucción de los «elementos» derritiéndose (3:10, 12). En el mundo antiguo, esto no se refería a partículas atómicas como en la ciencia moderna, sino a los bloques básicos de construcción del mundo tangible, material, la tierra, agua y el viento. Todas estas cosas, dice Pedro, serán quitadas para dar paso a algo nuevo.

Finalmente, *¿y qué?* ¿Qué deben los creyentes hacer a la luz del fin de todas las cosas? Pedro responde a esta pregunta en los versículos 11-13. Debido a que todo será destruido con fuego, nosotros debemos vivir «en santa y piadosa manera de vivir» (3:11, RVR1960). No hay espacio para apegarse a las cosas materiales de este mundo, poner nuestra esperanza en ellas, invertir en ellas o descansar en ellas. ¡Todo será quemado y nada quedará!

Al mismo tiempo, debemos estar «esperando ansiosamente la venida del día de Dios» (3:12). En cierto sentido, al hacer la obra de evangelización y proclamar el evangelio, participamos en acelerar el retorno de Cristo. Dios ya sabe cuántos y quiénes serán salvados, y cuando ese número quede completo, el fin vendrá (Mt 24:14; Ro 11:24-25). Pero no exagere en esto. No hay manera en que nosotros sepamos quiénes y cuántos, así que aunque es cierto que nuestra obra de evangelización apresura el fin, nosotros debemos hacer nuestro trabajo en medio del calendario de Dios.

Pedro también dice que «esperamos un cielo nuevo y una tierra nueva, en los que habite la justicia» (3:13). Es decir, nuestro enfoque debe estar fuera de este mundo presente, temporal, al mirar hacia el estado eterno perfecto, libre de maldad. El término «un cielo nuevo y una tierra nueva» primero lo usó Isaías para describir la nueva condición después del período de la tribulación, cuando Cristo establezca su reino en la tierra (Is 65:17; 66:22). También se refiere al estado eterno, después del milenio y del juicio ante el gran trono blanco, cuando la nueva creación reemplace a la antigua (Ap 21:1). Pedro parece referirse generalmente a ambas cosas, con un énfasis en el estado final, definitivo, después de que los malos de este mundo sean castigados en la tribulación y después de que los muertos sean castigados en el lago de fuego. Pedro abarca estos dos sucesos del fin de los tiempos en una descripción general. No pretende fijar un calendario sino afirmar que el mundo presente es temporal; solo el mundo futuro es eterno.

Reflejando el mismo tipo de pensamiento de Pedro, el apóstol Pablo resume la esperanza cristiana de esta manera: «Los sufrimientos ligeros y efímeros que ahora padecemos producen una gloria eterna que vale muchísimo más que todo sufrimiento. Así que no nos fijamos en lo visible sino en lo invisible, ya que lo que se ve es pasajero, mientras que lo que no se ve es eterno» (2 Co 4:17-18).

Aplicación

Límpiese, mire hacia arriba, proclame

Nuestras órdenes de marcha como creyentes que esperan el retorno del Señor se pueden resumir en tres: *limpien su vida*, *miren hacia arriba*, esperando su venida; y *proclamen* el evangelio en cada oportunidad que tengan. Dediquemos algo de tiempo a reflexionar sobre cada una de estas aplicaciones de los tiempos del fin.

Primero, ¿qué aspectos de su vida requieren algo de limpieza? No se apresure en esto; es asunto serio. Todos tenemos pecado. De hecho, Juan escribió: «Si afirmamos que no tenemos pecado, nos engañamos a nosotros mismos y no tenemos la verdad» (1 Jn 1:8). Incluso el creyente más maduro tiene aspectos que necesita considerar. Para ayudarle a acicatear su conciencia, estudie las listas contrastantes de Pablo de las «obras de la carne» y el «fruto del Espíritu» en Gálatas 5:19-23. Marque las obras carnales de su vida… y la ausencia de fruto espiritual. Luego acuda a Dios. El apóstol Juan continuó en su consideración del pecado: «Si confesamos nuestros pecados, Dios, que es fiel y justo, nos los perdonará y nos limpiará de toda maldad» (1 Jn 1:9). Confiese su pecado, pida perdón y fortaleza para vencer el pecado en ese aspecto.

Segundo, ¿cómo puede usted vivir cada día en constante expectativa del retorno de Cristo? ¿Qué puede hacer usted para tener presente la realidad de que este mundo es temporal, pero que Cristo nos llevará a un reino eterno de justicia? Usted puede probar su perspectiva examinando cómo gasta su tiempo y dinero. ¿Invierte en cosas eternas que sobrevivirán a la venida de Cristo y obtendrán una recompensa? ¿O está solo adquiriendo objetos que al fin se quemarán? Estudie 1 Corintios 3:10-15. Le sugiero que examine su chequera, revise sus gastos y tome nota de sus ofrendas para la obra de Dios. Eche un vistazo cuidadoso a su calendario. ¿Aquello que está edificando son cosas temporales como madera, heno y hojarasca, que no sobrevivirán a las llamas? O, ¿son elementos de buena calidad, espirituales, que sobrevivirán al castigo venidero? Pero no se detenga allí. ¿Cómo puede ajustar su presupuesto y su calendario para concentrarse más a menudo en las cosas importantes en espera del retorno de Cristo?

Finalmente, ¿a quién podría hablarle de Cristo antes de que sea demasiado tarde? Imagínese que Jesús volviera mañana y que el juicio empezara. ¿A quién echaría de menos en el cielo? ¿A quién va a dejar detrás? ¿Respecto de quién se afligiría viéndolo en el juicio ante el gran trono blanco porque usted no le habló del sencillo evangelio que pudiera haberle librado de la condenación eterna? Ore por esa persona. Tráguese su orgullo y con amor háblele de la verdad. Comunique su interés. Tal vez no le escuche. A lo mejor hasta se burle de usted, pero por otro lado, sus palabras pudieran ser precisamente las que le impulsen a dar un paso más para acercarse al reino eterno de Dios.

Así que, ¿qué debe hacer a la luz del día venidero del Señor? Límpiese, mire hacia arriba y proclame. Estas tres órdenes nos mantendrán bien ocupados hasta el retorno del Señor.

Cómo vivir en tiempos de problemas (2 Pedro 3:14-18)

> ¹⁴Por eso, queridos hermanos, mientras esperan estos acontecimientos, esfuércense para que Dios los halle sin mancha y sin defecto, y en paz con él. ¹⁵Tengan presente que la paciencia de nuestro Señor significa salvación, tal como les escribió también nuestro querido hermano Pablo, con la sabiduría que Dios le dio. ¹⁶En todas sus cartas se refiere a

estos mismos temas. Hay en ellas algunos puntos difíciles de entender, que los ignorantes e inconstantes tergiversan, como lo hacen también con las demás Escrituras, para su propia perdición.

¹⁷Así que ustedes, queridos hermanos, puesto que ya saben esto de antemano, manténganse alerta, no sea que, arrastrados por el error de esos libertinos, pierdan la estabilidad y caigan. ¹⁸Más bien, crezcan en la gracia y en el conocimiento de nuestro Señor y Salvador Jesucristo. ¡A él sea la gloria ahora y para siempre! Amén.

Pedro ha escrito esta carta para recordar a los creyentes la buena enseñanza, exhortar a diligencia en la fe y fortalecer los cimientos bíblicos para las creencias y prácticas. Al hacer la transición a sus palabras finales a los creyentes en todas partes, lo vemos recalcar la necesidad de leer correctamente las Escrituras, rechazar las interpretaciones destructivas y heréticas de los falsos maestros. Solo de esta manera permaneceremos estables frente a las falsas enseñanzas, y fructíferos en nuestro crecimiento espiritual.

En estos cinco versículos Pedro deja a sus lectores con cuatro mandatos contundentes:

- Sean diligentes (3:14).
- Tengan confianza (3:15).
- Manténganse alerta (3:17).
- Lleven fruto (3:18).

En ese orden, permitamos que Pedro llene los espacios en blanco y firme sus palabras finales.

— 3:14 —

Lo primero que notamos en cuanto al claro mandato de Pedro de *ser diligentes* es que lo liga con la consideración previa. Empieza con el conector lógico: «Por eso», y nos reitera su exhortación a vivir a la luz del castigo venidero y del retorno de Cristo. Acaba de escribir de la esperanza cristiana de un nuevo cielo y una nueva tierra, en los cuales habita la justicia (3:13). A la luz de nuestra espera de estas cosas, debemos ser diligentes hoy.

El verbo «ser diligentes», *spoudazo*, se refiere a ser celoso o hacer grandes esfuerzos para lograr una tarea. En este caso, Pedro recalca la necesidad de paz. En lugar de amilanarnos por el pánico y retorcernos las manos por la ansiedad, debemos exudar paz. Este tipo de tranquilidad psicológica viene al ser «sin mancha y sin defecto», al estar libre de manchas morales y sin ninguna culpabilidad que acosa.

Cuando tenemos una conciencia limpia al mantener las cuentas claras con Dios, y al esforzarnos para crecer en nuestra fe, podemos enfrentar los problemas presentes y el juicio futuro con gran confianza. Pedro tiene en mente la condición en la cual Cristo nos halle cuando vuelva. El apóstol Juan hace eco de la misma exhortación: «Y ahora, queridos hijos, permanezcamos en él para que, cuando se manifieste, podamos presentarnos ante él confiadamente, seguros de no ser avergonzados en su venida» (1 Jn 2:28).

Cómo vivir en tiempos de problemas (2 Pedro 3:14-18)

— 3:15-16 —

Los burladores se han mofado declarando que la demora del retorno del Señor implicaba que nunca vendría, Pedro llamó su tardanza una expresión de su misericordia (3:8-9) que da a los no creyentes una oportunidad para «salvación» (3:15). Pedro quiere animar a sus lectores a *tener confianza* en que la tardanza de Cristo es a propósito.

Ahora bien, algunos considerarían este tipo de respuesta como una escapatoria verbal, una excusa para la tardanza del Señor. Pero para respaldar su afirmación de que todos los creyentes informados creen en esto respecto de la tardanza en el retorno de Cristo, Pedro apela a la enseñanza paralela de su contraparte, el apóstol Pablo. Les recuerda a sus lectores que Pablo también escribió que la paciencia del Señor significa salvación. Vemos esto relatado en 1 Timoteo 2:4, que habla del deseo de que

EL PRIMER CANON DEL NUEVO TESTAMENTO

En ninguna otra parte del Nuevo Testamento hallamos un pasaje como 2 Pedro 3:15-16, en donde un escrito se refiere a otro escrito del Nuevo Testamento como «Escrituras», en el mismo nivel del Antiguo Testamento. En la segunda generación de cristianos, vemos una conciencia aumentada de los escritos apostólicos como Escrituras inspiradas; pero en el primer siglo, el término «Escrituras» se refería al canon aceptado de escritos sagrados judíos con autoridad: el Antiguo Testamento. La referencia de Pedro a la obra de Pablo contiene conceptos útiles en cuanto al apóstol Pablo y sus cartas.

Primero, Pedro muestra que las cartas de Pablo ya habían empezado a ser compiladas en varias iglesias. Esto es una indicación de un desarrollo temprano de un «canon» o «colección» estándar de escritos del Nuevo Testamento dentro de una década de su escritura. Por supuesto, los libros del Nuevo Testamento todavía estaban en proceso de ser escritos, y con probabilidad ninguna iglesia ni maestro tenía una colección completa de todo lo que se había escrito hasta esa fecha. En el mundo antiguo tomó tiempo para que estos libros se copiaran, coleccionaran y se los confirmara como auténticos. Pero la referencia de Pedro a «todas las cartas [de Pablo]» indica que Pedro, en Roma, alrededor del año 66 d.C., ya sabía de una colección creciente de escritos de Pablo.

Segundo, Pedro alinea con claridad los escritos de Pablo con las Escrituras aceptadas. Dice que los falsos maestros tergiversan los escritos de Pablo «como lo hacen también con las demás Escrituras». Pedro vio los escritos de Pablo como un conjunto más pequeño de una categoría mayor que incluía las Escrituras del Antiguo Testamento. La palabra «Escrituras» aquí es el término griego *grafé*, la misma que usa Pablo en 2 Timoteo 3:16: «Toda la Escritura es inspirada por Dios». Esto indica una conciencia temprana de que Dios estaba en el proceso de añadir un Nuevo Testamento al Antiguo, una colección de escritos distintos pero igualmente inspirados y con autoridad que se usarían como segura fuente de verdad en el progreso de la revelación.

Algunos críticos aducen que los primeros cristianos no consideraron los escritos de los apóstoles como «Escrituras» y que este proceso de compilar un canon del Nuevo Testamento llevó varias generaciones. ¿Y qué hacen ellos, entonces, con la clara evidencia de 2 Pedro 3:15-16 que muestra que Pedro daba por sentado la autoridad bíblica de los escritos de Pablo? Muy sencillo: dan por sentado que 2 Pedro debe haber sido escrita mucho más tarde. ¡Típico ejemplo de forzar la evidencia a encajar con las conclusiones preconcebidas!

De hecho, la referencia de Pedro a los escritos de Pablo es una indicación temprana e importante de que, ya en el primer siglo, el concepto de un «Nuevo Testamento» estaba firmemente establecido.[6]

todos sean salvos y lleguen al conocimiento de la verdad. Pero Pablo también dijo en Romanos 2:4: «¿No ves que desprecias las riquezas de la bondad de Dios, de su tolerancia y de su paciencia, al no reconocer que su bondad quiere llevarte al arrepentimiento?»

Pedro reconoce que en algunas de las cartas de Pablo encontramos cosas «difíciles de entender». ¡Esto puede animarnos a los que hemos pasado toda una vida tratando de descifrar lo que Pablo quiere decir en algunos pasajes en particular! Si el mismo Pedro notó algunos pasajes difíciles, cuánto más debemos nosotros abordar las Sagradas Escrituras con humildad y paciencia.

Pero en las manos indebidas, los pasajes complejos de los escritos de Pablo pueden tener un efecto desastroso. Pedro dice que algunos, «ignorantes e inconstantes» tergiversan los escritos de Pablo tanto como el resto de las Escrituras, y se acarrean destrucción. ¿Qué quiere decir eso de «ignorantes»? La palabra griega para esto, *amatzes*, aparece solo en el Nuevo Testamento. Según un léxico define la palabra, se refiere al que «no ha adquirido educación formal, y por consiguiente la implicación es tonto e ignorante».[7] Y el término «inconstantes», se refiere a alguien que tiende a cambiar y oscilar en sus puntos de vista.[8]

Estos términos describen a los falsos maestros de los que Pedro trata en detalle en el capítulo 2. Ahora están de nuevo en su mente mientras describe la manera en que algunos manejan mal las Escrituras del Antiguo Testamento y los crecientes escritos del Nuevo Testamento. Debido a que les falta humildad para someterse al discipulado formal, y porque oscilan en sus creencias, estos falsos maestros «tergiversan» las Escrituras.

La palabra griega que aquí se traduce «tergiversan» es *strebloo*. Significa torcer, tergiversar o torturar. Así se le llamaba a un artefacto de tortura conocido como «el potro». En este artefacto de crueldad, se sujeta al hombre y luego se le retuerce y estira, a menudo dislocando las extremidades mientras los interrogadores intentan sacarle información. La analogía de Pedro es apta. Los falsos maestros, con las Escrituras en la mano, tuercen y torturan un pasaje hasta que dice lo que quieren que diga. Sacan pasajes de su contexto, y usan y tuercen pasajes que son claros para que se ajusten a textos oscuros, evidencia oculta o exagerada, y usan cualquier truco que se les ocurra para engañar a la gente a que acepte sus enseñanzas como «bíblicas».

Esto debe servirnos como advertencia. Antes de subirnos a la carreta y seguir la forma astuta en que alguien trata las Escrituras, debemos dar una mirada muy cuidadosa a lo que se está enseñando. ¿Acaso su «nuevo descubrimiento» de alguna doctrina no descubierta se ajusta a las verdades centrales de la fe cristiana? ¿Acaso sus conceptos novedosos se ajustan al resto de las Escrituras? Los falsos maestros prosperan siendo singulares, matizados y novedosos. A menudo aducen hallar en la Biblia cosas que nunca nadie ha notado, ¡jamás! No les importa que buenos creyentes y eruditos discrepen con ellos. De hecho, ¡llevan su enseñanza desviada y doctrina divisiva como medalla de honor!

Por esto debemos filtrar por el consejo de Dios todo lo que oímos; la voz unificada de las Escrituras, y no de pasajes aislados. No podemos permitir que el estilo de un predicador o el carisma de un maestro nos seduzcan a aceptar argumentaciones inventadas y endosar conclusiones ingeniosas. Debemos pensar de manera crítica, comparando la enseñanza de la persona con lo que los cristianos creemos desde el día primero y con lo que se puede demostrar claramente en las Escrituras. A diferencia de la endeble cubierta de los falsos profetas, las interpretaciones confiables de las Escrituras resistirán bajo la Palabra de Dios, y harán frente con firmeza a los retos, y resistirán la prueba del tiempo.

— 3:17 —

El tercer mandato en las palabras finales de Pedro es *manténganse vigilantes*. Debido a que sabemos de antemano que los falsos maestros llevan Biblias, debemos ser vigilantes. Pedro usa el término militar de ocupar el puesto de centinela, manteniendo los ojos abiertos para distinguir a los enemigos que se acercan. Debido a que tratarán de caernos encima por entre la densa niebla del engaño, vistiendo nuestros uniformes, llevando nuestras armas y hablando nuestro vocabulario, debemos estar alertas. Desde este día en adelante, nadie puede aducir ignorancia. Tal vez negligencia, irresponsabilidad u ociosidad... pero no ignorancia.

El precio de no estar en guardia es doble. Primero, el error de los falsos maestros nos arrastrará. Como el soldado que le da la espalda a su puesto, el enemigo caerá y nos llevará cautivos. Segundo, caeremos de nuestra posición firme. Pedro no se refiere aquí a perder la salvación, sino a perder la *santificación*, tropezar y retroceder del progreso hecho en el crecimiento espiritual. Recuerde que al principio de esta carta Pedro mencionó las virtudes que debemos desarrollar entre la fe y el amor; hábitos santos que nos marcan como creyentes útiles y fructíferos en Cristo (1:5-8). Con esta exhortación a la diligencia en el crecimiento espiritual viene una promesa: «Si hacen estas cosas, no caerán jamás» (1:10). Pedro reconoce en 3:17 la posibilidad de retroceder, perder la estabilidad espiritual y quedar inútil y sin fruto.

No baje la guardia ni por un momento. El resultado puede ser el desastre.

— 3:18 —

En contraste a retroceder hacia la declinación espiritual debido a la inestabilidad, Pedro da su mandato final: *sean fructíferos*. Nos exhorta: «crezcan en la gracia y en el conocimiento de nuestro Señor y Salvador Jesucristo». Con este mandato, Pedro vuelve a la bendición de apertura de su carta: «Que abunden en ustedes la gracia y la paz por medio del conocimiento que tienen de Dios y de Jesús nuestro Señor» (1:2). También llamó en su primera carta al crecimiento espiritual: «Deseen con ansias la leche pura de la palabra, como niños recién nacidos. Así, por medio de ella, crecerán en su salvación» (1 P 2:2). La meta general de las cartas de Pedro es que los creyentes continúen creciendo, multiplicándose en la gracia y siendo fructíferos en su vida espiritual.

En 3:18 Pedro exhorta a los creyentes a crecer en gracia y en conocimiento. Se nos exhorta a mantener estos dos esfuerzos en equilibrio. A veces pareciera que son categorías mutuamente excluyentes. Puede ser fácil llevar la una a un extremo dañino, pero debemos mantener ambas.

Para monitorear su crecimiento espiritual, continúe haciéndose unas cuantas preguntas penetrantes. ¿Estoy manteniendo un buen balance entre la gracia y el conocimiento? ¿Notan otros un

Gracia	Conocimiento
… le mantiene tolerante y con amor.	… le mantiene fuerte y con confianza.
… le da misericordia y compasión.	… le da discernimiento y discriminación.
… le ayuda a creer y recibir.	… le ayuda a cuestionar y juzgar.
… resulta en vulnerabilidad.	… resulta en estabilidad.

cambio medible en mi carácter? ¿He llegado al punto en que las tentaciones pasadas ya no tienen el mismo atractivo fuerte? ¿Estoy demostrando más discernimiento cuando se trata de afirmaciones falsificadas?

Las últimas palabras de Pedro —escritas para creyentes que vivían en el primer siglo y también los del siglo veintiuno— elevan alabanza a Jesucristo. Esta doxología final a su Salvador se destaca como el profundo testimonio del hombre que una vez cayó de su firmeza, y luego se le restauró a una fortaleza espiritual que la mayoría de los creyentes desde entonces no han alcanzado. Pedro creció y pasó de ser un galileo de cabeza dura a un apóstol humilde; de un sencillo pescador a un legendario pescador de hombres. Nosotros, también, podemos seguirle en su jornada asombrosa de crecimiento espiritual conforme prestamos atención a sus advertencias, tenemos presente sus recordatorios y abrazamos las promesas divinas que describe, aplicando diligencia y esperanza, y apoyándonos en la provisión del Espíritu Santo. Cuando hacemos esto, podremos derrotar la falsa doctrina, evitar las concesiones morales, y unirnos a Pedro en su alabanza apasionada de Nuestro Señor Jesucristo:

«¡A él sea la gloria ahora y para siempre! Amén» (2 P 3:18).

NOTAS:

1. James D. G. Dunn y John W. Rogerson, eds., *Eerdmans Commentary on the Bible*, Eerdmans, Grand Rapids, 2003, 36.
2. Thorkild Jacobsen, "The Eridu Genesis," *Journal of Biblical Literature* 100, no. 4 (1981): 524.
3. Ibid., 525.
4. John H. Tullock, *The Old Testament Story*, 6ª ed., Prentice Hall, Upper Saddle River, NJ, 1981, 43.
5. James George Frazer, *Folk-Lore in the Old Testament: Studies in Comparative Religion, Legend and Law*, MacMillan, Nueva York, 1923, 1:183-184.
6. Sobre la historia del canon del Nuevo Testamento, ver F. F. Bruce, *The Canon of Scripture*, InterVarsity Press, Downers Grove, IL., 1988; Bruce M. Metzger, *The Canon of the New Testament: Its Origin, Development, and Significance*, Clarendon, Oxford, 1987.
7. Louw y Nida, eds., *Greek-English Lexicon*, § 27.24.
8. Ibid., § 31.79.

NOTAS

NOTAS

NOTAS

NOTAS

NOTAS

NOTAS

NOTAS

NOTAS

NOTAS

Nos agradaría recibir noticias suyas.
Por favor, envíe sus comentarios sobre este libro
a la dirección que aparece a continuación.
Muchas gracias.

Vida@zondervan.com
www.editorialvida.com

www.ingramcontent.com/pod-product-compliance
Lightning Source LLC
Chambersburg PA
CBHW081217170426
43198CB00017B/2633